퇴계 이황의 리(理) 철학

T'oegye Yi Hwang's Philosophy of "*Li(理)*"

The Highest Good and the Self-realization

Kang, Kyung Hyun

연세국학총서 120

퇴계 이황의 리(理) 철학

지선(至善) 실현과 자기완성

강 경 현 지음

혜안

차 례

Ⅰ. 들어가는 말

이 글은 퇴계(退溪) 이황(李滉, 1501~1570)의 철학이 리(理)에 대한 사유를 중심으로 전개되며 궁극적으로 지선(至善) 실현을 목표로 하고 있음을 보이는 데 목적이 있다. 이는 현전하는 퇴계의 저술에서 리(理)를 기반으로 하는 언설이 일관되게 발견되며, 그것이 지선 완수라는 실천적 지향 속에서 서술되고 있다는 점에 주목하여 퇴계 철학을 이해하고자 하는 것이다.

퇴계 철학의 본의를 파악하는 데 있어 리(理)에 대한 퇴계의 이해를 규명하는 것이 핵심이라는 것은 다수의 연구가 공유하고 있는 문제의식이다. 나아가 퇴계의 학문적 목표가 리(理)에 대한 참된 앎이었다는 평가 역시 대부분의 연구를 통해 인정되고 있으며, 그러한 평가의 근거로 리(理)에 대해 참으로 알기 어렵다는 퇴계 자신의 발언[1]이 함께 제시되기

---

* 이 글은 2014년 제출된 박사학위논문 「퇴계 이황의 리 철학에 대한 연구」(연세대학교 철학과)를 수정·보완한 것이다.

1) 『退溪先生文集』 권16, 「答奇明彦【論四端七情第二書】」(1560.11.5). "古今人學問道術之所以差者, 只爲'理'字難知故耳. 所謂'理'字難知者, 非略知之爲難, 眞知妙解到十分處爲難耳."
   * 이 글에서 인용하고 있는 퇴계 이황의 문집은 『退溪集』(『韓國文集叢刊』 29~31, 서울 : 민족문화추진회, 1989)에 실린 것이다. 해당 책에서는 1843년 간행된 『退溪先生文集』(서울대학교 규장각 소장 : 청구기호 古3428_482), 1764년경 간행된 『退溪先生續集』(서울대학교 규장각 소장 : 청구기호 奎3601), 1891년 간행된 『退溪先生文集攷證』(연세대학교 중앙도서관 소장 : 청구기호 811.97이황_퇴_유)을 수록하고 있다. 辛承云, 「144·退溪集」(『韓國文集叢刊 解題』 2, 서울 : 민족문화추진회, 1998), 2쪽 참조.

도 한다. 이러한 측면에서 퇴계 철학은 리(理)에 초점을 맞추어 그 사유를 해석해내고자 하는 학문적 시도를 통해 '리(理) 철학', 즉 리(理) 개념을 중심으로 체계화될 수 있는 철학으로 평가된다.[2] 그리고 이는 사단(四端)을 리발(理發)이라 설명하는 것, 물격(物格)을 리자도(理自到)라 풀이하는 것, 리(理)에 동정(動靜)이 있고 체용(體用)이 있다고 하는 것 등에 대한 분석을 통해 리(理) 자체의 함의를 해명하는 연구로 구체화된다.

퇴계 철학을 이해하는 데 있어 그의 리(理) 개념에 초점을 맞추는 또 하나의 이유는 퇴계 철학의 연원이라고 할 수 있는 주자(朱子) 철학의 다양한 전개 양상 속에서 퇴계 철학의 위상을 정립하고자 하는 의도에서 기인한다. 리(理)는 퇴계 철학은 물론 주자 철학에서도 가장 근본적인 개념이라고 할 수 있는데, 주자 철학을 토대로 하여 다양한 사유가 전개되었던 학술 흐름 속에서 퇴계에게서만 발견되는 리(理)에 대한 특징적 해석이 있다는 것이다. 이러한 측면에서 퇴계는 조선(朝鮮) 유학(儒學)에서 "주리파(主理派)"의 선구로서 "주리적 경향"을 띤,[3] 혹은 리(理) 중심의

---

2) 김기현, 「退溪의 〈理〉 철학에 내재된 세계관적 함의」(『退溪學報』 116, 退溪學研究院, 2004) ; 정도원, 「16世紀 韓·中 儒學史의 地平에서 본 退溪 李滉의 理哲學에 관한 연구-理의 無爲性과 能動性을 중심으로-」(박사학위논문, 성균관대학교 대학원, 2005).

3) 다카하시 도루 지음, 이형성 편역, 「조선 유학사에 있어서 주리파·주기파의 발달」(『다카하시 도루의 조선유학사』, 서울 : 예문서원, 2001), 101쪽 ; 玄相允 지음, 이형성 교주, 『조선유학사』(『幾堂 玄相允 全集』 2, 파주 : 나남, 2008), 168쪽 ; 裵宗鎬, 『韓國儒學史』(서울 : 延世大學校 出版部, 1997), 71쪽 참조. 이러한 평가는 "주기파(主氣派)", "주기적 경향"이라는 주자 철학에 대한 또 다른 해석의 층위를 염두에 둔 것이다. 물론 주리와 주기의 구분으로 조선 유학을 개괄하는 것에 대한 비판적 검토는 지속적으로 이루어져왔다. 그러나 퇴계 철학이 다른 사유들에 비해 주자 철학의 理에 대해 보다 주안점을 두었다는 측면에서 이와 같은 구분이 내려졌다는 점을 감안한다면, 이러한 용어를 통해 퇴계 철학의 특징을 표현하고자 하였던 이유를 파악할 수 있다. 참고로 다카하시 도루의 조선 유학에 대한 해석을 비판적으로 검토한 기존 연구에 관해서는 다음의 논문을 참조할 수 있다. 이봉규, 「조선시대 유학연구 再讀」(『철학연구 50년』, 서울 : 혜안, 2003), 417~421쪽 ; 金基柱, 「다카하시 도루의 朝鮮儒學觀을 다시 논함」(『退溪學報』 132, 退溪學研究院, 2012) 참조.

이기론(理氣論)을 전개⁴)한 학자로 평가된다. 이와 같이 주자 철학의 심화 전개라는 측면에서 리(理)에 초점을 맞추어 퇴계 철학의 특징을 살펴보고 자 하는 것 역시 퇴계 자신의 문제의식과 상당히 부합하는 것으로 판단된 다. 주자 철학이 송·원·명 시기에 전개된 양상을 파악하기 위해 퇴계는 "이학(理學)"이라는 이름으로 이 시기 학자들의 사유를 아우르고자 하였 으며, 그 연원으로 주자 철학을 확고하게 위치시켰기 때문이다.

　퇴계 철학에서 중심 개념으로 자리하고 있는 리(理)의 의미를 해명하는 것은 앞서 언급하였듯이 일반적으로 그가 말한 "리발(理發)", "리자도(理自 到)", "리동(理動)", 리(理)의 체용(體用) 등의 함의를 밝혀내는 것으로 초점 이 맞추어진다. 이는 주자 철학의 리(理) 개념 가운데 특정 측면을 심화시 킨 지점, 혹은 주자 철학의 리(理)에 새로운 함의를 부여한 부분이라고 평가되며, 그 연장선상에서 위와 같은 표현들은 주자 철학에 대한 퇴계의 특징적 해석을 가장 선명하게 보여주는 부분이라고 분석된다. 이러한 관점에서 퇴계 철학과 주자 철학의 관계를 규명하는 연구가 이루어져왔 으며,⁵) 그 결과 퇴계 철학의 리(理)에 대한 분석은 이상의 표현들과 주자 철학 사이의 이론적 정합성 여부를 검토하는 것으로 이어졌다. 이와 같은 연구 경향은 주자 철학에서 주목하지 않은 지점에 대한 퇴계의 강조를 읽어내는 데 바탕이 되어, 퇴계 철학이 가지는 고유한 문제의식을 모색할 수 있는 기반을 마련하였는데, 이는 주로 퇴계가 리(理)의 능동성 을 승인하였다는 해석으로 나아갔다.⁶)

---

4) 고려대 민족문화연구원 한국사상연구소 편, 『자료와 해설, 한국의 철학사상』(서 울 : 예문서원, 2001), 460쪽 참조.

5) 대표적으로 퇴계 학문을 주자와 비교하면서 "리의 철학의 철저화"라는 측면에서 그 의의를 밝힌 연구로 다음을 참조할 수 있다. 안병주, 「퇴계의 학문관」(『퇴계 이황』, 서울 : 예문서원, 2002), 160~165쪽 참조.

6) 문석윤은 「퇴계에서 理發과 理動, 理到의 의미에 대하여 - 理의 능동성 문제」(『退溪 學報』 110, 退溪學研究院, 2001)에서 이러한 입장을 지닌 연구로 다음의 논문들을 제시하였다. 李相殷, 「退溪의 「格物·物格說 辯疑」 譯解」(『退溪學報』 3, 退溪學研究院,

이러한 연구가 진행되면서 제시된 퇴계 철학의 특성은 기(氣)에 내한
리(理)의 "우월성"과 "근원성"을 주창함7)으로써 "리(理)를 존귀한 것"으로
높이는 사유를 강하게 지니고 있다는 점8)이며, 나아가 인간에 내재된
자연의 이법에 따라 심성이 원만하게 실현되도록 하는 체용 공부 및
내재된 천명을 자각하고 이것을 표준과 출발점으로 삼아 도리에 대한
인식과 실천에 노력하는 공부를 그 학문의 내용으로 한다는 것9)이다.
이와 같은 평가는 퇴계 철학을 "주리적 문제의식" 속에서 "가치 지향적
성격"을 지닌 학문으로 파악10)하게 하는 것과 더불어 퇴계 철학의 리(理)
가 어떠한 능력 혹은 힘을 갖고 있는 개념이라는 점에 주목하도록 한다.11)

1974) ; 윤사순, 『退溪哲學의 研究』(서울 : 고려대학교 출판부, 1980) ; 裵宗鎬, 「退溪
의 宇宙觀」(『退溪學研究』 1, 단국대 퇴계학연구소, 1987) ; 柳正東, 「退溪선생의 致知
格物에 대한 認識論考察」(『退溪學報』 25, 退溪學研究院, 1980) ; 최영진, 「退溪에
있어서 理의 能動性에 관한 논리적 접근」(『玄潭柳正東博士華甲記念論叢』, 서울 : 玄
潭柳正東博士華甲記念論叢刊行委員會, 1981) ; 杜維植, 「朱熹의 理哲學에 대한 退溪
의 獨創的 解釋」(『退溪學報』 35, 退溪學研究院, 1982) ; 金永植, 「李滉의 理氣論과
新儒學傳統上에서의 그 位置」(『退溪學報』 81, 退溪學研究院, 1994). 그 외에도 다음의
연구를 참조할 수 있다. 김기현, 「退溪의 (理) 철학에 내재된 세계관적 함의」(『退溪
學報』 116, 退溪學研究院, 2004) ; 李明輝, 『四端與七情』(臺北 : 臺灣大學出版中心,
2005). 한편 전병욱의 「퇴계 철학에서 '理到'의 문제」(『東洋哲學』 38, 韓國東洋哲學會,
2012)에서는 퇴계 철학이 理의 능동성을 승인하지 않았다는 연구로 다음을 제시한
다. 劉明鍾, 「退溪學의 基本體系」(『退溪學研究』 3, 단국대 퇴계학연구소, 1989) ; 이승
환, 『횡설과 수설』(서울 : 휴머니스트, 2012). 또 퇴계 철학을 대상으로 理의 능동성
을 핵심 논제로 설정하는 것에 문제를 제기하는 연구 역시 발표되었다. 김상현,
「이황 철학의 리 이론에 대한 비판적 연구」(박사학위논문, 경북대학교 대학원,
2014), 8~49쪽 참조.
 7) 윤사순, 『퇴계 이황의 철학』(서울 : 예문서원, 2013), 283~286쪽 참조.
 8) 柳正東, 『退溪의 生涯와 思想』(서울 : 博英社, 1974), 72쪽, 77쪽 참조.
 9) 李光虎, 「李退溪 學問論의 體用的 構造에 관한 研究」(박사학위논문, 서울대학교
대학원, 1993), 72쪽, 76~77쪽 참조.
10) 윤사순, 『퇴계 이황의 철학』(서울 : 예문서원, 2013), 305~308쪽 참조.
11) 퇴계 철학의 理를 그것이 가진 능력, 힘이라는 측면에서 해명하고자 하는 문제의식
은 다음의 연구를 통해 확인할 수 있다. 이향준, 「이발설(理發說)과 은유 : 체험주의
적 분석의 필요성」(『범한철학』 43, 범한철학회, 2006), 70~73쪽 참조. 이곳에서
이향준은 윤사순의 연구(『퇴계 이황의 철학』, 서울 : 예문서원, 2013, 94쪽)에서
이미 퇴계의 理 개념에 함축된 '원리=원인=힘'이라는 은유적 구도에 대해 지적하였

즉, 퇴계 리(理) 철학은 가치 지향적 성격을 지닌 리(理)를 핵심 개념으로 하는 동시에 그 리(理)가 모종의 능력을 지니고 있다는 주장을 통해 고유성을 드러낸다는 것이다. 이를 통해 제기되는 퇴계 리(理) 철학 이해의 관건은 바로 가치 지향적 성격의 리(理)가 지닌 능력의 구체적인 의미에 대해 해명하는 것이다.

이 글은 바로 이 가치 지향적 성격의 리(理)가 지니고 있는 능력의 함의에 대하여 고찰하는 것을 목표로 한다. 그리고 그 함의를 살펴보기 위해 퇴계의 저술을 전체적으로 조망하고자 하며, 이를 통해 퇴계 철학을 '지선 지향의 리(理) 철학'으로 성격지울 수 있음을 선명히 드러내고자 한다.

이를 위해 이 글이 주목하는 첫 번째 측면은 바로 퇴계 철학에서의 리(理)가 그의 학문적 첫 저술로 간주되는 작품에서 천명(天命)으로 해석된다는 사실이다. 1553년 퇴계는 추만(秋巒) 정지운(鄭之雲, 1509~1561)의 「천명도(天命圖)」에 대한 개정 사항과 그 근거를 정리한 「천명도설후서(天命圖說後叙)」를 발표하는데, 이 글을 통해 퇴계는 자신의 천명관에 입각하여 리(理)에 대한 해석을 진행한다. 이러한 퇴계의 '천명으로서의 리(理)'에 대한 주목에 대해서 이 글에서는 그의 학문이 갖고 있는 가치 지향적 성격이 표출된 것으로 파악하고, 나아가 천명에 입각한 리(理) 해석을 기반으로 하여 다른 저술들에 반영된 퇴계의 리(理) 철학적 사유에 대한 이해를 시도할 것이다. 즉, 이 글은 퇴계 철학에서 주요 개념들이 서술되는 이면에 퇴계의 리(理)에 대한 사유가 기저로서 자리하고 있으며, 천명에 입각한 퇴계의 리(理) 해석을 통해 해당 개념들에 대해 분석할 수 있음을 보이고자 한다. 이는 '천명으로서의 리(理)'의 함의를 규명함으로써, 퇴계

으며, 이 '힘' 개념을 극단화할 경우 퇴계의 理 개념이 상제 개념에 근접해 간다는 것에 대해서는 이종우의 연구(「退溪 李滉의 理와 上帝의 관계에 대한 연구」, 『철학』 82, 한국철학회, 2005)에서 제시하였음을 밝히고 있다.

리(理) 철학에 대한 이해의 층위를 보다 다양화하는 동시에 궁극적으로 퇴계 철학의 가치 지향적 성격이 '천명으로서의 리(理)'를 통해 이론화되며 퇴계 철학에서 '리(理)의 명령'이라는 함의12)가 일관되게 해석될 수 있음을 보이려는 것이다. 이처럼 퇴계 천명관에 초점을 맞추는 것은 퇴계 리(理) 철학을 이해하는 데 핵심적인 부분으로 여겨지는 "리발(理發)"의 함의에 접근하기 위하여 "리발(理發)"이 제시된 퇴계 철학의 맥락에 주목하는 것이라고도 할 수 있다. 「천명도」는 퇴계의 "리발(理發)" 사유가 기반하고 있는 저술로서, 「천명도」를 「천명도설후서」에 준하여 해석한다면 사단(四端)을 "리발(理發)"이라고 하는 것이 리(理)를 천명으로 정의내림으로써 제시된 것일 가능성을 타진해볼 수 있도록 한다.

이와 관련하여 「천명도설(天命圖說)」을 "퇴계사상의 결정체"라고 해석한 이상은의 연구에서는 다음과 같은 언급이 발견된다. "퇴계는 '하늘이 즉 이치'란 정주철학의 근본 전제를 받아들이면서도 천(天)의 종교적·신적 의미를 그냥 보류하고 있는 것 같다. 이 점은 퇴계 철학의 이론적 모순같이 보이면서도 실은 그 철학의 심수한 일면을 보여주는 것도 되지 않는가 생각한다."13) 이곳에서 언급된 신(神)의 의미가 "기(氣)를 타고 출입하는 실체"14)이며 경외의 문제와 관련되어 있음을 염두에 둔다면, 천명과 경(敬)을 통해 리(理)가 갖고 있는 어떠한 능력에 대해 해명될 수 있음을 알 수 있다. 이와 같은 접근은 퇴계의 리(理)에서 "하나의

---

12) 천명 개념을 통해 '명령'의 의미를 읽어내는 것은 다음과 같은 해석을 통해 확인할 수 있다. "인간의 존재근거이자 존재법칙으로서 인간이 마땅히 실천해야 할 본래적 가치인 천명은, 자아의 내면적인 자각에 의하여 당위적인 사명으로 구체화"된다는 것이다. 이 글에서 주목한 '명령'은 곧 인간이 마땅히 실천해야 하는 것에 대한 "당위적 사명"이라는 측면에서 이해할 수 있다. 송인창, 『천명과 유교적 인간학』(서울 : 심산, 2011), 145쪽 참조.

13) 李相殷, 『退溪의 生涯와 學問』(서울 : 瑞文堂, 1973), 220쪽.

14) 이상은은 퇴계가 제사의 대상으로서의 귀신, 사람의 정신과 혼백, 천에 있는 신을 모두 理가 기를 타고 출입하는 실체라고 보았다고 해석한다. 李相殷, 『退溪의 生涯와 學問』(서울 : 瑞文堂, 1973), 262~263쪽 참조.

궁극적인 것, 생생하는 창조의 논리적인 것, 명령은 하되 명령받지 않는 것의 절대성이나 신성성"을 읽어내는 유정동의 시도[15]와 퇴계 철학이 "종교적 천명사상"에까지 이르렀다는 배종호의 평가[16]에서도 발견된다. 그리고 이러한 해석은 퇴계 철학에서 상제가 갖는 함의에 주목하는 연구를 통해서도 강조된다. 구체적으로 퇴계의 이학(理學)과 심학(心學), 성학(聖學)을 모두 상제학(上帝學)이라고 할 수 있음을 주장함으로써 천(天), 상제(上帝), 리(理), 태극(太極)을 초월적 실재로, 성(性), 인극(人極), 성인(聖人)을 마음속에 내재하는 실재로 이해하는 김형효의 연구[17]가 있다. 또한 유학과 기독교의 융합이 유학의 상제관을 중심으로 가능했다는 이해를 바탕으로 하여 그 연원으로서 퇴계의 상제관을 검토한 이광호의 연구에서는 상제가 진리로서의 리(理)와 그 리(理)의 주재성을 강조하기 위해 사용된 것이라는 측면에서 퇴계 상제관을 설명하였다. 특히 이 연구에서는 상제가 태극·리(理)의 특정 의미에 초점을 맞춘 것이라는 점을 드러냄으로써 이를 통해 리(理)의 초월적이면서도 내재적인 성격을 보다 강조할 수 있었던 것으로 해석하였다.[18] 이후 퇴계에게서 상제의 의미를 리(理)와 선(善)의 관계 속에서 고찰한 연구[19]와 상제와 외경의 관계에 주목한 연구,[20] 나아가 리발(理發)에서 리(理)의 의미를 상제로

---

15) 柳正東, 「退溪哲學의 尊理精神과 敬思想」(『東洋哲學의 基礎的 研究』, 서울 : 成均館大學校出版部, 1986), 619쪽.

16) 裵宗鎬, 「退溪의 宇宙觀」(『退溪學研究』 1, 단국대 퇴계학연구소, 1987), 12~13쪽 참조.

17) 김형효, 「퇴계 성리학의 자연 신학적 해석」(『退溪의 사상과 그 현대적 의미』, 서울 : 韓光文化社, 1997), 137쪽 참조.

18) 李光虎, 「上帝觀을 중심으로 본 儒學과 基督敎의 만남」(『儒敎思想研究』 19, 한국유교학회, 2003), 547~555쪽 참조.

19) 이종우, 「退溪 李滉의 理와 上帝의 관계에 대한 연구」(『철학』 82, 한국철학회, 2005).

20) 김형찬, 「내성외왕(內聖外王)을 향한 두 가지 길-퇴계(退溪)철학에서의 리(理)와 상제(上帝)를 중심으로-」(『철학연구』 34, 고려대학교 철학연구소, 2007).

해석한 연구[21] 역시 진행된다. 그리고 한편으로는 퇴계의 경을 외경으로 풀이하면서, 이 외경의 정신 근저에는 천명에 대한 외경이 놓여 있다는 해석도 이루어진다.[22] 이러한 연구들을 통해 발견되는 퇴계의 리(理)에 대한 해석의 특징은 리(理)가 지닌 능력의 함의를 상제, 천명과의 관계 속에서 해명하려는 시도가 이어져왔다는 것이다. 이 글은 바로 리(理)가 지닌 능력, 힘에 대해서 상제, 천명의 측면에서 해명해온 연구의 문제의식에 기초한다.

다음으로 '천명으로서의 리(理)'라는 차원에서 퇴계 철학을 바라보았을 때, 퇴계가 리(理)를 천명으로 해석한 이유를 살펴볼 수 있는 또 하나의 구절로서 다음에 주목해볼 수 있다.

나 황은 주선생이 중용의 뜻을 풀이하면서 "중용은 편벽되지 않고 치우치지 않으며 지나침이나 미치지 못함이 없는 평범하고 일상적인 리(理)이니, 바로 천명이 마땅히 그러한 바로서 정미한 극치이다."라고 한 것을 항상 애모하였습니다. 대저 이 도리는 온전히 일용처에서 널리 저 안에 있으면서 그 경중, 장단, 대소의 준칙에 각각 딱 맞는 곳이 있지 않음이 없습니다. 이것이 "정미한 극치"라는 것으로, 『대학』의 지선이 이것입니다.[23]

---

21) 이향준, 「理發說의 은유적 해명」(『철학』 91, 한국철학회, 2007). 특히 이 연구의 다음과 같은 언급을 참조할 수 있다. "이황의 리발설은 양심의 도덕성에 대한 정교한 철학적 은유이고, 이황의 상제는 이 양심의 우주적 확장 형태로 제시된 것이다. … 리는 인간 개인의 양심에 근거한 도덕성, 인간 이외의 존재들이 갖는다고 가정된 도덕성, 우주 자체의 도덕성을 포괄하는 개념이다. 이것이 이황의 리 개념을 개인의 내면성 속으로 근접시킬수록 양심의 의미에 근접해 가고, 우주적 도덕성의 근원이란 차원으로 잡아당길수록 상제 개념에 근접해 가는 이유이다." 인용문은 46~47쪽.

22) 김기현, 「퇴계의 敬사상 ; 畏敬의 삶의 정신」(『退溪學報』 122, 退溪學研究院, 2007).

23) 『退溪先生文集』 권37, 「答李平叔」(1569.5~7). "滉常愛朱先生解中庸之義曰, '中庸者, 不偏不倚無過不及, 而平常之理, 乃天命所當然, 精微之極致也.' 大抵此道理, 全在日用

　이는 1569년 퇴계 나이 69세에 문인에게 준 서간의 글로서, 여기에서 퇴계는 주자가 천명(天命)과 소당연(所當然)이라는 개념을 통해 해설한 중용(中庸)의 의미를 지선(至善)과 결부시켜 통합적으로 이해함으로써 퇴계 자신이 주자 철학에서의 리(理)를 어떠한 관점 속에서 이해하고자 하였는지 살펴볼 수 있도록 한다. 이 글에서는 이것이 퇴계가 자신의 학문적 관심이 도리, 중용, 지선의 층위에 있음을 표명한 것으로 간주한다. 이는 또한 1553년 「천명도(天命圖)」를 통해 표출되었던 천명으로서의 리(理)가 1569년에 다시 도리, 중용, 지선과의 연관성 속에서 다루어지고 있다는 해석을 가능하게 한다. 이러한 측면에서 이 글은 퇴계가 지선 실현이라는 학문적 목표 아래 리(理)를 천명으로 정의내리고, 인간에 대한 리(理)의 위상을 정립하였으며, 리발(理發)과 리자도(理自到) 등의 명제로 리(理)의 가치 실현 지향성을 드러내고 있음에 주목할 것이다. 이는 결국 퇴계 철학에서의 리(理)가 가진 능력이 '지선 지향'이라는 측면에서 해석될 수 있음을 보이려는 것이다.

　마지막으로 이 글은 퇴계 철학의 핵심을 인간 심성(心性)에 대한 성찰로 파악하려는 기존 연구의 시각[24]을 참고로 하면서도, 퇴계의 심에 대한

　　處, 平鋪地在那裏, 其輕重長短大小之則, 莫不各有恰好處, 此所謂'精微之極致', 而『大學』之至善, 是也."
　　* 이 책에서 인용하고 있는 퇴계의 글에 대한 번역은 『退溪全書』(서울 : 退溪學研究院, 1991~2000)를 토대로 하여, 필요에 따라 수정을 가한 것이다.
24) 이와 관련하여 "퇴계의 철학적 완성이라고 할 수 있는 『성학십도』가 마음을 중심으로 우주의 원리와 인간의 원리를 통섭하는 구조"로 이루어져 있음을 통하여 "그 구조 속에서 우주의 원리와 인간의 원리, 그리고 양자간에 유의미하게 연관성을 맺을 수 있는 존재론적 기반이 결국 마음에 의존하고 있다는 결론"을 내리는 연구를 참조할 수 있다. 김종석, 『퇴계학의 이해』(서울 : 일송미디어, 2001), 142쪽 참조. 다만 이러한 시각은 퇴계 철학을 심학으로 규정하는 것에 대한 기존의 논의 속에서 이해할 수 있는데, 심학이라는 시각에서 퇴계 철학에 대한 접근을 시도한 연구들에 대해서는 다음을 통해 확인할 수 있다. 홍원식, 「退溪 心學과 『心經附註』」(『民族文化論叢』 30, 영남대학교 민족문화연구소, 2004), 70~75쪽 ; 최재목, 『퇴계 심학과 왕양명』(서울 : 새문사, 2009), 23~43쪽 참조.

이해 역시 리(理)에 대한 이상과 같은 이해를 기반으로 하고 있음을
보이고자 한다. 이는 리(理)를 심체(心體)로 환원시킴으로써 '천명으로서
의 리(理)'가 인간 자신의 도덕적 역량으로 이해되도록 한 퇴계의 사유까지
를 '리(理) 철학'으로 규정하여 다루고자 한다는 것이다. 다시 말해 이
글에서는 퇴계가 인간의 지선 실현, 즉 도덕 실천을 천명으로서의 리(理)
의 명령에 따르는 것이라고 보았으며, 이러한 사유 위에서 도덕 실천이
인간 자신의 심으로부터 기인하는 도덕적 명령을 수행하는 것이라고
해석한 것임을 보임으로써, 궁극적으로 퇴계의 리(理) 철학이란 도심(道
心)의 자기 정합적, 나아가 자기완성적 완결을 위한 체계임을 드러내고자
한다.

　이 글은 이와 같은 문제의식에 입각하여 퇴계 철학이 전개된 양상을
시기 순으로 검토하고자 한다. 이는 연보 연구의 중요성 측면[25]에서
사유궤적에 대한 추적의 방법으로 퇴계 리(理) 철학에 대해 분석함을
뜻한다. 퇴계에 대한 연보 연구는『퇴계선생연표월일조록(退溪先生年表月
日條錄)』[26]이라는 연구가 이루어졌을 만큼 큰 진전이 있는데, 본 연구에서
는 이러한 기존 연구를 토대로 현전하는 퇴계의 주요 저술을 시기 순으로
검토하여, 이를 통해 드러나는 퇴계 리(理) 철학적 사유의 궤적을 추적하
고자 한다. 따라서 이 글은 1553년 작성된「천명도설후서」를 통한 퇴계의
「천명도」를 분석을 시작으로, 1550년대 중반 이후 진행된 퇴계의 진헌장
(陳獻章)·왕수인(王守仁) 등에 대한 비판 및 이 시기 편찬된『주자서절요(朱
子書節要)』,『송계원명이학통록(宋季元明理學通錄)』,「정재기(靜齋記)」를 검
토한 뒤, 1560년을 전후로 전개된 사칠논변, 1566년을 전후로 전개된
물격(物格)에 대한 논의를 살펴볼 것이다. 마지막으로는 1566년에 작성된

　25) 서대원,「尤庵 宋時烈 先生의 理學 硏究에 대한 一考察－年譜 연구의 중요성－」(『동서
　　　철학연구』48, 한국동서철학회, 2008).
　26) 鄭錫胎 編著,『退溪先生年表月日條錄』1~4(서울 : 退溪學硏究院, 2001~2006).

「심무체용변(心無體用辯)」과 1568년 완성된 「무진육조소(戊辰六條疏)」와 『성학십도(聖學十圖)』의 "성학(聖學)" 관련 언급에 주목하여 그의 사유가 전개된 양상과 함께 퇴계 리(理) 철학의 구조를 이해해보고자 한다.[27]

이 글은 퇴계의 리(理)에 대한 사유가 그의 주요 개념과 저술을 통해 어떠한 형태로 표출되었는지 살펴봄으로써 그의 철학 전반에 기저로서 자리하고 있는 리(理)의 함의를 해명하고자 한다. 이를 위해 이 글은 다음과 같이 구성된다.

II장에서는 1553년 작성된 「천명도설후서」를 통해 퇴계의 「천명도」를 분석함으로써 퇴계 리(理) 철학의 기반으로서 퇴계 천명관에 주목하여 그 의미를 살펴볼 것이다. 이는 퇴계의 리(理)에 대한 사유가 공식적인 저술 형태로 처음 공개된 「천명도」를 통해 퇴계의 천명관을 검토하는 것으로, 이후 전개될 퇴계 리(理) 철학의 기반이 되는 사유에 대해 규명하는 것을 목표로 한다. 이를 위해 퇴계 「천명도」가 그의 철학에서 가지는 위상을 살펴보기 위하여 퇴계의 학문 저술 전체를 조망하고, 아울러 16세기 조선에서 완성된 여러 「천명도」를 살펴봄으로써 퇴계 「천명도」의 성립의 의미를 밝힐 것이다. 또한 「천명도」가 근거하고 있는 『중용』과 「태극도」 사유와의 연관성을 검토함으로써 퇴계 천명관의 경전적·철학적 근거를 살펴볼 것이다. 이를 통해 본 장에서는 퇴계의 리(理) 철학적 사유가 표출된 첫 개념인 천명의 함의를 밝히고, 이후 살펴볼 퇴계의 경(敬), 사단(四端)·지선(至善), 심(心)에 관한 논의의 기반이 되는 사유를 제시하도록 하겠다.

III장에서는 1550년대 중반 이후 진행된 퇴계의 진헌장·왕수인 등에 대한 비판, 『연평답문(延平答問)』·『심경부주(心經附註)』 독서를 통해 형성

---

27) 퇴계 철학의 변천과정에 주목한 연구로 다음을 참조할 수 있다. 柳正東, 「退溪哲學의 尊理精神과 敬思想」(『東洋哲學의 基礎的 硏究』, 서울 : 成均館大學校出版部, 1986), 606~610쪽 참조.

된 문제의식, 『송계원명이학통록』의 구성 등에서 발견되는 주자학에 대한 퇴계의 경(敬) 본위 해석 양상을 검토할 것이다. 또한 1556년 완성된 「정재기」와 앞서 살펴본 퇴계의 천명관을 통해 경에 담겨 있는 퇴계 리(理) 철학에서의 함의를 해명할 것이다. 나아가 퇴계 천명관이 천인(天人) 관계에 대한 성찰에 기반을 둔 것임에 주목함으로써, 이러한 성찰 위에서 경의 함의를 살펴보았을 때 퇴계 철학에서 경의 본 의미가 온전하게 파악될 수 있다는 측면에서 논의를 진행할 것이다. 이는 곧 천명으로서의 리(理)와 인간의 관계 속에서 정립된 경의 의미에 대한 고찰로 나아간다.

IV장에서는 1560년을 전후로 시작된 사칠논변과 1566년을 전후로 시작된 물격(物格)에 대한 논의를 "리발(理發)"과 "리자도(理自到)" 해석에 초점을 맞추어 분석할 것이다. 이는 천명과 경에 대한 퇴계의 리(理) 철학적 해석이 궁극적으로 구체적인 삶 속에서 지선으로의 실현을 지향하는 리(理)를 기반으로 하여 진행된 것이라는 이해 위에서, 퇴계의 사단에 대한 리발 해석과 물격에 대한 리자도 해석의 의미를 고찰하는 것이다. 이를 위해 우선 사단과 지선이 『대학(大學)』과 『맹자(孟子)』를 통해 천(天)-사덕(四德)-사단(四端), 천(天)-명덕(明德)-지선(至善) 구조 속에서 이해될 수 있음을 보일 것이다. 이후 퇴계의 "리발"이 언급된 맥락을 살피고 그것이 「천명도」에서 논의된 것임에 주목함으로써 사단의 소종래(所從來)로서의 리(理)가 곧 천명으로서의 리(理)라는 점에 초점을 맞출 것이다. 이를 통해 소종래로서의 리(理)가 천명으로서의 리(理)로 이해되었을 때 연계되어 도출되는 "리발"의 의미를 밝히고자 하였다. 다음으로 퇴계의 "리자도"가 언급된 맥락을 살피고 그것이 지선을 중심으로 논의된 것임에 초점을 맞춤으로써, 지선으로 전개되는 리(理)와 인간에게 알려지는 지선이라는 측면에서 "리자도"의 의미를 해명해볼 것이다. 이 역시 천명과 지선의 관계에 주목하는 퇴계의 사유에 입각하여 천명으로서의 리(理)를 통해 "리자도"가 어떻게 이해될 수 있는지에 대해서 해석해볼 것이다.

마지막으로 Ⅴ장에서는 1566년을 전후로 표출된 심(心)에 대한 퇴계의 체용(體用)에 입각한 이해를 살펴보고, 아울러 1568년 완성된 「무진육조소」와 『성학십도』를 통해 퇴계가 정립하고자 하였던 "성학(聖學)"의 의미를 살펴볼 것이다. 우선 심에 체용이 있다는 논의에서 제시되는 퇴계의 리(理)와 심의 관계에 대한 성찰을 살펴봄으로써, 천명으로서의 리(理)와 심, 경에서의 리(理)와 심, 리발과 리자도에서 언급된 리(理)와 심의 관계를 다시 검토할 것이다. 나아가 이러한 심에 대한 퇴계의 이해가 성학이라는 학문으로 정립되며, 이러한 성학이 도심(道心)의 측면에서 어떻게 해석될 수 있는지에 대해서 살펴볼 것이다.

Ⅱ. 퇴계 리(理) 철학의 이론적 기반 : 천명관(天命觀)

1. 퇴계 「천명도(天命圖)」 성립

1) 퇴계 「천명도」 성립 배경

퇴계(退溪) 이황(李滉, 1501~1570)은 리(理)에 대한 참된 앎과 이에 대한 실현을 중시한 유학자로 여겨진다.[1] 이는 퇴계의 학문에 대한 다음과 같은 언급에서 확인된다.

경(敬)함을 근본으로 삼아 리(理)를 궁구해서 앎을 지극하게 하고 자신에 게 돌이켜서 실질을 실천하는 것이 바로 심법에 적절히 부합하면서 도학을 전수하는 요법입니다. 제왕과 일반 사람들이 어찌 차이가 있겠습니까.[2]

---

1) 李光虎, 「李退溪 學問論의 體用的 構造에 관한 研究」(박사학위논문, 서울대학교 대학원, 1993), 74쪽 참조.

2) 『退溪先生文集』권6, 「戊辰六條疏」(1568.8.7), "至如敬以爲本, 而窮理以致知, 反躬以踐 實, 此乃妙心法而傳道學之要, 帝王之與恒人, 豈有異哉." 이는 사실 黃幹(1152~1221)의 「朱子行狀」에 보이는 구절("其爲學也, 窮理以致其知, 反躬以踐其實. 居敬者, 所以成始 成終也. 謂致知不以敬, 則昏惑紛擾, 無以察義理之歸, 躬行不以敬, 則怠惰放肆, 無以致義 理之實.")에 입각하여 표명된 것으로, 「朱子行狀」에 대한 퇴계의 주목은 『宋季元明理 學通錄』에서 확인된다. 이러한 구도로 학문을 설명하는 것은 이 외에도 『退溪先生文 集』권41, 「傳習錄論辯」("亦不聞朱子所謂'主敬以立其本, 窮理以致其知乎.' 心主於敬, 而究事物眞至之理, 心喩於理義, 目中無全牛, 內外融徹, 精粗一致. 由是而誠意正心修身, 推之家國, 達之天下, 沛乎不可禦.")과 『退溪先生文集』권36, 「答李宏仲問目」("主敬以立 其本, 窮理以致其知, 反躬以踐其實, 三者之功, 互進積久, 而至於眞知其如此, 眞知其不可

그는 거경(居敬)을 통한 공부(工夫)를 근본으로 여기면서 리(理)를 중심으로 사유를 체계화하였고 이를 실제로 실천하는 것을 중시하였으며, 이를 위해 주자(1130~1200)의 학문을 준거로 삼았다. 나아가 이러한 학문을 제왕에게만 국한시키지 않는 이론적 해석의 여지를 제시하고 있는데, 이와 같은 측면은 향약(鄕約)과 원규(院規)의 작성, 서원(書院) 창설의 활동 등을 통해서도 확인된다.3) 퇴계는 이러한 맥락 속에서 주자의 학문은 물론 그 사유의 형성 배경과 전파에 대해 학문적 관심을 갖고 있었으며, 16세기 당대까지 이어진 주자 학문의 전개 양상을 파악하기 위해 많은 노력을 기울였다. 그리고 이는 송, 원, 명 시기 중국 학술계에 대한 검토와 함께 조선의 앞선 학자들에 대한 평가, 동시대 학자들과의 교류로 이어졌다. 이러한 퇴계의 학문적 열정은 그의 왕성한 학문 활동으로 표출되는데, 이는 당대 학자들과의 논의가 담긴 서간문을 포함하여 그가 남긴 수많은 저술에서 살펴볼 수 있다.4)

사실 퇴계가 주자의 학문을 직접 접할 수 있게 된 것은 1543년『주자대전(朱子大全)』독서를 통해서이다. 물론 그 이전에도『사서대전(四書大全)』,『오경대전(五經大全)』,『성리대전(性理大全)』을 비롯하여『심경부주』등의

如此, 則庶可免矣.") 등에서 발견되는데, 특히「傳習錄論辯」을 통해서는 이 구도가 주자의「程氏遺書後序」("讀是書者誠能主敬以立其本, 窮理以進其知, 使本立而知益明, 知精而本益固, 則日用之間, 且將有以得乎先生之心, 而於疑信之傳可坐判矣.")에서부터 피력된 것임을 확인할 수 있다.

3) 이와 관련하여 살펴볼 수 있는 퇴계의 저술로는『退溪先生文集』권42의「鄕立約條序【附約條】」(1556.12),『退溪先生文集』권41의「伊山院規」(1559.8),『退溪先生文集』권4의「書院十詠」(1565.2) 등이 있다.

4) 퇴계의 저술로는 그의 문집에 실린 글들과『自省錄』,『朱子書節要』,『宋季元明理學通錄』,『啓蒙傳疑』,『古鏡重磨方』,『四書釋義』・『三經釋義』,『聖學十圖』등이 전한다. 또한 문인들에 의해 기록된 언행록 류의 문헌이 있으며,『心經附註』,『通書』,『家禮』등에 대한 퇴계의 설명을 기록한 자료 역시 발견된다. 특히 최근까지 보고된 퇴계의 시문은 2,312수, 서간은 190여 명에게 보낸 3,120통, 기타 산문은 280편이다. 鄭錫胎,「『退溪集』의 體裁와 그 意味」(『東洋哲學』33, 韓國東洋哲學會, 2010), 7쪽 참조.

문헌을 통해 주자의 글을 접하였지만,5) 주자 학문의 구체적인 형성 과정과 문제의식을 파악함으로써 그 전모를 구성해낼 수 있는 것은 『주자대전』에 대한 독서를 거침으로써 가능하였다. 퇴계는 『주자대전』을 처음 읽었을 때의 심정을 다음과 같이 회고한다.

나는 젊어서부터 (학문에) 뜻을 두어 학문에 대한 노력이 없었다고는 말할 수 없지만, 명철한 스승, 벗과 함께 의문을 논란하거나 의혹을 변별하지 못하여 도리에 대해 적확한 견해가 전혀 없었다. 학문이 충분하지 못한 채 갑자기 벼슬길에 올라, 더욱 평소 학업에 전일하지 못하였는데, 『주자대전』을 읽은 이후로 조금 본 곳이 있게 되었다.6)

신 황은 이에 이러한 책(『주자대전』)이 있다는 것을 알게 되어 구하여 얻었지만 여전히 어떠한 책인지 알지 못하였습니다. 병으로 관직에서 물러나 계상으로 돌아와서야 문을 닫고 조용히 머물면서 그 책을 읽을 수 있었습니다. 이로부터 그 말에 의미가 있고 그 뜻이 무궁하다는 것을 조금씩 알게 되었는데 서찰에 있어 더욱 감발되는 바가 있었습니다.7)

---

5) 이와 관련하여 15세기와 16세기 조선에서 간행·유통된 문헌과 관련해서는 다음의 논문을 참조할 수 있다. 禹貞任, 「조선전기 性理書의 간행과 유통에 관한 연구」(박사학위논문, 부산대학교 대학원, 2009). 특히 주자의 저술에 관해서는 다음의 논문을 참조할 수 있다. 최경훈, 「朝鮮前期 朱子 著述의 刊行에 관한 硏究」(『書誌學硏究』 42, 韓國書誌學會, 2009).

6) 『退溪先生年譜補遺』 권1, (嘉靖)二十二年癸卯[先生四十三歲] 條. "先生曰, '余自少有志, 不可謂無學問之功, 然不得與明師友難疑辨惑, 於道理殊無的見. 學未優而遽至登仕, 則又不專於素業矣, 自讀『朱子大全』後, 稍有見處.'" 이는 雪月堂 金富倫(1531~1598)의 기록이다.

7) 『退溪先生文集』 권42, 「朱子書節要序」(1558.4). "臣滉於是, 始知有是書而求得之, 猶未知其爲何等書也. 因病罷官, 載歸溪上, 得日閉門靜居而讀之. 自是, 漸覺其言之有味, 其義之無窮, 而於書札也, 尤有所感焉."

1543년 이후 퇴계는『주자대전』에 대한 집중적 연구의 시간을 가지면
서, 주자의 학문을 통해 기존에 자신이 이해하고 있던 유학의 내용을
보다 정교하게 체계화할 수 있었고, 이는 그 가운데서도 특히 주자서(朱子
書) 독서에 힘입은 것으로 보인다. 그리고 퇴계는 이러한 확신의 연장선상
에서 주자 학문의 연원과 전개 양상에 대하여 관심을 확장시켜 나간다.
이와 관련하여 퇴계는 1551년 이러한 자신의 학문적 지향과 이에 대한
자신의 시각을 피력한 시문(詩文)을 남긴다. 이 시는 송대 이후 중국과
조선의 학술에 대해 전반적으로 조망한 것으로, 이 시기 퇴계가 갖고
있었던 학문적 시야가 훗날 어떠한 형태로 표출되었는지 엿볼 수 있게
해준다.

주렴계와 이정 같은 여러 철인들 모두 용이 되어 날아가 버리고,
호남의 장남헌과 복건의 주자 같은 현인들 역시 봉황이 되어 날아가
버렸네.
입과 귀에만 의지하여 흘러 전해졌다 한탄하지 말게나,
나중에 나온 학자들도 위대하여 같은 데로 돌아갔다오.[8]

1543년『주자대전』에 대한 독서를 시작한 이래, 퇴계는『주자대전』
가운데 주자서에 특히 관심을 가졌고, 이러한 관심의 결과물로 1556년
『주자서절요(朱子書節要)』를 완성하며, 그에 대한 서문인「주자서절요서
(朱子書節要序)」역시 작성한다.『주자서절요』는 퇴계가 직접 주자의 글들
을 독해한 뒤, 방대한 분량의 주자서 가운데 일부를 절략하여 편집한

---

8)『退溪先生文集』권2,「閒居. 次趙士敬·具景瑞·金舜擧·權景受諸人唱酬韻.」(1551.1월
  하순). "濂·伊群哲皆龍逝, 湖·建諸賢亦鳳飛. 莫嘆流傳資口耳, 後來作者偉同歸."
  * 이 글에서 인용하고 있는 퇴계 시문에 대한 번역은 모두 이장우·장세후 옮김,
  『퇴계시 풀이』(경북 : 영남대학교출판부, 2007~2011)를 토대로 하여, 필요에 따라
  수정을 가한 것이다.

책으로, 주자의 학문을 바라본 퇴계의 시야를 살펴볼 수 있는 주요한 연구 결과물이라고 할 수 있다. 우선 이 시를 통해서는 퇴계가 염계(濂溪) 주돈이(周敦頤, 1017~1073)와 이정(二程, 明道 程顥, 1032~1085 ; 伊川 程頤, 1033~1107)을 주자 학문의 대표적 연원이라고 보았으며, 남헌(南軒) 장식 (張栻, 1133~1180)을 주자와 학문적 뜻을 함께한 학자로 평가하였음을 알 수 있다. 이러한 맥락에서 퇴계는 주자의 학문이 기반하고 있는 학문적 배경에 관심을 가진다. 나아가 이러한 관심은 1552년『연평답문』 에 대한 독서로 이어지게 되어 퇴계는 주자의 학문이 형성되는 데 있어 연평(延平) 이통(李侗, 1093~1163)의 영향이 적지 않았다는 판단을 내리게 된다.『연평답문』은 연평과 주자 사이에 있었던 서간을 주자 스스로 정리한 책으로, 퇴계는『연평답문』에 대한 편집을 직접 진행하고, 이 책을 접하게 된 경위와 이를 통해 얻게 된 사유의 내용을 「연평답문후어(延 平答問後語)」[9]와 「연평답문발(延平答問跋)」[10]로 남긴다. 또한 1562년에는 주자가 스스로의 학문적 연원을 밝힘으로써 일종의 학술사적 저술로서 남긴『이락연원록(伊洛淵源錄)』의 간행에 깊이 관여하기도 하며, 이정의 어록인『전도수언(傳道粹言)』을 간행하면서 그에 대한 발문 「전도수언발 (傳道粹言跋)」[11]을 작성하기도 한다. 이처럼『주자대전』의 독서를 계기로 주자의 학문을 직접 대면하게 된 퇴계는 그 학문의 내용은 물론 주자의 학문이 형성되는 데 기반이 되는 사유들에 대해서도 지속적인 관심을 가진다. 그리고 이러한 문헌의 간행과 전파를 포함하여 특정 문헌에 대한 해석의 시야까지 제시함으로써 주자의 학문에 대한 자신의 확신을 학문적으로 뒷받침해 나갔다.

퇴계는 주자의 학문에 대한 비판적 시각이 존재하고 있었다는 사실

---

9) 『退溪先生文集』 권43, 「延平答問後語」(1553.11.8).
10) 『退溪先生文集』 권43, 「延平答問跋」(1554.9.16).
11) 『退溪先生文集』 권43, 「傳道粹言跋」(1562.3.29).

역시 인지하고 있었다. 위의 시에 나오는 "입과 귀에만 의지하여 흘러 전해셨다[流傳資口耳]"는 구절이 그것이다. 이것은 아마도 『심경부주』 마지막 부분에 등장하는 원대 초려(草廬) 오징(吳澄, 1249~1333)의 발언을 염두에 둔 것으로 보이는데, 이 시에 대한 주석을 통해 확인할 수 있다.

주자 문하의 말학이 흘러 입으로 말하고 귀로 듣기만 하는 폐단이 되어버렸다고 초려 오징과 같은 학자들이 많이 근심했지만 송말과 원·명 시기를 두루 고찰해 보면, 주자의 학문으로 전하여 서로 주고받아 우뚝하게 얻은 사람이 많으니 폐단으로 흐른 것을 본래의 실질이 병들었다 할 수는 없다.12)

오초려 비판의 핵심은 덕성 중심의 학문이 아닌 기송(記誦)·사장(詞章)의 속학(俗學)과 다를 것이 없어진 가정(嘉定) 연간(1208~1224) 이후의 학술 경향에 있었다.13) 그러나 퇴계는 남송·원·명 시기에 이어진 주자 학문의 전개 양상을 살펴보면 그러한 비판이 주자 학문 자체에 내재된 위험성에서 기인한 것은 아니라고 파악한다. 그리고 그 근거로 주자 이후 등장하여 그 학문을 계승한 학자들의 등장을 언급한다. 아마도 이것은 주자 학문을 올바르게 계승하였다고 판단한 학자들을 염두에 둔 것으로 보이는데, 『퇴계선생문집고증(退溪先生文集攷證)』의 해석에 따르면14) 송대의 서산(西山) 진덕수(眞德秀, 1178~1235)와 노재(魯齋) 왕백

---

12) 『退溪先生文集』권2, 「閒居. 次趙士敬·具景瑞·金舜擧·權景受諸人唱酬韻.」(1551.1월 하순). "朱門末學, 流爲口耳之弊, 草廬諸公, 多以爲憂, 然歷攷宋末·元·明之際, 以朱學傳相授受, 卓然有得者多, 不可以流弊爲本實病也."

13) 이와 같은 초려 오징의 비판은 『心經附註』, 「尊德性齋銘」에 대한 부주 부분에 보인다. "夫旣以世儒記誦·詞章爲俗學矣, 而其爲學, 亦未離乎言語·文字之末, 此則嘉定 以後, 朱門末學之蔽, 而未有能救之者也. 夫所貴乎聖人之學, 以能全天之所以與我者爾. 天之與我, 德性是也. 是爲仁·義·禮·智之根株, 是爲形質血氣之主宰, 舍此而他求, 所學 何學哉." 이 글은 『吳文正集』권40, 「尊德性道問學齋記」에서도 볼 수 있다.

(王柏, 1197~1274), 명대의 경헌(敬軒) 설선(薛瑄, 1389~1464)이 이에 해당한다.15) 이러한 판단을 기반으로 하여 퇴계는『주자서절요』를 완성한 뒤, 1557년 무렵부터 남송·원·명 시기 학자들에 대한 계보학적 저술을 편찬한다. 이것이 바로『송계원명이학통록』이다. 이와 더불어 1562년에는 주자 문인들을 정리한 사탁(謝鐸, 1435~1510)의 저술인『이락연원속록(伊洛淵源續錄)』을『이락연원록』과 합편 간행한 책에 대한 발문인「이락연원록발(伊洛淵源錄跋)」16)을 작성하며, 이를 증보한 양렴(楊廉, 1452~1525)의『이락연원록신증(伊洛淵源錄新增)』간행에도 관여한다. 이러한 주자 학문의 연원과 전개 양상에 대한 퇴계의 학문적 검토는 훗날 북송 주렴계로부터 횡거(橫渠) 장재(張載, 1020~1077), 남송의 주자와 왕로재, 남당(南塘) 진백(陳柏), 원대 임은(林隱) 정복심(程復心, 1257~1340), 그리고 조선의 양촌(陽村) 권근(權近, 1352~1409) 등의 도설을 중심으로 북송의 귀산(龜山) 양시(楊時, 1053~1135), 남송의 쌍봉(雙峰) 요로(饒魯, 1194~1264), 진서산, 원대의 오초려, 그리고 퇴계 자신의 언설을 함께 모은『성학십도』17)의 편찬으로 완결된다. 이처럼 퇴계는 주자 이후 주자 학문의 전개 양상에 주목하고 있었고, 궁극적으로 자신의 학술사적 위상을 이러한 일련의 흐름 위에서 정립하고자 하였다. 한편 퇴계는 원대 유학에 대해서도 어느 정도 자신의 시각을 갖고 있었다.

---

14)『退溪先生文集攷證』권2, 閒居云云 條. "作者 : 如眞西山·王魯齋·薛文淸諸公."『退溪先生文集攷證』은 蘆厓 柳道源(1721~1791)에 의해 작성된 것이다.

15) 참고로 퇴계는 진서산의『心經』, 왕노재의「敬齋箴圖」를 중시하였으며, 설경헌에 대해서는 "眞知力踐", 즉 참으로 알고 힘써 실천하였던 학자로 평가하면서 경을 중시하였다는 측면에서 우호적인 입장을 피력하였다.『退溪先生文集別集』권1,「韓士炯【胤明】往天磨山讀書, 留一帖求拙跡, 偶書所感寄贈.」(1554.12). "眞知力踐薛文淸, 錄訓條條當座銘. …【右, 薛文淸『讀書錄』.】";『李子粹語』권4,「聖賢」. "皇明學者, 大抵皆有蔥嶺氣味, 獨薛文淸眞得聖賢宗旨. 又曰, '文淸之學, 平生用功, 都在敬字上.'"

16)『退溪先生續集』권8,「伊洛淵源錄跋」(1562.3.25).

17)『退溪先生文集』권7,「進聖學十圖箚【幷圖】」(1568.12.16). 이후 인용표기는『聖學十圖』로 한다.

　　원의 오랑캐가 중국 더럽힌 것이 몇 해나 되었던가,

　　이 문화는 그래도 한 차례 새로움을 얻었다네.

　　가련하게도 사악한 행위 이 지경에 이르렀건만,

　　산림에서 도학을 강론하는 이 끊이지 않았네.[18]

　퇴계는 원대 유학에 대해 부정적이지 않은 평가를 내린다. 이는 이 시기동안 남송 경원(慶元) 연간(1195~1200)에 있었던 위학지금(僞學之禁)과 같은 주자의 학문에 대한 탄압이 없었기 때문에 어느 정도 주자의 학문이 올바르게 계승된 때라고 판단을 했기 때문으로 보인다.[19] 이 시에 대한 주석에서 "삼대 이후로 국가에서 선비를 대우하는 도는 송보다 나은 때가 없었다. 그러나 소인으로서 뜻을 얻은 사람들이 천하의 공의(公議)와 힘껏 싸우면서 군자들을 가리켜 간사하고 위학(僞學)을 하는 사람들이라 하여 배척하고 물리쳐 그것이 세상에 받아들여지지 않게 했다. 오직 원의 조정에서만 그래도 이런 일이 없이 선비들이 도학(道學)을 꺼리지 않도록 하였으니 그런대로 가상하다 하겠다."[20]라고 그 내용을 설명해주고 있다. 이와 더불어 원대의 문헌인 『사서장도(四書章圖)』와 『천원발미(天原發微)』에 대한 퇴계 언급과 활용[21]을 감안하면 원대 유학

---

18) 『退溪先生文集』 권2, 「閒居. 次趙士敬·具景瑞·金舜擧·權景受諸人唱酬韻.」(1551. 1월 하순). "元虜中州涴幾春, 斯文猶得一番新. 可憐穢德能如許, 不廢山林講道人."

19) 僞學之禁에 대한 퇴계의 비판적 시각은 『宋季元明理學通錄』의 서문과 『宋季元明理學通錄』, 「太師徽國文公朱先生」에 실린 「朱子行狀」을 보완한 내용에서 확인할 수 있다.

20) 『退溪先生文集』 권2, 「閒居. 次趙士敬·具景瑞·金舜擧·權景受諸人唱酬韻.」(1551. 1월 하순). "三代以下, 國家待士之道, 莫善於宋. 然小人得志者, 力戰天下之公議, 指君子爲奸僞, 斥逐排擯, 使之不容於世. 唯元朝, 卻無此事, 使士不諱道學, 差可尙耳."

21) 『四書章圖』는 원대의 程復心(1257~1340)의 저술이고 『天原發微』 역시 원대 魯齋 鮑雲龍(1226~1296)이 지은 책이다. 특히 『天原發微』는 『性理諸家解』와 『皇極經世釋義』와 함께 퇴계의 역학이 형성되는 데 영향을 끼친 책으로 평가할 수 있다. 『聖學十圖』, 「心學圖」에 대한 퇴계의 설명. "程氏字子見, 新安人, 隱居不仕, 行義甚備, 白首窮經, 深有所得, 著『四書章圖』三卷. 元仁宗朝, 以薦召至, 將用之, 子見不願. 卽以爲

에 대한 퇴계의 우호적인 평가를 이해할 수 있다. 퇴계는『천원발미』를 1557년『계몽전의(啓蒙傳疑)』저술에 반영하며,『사서장도』를 1568년『성학십도』편찬 등에 반영함으로써 원대 유학의 일부를 자신의 학문에 흡수한다. 다만 퇴계가 원대 유학의 어떠한 측면을 주자 학문의 올바른 계승이라고 판단했는지에 대해서는 그와 관련된 구체적인 언급을 찾아보기는 쉽지 않다.[22]

그런데 퇴계의 송·원·명 시기 학자들에 대한 평가가 우호적이기만 하였던 것은 아니다. 논의가 상산(象山) 육구연(陸九淵,1139~1192)의 학문으로 향하였을 때에는 매우 비판적이었으며, 이는 그의 학문의 핵심을 선학(禪學)으로 보았기 때문이다.

鄕郡博士, 致仕而歸. 其爲人如此, 豈無所見而妄作耶.”;『退溪先生文集別集』권1,「韓士炯【胤明】往天磨山讀書, 留一帖求拙跡, 偶書所感寄贈.」(1554.12). “『性理諸家』·『皇極篓』,『天原』二鮑復論鑴, 恨予得見奇書晚, 一撫遺編一悵然.【右,『性理諸家解』·『皇極經世釋義』·『天原發微』.】”

22)『宋季元明理學通錄』의『元諸子』부분은 모두 41명의 학자의 행적을 수록하고 있는데,『元史』「列傳」,「儒學列傳」,『一統志』등의 문헌에서 전기 자료를 발췌하여 싣고 있다.『四書輯釋』을 저술한 倪士毅(1303~1348),『四書章圖』를 편찬한 程復心,『天原發微』를 편찬한 鮑雲龍의 행적에 대해서는 각 문헌의 서문 등을 통해 보완함으로써 해당 학자에 대한 중시를 읽을 수 있지만, 여기에서도 이러한 학자들에 대한 구체적인 퇴계의 입장을 판단하기는 쉽지 않다. 다만 이 가운데『四書章圖』를 통해 원대 유학의 퇴계 사유에 대한 영향의 단초를 살펴볼 수 있는 연구로 다음을 참조할 수 있다. 전병욱,「林隱 程復心의『四書章圖』와 退溪의『聖學十圖」,『退溪學報』132, 退溪學硏究院, 2012) ; 전병욱,「林隱 程復心의 心性說 : 퇴계『聖學十圖』의 관련 내용과 비교하여」,『東洋哲學』39, 韓國東洋哲學會, 2013) ; 주광호,「林隱 程復心과 退溪 李滉의 太極圖 비교 연구」,『退溪學報』134, 退溪學硏究院, 2013). 또한 원대 유학 가운데 “주자학의 존덕성파”와 “퇴계 심학”의 연관성에 주목한 연구(홍원식,「주륙화회론과 퇴계학의 심학화」,『오늘의 동양사상』9, 예문동양사상연구원, 2003)와 元代 儒學의 주륙화회론과 퇴계 철학의 연관성에 대해 비판적 성찰을 보여준 연구(정도원,「“주자학의 심학화” 가설에 대한 재검토 : 주륙이동의 문제와 주륙화회론의 허구성」,『퇴계 이황과 16세기 유학』, 서울 : 문사철, 2010), 원대 유학의 원류를 黃幹으로 보면서 黃幹의 심성론과 退溪의 심성론의 연관성에 주목할 수 있음을 언급한 연구(지준호,「한국의 주자학 도입과 이에 관한 연구의 주요 쟁점」,『한국철학논집』16, 한국철학사연구회, 2005, 262~264쪽 참조)를 참조할 수 있다.

육상산의 선학을 주자가 변론하여 멋대로 흐르는 것을 막았으니,
천하가 얼마나 한 고조 유방의 편이 되듯 주자를 따랐던가.
말류의 학문을 하는 입에서도 성과 리(理) 오르내리니,
오초려 그 당시 남모르게 시름 생겨났다네.23)

뒤에 나온 선비들 반드시 지름길로 가게끔 한다면,
옷 바느질하는데 새색시의 고운 손 그르침과 무엇이 다르리.
주자의 문하 믿지 않고 오히려 육씨를 기대한다면,
줄기차게 때맞추어 내리는 비에 가랑비 보탬이 되길 바라는 것이리.24)

퇴계는 육상산의 학문을 선학의 특성을 지닌 이교(異敎)로 규정하고
주자의 학문과는 배치되는 것으로 본다. 이는 앞서 언급한『송계원명이학
통록』에서 육상산 및 그의 문인들을 별도로 분류해놓은 것에서도 드러난
다. 이러한 측면에서 퇴계는 명대의 백사(白沙) 진헌장(陳獻章, 1428~1500),
의려(醫閭) 하흠(賀欽, 1437~1510), 양명(陽明) 왕수인(王守仁, 1472~1528)
의 글을 읽고 여기에 담겨 있는 선학과 유사한 사유의 폐단을 지적한다.25)
이러한 내용을 담은 글이「백사시교변(白沙詩敎辯)」,「전습록논변(傳習錄

---

23)『退溪先生文集』권2,「閒居. 次趙士敬·具景瑞·金舜擧·權景受諸人唱酬韻.」(1551.1월
　　하순). "陸禪朱辯障橫流, 天下幾成盡爲劉. 末學口中騰性理, 草廬當日暗生愁."

24)『退溪先生文集』권2,「閒居. 次趙士敬·具景瑞·金舜擧·權景受諸人唱酬韻.」(1551.1월
　　하순). "後生必欲令趣徑, 何異縫裳誤女攕. 不信朱門還待陸, 沛然時雨望添霡."

25) 다만 醫閭 賀欽에 대해서는 다소 긍정적인 평가를 내린다.『宋季元明理學通錄』에는
　　그의 문집에 실린 묘지명과 서문을 통해 행적을 서술하고,「言行錄」에 실린 賀欽의
　　언설을 덧붙이고 있다. 또한 다음 시문을 참조할 수 있다.『退溪先生文集別集』
　　권1,「韓士炯【胤明】往天磨山讀書, 留一帖求拙跡, 偶書所感寄贈.」(1554.12). "醫閭生長
　　裔戎方, 一變因師勇退藏. 況是靑能自藍出, 逃禪歸我儘端莊.【右,『醫閭先生集』.】" 이와
　　관련하여, 醫閭가 "백사의 정좌설을 받아들이면서도 독서궁리를 동시에 인정"하였
　　기 때문에 퇴계가 그에 대해 긍정적으로 평가하였다고 보는 연구가 있다. 안영상,
　　「백사학과 양명학의 비교를 통해 본 조선중기 성리학의 특징」(『東洋哲學硏究』
　　50, 동양철학연구회, 2007), 191쪽 참조.

論辯)」,「백사시교전습록초전인서기후(白沙詩敎傳習錄抄傳因書其後)」,「초
의려선생집부백사양명초후부서기말(抄醫閭先生集附白沙陽明抄後復書其
末)」26)이다.27) 그리고 퇴계는 앞서 언급한 오초려의 당대 주자 학문에
대한 비판이 주자학의 본령이 아닌, 말류의 폐단을 지적한 것이라고
해석한다. 이러한 퇴계의 당대 학문에 대한 비판적 자세와 관련하여,
명대의 정암(整庵) 나흠순(羅欽順, 1465~1547)의 학문에 대한 언급에 주목
해볼 수 있다. 나흠순의 학문이 상산학과 양명학에 대한 비판을 통해
정립된 측면을 고려한다면,28) 이러한 비판의 근거가 퇴계가 생각한 주자
학적 사유와는 차이를 보이는 내용이었을 것임을 예상해볼 수 있다.
퇴계는 이와 관련하여 나흠순의 리(理)와 기를 하나의 것으로 보는 견해에
대해 문제를 제기하는데,「비이기위일물변증(非理氣爲一物辯證)」29)을 지
어 리(理)와 기를 둘로 보는 유학의 전통적 사유들을 제시함으로써 자신의

---

26) 『退溪先生文集』권41,「白沙詩敎辯」(1553추정) ;「傳習錄論辯」(1566/1553전후) ;「白
沙詩敎傳習錄抄傳因書其後」(1553추정) ;「抄醫閭先生集附白沙陽明抄後復書其末」
(1553).

27) 일반적으로「傳習錄論辯」은 1566년에「心經後論」과 함께 작성된 것으로 여겨진다.
그런데 『退溪先生年譜』권2, 四十五年丙寅【先生六十六歲】條를 살펴보면, "作「心經後
論」."이라는 구절의 細註로, "先生又嘗患中國學術之差, 白沙·陽明諸說, 盛行於世, 程·
朱相傳之統, 日就湮晦, 未嘗不深憂隱歎, 乃於『白沙詩敎』·陽明『傳習錄』等書, 皆有論辯,
以正其失云."이라는 내용이 보인다. 이에 1553년에 작성된 것으로 추정되는「白沙詩
敎辯」,「白沙詩敎傳習錄抄傳因書其後」와 함께「傳習錄論辯」을 다루도록 하겠다.
해당 저술의 작성 추정 시기는 다음을 참조하였다. 최재목,『퇴계 심학과 왕양명』
(서울 : 새문사, 2009), 80쪽 참조.

28) 羅整菴의 육왕학 비판은 다음을 참조할 수 있다. 최중석,『나정암과 이퇴계의
철학사상』(서울 : 심산, 2002), 297~300쪽. 이에 따르면 羅欽順은 "선학 및 육왕학의
이단성을 내외·본말·체용의 단절·분리에 있다고 보았"으며, 때문에 "양자의 일원
성을 주장함으로써 정주학적 진리를 천명할 수 있다고 생각"하였다고 한다. 인용은
315쪽, 317쪽.

29) 『退溪先生文集』권41,「非理氣爲一物辯證」(時期未詳). 사실 이 글에서는 花潭 徐敬德
(1489~1546)의 理 이해에 대한 문제제기가 먼저 이루어지고 난 뒤, 글의 후반부에서
羅欽順에 대한 비판적 언급을 간략하게 서술하고 있다. 한편 이 글은「心無體用辯」과
같은 1564년 작품으로 추정되기도 한다. 李光虎,「李退溪 學問論의 體用的 構造에
관한 硏究」(박사학위논문, 서울대학교 대학원, 1993), 23쪽 참조.

주장을 뒷받침한다.

이와 같은 중국 송계·원·명 시기 학술에 대한 퇴계의 이해는 존덕성(尊德性) 공부를 근본으로 하여 도문학(道問學) 공부를 진행해 나가야 한다는 것을 학문의 본령으로 제시하는 『심경부주』에 대한 중시로 귀결된다. 그리고 이러한 학문적 입장에 대해서 퇴계는 주자의 학문을 계승함으로써 이어질 수 있었던 것이라는 판단을 갖고 있었다.

> 주문공 평소에 문인들을 경계하였으니,
> 경을 주로 삼아 기미를 연마하면 (도의) 집안까지 들어간다고 하였네.
> 진서산의 『심경』과 정민정이 단 주석을 섬기기만 한다면,
> 지남거로 삼을 수 있으리니 양 잃어버리는 것 한탄하지 않으리.
> 【진서산의 『심경』에 대해 황돈이 주석을 덧붙이면서 주문공이 존덕성을 근본으로 하고 아울러 도문학을 닦는다는 뜻을 갖추어 서술하였으며, 또 스스로 서문을 지어 말하기를, 지남거라고 할 만하다고 하였다.】30)

『심경부주』를 크게 중시하던 퇴계는 훗날 황돈(篁墩) 정민정(程敏政, 1446~1499)의 행적과 사상에 대한 문인의 비판을 접하게 되는데,31) 이와 관련된 사실과 함께 『심경부주』를 독해하는 방법까지 제시한 「심경후론(心經後論)」32)을 찬술함으로써 그 비판에 대답한다. 이 시를 통해서 퇴계는 주경(主敬)과 연기(硏幾)라는 두 공부를 통해 학문의 방법을 제시한다. 이러한 퇴계의 학문 구조를 이해하기 위해서는 우선 연기(硏幾)의 의미를

---

30) 『退溪先生文集』 권2, 「閒居. 次趙士敬·具景瑞·金舜擧·權景受諸人唱酬韻.」(1551.1월 하순). "文公平昔警門牆, 主敬硏幾進室堂. 若事眞經與程註, 指南應不嘆亡羊.【西山『心經』·篁墩『附註』, 備述文公尊德性爲本兼修道問學之意, 且自序之曰, '可謂指南之車云云'.】"
31) 이는 1565년 5월 문인 月川 趙穆(1524~1606)의 질문을 통해 발단이 된 일이다.
32) 『退溪先生文集』 권41, 「心經後論」(1566.7).

살펴보아야 하는데, 연기는 『주역』, 「계사」상에서 극심(極深)과 병칭되고
있는 것으로,[33] 이 둘은 유학에서 자기완성을 위해 본성[性]을 실현하는
동정(動靜)의 양면공부라고 이해된다. 극심(極深)이란 자신의 본성을 실
현하기 위한 끊임없는 노력의 자세, 즉 경(敬), 구방심(求放心), 존심양성(存
心養性) 등으로 대표되는, 사태와 접하기 전에 마음의 본래성을 함양(涵養)
하는 일차적인 마음공부를 뜻한다. 또한 연기(研幾)는 의(義), 도리(道理),
지선(至善), 중용(中庸)으로 표현되는 올바르고 마땅한 삶을 끊임없이
추구하는 것으로, 자신의 본성이 사태와 만나 어떻게 스스로를 실현하는
가를 살펴 단련하고 연마하는 방법을 의미한다.[34] 그렇다면 이 시에서
피력된 주경(主敬)과 연기(研幾), 그리고 존덕성과 도문학은 극심(極深)과
연기(研幾)로 대표되는 유학의 수양론과 학문론에 기반을 하고 있음을
알 수 있는데, 이는 궁극적으로 『대학』 팔조목의 공부와 『중용』 치중(致中),
치화(致和)의 공부를 포괄하는 퇴계 성학으로 귀결된다.[35] 물론 이러한
체계 속에서 존덕성 공부를 근본으로 하고 경 공부를 핵심으로 위치시키
는 퇴계 학문의 특성 역시 함께 독해될 수 있으며, 이는 『심경부주』에
대한 해석과 중시로부터 시작된다. 그리고 이는 사실상 퇴계의 저술
전반에서 발견되는 특징이라고 할 수 있다.

이와 더불어 퇴계는 조선의 앞선 학자들에 대한 평가를 내리기도
하며, 나아가 수많은 당대 조선 학자들과의 교류를 통해 자신의 사유를
피력하고 아울러 비판적 논의를 진행해나간다. 앞서 살펴본 시에서는
중국 학술에 대한 소회를 피력한 뒤, 이어서 포은(圃隱) 정몽주(鄭夢周,

---

33) 『周易』, 「繫辭」上, 10장. "夫易, 聖人之所以極深而研幾也. 唯深也, 故能通天下之志, 唯幾也, 故能成天下之務."

34) 李光虎, 「수직적 體認과 수평적 理解의 交織으로서의 유학」(『중국 문명의 다원성과 보편성』, 서울 : 아카넷, 2014), 410~415쪽 참조.

35) 李光虎, 「"極深研幾"를 통해서 본 儒學의 實踐認識論」(『東洋哲學』 33, 韓國東洋哲學會, 2010), 126~137쪽 참조.

1337~1392), 목은(牧隱) 이색(李穡, 1328~1396), 양촌(陽村) 권근(權近, 1352
~1409), 점필재(佔畢齋) 김종직(金宗直, 1431~1492), 신재(愼齋) 주세붕(周
世鵬, 1495~1554)에 대해 언급한다. 그러나 퇴계 당시에도 조선 전기
학자들의 저술은 많이 전해지지 않았던 것으로 보인다. 그러한 이유로
퇴계가 남겨진 문헌이 적은 것에 대해 아쉬움을 토로하는 것은 발견되지
만 그 시기의 학술에 대한 구체적인 논의는 보이지 않는다.[36] 다만
1564년에 이르러 정암(靜庵) 조광조(趙光祖, 1482~1519)의 행장「정암조선
생행장(靜庵趙先生行狀)」[37]을 찬술하고, 1565년에는 한훤당(寒暄堂) 김굉
필(金宏弼, 1454~1504)의 문집『경현록(景賢錄)』을 개정하며, 1566년에는
회재(晦齋) 이언적(李彦迪, 1491~1553)의 행장「회재이선생행장(晦齋李先
生行狀)」[38]을 짓고 문집을 교정하는데, 이를 통해 조선의 앞선 학자들에
대한 퇴계의 평가를 일부 엿볼 수 있다.

이상에서 언급한 퇴계의 저술 외에 그의 학문과 사상을 살펴볼 수
있는 매우 중요한 것으로 그의 서간문이 있다. 현재까지 파악된 퇴계의
서간문은 190여 명에게 보낸 3,120통이다. 그런데 전체 3,120통의 서간
가운데 50세 이전에 보낸 것은 33세 1통, 38세 1통, 40세 7통, 42세 7통,
43세 7통, 44세 9통, 45세 14통, 46세 17통, 47세 11통, 48세 28통, 49세
50통으로 총 152통이다.[39] 즉 3,000여 통에 가까운 서간이 모두 50세
이후에 작성된 것이다. 서간은 당시 학자들이 교류를 하는 주요한 방법
가운데 하나였는데, 퇴계는 이 서간을 통해 학문적 논의 역시 진행했다.

---

36) 퇴계의 앞선 조선 학자들에 대한 언급을 비롯하여 중국의 학자들에 대한 주요
   관점을 살펴볼 수 있는 자료로『李子粹語』권4,「聖賢」이 있다.

37)『退溪先生文集』권48,「靜庵趙先生行狀」(1564.9).

38)『退溪先生文集』권49,「晦齋李先生行狀」(1566.10.18).

39) 鄭錫胎,「『退溪集』의 體裁와 그 意味」(『東洋哲學』33, 韓國東洋哲學會, 2010), 7쪽
   참조. 퇴계는 1558년 자신이 그간 보낸 서간 22편을 모아『自省錄』이라는 이름으로
   편집하기도 한다.

서간을 통해 퇴계와 학문적 토론을 진행한 학자는 매우 많았는데, 특히 퇴계와 고봉(高峯) 기대승(奇大升, 1527~1572) 사이에 있었던 사단칠정논변(1559~1566)을 포함하여, 다양한 학문적 주제에 대한 논의가 이루어졌다. 이러한 역할을 하는 서간문이 50세 이후에 작성된 것이 대부분이라는 사실은 한편으로는 당대 학자들과의 논의가 50세 이후에 집중적으로 이루어졌음을 말해주며, 이를 앞서 언급한 저술들의 작성 시기 역시 50대 이후라는 것과 함께 고려한다면, 퇴계의 대외적 학문 활동 시기가 50대 이후임을 추측할 수 있다.

　당대 학자들과의 논의를 통해 작성된 서간문 이외의 글로는 퇴계가 추만(秋巒) 정지운(鄭之雲)의 「천명도(天命圖)」를 개정하면서 작성한 「천명도설후서(天命圖說後叙)」[40]가 있고, 아울러 추만의 「천명도설(天命圖說)」을 개정한 「천명도설」[41]이 있다. 그리고 동강(東岡) 남언경(南彦經, 1528~1594)에게 재실(齋室)의 기문(記文)을 지어주면서 아울러 '고요함[靜]'을 주제로 논의를 진행한 「정재기(靜齋記)」[42]가 있다. 또한 화담(花潭) 서경덕(徐敬德, 1489~1546)의 리(理) 이해를 겨냥한 비판서인 「비이기위일물변증」[43]과 그의 제자인 연방(蓮坊) 이구(李球, ?~1573)의 "심무체용(心無體

---

40) 『退溪先生文集』 권41, 「天命圖說後叙」(1553.12.11).

41) 『退溪先生續集』 권8,「天命圖說」(1553/1555). 이 글은 1553년(癸丑)에 처음 개정되었으며, 1555년(乙卯)에 다시 수정된 것이다. 이는 「천명도설」 후반부에 서술되어 있는 月川 趙穆의 글을 통해 확인할 수 있다. "右圖說, 癸丑年間, 先生在都下, 與鄭公參訂完就, 而其精妙處, 悉自先生發之也. 乙卯春, 南歸而精思修改處頗多, 故與初本甚有同異. 謹因改本, 傳寫如右. 先生嘗曰, '其義已具於圖說中, 至十節則有亦可無亦可.' 戊午春, 趙穆士敬書."

42) 『退溪先生文集』 권42,「靜齋記」(1556.5). 이 글은 1553년(癸丑)에 처음 작성된 것이다. 이는 「靜齋記」 후반부에 서술되어 있는 다음의 내용을 통해 알 수 있다. "滉向爲南時甫作「靜齋記」, 乃癸丑秋也. 當時自以爲無可訾也. 乙卯東歸, 屛處溪莊, 其明年, 時甫以書來問, 因憶是記, 取之舊篋而讀之, 始覺其說道理太多, 著語下字, 疎繆處亦非一二, 心甚愧惕, 旣於答書言之, 閒中爲之刪淨, 改撰如右, 書以藏之, 或他日遇便, 擬寄時甫, 以謝前日易言之罪也."

43) 『退溪先生文集』 권41, 「非理氣爲一物辯證」(時期未詳).

用)"이라는 입장에 대해 "심유체용(心有體用)"을 주장하며 그의 견해를
논박한 「심무체용변(心無體用辯)」⁴⁴⁾도 전한다.

만년에는 당시의 군주 선조(宣祖, 1552~1608, 재위 1567~1608)에게
학문과 관련된 내용의 글을 올리는데, 1568년의 「무진육조소(戊辰六條疏)」⁴⁵⁾
와 「서명고증강의(西銘考證講義)」⁴⁶⁾, 그리고 『성학십도(聖學十圖)』가 그것
이다. 특히 『성학십도』는 앞서 언급하였듯이, 송·원 시기 중국의 학자들과
조선 학자들의 도설 가운데 주요한 저작들을 모으고, 퇴계 자신의 도설과
해설 역시 덧붙여 완성한 책으로, 앞서 서술한 퇴계의 학문 여정을 통해
도달하게 된 학문적 성취라고 평가된다.⁴⁷⁾

이상은 1551년 작성된 퇴계의 시문을 단초로 하여, 현전하는 퇴계의
대표적인 학문적 저술을 정리한 것이다. 이러한 퇴계의 학문적 여정
가운데 그의 사유가 처음으로 공식적인 저술의 형태로 표출되는 것은
1553년이다. 바로 1553년 12월 퇴계 이황은 「천명도설후서(天命圖說後叙)」
를 작성한다. 「천명도설후서」는 퇴계가 추만 정지운의 「천명도」를 개정
한 뒤 스스로 그 개정 과정과 개정 내용 및 근거 등을 밝힌 글로서,
퇴계의 개정 의견이 반영된 「천명도」라고 알려진 『퇴계선생문집』 소재
「천명구도(天命舊圖)」와 「천명신도(天命新圖)」는 물론, 「천명도설(天命圖

---

44) 『退溪先生文集』 권41, 「心無體用辯」(1564.10).
45) 『退溪先生文集』 권6, 「戊辰六條疏」(1568.8.7).
46) 『退溪先生文集』 권7, 「西銘考證講義」(1568.11).
47) 그리고 이외에도 四書와 三經의 주요 구절에 대한 언해와 풀이를 정리한 『四書釋義』
    와 『三經釋義』가 있다. 퇴계의 사서삼경 釋義 작업에 대한 평가는 조선에서 이루어
    진 경서언해 작업의 발전단계에 대한 연구를 참고함으로써 그 의의를 살펴볼
    수 있다. 이러한 연구에서는 훈민정음 창제 이전 시기 이루어진 경전에 대한
    구결 작업과 훈민정음 창제 이후 시도된 경전에 대한 언해 작업의 중간 단계로서
    퇴계의 석의 작업을 위치시키는 한편, 퇴계의 석의가 조선에서 이루어진 경서언해
    의 표준인 교정청본 사서삼경언해와 이후 저술된 경서언해에 영향을 미쳤다고
    평가한다. 李忠九, 「退溪의 經書釋義에 대한 考察」(『退溪學研究』 6, 단국대 퇴계학연
    구소, 1992), 79~81쪽 ; 이영호·한영규, 「조선중기 경서언해의 성립과 그 의미」(『陽
    明學』 32, 한국양명학회, 2012), 284~288쪽 참조.

說)」을 이해하는 데 핵심적인 내용을 담고 있다. 1553년은 퇴계가 53세인 해로, 앞서 언급하였듯이 이 이전에 작성된 글은 대부분 시문류 및 관직생활과 관련된 글이다.

사실 퇴계가 1553년, 즉 53세가 되어서야 학문적 저술을 남기기 시작한 것에 대해서는 그의 생애를 통해 어느 정도 그 이유를 살펴볼 수 있다. 퇴계의 생애에 대해서는 일반적으로 세 시기 혹은 네 시기로 구분한다. 세 시기로 구분하는 경우,[48] 기준점으로 제시되는 것은 1534년 3월의 과거 급제와 1549년 12월에 감사(監司)의 허락 없이 풍기군수 벼슬을 버리고 고향인 예안으로 돌아간 일이다. 즉 1534년과 1549년 전후를 기준으로, 1501~1533을 수학시기, 1534~1549를 출사시기, 1550~1570을 은퇴 강학시기로 나눈다. 이는 퇴계의 관직생활을 중심으로 하여, 출사 이전은 경전에 대한 연구가 진행된 시기로 보고, 출사 이후는 학문 활동이 펼쳐진 때로 파악하는 것이다. 이러한 구분은 퇴계의 자찬명(自撰銘)이나 시를 통해서도 발견되는 것으로,[49] 50세가 되기 이전까지 적지 않은 시간을 관직에서 보냈음을 알 수 있게 해준다. 이러한 까닭에 퇴계가 1553년 「천명도설후서」를 작성하기 이전까지 학문적 저술을 남기지 않은 가장 주된 이유로 30대 중반부터 40대까지 이어진 그의 관직생활을 우선적으로 고려해볼 수 있다.

---

48) 李相殷,『退溪의 生涯와 學問』(서울 : 瑞文堂, 1973), 13~14쪽 ; 丁淳睦,『退溪評傳』(서울 : 지식산업사, 1989), 35~36쪽 ; 금장태,『퇴계평전』(서울 : 지식과교양, 2012), 12~15쪽 참조.

49)『退溪先生年譜』권3,「墓碣銘【先生自銘. 高峯奇大升敍其後.】」. "生而大癡, 壯而多疾, 中何嗜學? 晩何叨爵? 學求猶邈, 爵辭愈嬰. 進行之路, 退藏之貞. 深慙國恩, 亶畏聖言. 有山嶷嶷, 有水源源. 婆娑初服, 脫略衆訕. 我懷伊阻, 我佩誰玩? 我思古人, 實獲我心. 寧知來世, 不獲今兮. 憂中有樂, 樂中有憂. 乘化歸盡, 復何求兮." ;『退溪先生續集』권2,「贈金上舍士純」(1565). "少日天開一念明, 中間多病久迷行. 迷時堪歎道途儉, 悟後不知軒冕榮. 白髮滿頭身始放, 靑山當戶事無營. 感君來往談名理, 淸晝冰霜句句生." 李光虎,「道學的 問題意識의 전개를 통해서 본 退溪의 生涯」(『東洋學』22, 1992, 단국대학교 동양학연구소), 3쪽 참조.

　그런데 퇴계의 생애를 조망함에 있어 퇴계 자신의 문제의식이나 그 문세의식의 기반이 된 문헌에 보다 초점을 맞추면, 『성리대전』과 『심경부주』, 그리고 『주자대전』에 대한 독서가 중요한 전환점이라는 것을 발견할 수 있다.50) 퇴계가 『성리대전』, 그 가운데서도 특히 「태극도(太極圖)」와 「태극도설(太極圖說)」, 그리고 『심경부주』와 『주자대전』으로부터 많은 영향을 받았다는 평가는 사실 퇴계 자신의 회고적 발언을 통해 확인된다. 퇴계는 19세 때 처음으로 「태극도·설」을 접하였으며, 이를 이해하는 것이 퇴계의 지속적인 문제의식이었다. 「태극도·설」은 북송시대 주렴계가 "역(易)에 태극(太極)이 있으니 이것이 양의(兩儀)를 낳고 양의가 사상(四象)을 낳는다."51)라는 의미를 그림과 글로 재구성한 것으로, 이후 주자 철학에서 태극(天)과 만물(人)의 관계를 이론적으로 구성하는 데 핵심적인 근거가 된다. 퇴계는 이 「태극도·설」이 주자의 학문을 이해하는 출발점이 된다고 생각했으며 자신 역시 이를 통해 이 학문에 대한 공부를 시작하였다는 사실을 피력한다.52) 한편 23세에는 『심경부주』를 독서함으로써 경(敬)에 입각하여 심(心)과 리(理)의 관계를 해설한 주자 학문의 사유를 접한 것으로 보이는데, 이후 퇴계는 평생 동안 『심경부주』를 유학의 심학(心學)과 심법(心法)의 내용을 담고 있는 책으로 여기면서 중시하였다.53) 그리고 퇴계는 『주자대전』을 1543년 처음으로 접하였다

---

50) 李相殷, 『退溪의 生涯와 學問』(서울 : 瑞文堂, 1973), 118~141쪽 참조.

51) 『周易』, 「繫辭」上, 11장. "是故易有太極, 是生兩儀, 兩儀生四象, 四象生八卦, 八卦定吉凶, 吉凶生大業."

52) 『退溪先生年譜補遺』 권1, (正德)十四年己卯[先生十九歲] 條. "先生自言, 十九歲時, 初得 『性理大全』首尾二卷, 試讀之, 不覺心悅而眼開, 玩熟盖久, 漸見意味似得其門路矣." ; 『艮齋先生文集』권5, 「溪山記善錄上」. "講「太極圖說」曰, '吾之告人, 必以此先之者, 吾初年由此入故耳.'" ; 『聖學十圖』, 「太極圖」에 대한 퇴계의 설명. "蓋學聖人者求端自此(「太極圖」), 而用力於『小』·『大學』之類." 『성리대전』첫 권에 「태극도설」이 실려 있다.

53) 『退溪先生年譜補遺』 권1, (嘉靖)二年癸未[先生二十三歲] 條. "先生嘗言, '吾得『心經』而後, 始知心學淵源, 心法精微.' 又曰, '初學用工之地, 莫切於是書(『心經』).'" ; 『退溪先生文集』 권41, 「心經後論」(1566.7). "滉少時, 遊學漢中, 始見此書(『心經』)於逆旅而求得

고 말한다. 훗날『주자대전』을 처음 읽게 되었을 때를 회상하는 퇴계의 발언을 살펴보면, 주자서를 통해 감발·흥기된 퇴계 자신을 발견할 수 있으며, 특히 학문을 지속하는 힘을 얻을 수 있는 기반으로서 받아들이고 있었음을 알 수 있다.54)『주자대전』을 처음 읽었을 때의 퇴계의 느낌은 1543년 이후 관직생활을 멈추고 학문에 정진하겠다는 뜻을 피력하기 시작한 그의 행적을 통해서도 짐작할 수 있다.

이상의 문헌들이 퇴계의 학문에 끼친 영향은 우선 저술의 형태로 드러난다. 예를 들어 퇴계의 저술에 주로 인용이 되거나 참고가 된 책을 검토해 보면, 1556년 완성된『주자서절요』와 1563년에 송·원 시기 부분이 완성된『송계원명이학통록』에『주자대전』의 주자서가 특히 중점적으로 인용되고 있다는 것을 알 수 있으며, 1566년 작성된「심경후론」은 『심경부주』의 영향을 쉽게 파악할 수 있게 해준다. 그리고 1553년에 작성된「천명도」와「천명도설후서」역시『성학십도』와 함께「태극도·설」의 영향을 쉽게 발견할 수 있는 저술이다. 나아가 구체적으로 수많은 서간과 저술에 반영된 내용을 살펴본다면 그 영향은 보다 광범위하게 발견된다.

그런데 이 지점에서 한 가지 간과해서는 안 되는 측면이 있다. 일반적으로 주자학이 융성하기 시작하였다고 여겨지는 16세기의 조선 학계에서 『주자대전』이 어느 정도 널리 읽히게 된 것은 16세기 중반이 되어서라는 점이다.55) 물론『사서대전』과『오경대전』,『성리대전』을 비롯하여,『근사

之. 雖中以病廢, 而有晚悟難成之嘆, 然而其初感發興起於此事者, 此書之力也. 故平生尊信此書, 亦不在『四子』·『近思錄』之下矣."

54)『退溪先生年譜補遺』권1, (嘉靖)二十二年癸卯[先生四十三歲] 條. "「朱子書節要序」云, 嘉靖癸卯我中宗大王命書館印出頒行. 臣某始知有是書而求得之." ; "先生曰, '余自少有志, 不可謂無學問之功, 然不得與明師友難疑辨析, 於道理殊無的見. 學未優而遽至登仕, 則又不專於素業矣. 自讀『朱子大全』後, 稍有見處.'"

55) 주자의 문집과 관련한 기록은 1290년 安珦의 抄寫를 시작으로 1429년, 1451년, 1515년, 1518년에 보인다. 그러나 조선에서의 공식적인 간행은 1543년에야 金安國

록(近思錄)』,『소학(小學)』 등 주자학적 사유가 담긴 주요 문헌들은 이미
소선 초부터 읽혀졌지만,[56] 주자학 연구에 있어서 사실상 기초자료라고
할 수 있는『주자대전』과『주자어류(朱子語類)』는 16세기 중반이 넘어서야
본격적으로 연구되기 시작했던 것이다.[57]『주자대전』과『주자어류』가
주자학을 이해하는 데 차지하는 비중을 감안한다면, 이는 16세기 조선의
학계가 주자학을 전반적으로 수용하기 시작하는 시기였을 가능성을
염두에 두어야 함을 의미하며, 한편으로는 그 어떤 시대보다도 주자학
해석의 시각이 다양했을 가능성 역시 제기될 수 있다. 이러한 맥락에서
퇴계의 학문 여정을 살펴보면, 퇴계 자신의 특정한 문제의식이 발전해온
것 이면에 주자학에 대한 본격적인 첫 수용과 해석이라는 조선 학계
차원의 흐름을 설정해볼 수 있다. 그렇다면 퇴계가『주자대전』을 처음
접하고 가졌던 생각과 이를 기점으로 관직생활을 멈추고 학문에 뜻을
두게 되었다는 그의 행적은 더욱 중요한 의미를 갖는다고 할 수 있다.

이처럼 퇴계의 학술 활동에 전반적으로 영향을 끼친「태극도·설」과
『심경부주』를 접한 지 30여년이 지난 후, 그리고『주자대전』을 읽고
10년이 지난 후에 공개적으로 발표된 첫 학문적 저술이「천명도」와
「천명도설후서」이다. 이러한 측면에서『주자대전』독서가 이루어지기

의 주도로 처음 이루어졌으며, 이에 대해서도 柳希春의 보완 작업을 거쳐 1575년에
다시 간행된다. 崔彩基,「退溪 李滉의『朱子書節要』編纂과 그 刊行에 관한 硏究」(박사
학위논문, 성균관대학교 대학원, 2013), 24~41쪽 참조.

56) 禹貞任,「조선전기 性理書의 간행과 유통에 관한 연구」(박사학위논문, 부산대학교
대학원, 2009), 'Ⅲ. 조선전기 성리서 수입과 간행' 참조. 특히『사서대전』과『오경대
전』에 대해서는 다음의 논문을 참조할 수 있다. 김문식,「조선시대 중국 서적의
수입과 간행-『四書五經大全』을 中心으로-」(『奎章閣』29, 서울대학교 규장각 한국
학연구원, 2006).

57)『주자어류』와 관련된 기록은 1476년, 1481년, 1482년, 1515년에 보이지만, "16세기
전반까지 조선에서는『주자어류』의 보급이 매우 미미한 상황"이었다고 판단되며,
조선에서의 공식적인 간행은 1516년을 시작으로, 1544년, 1575년, 1587년에 이루어
진다. 김문식,「조선본『朱子語類』의 간행과 활용」(『史學志』43, 단국사학회, 2011),
66~72쪽 참조.

시작한 1543년과 더불어 「천명도설후서」가 발표된 1553년이 하나의 기준
점으로 제시될 수 있다. 이를 기준으로 퇴계 생애를 네 시기로 구분한다면,
1533년 이전은 『논어』와 「태극도설」(『성리대전』), 『주역』, 『심경부주』의
독서를 통한 리(理)에 대한 문제의식의 발아기, 1534~1542는 출사방황시
기, 1543~1552는 『주자대전』에 대한 독서를 통해 리(理)를 알고 좋아한
시기(학문이 진전된 시기), 1553~1570은 「천명도」개정과 「천명도설후서」
작성을 시작으로 리(理)의 체인 합일을 추구하며 리(理)를 즐긴 시기로
나눌 수 있다.[58] 이와 같이 퇴계의 생애를 살펴본다면, 퇴계 학문과
그의 문제의식이 형성되는 데 영향을 끼친 「태극도설」, 『심경부주』는
물론, 『주자대전』의 역할이 보다 선명하게 드러나게 되며, 나아가 퇴계의
학문 활동이 표출되기 시작한 첫 저술로서의 「천명도」개정 의의에 대하여
보다 주목할 수 있게 된다. 그리고 이는 퇴계가 중시한 문헌에 입각하여
퇴계의 학문이 『성리대전』과 『심경부주』, 『주자대전』을 축으로 하여
형성되었다는 견해를 보다 정합적으로 지지해주는 시야라고 하겠다.[59]

　퇴계는 1553년 추만의 「천명도」를 개정하기 이전까지 자신의 특정한
문제의식이 주자학을 통해 완성될 수 있을 것이라는 판단을 내리고
있었고, 이 판단에 대한 확신이 시문이라는 형식으로 표출되었음을 확인
할 수 있다. 그리고 이 과정 속에서 퇴계는 조카 교(喬)를 통해 추만의
「천명도」를 접하게 되고, 자신이 이해한 천명과는 다른 추만의 천명

---

58) 李光虎,「道學的 問題意識의 전개를 통해서 본 退溪의 生涯」,『東洋學』22, 단국대학교
　　동양학연구소, 1992), 3~4쪽 참조.
59) 이와 관련하여, 퇴계 사상의 변천이라는 시야에서 1553부터 1570년까지의 생애를
　　세 단계로 구분한 연구가 있다. 세 단계는 다음과 같다. ①53세~59세(주자를
　　충실하게 배웠고 사상을 훌륭하게 계승한 시기 : 본체우주론 경향) ②60세~68세(자
　　신의 창의에로 점화되어 가는 시기 : 창의적 호발설) ③~70세(理의 주관면, 객관면
　　에 대한 견해가 정립되는 시기 : 理到說) 柳正東, 『退溪의 生涯와 思想』(서울 : 博英社,
　　1974), 42~47쪽 참조. 특히 ②시기는 사칠론논쟁, ③시기는 리도설 승인에 주목함으
　　로써 파악되는 전환의 지점이다.

이해를 엿보게 된다. 16세기 조선의 학계가 주자의 학문을 본격적으로 수용하기 시작하는 시기였다는 점을 함께 고려해본다면, 이는 결국 「천명도」에 대해서, 퇴계가 자신의 천명 이해를 주자학에 대한 수용과 해석의 층위에서 표출한 저술로서 바라볼 수 있도록 한다. 추만 역시 자신의 「천명도」가 주자학적 사유에 근거하여 작성된 것이라는 언급을 남기고 있기에, 이러한 가능성은 추만과 퇴계 모두에게 적용될 수 있다. 달리 표현하자면, 퇴계와 추만은 유학 내에서 지속적으로 축적되어온 천인 관계에 대한 사유가 담겨 있는 천명이라는 개념에 대해 서로 상이한 해석의 시각을 갖고 있었던 것이며, 퇴계와 추만의 「천명도」는 각자의 주자학 이해에 근거한 천명 개념이 서로 다른 형태로 도상화된 것이라고 할 수 있다는 것이다. 그렇다면 「천명도설후서」에 대해 퇴계가 처음으로 발표한 학문적 성격의 글이라는 의의를 부여할 수 있을 뿐만 아니라, 유학의 핵심적인 개념인 천명에 대한 서로 다른 주자학적 사유를 가진 학자들의 만남이라는 측면에서도 주목해볼 수 있다. 그리고 이는 퇴계의 「천명도」 개정 내용을 살펴봄으로써 퇴계가 주목한 주자학 해석의 시야를 확인할 수 있음을 의미할 것이다. 결국 이러한 가능성은 퇴계의 「천명도설후서」 작성과 「천명도」 개정이 있었던 1553년이 그의 학문적 생애에서 가지는 의의를 조선의 주자학 수용과 해석의 차원에서 읽어낼 수 있도록 한다.

2) 퇴계 「천명도」 성립 과정

사실 퇴계가 「천명도설후서」와 「천명도」를 통해 자신의 천명 이해를 제시할 수 있었던 것은 추만의 「천명도」에 대한 개정 과정을 거침으로써 가능했다. 퇴계는 훗날 그를 위해 묘갈명과 제문을 남기기도 하는데, 20세기 초에 완성되는 『도산급문제현록(陶山及門諸賢錄)』에서는 추만을

제일 앞에 수록하고 있다.[60] 모재(慕齋) 김안국(金安國, 1478~1543)과
사재(思齋) 김정국(金正國, 1485~1541)의 제자이기도 하였던 추만이 「천명
도」를 처음으로 작성한 것은 1537년 그의 나이 29세 때이다.[61] 퇴계에
의하면 추만은 사재로부터 성리설에 관심을 갖게 된 것으로 보이는데,[62]
추만은 모재와 사재에게 이 그림에 대하여 질문을 하였었지만 구체적인
논의에까지 나아가지는 못했던 것으로 보인다.[63] 그런데 1553년 퇴계와
만나기 전 추만은 이 「천명도」를 하서(河西) 김인후(金麟厚, 1510~1560)에
게 보인다. 이것은 1549년의 일로서, 이를 계기로 하서 역시 자신의
사유에 입각하여 천명 개념을 도상화한 그림과 그에 대한 짧은 글을
남기게 된다.[64] 이처럼 1537년 추만에게서 처음으로 그려진 「천명도」는

60) 『陶山及門諸賢錄』, 「凡例」에 의하면, 추만이 퇴계 문인으로 분류되는 학자들 가운데
   가장 연령이 높았던 것으로 보인다. "諸本皆以年齒爲敍錄之次第, 而蒼雪本以靜存爲
   首, 靑壁本以秋巒爲首, 蓋以鄭公年先於李公故也. 今以壁本爲定."
61) 이 지점에서 한 가지 살펴보아야할 것이 있는데, 바로 추만 「천명도」를 이해하기
   위해 검토할 수 있는 추만의 저작을 확정하는 것이다. 이는 현전하는 「천명도」
   및 「천명도설」 관련 자료가 여러 판본이 전해지고, 또한 퇴계의 수정을 거친
   것들도 함께 전해지기 때문에 발생하는 문제이다. 기존 연구에 따르면 퇴계의
   수정을 거치지 않은 추만의 저작은 『天命圖解』에 실린 「天命圖解序」, 「秋巒鄭先生天
   命圖」, 「天命圖解」, 「雜解」와 『天命圖說』에 실린 「天命圖說序」이다. 柳正東, 「『天命圖
   解』考」(『東洋哲學의 基礎的 硏究』, 서울 : 成均館大學校出版部, 1986), 450쪽 ; 방현
   주, 「「천명도天命圖」의 판본문제 고찰-사칠논변의 발단이 된 「천명도」에 대하여」
   (『한국철학논집』 40, 한국철학사연구회, 2014), 37쪽 참조. 한편 추만과 하서,
   퇴계 「천명도」의 형태상의 특징을 비교한 연구로는 다음의 연구가 자세하다.
   유권종, 「天命圖 비교 연구 : 秋巒, 河西, 退溪」(『韓國思想史學』 19, 한국사상사학회,
   2002).
62) 『退溪先生文集』 권47, 「秋巒居士鄭君墓碣銘」(1562.10월하순). "君自少挺質不凡, 嘐嘐
   然有願學之志, 會思齋金先生退居于縣之芒洞. 君往從之遊, 有味於性理之說, 以聖賢之
   言爲必可信, 而不梏於世俗之陋習, 在門多年, 先生亟稱許焉. 後又登慕齋先生之門, 以質
   其疑."
63) 『天命圖說』, 「天命圖說序」(1554). "圖旣草則亦不可不見正於長者, 遂就質於慕齋·思齋
   兩先生, 兩先生不深責之, 且曰'未可輕議姑俟後日'. 不幸兩先生相繼以歿, 嗚呼痛哉. 由
   是此圖之草貿所見正, 而余之學問日就荒蕪, 幾不能自振."
64) 하서 「천명도」와 그와 관련된 짧은 글은 『天命圖解』에 수록되어 있다. 柳正東,
   「河西 金麟厚의 天命圖에 관하여」(『東洋哲學의 基礎的 硏究』, 서울 : 成均館大學校出

1549년 하서와 1553년 퇴계를 통해 각각 수정되고,[65] 이후 1561년에는 고봉 기대승이 퇴계의 그림에 대해서 자신의 견해를 반영하여 수정한 「천명도」를 제시하게 된다.[66] 이러한 일련의 과정을 살펴보면, 16세기 조선에서는 「천명도」에 대한 해석과 관련하여 적지 않은 논의가 지속되었던 것을 알 수 있다.[67]

우선 추만의 「천명도」와 관련된 사항을 살펴보면, 그는 자신의 「천명도」에 대해서 『성리대전』의 「성리(性理)·인물지성(人物之性)」 부분[68]에 나오는 주자의 언설을 중심으로 천인지도(天人之道)에 관해 그린 그림,[69] 그리고 『중용』의 의미에 근거하여 명도(命圖)와 심도(心圖)를 작성함으로

版部, 1986), 497~498쪽 참조.

65) 퇴계의 기록에 의하면, 1553년 추만이 퇴계와 함께 자신의 「천명도」를 수정하기 이전에 一齋 李恒(1499~1576)에게도 보였던 것으로 보인다. 『退溪先生文集』 권41, 「天命圖說後叙」(1553.12.11). "惟滉言有未當者, 則必極力辨難, 要歸之至當而後已焉, 而幷擧湖南士人李恒所論'情不可置氣圈中'之說, 以爲集衆長之資."

66) 고봉의 그림은 「擬定天命圖」라는 이름으로 『兩先生四七理氣往復書』 하편에 수록되어 있다. 이 글에서 참조한 『兩先生四七理氣往復書』는 『고봉전서』 5(서울 : 민족문화추진회, 2007)에 실린 것으로, 이는 1786년 '四七續編'이라는 이름으로 간행된 책으로 보인다. 『고봉전서』 4, 「후기」(서울 : 민족문화추진회, 2007), 437쪽 참조.

67) 이와 같은 경향과 관련해서 柳正東은 "추만의 『천명도해』 저작(1543)으로부터 고봉의 역책(1572)까지 29년간은 천명 탐구의 흐름이었던 것으로 생각된다."라고 한다. 柳正東, 「河西 金麟厚의 天命圖에 관하여」(『東洋哲學의 基礎的 硏究』, 서울 : 成均館大學校出版部, 1986), 507쪽. 또한 윤사순은 "'천명을 표제로 내세운 연구'는 동아시아의 어느 나라에서도 보지 못할 정도로 체계를 갖추고, 심오한 내용을 갖춘 연구였다. 따라서 이 '천명의 연구' 또한 한국 성리학의 한 특징을 이룬다."라고 한다. 윤사순, 『한국유학사』 상(파주 : 지식산업사, 2012), 275쪽.

68) 추만이 천명에 대하여 『중용』과 『성리대전』의 「인물지성」 부분을 중심으로 해석하였던 것 역시 당시 慕齋, 思齋와의 관계 속에서 살펴볼 수 있다. 慕齋는 16세기 성리학 서적을 수입하고 간행하는 데 주된 역할을 했던 사람으로 알려져 있으며, 특히 『성리대전』의 간행과 보급에도 관여하였다. 또한 思齋는 『性理大全節要』를 편찬하기도 하였다. 慕齋와 思齋의 『성리대전』에 대한 연구 및 간행과 관련한 내용은 다음의 연구를 참조할 수 있다. 김항수, 「조선 전기의 程朱學 수용」(『人文科學硏究』 13, 동덕여자대학교 인문과학연구소, 2007), 9쪽 참조.

69) 『天命圖說』, 「天命圖說序」(1554). "余於是試取朱子之說, 【見『性理大全』, 論人物之性.】 參以諸說, 設爲一圖, 而又爲問答, 名曰'天命圖說', 日與舍弟講之."

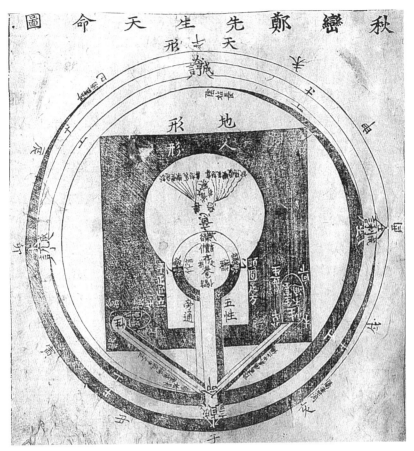

「추만정선생천명도」(『天命圖解』木板本), 3쪽 (고려대학교도서관 소장)

써 천인 일체(一體)와 경(敬)의 의미를 보이고자 한 그림70)이라고 설명한
다. 추만의 「천명도」 역시 주자학적 천명 개념에 입각하여 천인 관계를
도상화한 것임을 밝히고 있는 것으로, 여기서 말하는 『성리대전』「성리·
인물지성」의 주자 언설은 『주자어류』「성리·인물지성기질지성(人物之性

70) 『天命圖解』, 「天命圖解序」(1543). "『中庸』之書, 以'天命'二字, 爲一篇之始, 余嘗取以究
之. … 余因子思子天命之言, 創爲命圖, 而必以心圖置乎其下, … 以示天人一體, 然後特書
'敬'字于此心存省之際, 以爲此心動靜之主."

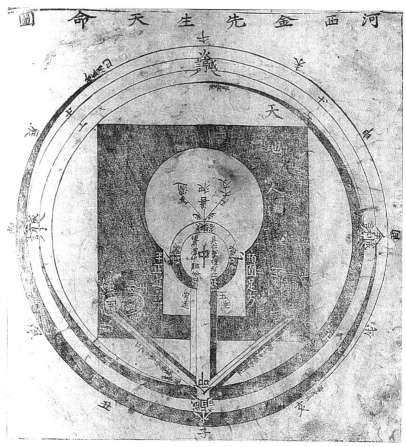

「하서김선생천명도」(『天命圖解』 木板本), 18쪽 (고려대학교도서관 소장)

氣質之性)」에 보이는 것 가운데 일부를 중심으로 구성되어 있다.71) 한편 하서의 「천명도」는 사실 그림과 그와 관련된 짧은 글만이 현전한다.72) 이러한 이유로 하서의 짧은 글에서『중용』과 「태극도설」의 글귀가 보이는

---

71) 『성리대전』「성리·인물지성」에는『주자어류』,「성리·인물지성기질지성」의 전체 100조목 가운데 초반부 20여 조목을 인용해 놓았으며,「程子之書」의 1조목과 「張子之書」의 2조목,『주자대전』에서 3통의 편지,『통서해』의 한 문장을 인용해 놓고 있다.

72) 앞서 언급하였듯이 하서의 「천명도」 관련 자료는『天命圖解』에 실려 있다.

것을 통해 이 두 문헌과의 연관성을 추측해볼 수 있을 뿐이다.73) 다만 하서 「천명도」는 추만의 「천명도」를 수정하여 작성된 것이기 때문에 추만 「천명도」와의 비교를 통해 그 함의에 접근해볼 수 있다.74)

앞서 언급하였듯이 추만은 자신의 「천명도」를 설명하면서 이 그림이 천인 관계에 주목한 것임을 밝힌다.75) 곧 추만의 「천명도」는 '천형(天形)' 부분과 '인형(人形)' 부분으로 나누어 살펴봄으로써 그의 의도에 근접할 수 있다. 우선 천형 부분에는 삼중의 둥근 원이 있으며, 그곳에는 십이간지 (十二干支)와 오행(五行), '원(元)·형(亨)·이(利)·정(貞)'의 사덕(四德)과 '성 (誠)'이 표기되어 있다. 아울러 '양시장(陽始長)', '양진소(陽盡消)', '음시장 (陰始長)', '음진소(陰盡消)'라는 구절이 함께 적혀있다. 그런데 여기서 삼중 의 원은 사실 기권(氣圈)이라 일컬어지는 하나의 큰 고리 안에 리권(理圈) 이라 일컬어지는 하나의 작은 고리가 놓인 것이다.76) 결국 기권(氣圈)은 음을 상징하는 검은색과 양을 상징하는 흰색을 통해 음양의 소장(消長)을 표현하고 있고, 그 안의 백색 공간인 리권(理圈)을 통해서는 원-형-리-정의 연속성, 즉 성(誠)의 의미를 표현하고 있다고 해석할 수 있다. 이러한 점은 하서 「천명도」도 마찬가지인데, 사실 천을 형상화한 부분에는 추만 과 하서의 「천명도」 간의 큰 차이는 없는 것으로 해석된다.77)

추만과 하서 「천명도」의 천형(天形) 부분에서 주목할 것은 시물지리(始

---

73) 『天命圖解』, 河西의 글. "維天之命, 於穆不已, 生生之理, 未嘗間斷, 所乘之機, 曰陰與陽, 一動一靜, 互爲其根, 萬物竝育, 相爲流通. 但梏於形氣之私, 不能知之, 惟天下聰明睿智, 至誠無息, 能盡其性者, 乃能有以察其幾焉."

74) 이 글에서 인용한 추만 「천명도」와 하서 「천명도」는 『天命圖解』(1578年刊 : 고려대_ 만송_貴356)에 수록된 「秋巒鄭先生天命圖」와 「河西金先生天命圖」이다.

75) 『天命圖解』, 「天命圖解序」(1543). "余於此圖備載天人之理, 以示天人一體."

76) 『天命圖解』, 「雜解」. "於天形則其環五行於方位, 而半白半黑者爲氣圈, 其於氣圈中虛一 途, 而環列四德者爲理圈."

77) 유권종, 「天命圖 비교 연구 : 秋巒, 河西, 退溪」(『韓國思想史學』 19, 한국사상사학회, 2002), 130쪽 참조.

物之理)인 원(元)과 생물지기(生物之氣)인 목(木)이 생겨나는 '정(貞)'과 '수
(水)', 그리고 천(天)이 처음 열리는 때인 '자(子)'가 그림 하단에 거꾸로
된 '명(命)'과 함께 표기되어 있다는 점이다.78) 이것은 추만과 하서의
「천명도」가 그림 하단에서부터 그림 상단으로 향하는 방향성을 가진
그림이라는 것을 의미한다.79) 한편 이 '명(命)'은 천형(天形)의 기권(氣圈),
리권(理圈)은 물론 인(人), 금수(禽獸)·초목(草木)의 성(性)과 직접 연결되
어 있는데, 이는 곧 원형이정·수화목금토-인·금수·초목이 성(誠)과 명(命)
개념을 통해 연결됨을 뜻한다. 그리고 이러한 연결은 음양, 즉 기를
상징하는 흑백의 선과 리(理)를 상징하는 흰 공간의 연결을 통해 표현되고
있는 것으로 보인다.

　다음으로 인형(人形) 부분은 두 그림이 형태상으로는 거의 동일하다고
할 수 있지만, 그 안에 포함되어있는 개념에 있어서는 적지 않은 차이가
발견된다. 우선 추만 「천명도」의 인형(人形)은 천원지방(天圓地方) 가운데
지방(地方)의 내부에 금수·초목과 함께 형상화되어있다. 그리고 그 두원
족방(頭圓足方)·평정직립(平正直立)의 인형(人形) 한 가운데, 즉 심권(心圈)
에는 '경(敬)'과 '존양(存養)'이라는 글자가 적혀 있고, 그 주위에 '인(仁)·의
(義)·예(禮)·지(智)·신(信)'이 배열되어 있는데, 이는 앞서 말한 천형(天形)
에서의 리권(理圈)과 연결되어 있다. 또한 심권(心圈)은 천형(天形) 부분과
마찬가지로 기권(氣圈)에 둘러싸여 있는데, 이 역시 천형(天形)에서의
기권(氣圈)과 연결되어 있으며, 이곳에는 '희(喜)·노(怒)·애(愛)·락(樂)·애
(哀)·오(惡)·욕(欲)'이 적혀있다. 인·의·예·지·신과 희·노·애·락·애·오·

---

78) 『天命圖解』,「第三節·論生物之原」. "元固爲始物之理, 木亦爲生物之氣, 而其所以爲元之
　　理, 不出於元, 而出於貞, 其所以爲木之氣, 不出於木, 而出於水. 故貞爲成物之理, 而亦有
　　始之之理, 水爲藏物之氣, 而亦有生之之氣, 此水之所以承貞之德, 以生萬物者也. … 子居
　　水位, 與水相配, 故子爲十二支之首, 於一元爲子會而天始開."
79) 이는 후술하겠지만 추만과 하서의 「천명도」가 만물 생성의 측면을 기에 입각하여
　　묘사한 그림이라고 해석하는 하나의 근거가 된다.

욕은 각각 성(性)과 정(情)을 의미하므로 성을 리권(理圈)에, 정을 기권(氣圈)에 연결시키고 있음을 알 수 있다. 이 심권(心圈)의 상단에는 '의(意)'가 거꾸로 적혀 있으며, 그 위로 선(善)으로서의 '희·노·애·락·애·오·욕'과 악(惡)으로서의 '희·노·애·락·애·오·욕'이 표기되어 있다. 그리고 이 '선'·'악' 사이에 '경(敬)'과 '성찰(省察)'이라는 글자가 적혀 있다. 다음으로 하서 「천명도」는 추만 「천명도」와 인형(人形) 부분의 형태 역시 동일하지만, 하서는 두원족방·평정직립의 인(人) 가운데, 즉 심권(心圈)의 리권(理圈)에 '중(中)'과 '구인의예지지리이혼연난분(具仁義禮智之理而渾然難分 : 인·의·예·지의 리를 갖추고 있는데 혼연하여 나누기 어렵다)'이라고 적고 있다. 그리고 이를 둘러싸고 있는 기권(氣圈)에는 '희·노·애·락·애·오·욕'이라고 표기하고 있다. 또한 이 심권(心圈)의 상단에는 '기(幾)'라는 글자를 적은 뒤, 이를 두 갈래로 나누어 하나는 '선(善)'과 '화(和)'를 연결시키고, 다른 하나는 '악(惡)'과 '과(過)'·'불급(不及)'을 연결시켜놓고 있다.

추만과 하서 「천명도」의 인형(人形) 부분을 비교하였을 때, 가장 두드러지는 차이점은 추만보다 하서가 『중용』에 입각한 개념들을 보다 적극적으로 사용하고 있다는 점이다. 즉 추만이 성정의(性情意) 구도로 인형(人形)의 심을 구성해내고 있는 데 반해, 하서는 이를 중화(中和) 구도로 전환시켰으며, 악(惡) 역시 과(過)·불급(不及)이라는 『중용』의 개념과 연결시키고 있다. 추만이 성정의 구도로 심권(心圈)을 도상화한 것은 그가 「천명도」를 그리면서 중점적으로 참조한 문헌이 『성리대전』의 「성리·인물지성」 부분에 실린 주자의 언급이며, 이것이 사실은 『주자어류』「성리·인물지성 기질지성」에 실린 것들이라는 점에서 기인한 것으로 보인다. 이처럼 추만과 하서는 심에 대해서 성정의와 중화라는 다른 개념에 입각하여 그렸지만, 「천명도」를 그림 하단에서 상단으로 향하는 방향에 따라 구성하고 있다는 점을 핵심으로 하는 전체 구도에서는 크게 차이를 보이지 않는다. 이러한 두 「천명도」의 유사성은 퇴계의 개정을 거친 「천명도」와

비교하였을 때, 보다 선명하게 파악된다.[80]

　퇴계의 개정 의견이 반영된 「천명도」는 『퇴계선생문집』 소재 「천명구도」와 「천명신도」이다.[81] 우선 추만·하서 「천명도」와 「천명구도」·「천명신도」 간의 가장 눈에 띄는 차이점은 '천명(天命)'이라는 글자가 처음으로 등장한다는 점이다. 사실 추만·하서 「천명도」에는 '명(命)'이라는 글자만 보일 뿐, '천명'은 없었다. 그런데 여기서 더 나아가 「천명구도」와 「천명신도」에서는 '천명'이라는 글자가 그림 하단에서 상단으로 옮겨진다.[82]

　「천명구도」와 「천명신도」를 살펴보면, 두 가지 모두 '천명(天命)'이 그림 상단에 위치하고 있으면서 위로부터 아래로 쓰여 있음을 알 수 있다. 그런데 그 주변까지 아울러 살펴보면, 추만·하서 「천명도」의 '명(命)'을 '천명(天命)'으로 바꾸고 그 글자의 위치를 변경했을 뿐만이 아니다. 추만·하서 「천명도」에서 '명(命)'은 '정(貞)'·'수(水)'·'자(子)'와 함께 그림 하단에 모두 표기되어 있었는데, 「천명구도」와 「천명신도」에서는 '정(貞)'·'수(水)'·'자(子)'가 모두 그림 상단으로 이동하여 자리하고 있다. 즉 그림

---

80) 그러한 이유로 추만, 하서와 퇴계의 사유를 대비해서 파악하는 경우도 발견된다. 특히 사단칠정 논변과 관련하여 추만, 하서의 사유를 고봉이 잇고 있다는 점을 해석해내기도 한다. 유권종, 「天命圖 비교 연구 : 秋巒, 河西, 退溪」(『韓國思想史學』 19, 한국사상사학회, 2002), 147쪽 참조.

81) 그 외에도 퇴계의 개정 의견이 반영된 「천명도」는 다수 발견된다. 『天命圖解』(1578 年刊 : 고려대_만송_貴356), 『天命圖說』(①1560年이후刊 : 장서각_C2-108 ; ②1640 年이후刊 : 장서각_K3-145/규장각_奎7846 ; ③1651年刊 : 국립중앙도서관_한古朝 17-153), 『四七續編』(1786年刊), 『貞肅公秋巒先生實紀』(20세기초刊)가 있으며, 『愚潭 先生文集』(20세기초 刊) 권7, 「四七辨證」(1696)과 『性理論辨』(宋來熙編, 1861年刊)에 도 퇴계의 「천명도」가 실려 있다. 다만 이 글에서는 『退溪先生文集』의 「天命舊圖」와 「天命新圖」를 분석의 대상으로 삼는다. 이 글에서 인용한 「천명구도」와 「천명신도」는 1843년에 重刊된 『退溪先生文集』(韓國文集叢刊 30, 『退溪集』Ⅱ, 서울 : 민족문화 추진회, 1989)에 수록된 것이다.

82) 이러한 점을 퇴계 「천명도」 개정의 특징으로 간주하는 연구는 다음과 같다. 琴章泰, 「退溪에 있어서 〈太極圖〉와 〈天命新圖〉의 解析과 相關性」(『退溪學報』 87, 退溪學研究 院, 1995), 221쪽 ; 유권종, 「天命圖 비교 연구 : 秋巒, 河西, 退溪」(『韓國思想史學』 19, 한국사상사학회, 2002), 131쪽 참조.

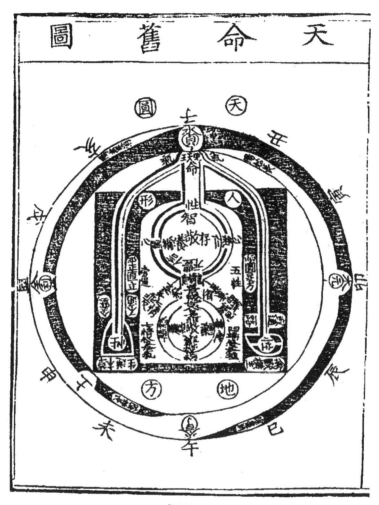

「천명구도」

자체가 180도 회전된 것이다. 이러한 이유로 천원(天圓)을 구성하고 있던 십이간지와 오행, 원형이정의 위치 역시 모두 180도 회전하며, 음양을 의미하는 흑백의 선 역시 180도 회전한다. 이는 결국 「천명구도」와 「천명신도」는 모두 그림 상단에서 그림 하단으로의 방향성을 가진 그림으로 읽어야 함을 뜻한다. 이와 함께 천원(天圓)의 구성 역시 바뀐다. 추만·하서

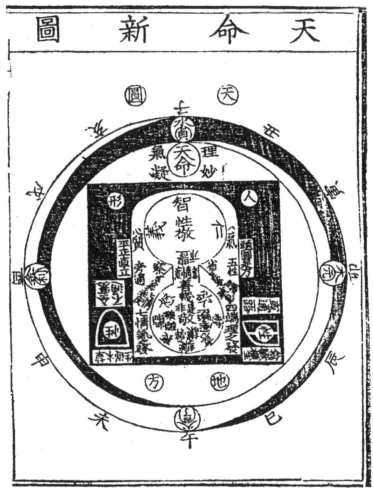

「천명신도」

「천명도」에서는 천형(天形)의 기권(氣圈) 내부에 고리 모양의 흰 공간,
즉 리권(理圈)을 만들어 원-형-이-정의 연속성[誠]을 표현했었는데, 「천명
구도」와 「신도」에서는 이 리권(理圈)이 사라지고, 대신 원형이정이 각기
하나의 권(圈)을 이루어 음양 소장을 상징하는 부분 내부에 표기된다.

　　그런데 '천명(天命)' 부분에 주목하여 살펴보면 「천명구도」와 「천명신도」 사이에도 적지 않은 차이가 보인다. 우선 「천명구도」는 '천명'의 '천'에 '리(理)'자가 좌우로 나뉘어 표기되어 있고, 그 아래에 '명(命)'자가, 그 바깥에는 '기(氣)'자가 덧붙여져 있으며, '천명'과 인·금수초목의 '성(性)'을 연결한 선이 선명하다. 비록 '리(理)'와 '기(氣)'자가 추만·하서 「천명도」에 비하여 새롭게 추가되어 있지만, 「천명구도」에서 '천명'과 인·금수초목의 '성(性)'을 연결하고 있는 선은 추만·하서 「천명도」의 그것과 거의 동일한 형태이다. 다만 그림 전체의 위아래가 바뀌었기 때문에 선의 방향 역시 위에서 아래로 내려오는 방식이 되었을 뿐이다. 반면에 「천명신도」에서는 '천명'이라는 글자가 하나의 권(圈) 안에 표기되어 있으며, 이 권(圈)을 '리기묘응(理氣妙凝)'이라는 글자가 둘러싸고 있다. 또한 천원(天圓)에 있는 오행 가운데 '토(土)'가 삭제되고,83) 나머지 '수(水)'·'화(火)'·'목(木)'·'금(金)' 역시 '천명'과 마찬가지로 하나의 권(圈) 안에 표기된다. 그리고 '천명'과 인·금수초목의 '성(性)'을 연결하던 선이 모두 제거된다.

한편 시선을 인형(人形)으로 옮기면, 추만·하서 「천명도」의 많은 부분이 개정되는 것을 확인할 수 있다. 추만·하서 「천명도」에서 하나의 심권(心圈)을 리권(理圈)과 기권(氣圈)으로 나눔으로써 성정(性情), 혹은 중(中)과 정(情)을 표기했던 것과는 달리, 「천명구도」와 「천명신도」에서는 심성정의와 관련된 사항을 성권(性圈)과 정권(情圈)으로 나누어 도상화하고 있으며, 선기(善幾)·악기(惡幾)를 사단(四端)·칠정(七情)과 연결하여 설명한다. 다만 이 부분에서도 「천명구도」와 「천명신도」 간의 차이는 발견되는데, 성권(性圈)에서 '존양(存養)'84)과 '신(信)'85)이라는 글자가 제거되며,

---

83) 이는 土와 상응하는 心性圈에서의 信이 사라진 것과 연결시켜 이해할 수 있는데, 土가 제거된 것이 아니라, 水·火·木·金과 함께 있는 것이다.

84) 『退溪先生文集攷證』 권7에서는 이에 대해 다음과 같이 설명한다. "案此「敍」及『續集』「說」中, 皆論未發時存養, 而「新圖」性圈中, 去'存養'字. 蓋取其簡潔, 且存養本是通動靜, '敬'字中已包故耶." 즉 「天命新圖」에서 '存養'이 보이지 않는 것에 대하여, 存養이 動時와 靜時를 일관하는 공부로서의 의미를 갖고 있기 때문에 이와 같이 표현될 수 있다고 해석하고 있는 것이다.

'성(性)'이라는 글자의 위치 역시 이동한다.[86] 또한 방위에 맞추어져 있던 질정이 방위와 무관하게 배열된 듯 변화한다.[87]

「천명신도」와 「천명구도」를 추만·하서 「천명도」와 비교하였을 때, 그림 전체가 180도 회전하여 그림 상단에서 하단으로 향하는 방향으로 그 구도가 전환된다는 점에서는 두 그림이 동일한 형태를 보인다. 그러나 「천명신도」에서는 '천명'과 관련된 부분에서 '묘응(妙凝)'이라는 새로운 개념이 등장하게 되며, 나아가 '천명'이 하나의 권(圈)으로 바뀐다. 또한 '인형(人形)'과 관련된 부분을 살펴보아도 여러 차이점이 발견된다. 이와 관련하여 퇴계가 추만 「천명도」를 개정하게 된 경위와 개정한 그림의 구성을 스스로 설명한 글이 바로 「천명도설후서(天命圖說後叙)」이다. 즉 「천명도설후서」를 통해 퇴계는 추만 「천명도」에 반영하고자 했던 자신의 천명 개념과 관련하여, 그 의도와 구체적인 구상을 상세히 설명하고 있다. 그러므로 퇴계의 「천명도」는 바로 이 「천명도설후서」를 통해야만 보다 정확하게 퇴계의 개정 의도에 입각하여 분석될 수 있다.[88]

---

85) 이는 '信'을 제거한 것이 아니라, 伊川의 '信無端'說을 따른 것으로 이해할 수 있다. 이천의 말은 『二程遺書』권24, 38조목에서 보인다. "四端不言信者, 旣有誠心爲四端, 則信在其中矣." 그런데 이와 관련하여 1570년 「心統性情圖」上圖의 수정 과정에서 이러한 논의가 발견됨을 알 수 있다. 문석윤, 「退溪의 『聖學十圖』修正에 관한 연구」(『退溪學報』130, 退溪學研究院, 2011), 24~29쪽 참조.

86) 이는 훗날 완성되는 『聖學十圖』의 「心統性情圖」中圖·下圖의 배치와 같다.

87) 칠정에 사단을 배속하는 문제와 관련하여 퇴계는 1566년 다음과 같은 언급을 남긴다. 『退溪先生文集』권17, 「重答奇明彦」. "其以喜·怒·哀·樂配仁·義·禮·智, 固有相似而未盡然. 向者, 「圖」中亦因其近似而聊試分書, 非以爲眞有定分配合, 如四德之與仁·義·禮·智也." 이로써 보건대, 「天命新圖」에는 1553년 이후의 수정 사항이 일정부분 반영되어 있는 것으로 보인다. 그러므로 1553년 「천명도」를 수정하면서 퇴계가 갖고 있었던 사유는 1553년에 작성된 「천명도설후서」를 통해 해명될 수 있다.

88) 퇴계의 「천명도」를 이해하기 위해 살펴볼 수 있는 자료로서, 「천명도설후서」 외에 「천명도설」이 있다. 그러나 이 글에서는 추만 「천명도」와의 비교를 통한 퇴계의 개정 내용을 살펴봄으로써 퇴계에 의해 전환된 천명 개념을 살펴보는 데 그 목적이 있다. 추만 「천명도」에 대한 개정을 통해 퇴계가 피력하고자 하였던 천명관을 살펴보기 위해서는 추만 「천명도」에 대한 개정 근거와 내용이 서술되어 있는 「천명도설후서」를 중심으로 검토하여야 할 것으로 판단된다. 또한 퇴계의

1553년 12월 작성된 「천명도설후서」는 퇴계가 추만을 만나서 「천명도」
를 개정하게 된 경위를 설명하고 있는 전반부와 객(客)과 퇴계의 문답
형태로 「천명도」의 작성 기준 등을 해명하고 있는 후반부[89]로 구성되어
있다.[90] 「천명도설후서」를 시작하면서 퇴계는 「천명도」의 작성 근거를
다음과 같이 설명한다.

　　지금 이 그림(「천명도」)은 주자의 설을 사용하고 태극(太極)에 관한
　본 그림에 근거하면서 『중용』의 큰 뜻을 서술한 것에 불과하다.[91]

퇴계는 자신이 개정한 「천명도」가 주자의 설과 「태극도」, 『중용』의
의미를 바탕으로 작성된 것임을 명확히 한다. 즉 자신의 개정 「천명도」는
『중용』과 「태극도」, 그리고 주자에 일관하는 사유에 입각하여 그려졌다는
것이다. 반면 앞서 살펴본 추만의 「천명도해서(天命圖解序)」[92]와 「천명도

　　「천명도설」은 추만의 「천명도설」을 개정한 것으로, 퇴계의 「천명도설」에 대한
　개정 내용을 파악하는 것은 추만 「천명도설」과의 비교를 통한 별도의 논의가
　필요하다. 그러므로 이 글에서는 「천명도설후서」에 입각하여 퇴계의 추만 「천명
　도」에 대한 개정 사항만을 살펴봄으로써 퇴계의 천명관을 드러내고자 한다. 다만
　「천명도설」에 대해 퇴계가 개정한 구절에 대해서는 다음의 연구를 참조할 수
　있다. 柳正東, 「『天命圖解』考」(『東洋哲學의 基礎的 硏究』, 서울 : 成均館大學校 出版
　部, 1986), 442~451쪽 참조.
89) 유권종, 「退溪의 『天命圖說』 연구」(『孔子學』 9, 한국공자학회, 2002), 175~176쪽
　참조.
90) 이 후반부에 대하여 『要存錄』에서는 그 주제에 따라 여덟 단락으로 구분한다.
　①: 論合五爲一之義　②: 論陰陽表裏·元亨利貞·地與人物之形, 實合於「太極圖」之義
　③: 論圖本方位之義　④: 論天命由上而下之義　⑤: 論火旺·水旺次之義　⑥: 論主北面
　南·北上南下之義　⑦: 論人與禽獸草木, 分以方圓橫逆之義　⑧: 論心性情意善惡之分·靜
　養動察·主敬之義.
　*『要存錄』은 퇴계의 9대손인 廣瀨 李野淳(1755~1831)이 편찬한 퇴계 문집에 대한
　주해서이다. 해당부분은 『退溪學文獻全集』 22(大田 : 學民文化社, 1991), 588쪽에
　실려 있다.
91) 『退溪先生文集』 권41, 「天命圖說後叙」(1553.12.11). "今是圖也, 不過用朱子說, 據太極
　之本圖, 述『中庸』之大旨."

설서(天命圖說序)」⁹³⁾에서는『중용』과 주자의 사유에 근거하여「천명도」
를 작성하였다고는 밝히고 있지만「태극도」를 직접 거론하지는 않는다.
물론 추만이「천명도」를 작성한 것은『성리대전』을 읽은 것을 계기로
하기 때문에 추만 역시「태극도」에 관한 이해가 적지 않았을 것이다.
그렇기 때문에 퇴계는 추만과 함께「태극도」와「태극도설」을 가지고
토론하면서「천명도」를 수정해나갈 수 있었을 것이다.⁹⁴⁾ 그러나 추만의
서문에는 언급되지 않았던「태극도」를 퇴계가「천명도설후서」에서 제시
한 것을 보면,「태극도」와 퇴계의 개정「천명도」간의 관계에 보다 집중할
필요가 있음을 알 수 있다.⁹⁵⁾

　　실제로「천명도설후서」의 후반부는 주로「태극도」와「천명도」간의
차이점과 공통점을 밝히는 내용으로 구성되어 있다. 나아가 퇴계는「태극
도」와「천명도」두 그림에서 같은 원리에 입각하여 같은 방식으로 도상화
된 부분의 함의를 설명하고, 다른 한편으로는 두 그림 사이의 차이점에
대해서 동일한 원리를 다른 입장에서 도상화한 것이기 때문에 다른
형태를 가지게 된 것이라고 해명한다.⁹⁶⁾ 이러한 측면에서 퇴계가「태극

---

92)『天命圖解』,「天命圖解序」(1543). "『中庸』之書, 以天命二字, 爲一篇之始, 余嘗取以究
　　之. … 此余之所以承其遺意而作圖者也."
93)『天命圖說』,「天命圖說序」(1554). "余於是試取朱子之說,【見『性理大全』, 論人物之性】
　　參以諸說, 設爲一圖, 而又爲問答, 名曰'天命圖說', 日與舍弟講之."
94)『退溪先生文集』권41,「天命圖說後叙」(1553.12.11). "滉逐引證「太極圖」及「說」而指點
　　曰, '某誤不可不改, 某剩不可不去, 某欠不可不補, 何如', 靜而皆言下領肯, 無咈吝之色.
　　惟滉言有未當者, 則必極力辨難, 要歸之至當而後已焉."
95) 이러한 측면에 주목한 연구는 다음과 같다. 朴洋子,「退溪의「天命圖說後敍」에
　　관하여-特히「太極圖」와의 比較를 중심으로-」(『退溪學報』68, 退溪學硏究院, 1990)
　　; 琴章泰,「退溪에 있어서〈太極圖〉와〈天命新圖〉의 解析과 相關性」(『退溪學報』
　　87, 退溪學硏究院, 1995) ; 李光虎,「李退溪 學問論의 體用的 構造에 관한 硏究」(박사학
　　위논문, 서울대학교 대학원, 1993). 한편 河西「天命圖」역시 전체적인 구도에
　　있어서 추만의 것과 유사하다고 판단되므로,「태극도」에 근거한 퇴계의 개정
　　사항을 적용하여 함께 비교해볼 수 있다.
96) 이러한 측면에서 "퇴계는「태극도」와「천명도」의 근본적인 차이를 인정하지 않는
　　다.「천명도」는「태극도」와 '서로 밝혀 깨닫기 쉽게 하기 위하여' 만든 것이다.

도」에 근거하고 주자의 언설을 사용하여『중용』의 함의를 서술함을 통해 추만「천명도」를 개정하여 자신의 천명 이해가 담긴「천명도」를 작성하였다고 한 것의 의미를 확인할 수 있다. 이제「천명도설후서」를 중심으로 하여『중용』과「태극도」각각의 사유와 이것이「천명도」에 반영된 내용을 구체적으로 살펴봄으로써,「천명도」와『중용』·「태극도」간의 관계는 물론, 그를 통해 퇴계가 강조하고자 하였던 천명의 함의를 살펴보도록 하겠다.

2. 퇴계 천명관의 근거

퇴계가『중용』과「태극도」를 중심으로 자신의「천명도」를 작성했다는 점은 여러 측면에서 시사해주는 것이 많다. 특히「태극도」가『역전(易傳)』의 "역유태극(易有太極)" 사유를 도상화한 그림이라는 것을 고려한다면,[97) 퇴계의 천명(天命) 개념이『중용』은 물론『역전』의 내용과도 어느 정도 연관성이 있음을 알 수 있다. 일반적으로『중용』과『역전』은 유학 경전 가운데 유사한 사유가 담겨 있는 문헌이라고 여겨지며, 그 내용은 다른 경전과 구별되거나 다른 경전에 비해 보다 특징적으로 서술되고 있다고 평가된다. 그 가운데 가장 핵심적인 것은 천(天)에 대한 이해이고 이는

자연을 體用一源의 입장에서 내려다보기도 하고 顯微無間의 입장에서 쳐다보기도 함으로써 자연의 전체적 통일적 유기체적 성격에 대한 이해를 돕고자 한 것이「천명도」를 그린 근본이유이다."라는 평가가 가능하다. 李光虎,「李退溪 學問論의 體用的 構造에 관한 硏究」(박사학위논문, 서울대학교 대학원, 1993), 37쪽. 그 외 朴洋子,「退溪의〈天命圖說後敍〉에 관하여—特히〈太極圖〉와의 比較를 중심으로—」(『退溪學報』68, 退溪學硏究院, 1990), 101~106쪽 ; 琴章泰,「退溪에 있어서〈太極圖〉와〈天命新圖〉의 解析과 相關性」(『退溪學報』87, 退溪學硏究院, 1995), 226~230쪽 ; 유권종,「退溪의『天命圖說』연구」(『孔子學』9, 한국공자학회, 2002), 175~180쪽 참조.

97)『周易』,「繫辭」上, 11장. "是故易有太極, 是生兩儀, 兩儀生四象, 四象生八卦, 八卦定吉凶, 吉凶生大業."

천과 인(人)의 관계에 대한 구체적인 언급으로 표현된다.

1) 퇴계 천명관의 경전적 근거

『중용』과『역전』은 그 작성자와 작성 시기 등에 대해서 여러 견해가 있는 문헌이지만, 그 내용과 관련해서는 주로 선진 유학 이론에 형이상학적 근거를 제공한다는 측면에 주목한다.[98] 형이상학적 근거를 제공한다는 것은『중용』과『역전』에서 언급된 천을 하나의 형이상학적 의미를 갖는 실체이자 본체로서 바라보는 것으로, 이러한 해석은『중용』과『역전』이『논어』와『맹자』로 대표되는 덕성 중심의 학문체계에 일종의 이론적 근거를 제시하고 있다는 뜻이다.[99] 그러나 유학의 천을 이러한

---

98) 馮友蘭은 "유가는 … 우리 행위의 의의와 가치는 결코 행위 밖에 있지 않으며, 바로 행위 그 자체에 있다고 여겼"으며, "『중용』은 이런 인생태도에 형이상학적 근거를 부여했다."라고 보았다. 『易傳』역시 "우주간의 모든 사물은 다 일정한 질서에 따라 영구히 진행한다."라는 사유를 담고 있으며, "유가가 줄곧 말해온 時中의 의미는『역전』에 이르러 형이상학적 근거"를 얻었다고 보았다. 그는 특히 이 '中'의 의미를 중심으로『중용』과「역전」의 연관성에 주목한다. 풍우란 지음, 박성규 옮김, 『중국철학사』상(서울 : 까치, 1999), 591~592쪽, 613쪽, 619~621쪽 참조. 勞思光은『중용』에서 盡性과 誠에 주목함으로써 "형이상학적 의미를 가지고 윤리적 의미의 기초를 삼"은 점을 해석해냈으며,『역전』에 대해서는 "우주질서와 인생규범"의 상응관계, "덕성의 본체론적 해석"이라는 측면에서 그 의미를 발견하였다. 여기서 말하는 본체론적 해석이란 "존재로부터 덕성가치의 이론을 설명하는 것"이다. 勞思光 著, 鄭仁在 譯,『中國哲學史』漢唐篇(서울 : 探求堂, 1987), 73~77쪽, 107~115쪽 참조. 한편 牟宗三은『중용』의 "天命之謂性" 구절과『역전』의 "乾道變化, 各正性命" 구절에 초점을 맞추어, "성체와 천명실체가 서로 통하여 하나가 된다는 경지"와 "도체의 변화로부터 직접적으로 성명의 바름이나 완성을 설명"한 점을 읽어냄으로써 '도덕형이상학'이라는 개념으로 두 문헌을 포괄하였다. 모종삼 지음, 김기주 옮김, 『심체와 성체』1(서울 : 소명출판, 2012), 72~84쪽 참조. 앤거스 그레이엄은『중용』과『역전』을 맹자의 성선설과 연결시키면서, "하늘과 인간의 문제에 대한 보편적 해결의 길을 열어놓았다"고 분석하였다. 앤거스 그레이엄 지음, 나성 옮김, 『도의 논쟁자들』(서울 : 새물결, 2003), 245쪽 참조.

99) 이러한 견해를 가장 선명하게 제시하는 것은 모종삼이다. 모종삼 지음, 김기주 옮김, 『심체와 성체』1(서울 : 소명출판, 2012), 56~84쪽 참조.

방식-형이상학적 실체, 본체-으로 해석하는 것이 얼마나 선진 유학에 부합하는가에 대해서는 많은 이견이 제기되어 왔는데, 이는 『중용』과 『역전』의 사유를 얼마나 적극적으로 유학의 체계에 반영하여 읽어낼 것인가의 문제로 초점을 맞추어 이해해볼 수 있다. 바꾸어 말한다면, 『중용』과 『역전』을 중시하는 것만으로도 이미 유학에 대한 특정한 시각을 드러내는 것이며, 그 특정한 시각은 유학의 천을 형이상학적 실체로 보는 것과 긴밀한 연관성을 갖는다.

실제로 서주(西周) 시기에 처음 등장한 것으로 여겨지는 천명 사상에서의 천은 일반적으로 군주의 덕에 기초하여 정치적 권위를 부여하는 것으로 해석된다.[100] 이러한 이유로 이 시기 천에서는 "개인과 민족, 국가의 운명을 주재"[101]한다는 의미가 강화되며, 그러한 주재가 군주의 덕에 달려 있다는 점에서 천명이 도덕적 명령의 측면을 가진다고 해석되기도 한다.[102] 이는 경천(敬天)을 통한 수덕(修德)으로 천명을 보전할 수 있다는 언급[103]에서 확인할 수 있는데, 결국 서주 초기의 천명 개념에는 이미 어느 정도 도덕적 색채가 덧씌워져 있었다고 볼 수 있다. 한편 군주의 덕과는 무관하게, 나아가 인간의 노력과는 무관하게 어떤 일의 발생이 미리 결정되어 있다는 측면에서 천 혹은 명(命)이 사용된 사례 역시 다수 발견된다.[104] 이러한 두 측면은 서주 시기 천명의 의미가

---

100) Kwong-loi shun, *Mencius and early chinese thought*(Stanford : Stanford University Press, 1997), p.15.

101) 陳來 지음, 진성수·고재석 옮김, 『중국고대사상문화의 세계』(서울 : 성균관대학교 동아시아학술원, 2008), 138쪽.

102) 벤자민 슈워츠 지음, 나성 옮김, 『중국 고대 사상의 세계』(파주 : 살림, 2009), 82~83쪽 참조. 나아가 앤거스 그레이엄은 이러한 천명 사상에서 "당위적 인간 질서와 현실적 인간 질서 사이의 괴리에 대한 분명한 파악"이라는 측면을 읽어낸다. 앤거스 그레이엄 지음, 나성 옮김, 『도의 논쟁자들』(서울 : 새물결, 2003), 85쪽 참조.

103) 『詩經』, 「周頌·敬之」. "敬之敬之, 天維顯思, 命不易哉. 無曰高高在上, 陟降厥士, 日監在玆."

은대 지상신(至上神)으로서의 제(帝)·상제(上帝)로부터 변환된 깃105)이거나 혹은 은주 혁명 시기와 서주 초에 새롭게 등장한 천 개념과 은대의 제·상제 개념이 결합되어 나타난 것106)이기 때문에 두 사유가 중첩되어 나타나는 현상으로 분석된다. 즉 은 왕조가 "덕을 공경하지 못했기 때문에" 천명을 상실했으며 주 문왕(文王)이 "덕을 밝혔기 때문에" 천명을 받게 되었다는 맥락107)에서 천이 언급됨으로써 덕과 천이 연관성을 갖게 된 동시에 기존의 인격신으로서의 천 역시 지속적으로 사용된다는 것이다. 그렇다면 상제 개념을 원형으로 하는 천에 대한 사유와 경천, 수덕을 매개로 하는 천인 관계에 대한 사유가 천명 개념의 두 축으로 자리하게 되는 것이다.108) 다만 이러한 맥락에서의 천은 형이상학적 실체로 해석하지 않더라도 이와 같은 의미로 해석될 수 있다는 점에서 이 시기의 천을 형이상학적 실체로 보는 것은 확정하기 어렵다.

그런데 서주 시기 문헌 가운데 특히 『시경(詩經)』을 통해 형이상학적 천을 읽어낼 수 있다는 분석 역시 설득력 있게 주장된다. 물론 『시경』에

---

104) Kwong-loi shun, *Mencius and early chinese thought*(Stanford : Stanford University Press, 1997), pp.16~17.

105) 풍우 지음, 김갑수 옮김, 『동양의 자연과 인간 이해』(서울 : 논형, 2008, 116쪽) 참조.

106) 溝口雄三·丸山松幸·池田知久편저, 김석근·김용천·박규태 옮김, 『中國思想文化事典』(서울 : 민족문화문고, 2003), 27쪽 ; 벤자민 슈워츠 지음, 나성 옮김, 『중국 고대 사상의 세계』(파주 : 살림, 2009), 74쪽 참조.

107) 『書經』,「周書·康誥」. "惟乃丕顯考文王, 克明德慎罰, 不敢侮鰥寡. 庸庸祗祗威威顯民. 用肇造我區夏. 越我一二邦以修, 我西土惟時怙冒, 聞于上帝, 帝休. 天乃大命文王, 殪戎殷, 誕受厥命." ; 『書經』,「周書·召誥」. "王敬作所, 不可不敬德. 我不可不監于有夏, 亦不可不監于有殷. 我不敢知曰, 有夏服天命, 惟有歷年? 我不敢知曰, 不其延? 惟不敬厥德, 乃早墜厥命. 我不敢知曰, 有殷受天命, 惟有歷年? 我不敢知曰, 不其延? 惟不敬厥德, 乃早墜厥命."

108) 이러한 점에 대해 "서주 초기에 형성된 천에 대한 인식의 전환은 덕에 대한 새로운 가치를 부여했고, 또한 敬德사상의 성립은 동주에 이르러 종래의 종교적 권위의 실추, 그로 인한 비판 불신을 기반으로 한 합리적 정신의 강화로 말미암아 신 중심의 문화를 인간 중심의 문화로 그 무게중심을 옮기게 하였다."라는 평가 역시 가능하다. 송인창, 『천명과 유교적 인간학』(서울 : 심산, 2011), 50쪽.

보이는 천명관에 대해서 상제와 천명미상(天命靡常), 그리고 천강상란(天降喪亂)의 측면에서 접근하기도 하지만,109) 『시경』에서 형이상학적 천의 의미를 발견할 수 있다고 해석하는 경우에는 일반적으로 다음의 시를 인용한다.

천이 뭇 백성을 낳았으니, 물(物)이 있으면 법칙이 있다.
백성들이 지니고 있는 떳떳함은 아름다운 덕을 좋아한다.110)

천의 명(命)이 오, 심원하여 그침이 없구나.
아! 드러나지 않겠는가, 문왕의 덕의 순수함이여.111)

우선 첫 번째 시에 대해서는 천이 인간을 낳을 때 그들에게 인간 서로의 관계 속에서 인간의 행위를 지배하는 질서의 패턴을 함께 정해준다는 생각이 담겨 있는 것으로 분석된다. 이에 의하면 인간 질서를 지배하는 것은 의례와도 같은 행동양식을 가리키는데, 이것이 초월적인 우주적 질서를 뜻하는 천에서 유래한다는 것이다.112) 이는 인간의 행위, 그 가운데서도 의례로 대표되는 구체적 상황에서의 합당한 행동 양식이 천의 질서에서 유래한 것이라고 해석하는 것으로, 인간의 합당한 행위의 근거로서 천을 해석한 것이라고 할 수 있다. 이러한 맥락에서 여기서의 천이 인격천의 의미로도 해석될 수 있고 형이상학적 천으로도 이해될

109) 陳來, 『古代宗敎與倫理』(北京 : 三聯書店, 1996), 207~218쪽 참조. 馮友蘭은 특히 인격적인 하느님, 즉 상제의 측면에 주목한다. 풍우란 지음, 박성규 옮김, 『중국철학사』 상(서울 : 까치, 1999), 61쪽 참조.
110) 『詩經』, 「大雅·烝民」. "天生烝民, 有物有則. 民之秉彝, 好是懿德."
111) 『詩經』, 「周頌·維天之命」. "維天之命, 於穆不已. 於乎不顯, 文王之德之純."
112) 벤자민 슈워츠 지음, 나성 옮김, 『중국 고대 사상의 세계』(파주 : 살림, 2009), 81쪽 참조.

수 있지만, "물(物)이 있으면 법칙이 있다."라는 구절에 주안점을 둔다면, 필연성을 뜻한다고 볼 수 있다는 분석도 이루어진다. 즉 여기서의 천은 인격천이 아니고 형이상학적인 천이라는 것으로, 이 형이상학적 의미의 천은 의지를 가진 인격적 존재가 아니라 단지 이론적 질서나 규칙을 의미한다는 것이다. 이러한 이해는 결국 『시경』의 이 구절을 통해 천도(天道) 사상을 읽어내는 것으로 귀결된다.113) 두 번째 시에 대해서도 여기에서 말한 "천의 명(命)"이 바로 천의 법칙 및 방향을 뜻하므로 후세에서 말하는 천도임이 분석된다. 즉 천도가 그침이 없이 운행하는 측면에서 "천의 명(命)이 오, 심원하여 그침이 없구나."라고 말하였다는 것이다. 이는 결국 인격신이나 인격천을 의미하였던 천이 이 시를 통해 형이상학적 천, 곧 천도 사상이 표출된 개념으로 재해석될 수 있다는 분석이기도 하다.114)

나아가 『맹자』에서 성선(性善)을 증명하는 근거로 첫 번째 시를 인용하고 있으며 그곳에서 공자가 이 구절을 찬양하였다는 내용을 함께 제시하고 있는 점,115) 그리고 『중용』에서 "천이 왜 천인지"의 이유를 해명하는 구절로 두 번째 시를 제시하고 있다는 점116)을 근거로, 이 『시경』의 구절들은 천도와 성명(性命)이 관통하여 하나가 된다는 사유의 근원이며, 『중용』에서는 이 사유를 공자가 말한 인(仁)과 본심(本心)을 성(性)이라고 보는 맹자의 주장을 기반으로 하여 성체(性體)와 천명실체(天命實體)의 통일이라는 사유로 계승한 것이라고 분석되기도 한다.117) 이는 한편으로

---

113) 勞思光 著, 鄭仁在 譯, 『中國哲學史』 古代篇(서울 : 探求堂, 1986), 30쪽 참조.

114) 勞思光 著, 鄭仁在 譯, 『中國哲學史』 古代篇(서울 : 探求堂, 1986), 28쪽 참조.

115) 『孟子』, 「告子上」, 6장. "『詩』曰, '天生蒸民, 有物有則. 民之秉夷, 好是懿德'. 孔子曰, '爲此詩者, 其知道乎! 故有物必有則, 民之秉夷也, 故好是懿德.'"

116) 『中庸章句』, 26장. "『詩』云, '維天之命, 於穆不已', 蓋曰天之所以爲天也. '於乎不顯, 文王之德之純', 蓋曰文王之所以爲文也, 純亦不已."

117) 모종삼 지음, 김기주 옮김, 『심체와 성체』 1(서울 : 소명출판, 2012), 84~85쪽 참조.

앞서 제시한 시가 『논어』와 『맹자』의 덕성 중심의 학문체계에서 천을
그 근거로서 읽어내는 데 주효한 구절임을 알 수 있도록 한다. 이러한
측면은 다음의 시를 통해서도 파악될 수 있다.

> 상천의 일은 소리도 없고 냄새도 없는데,
> 문왕을 본받으면 만방이 진작하여 믿으리라.[118]

이 시 역시 형이상학적인 천의 특성이라고 할 수 있는 소리가 없고
냄새가 없다는 설명으로 천을 묘사하고 있는 것이기 때문에 인격신으로
서의 천을 형용한 것이 아니라고 해석된다. 이상과 같은 구절들을 근거로
하여 『시경』은 인격천 사상이 보이기는 하지만 형이상학적 천 사상도
출현하고 있는 경전으로 여겨지며, 이후 등장하는 송대의 천리(天理)
사상이 이를 이론적 근거로 삼고 있다는 해석까지 내려진다.[119]

이러한 서주 시기 천에 대한 이견은 공자와 맹자의 천을 이해하는
데 있어서도 마찬가지 양상을 보인다.[120] 즉 『논어』와 『맹자』에서 언급된
천의 의미를 살펴보면, 여기에서 인격신으로서의 천, 초월과 내재로서의
천, 필연성으로서의 천 등의 의미[121]를 모두 읽어낼 수 있다는 것이다.[122]

---

118) 『詩經』, 「大雅·文王之什」, "上天之載, 無聲無臭, 儀刑文王, 萬邦作孚."
119) 勞思光 著, 鄭仁在 譯, 『中國哲學史』 古代篇(서울 : 探求堂, 1986), 31쪽 참조.
120) 특히 『논어』에 대해서는 唐代에도 「안연」, 5장의 "死生有命, 富貴在天" 등을 근거로
    사생과 부귀를 결정하는 천의 함의를 읽어내기도 한다. 이는 곧 천명설에 대한
    圭峰 宗密(780~841)의 비판을 통해서 발견되는데, 이러한 비판이 인간의 문제를
    운명의 층위에서 바라보는 일종의 주술적인 사고를 겨냥하고 있음을 염두에
    둔다면, 그리고 이러한 비판이 인간 본질에 대한 탐구를 통해 수양의 문제와
    형이상학적 원리를 결합시키는 방향으로 나아갔음을 함께 고려한다면, 앞서 언급
    한 형이상학적 천 및 天理 사상의 출현과 발전을 사상사적인 차원에서 조망해볼
    수 있다. 신규탁, 『규봉 종밀과 법성교학』(서울 : 올리브그린, 2013), 185~187쪽,
    195~196쪽, 197~201쪽 참조.
121) 풍우란은 자신의 천 구분에 따라 『논어』에서는 주재로서의 천의 의미가 발견되고,
    『맹자』에서는 주재·운명·의리로서의 천의 의미가 모두 발견된다고 본다. 풍우란

그런데『중용』,『역전』과『논어』,『맹자』사유 사이의 밀접한 연관성을 주장하는 입장에 따른다면,[123)]『맹자』의 사유에서부터는 천과 심, 성의 관계에 주목함으로써 인간 심성과 천이 긴밀하게 연결되어 있다는 의미[124)]가 강화되기 시작하였으며, 한편으로는『논어』와『맹자』에 보이는 도덕적 맥락에서의 언급들이 도덕적 행위에 대한 구체적인 지침일 뿐만이 아니라 이를 넘어서는 지평을 갖고 있는 것[125)]처럼 보인다고 해석된다.[126)] 특히『맹자』를 통해서는 자아의 내적 심화를 통해서 자각되는 보편적인 도덕원리이자 인간과 내재적 연관성을 가지는 천이라는 측면이 보다 적극적으로 해석됨으로써, 인간에 내재하는 성선의 존재근거이자

지음, 박성규 옮김,『중국철학사』상(서울 : 까치, 1999), 98쪽, 210쪽 참조. 모종삼은 『논어』에서의 천이 인격신이라는 전통적 함의를 갖고 있으면서도 천의 초월적인 의미, 그리고 천에 대한 존숭이 발견되며, 이 초월적 차원은『맹자』에서 더 두드러진다고 본다. 모종삼 지음, 김기주 옮김,『심체와 성체』1(서울 : 소명출판, 2012), 61~72쪽 참조. 노사광은 선진 유학의 천은 필연성의 영역을 가리킨다고 본다. 勞思光 著, 鄭仁在 譯,『中國哲學史』古代篇(서울 : 探求堂, 1986), 420~422쪽 참조.

122) 이와 관련해서 이 시기 천의 함의에 규범적인(normative) 차원과 기술적인 (descriptive) 차원이 혼재되어 있다고 해석하는 관점으로부터 도움을 받을 수 있다. 즉 일반적으로 천(과 명)은 인간행위에 대한 제약을 뜻하는데, 특정한 일이 행해져야만 한다는 의미-규범적인 차원-에서 인간의 행위를 제약하는 측면과 특정한 일이 인간의 노력과는 무관하게 발생한다는 의미-기술적인 차원-에서 인간의 행위를 제약하는 측면이 모두 발견된다는 것이다. Kwong-loi shun, *Mencius and early chinese thought*(Stanford : Stanford University Press, 1997), p.17.

123) 모종삼 지음, 김기주 옮김,『심체와 성체』1(서울 : 소명출판, 2012), 56~84쪽 참조.

124) 이를 天의 내재적 측면이라고 이해할 수 있다.

125) 이를 天의 초월적 측면이라고 이해할 수 있다.

126) 이와 관련하여 퇴계가 敬天, 事天을 언급하면서『시경』,『중용』,『맹자』의 구절을 통해 경, 존심, 양성, 하학공부를 경천, 사천의 방법이라고 이해하는 것 역시 인간 심성과 천의 관계를 도덕적 맥락에서 파악한 것이라고 볼 수 있다.『退溪先生年譜』권2, 先生六十八歲 條. "近來日食, 又有冬雷之變. 先王遇災知懼, 側身修德, 不可只行文具而感動上天也.『詩』言敬天之道曰, '敬之敬之, 天惟顯思, 毋曰高高在上, 陟降厥土, 日監在玆', 蓋天卽理也, 天理流行, 無時不然, 人欲少間, 則非所以敬天也.『中庸』亦曰, '神之格思, 不可度思, 矧可射思',『孟子』曰, '存其心養其性, 所以事天也', 事天之道, 只在於存養心性而已. 宋張橫渠所作「西銘」, 說此理甚分明, 因事親之道, 以明事天之道. 推其極, 則乃聖人地位之事, 而下學工夫, 亦無不兼盡. 知此然後敬天之道, 不待假飾於外, 而可做眞實工夫矣."

인간의 도덕적 자각을 통해서만이 발견되는 존재로서 천이 설명되고
있다고 평가된다.[127]

　바로 이 지점에서『중용』과『역전』의 중요성이 대두된다.『중용』과
『역전』[128]의 사유를 통해서 초월로서의 천, 혹은 필연성으로서의 천은
그것이 인간의 심에 내재되어 있거나 인간의 심과 연결되어 있다는
측면에서 보다 정합적으로 설명된다고 해석되기 때문이다. 이 가운데
『중용』에서 형이상학적 천을 독해해낼 수 있는 근거로 제시되는 부분은
일반적으로 천명지위성(天命之謂性) 구절과 성(誠) 개념이다. 천명지위성
은 인·의·예·지라는 유학의 가치가 천으로부터 창출되어 인간을 포함한
만물의 성으로 내재된다는 뜻을 지닌 구절이라고 설명되며, 성(誠)은
끊임없이 유행 순환하는 천도의 모습을 표현한 개념이라고 여겨진다.

　　천이 음양오행으로써 모든 물(物)을 화생하면서 기로 형체를 이루고
　　리(理) 또한 (거기에) 부여하였는데 명령과 같다. 여기에서 인간과 물(物)이
　　생겨남에 각각 그 부여받은 바의 리(理)를 얻음을 인하여서 건순과 오상의
　　덕으로 삼으니, 성이라는 것이다.[129]

---

127) 송인창,『천명과 유교적 인간학』(서울 : 심산, 2011), 50쪽, 63쪽 참조. 이에 대한
　　대표적인『맹자』의 구절로는 다음이 제시된다.『孟子』,「盡心上」, 1장. "孟子曰,
　　'盡其心者, 知其性也. 知其性, 則知天矣.'"
128) 앞서 언급하였듯이, 퇴계는「태극도」와「태극도설」이『역전』의 "易有太極" 사유에
　　근거한 것이라고 본다. 또한『역전』에 대한 해석에는 두 가지 경향이 존재하는데,
　　하나는 상수학파로 대표되는 "筮法의 각도에서 그 안에 있는 철학적 문제들을
　　해석"하는 흐름이고, 다른 하나는 "철학적 이치의 각도에서 그 안에 있는 筮法을
　　해석"하는 흐름으로, 이는 "易有太極"을 "우주의 형성 과정으로 해석함으로써 철학
　　이론으로 변화"시킨 것이다. 주백곤 지음, 김학권·김진근·김연재·주광호·윤석민
　　옮김,『역학철학사』1(서울 : 소명출판, 2012), 144~147쪽 참조. 또한『역전』"자료의
　　내원은 매우 번잡하여 … 근본적으로 하나의 완전한 이론이 아니"라고 평가되기도
　　한다. 勞思光 著, 鄭仁在 譯,『中國哲學史』漢唐篇(서울 : 探求堂, 1987), 94쪽 참조.
　　이러한 이유로『역전』에 대한 서술은 다음 장에서 퇴계의「태극도」이해를 살펴보
　　는 것으로 대신한다.
129)『中庸章句』, 1장, 주자의 주석. "天以陰陽五行化生萬物, 氣以成形, 而理亦賦焉, 猶命令

"천명지위성" 구절에 대해서 주자의 주석을 통해 본다면, 모든 물(物)이 천으로부터 부여받은 리(理)가 바로 각 물(物)에 동일하게 갖추어진 성이다. 여기서의 성은 오상으로서의 덕, 즉 인·의·예·지·신을 가리킨다. 그리고 음양오행의 기가 만물의 형체로 이루어지는 과정 역시 천에 의한 것으로 설명된다. 즉 주자는 천과 만물 화생의 관계를 단지 리(理)의 측면에서 이해할 뿐만이 아니라, 만물이 구체적인 형체를 이루는 것 역시 천의 주재와 무관하지 않다는 점도 함께 언급하고 있다. 다시 말해, 인·의·예·지·신을 부여하는 과정과 형기가 만들어지는 과정이 함께 진행되는 것으로 설명하고 있는 것이다. 그러나 주자의 "천명지위성" 해석이 "천즉리(天卽理)"와 "성즉리(性卽理)"가 말해짐으로써 리(理)를 통해 천과 인이 근원적으로 연결된다는 점을 말하는 것에 주목한 것임을 감안한다면, 해석의 초점이 천과 성의 관계에 맞추어져 있음을 예상해볼 수 있다. 이는 주자가 『중용』 1장의 내용을 총괄한 다음의 내용을 통해서도 확인된다.

　　생각건대 사람들이 자기에게 성이 있음은 알지만 천에서 나온 것은 알지 못하고, 일에 도가 있음은 알지만 성에서 말미암음은 알지 못하고, 성인의 가르침이 있음은 알지만 나의 고유한 것을 인하여 만들었음은 알지 못한다. 그러므로 자사가 여기에 첫 번째로 이것을 드러내 밝혔는데, 동자(董子 : 董仲舒)가 "도의 큰 근원이 천에서 나왔다."라고 한 것도 이러한 뜻이다.130)

　　也. 於是人物之生, 因各得其所賦之理, 以爲健順五常之德, 所謂性也."
130) 『中庸章句』, 1장, 주자의 주석. "蓋人知己之有性而不知其出於天, 知事之有道而不知其由於性, 知聖人之有敎而不知其因吾之所固有者裁之也. 故子思於此, 首發明之, 而董子所謂'道之大原出於天', 亦此意也."

주자는『중용』의 천명지위성 구절에서 인간에 내재한 성, 그리고 성의 근거인 천의 관계를 우선적으로 읽어낸다. 주자의『중용』전체에 대한 해석은 이 내용을 기반으로 한다. 그리고 바로 여기서 말하는 천은 천도, 성(誠)으로 해석되는데,[131] 이러한 천도는 인·의·예·지·신이라는 가치의 근원으로서의 천을 의미한다. 즉 천도와 인간의 성(性)이 밀접한 연관성을 가지게 된다. 그렇다면 앞서 언급한『중용』을 통해 제시된 형이상학적 천이란, 인간에게 내재된 가치로서의 인·의·예·지·신인 성과 그것의 근원으로서의 천이 밀접한 연관성을 갖는다는 의미를 함축한다고 할 수 있다. 그리고 이 관계를『중용』에서는 천명을 통해 설명하고 있다. 바로 이 천과 인간의 성 사이의 관계를 천명을 중심으로 도상화한 것이 「천명도」이다. 추만과 하서, 그리고 퇴계의 「천명도」는 모두 이에 입각하여 작성된다. 각각의 「천명도」에서 이러한 사유가 도상화된 부분은 천형(天形)과 천명(天命), 그리고 인형(人形)의 연결 부분이다. 원·형·이·정과 음양오행을 구성 요소로 포함하고 있는 천형 부분은 천도를 상징하고, 이러한 천도의 리(理)와 기는 인간의 심(性, 情)과 연관성을 갖는데, 이 연관성을 상징화한 것이 명, 혹은 천명 부분이다. 이와 같은 내용을 종합해보면,『중용』의 사유를 도상화한 「천명도」는 천형과 인형을 어떠한 방식으로 연결하고 있는가를 통해 천명을 해석하고 있는 것이라고 할 수 있다.

그렇다면 천명을 천으로부터 도덕적 가치가 창출되고, 그것이 인간에게 인·의·예·지·신의 성이라는 형태로 내재되는 과정이라고 이해하는 것은 추만과 하서, 그리고 퇴계가 모두 공유하는 지점일 것으로 보인다. 그런데 앞서 살펴본 것처럼, 추만과 하서의 「천명도」와 퇴계의 「천명구도」·「천명신도」는 천명 관련 부분에 있어 많이 차이를 보인다. 이는

---

131)『中庸章句』, 20장. "誠者, 天之道也." ; 주자의 주석. "誠者, 眞實無妄之謂, 天理之本然也."

추만과 퇴계가 동일하게『중용』에 근거하고 있다고 밝히고는 있지만, 천명에 대한 상이한 이해에서 기인한 것일 수 있다. 즉 천을 도덕적 가치의 근원이자, 인간 성의 근원이라고 이해하는 것은 당시『중용』과 『성리대전』을 통해 이미 공유되고 있었던 사유로 보이지만, 퇴계는 당대 학자들의 견해와는 조금 다르게 해석되어야 하는 부분을 발견하였고, 이에 대한 개정을 통해 퇴계는 천명 개념의 특정 부분을 부각시키고자 하였다.

　퇴계는 천명을 이해하는 데 있어『중용』과 더불어「태극도」가 또 하나의 매우 중요한 이론적 토대가 된다고 생각했다. 그래서 태극 개념을 도상화한「태극도」를 통해 자신이 강조하고자 하는 천명 개념의 특정 부분을 보다 더 명확하게 뒷받침할 수 있을 것이라고 보았고, 이에 근거하여 기존의「천명도」를 개정하였다. 이제 퇴계가 생각한 그 지점을 검토해보도록 하겠다.

2) 퇴계 천명관의 철학적 근거

　『중용』이 추만·하서와 퇴계의「천명도」사이의 공통 지반, 즉 천도(天道)와 인도(人道)의 통일성과 연관성을 제시하는 사유가 담긴 문헌인 반면, 이와는 달리「태극도」는 퇴계가 추만「천명도」를 개정하는 데 근거가 되는 문헌이다. 퇴계의 입장에서 본다면 추만·하서「천명도」와 자신의 「천명도」가 차이를 갖게 되는 이유는 일차적으로「태극도」의 사유를 얼마나 더 정확하게「천명도」에 반영하였는가의 문제였고, 한편으로 「태극도」의 사유를『중용』과 어떠한 방식으로 결합시켜 주자학적 천인관계를 구성해내느냐의 문제였다. 이는 퇴계가 추만의「천명도」를 개정하면서「태극도」와「천명도」의 관계에 주목한 것에서 확인할 수 있다. 퇴계의「태극도」해석의 주안점은「천명도」에 도상화된 각각의 상징들을

「태극도」의 특정 개념에 부합하도록 개정함으로써 두 그림 사이의 의미 연결 고리를 강화하는 방식으로 드러난다.

　퇴계가 추만의 「천명도」에 「태극도」의 사유를 접합시키고자한 측면을 확인할 수 있는 첫 번째 지점은 바로 '천명'을 그림 하단에서 상단으로 이동시킨 것이다. 퇴계는 추만의 「천명도」에서 하단에 위치하여 위로 향하는 형태로 그려진 '명(命)'을, 상단으로 옮겨 '천명(天命)'으로 표기하고 아래로 향하는 형태로 수정하였다. 「천명도설후서」에서는 이에 대해 다음과 같이 설명한다.

　　(객이) 말하였다. "「하도」·「낙서」와 「선천」·「후천」 등은 모두 아래서부터 시작하는데 이것(「천명도」)은 위에서부터 시작하니, 어째서인가?"
　　(나 황이) 말하였다. "이것 또한 「태극도」를 본떠 그러하였으니, 「태극도」가 반드시 위에서부터 시작하는 까닭에 대해 그 이유를 말해보겠다. 북쪽으로부터 남쪽을 바라보면서 전후좌우를 나누어 여전히 뒤쪽의 자(子)를 아래로 하고 앞쪽의 오(午)를 위로 한 것은 「하도」와 「낙서」 이하로 모두 그러하다. 그러한 까닭은 양기는 아래에서 처음 생겨나고 점차 자라 위에서 지극해지는데, 북방에서 양기가 비로소 생기기 때문이다. 저 「하도」와 「낙서」는 대체로 음양이 소장하는 것을 주안점으로 하면서 양을 중하게 여겼으니, 북쪽을 말미암아 아래에서 시작하는 것이 진실로 마땅히 그러하다. 「태극도」의 경우는 이와 다르니, 리(理)와 기를 캐보고 조화의 기틀을 드러내면서 상천이 물(物)에 명하는 도를 보였기 때문에 위에서 시작하여 아래에 이르렀다. 그러한 까닭은, 천의 위치가 본디 위에 있어 충(衷)을 내린 명[降衷之命]을 아래에서부터 위로 간다고 여길 수 없기 때문이다. 지금 그림(「천명도」)을 지음에 한결같이 염계의 옛 것(「태극도」)을 따랐으니 어찌 여기(「천명도」)에서 유독 그 뜻을 어길 수 있겠는가. 당초에 정이(추만)가 「하도」와 「낙서」의 경우를 따라서 아래로부

터 시작하였으나, 고쳐서 염계의 경우를 따랐으니, 나의 책임이다."132)

이는 「천명도」가 그림 상단에서부터 그림 하단으로 향하는 방향으로 그려진 것이 「하도」·「낙서」·「선천」·「후천」에 부합하지 않는다는 질문을 가설하고 그에 답한 것이다. 이 질문에 대해서 퇴계는 자신이 「태극도」에 따라 「천명도」의 구도를 위에서 시작하여 아래로 향하는 방식으로 수정하였음을 밝힌다. 이를 표현하기 위해 퇴계는 추만의 「천명도」에서 하단에 위치하던 '명(命)'을 상단으로 옮겨 '천명(天命)'이라 표기한다.133)

퇴계에 따르면 「하도」·「낙서」, 「선천」·「후천」은 기의 운행, 즉 음양의 사라짐과 자라남[消長]을 형상화한 그림이다. 구체적으로 양기는 아래에서 생겨나고 북방에서 생겨나기 때문에, 그림 하단이 북방이 되어 음양의 소장과 순환을 형상화하게 된 것이라는 설명이다. 추만은 자신의 「천명도」의 구도가 그림 하단에서 상단으로 향하는 방향성을 가진 것에 대해 '수(水)'가 거하지물(居下之物)이고, 음양의 기는 모두 아래에서부터 올라오는 것이기 때문이라고 설명한다.134) 즉 추만은 음양의 기가 소장하는

---

132) 『退溪先生文集』권41, 「天命圖說後叙」(1553.12.11). "曰, '「河」·「洛」·「先」·「後天」等, 皆由下而始, 而此則由上而始, 何耶?' 曰, '是亦倣「太極圖」而然也, 而「太極圖」所以必由上始者, 請言其故. 自北面南, 而分前後左右, 仍以後子爲下, 前午爲上者, 「河」·「洛」以下皆然也. 其所以然者, 陽氣始生於下, 而漸長以極於上, 北方, 陽氣之始生也. 彼「圖」·「書」率以陰陽消長爲主, 而以陽爲重, 則由北而始於下, 固當然也. 至於「太極圖」, 則異於是, 原理氣而發化機, 示上天命物之道, 故始於上而究於下. 其所以然者, 天之位固在於上, 而降衷之命, 不可謂由下而上故也. 今之爲圖, 一依濂溪之舊, 安得於此而獨違其旨乎. 當初, 靜而因「河」·「洛」之例, 由下而始, 改而從濂溪之例, 滉之罪也.'"

133) 이로 인하여 그림 전체가 180도 회전하게 되는데, 결국 전통적으로 그림 위쪽이 남, 아래쪽이 북인 것과는 달라졌지만 남이 午이고 북이 子인 것에는 변화가 없다. 그러나 훗날 진행된 제자들과의 논의를 살펴보면, 이러한 도상 방식의 변화는 지속적인 문제제기를 야기한 것으로 보인다. 이는 『성학십도』「심통성정도」中圖의 인·의·예·지 방위와 관련된 논의에서 확인할 수 있다. 이와 관련해서는 문석윤, 「退溪의 『聖學十圖』修正에 관한 연구」(『退溪學報』130, 退溪學研究院, 2011), 29~42쪽 참조.

134) 『天命圖解』, 「第三節·論生物之原」. "蓋水爲居下之物, 而爲此生物之根, 則其氣之根不從

현상에 따라서 인간을 포함한 만물에 성(性)이 부여되는 과정을 「천명도」에서 도상화하고 있는 것이라고 해석할 수 있다.[135] 이는 하서 「천명도」도 마찬가지이다. 즉 추만과 하서의 「천명도」는 공통적으로 음양의 기가 소장하는 현상에 따라서 인간과 만물에 성이 부여되는 과정을 「천명도」에서 도상화하고 있으며, 이러한 이유로 두 그림 모두 하단에서 상단으로의 방향성을 가진 그림이 된 것이라고 해석할 수 있다.

반면 퇴계는 자신이 「천명도」에 결합시킨 「태극도」의 사유를 물(物)에 명하는 과정, 즉 명물지도(命物之道)라고 설명하고, 「천명도」 역시 이에 입각하여 그려져야 하는 그림이기 때문에 그림 상단에서 시작하여 하단으로 향하는 방향성을 가져야 한다고 설명한다. 「태극도」가 무극이태극(無極而太極)으로부터 만물이 화생되는 과정을 형상화하고 있는 그림임을 고려한다면, 퇴계가 물(物)에 명하는 과정이라고 한 것은 우선 만물이 생겨나는 전체의 과정을 가리킴을 알 수 있다.

퇴계는 이러한 뜻을 보다 구체적으로 표현하는데, 「태극도」가 상단에서부터 하나으로 진행되는 그림으로 구성됨으로써 드러나게 되는 의미에 대해서 "상천이 물(物)에 명하는 도"라고 설명한다. 그렇다면 우선 퇴계가 「태극도」와 마찬가지로 「천명도」에서 표현하고자 했던 명물지도(命物之道)의 명령자는 유학 전통 속에서의 상천(上天)임을 알 수 있다. 또한 퇴계는 「천명도설후서」의 다른 부분에서도 명물지도(命物之道)에 대해 "상제강충(上帝降衷)"을 인용하여 설명한다.[136] "상제강충"이란 『서경』에

乎下, 而何所從也? 況凡陰陽之氣, 皆自下而上, 故作『易』聖人, 亦於畵卦之際, 必以下爻爲初. 此亦不可不知者也."

135) 이에 대해서 유권종은 "이는 음양의 기가 소장하는 원리와 인간과 사물에 부여되는 천명을 엮어서 보려고 하는 관념이다."라고 분석하였다. 유권종, 「天命圖 비교 연구 : 秋巒, 河西, 退溪」,(『韓國思想史學』 19, 한국사상사학회, 2002), 130쪽 참조.

136) 『退溪先生文集』 권41, 「天命圖說後叙」(1553.12.11). "「太極圖」, 旣以命物爲主, 則其圖之上面, 乃是上帝降衷之最初源頭, 而爲品彙根柢之極致."

나오는 말로, "훌륭하신 상제가 하민들에게 충(衷)을 내려준다.[惟皇上帝降衷于下民]"를 인용한 것인데, '충(衷)'은 "천이 명을 내릴 적에 인·의·예·지·신의 리(理)를 갖추어 편벽되거나 치우친 바가 없는 것"[137]으로 해석된다. 즉 상제가 인·의·예·지·신인 성(性)을 명령으로 부여하는 것이다.

그렇다면 퇴계가 그림 하단에 위치하던 '명(命)'을 '천명(天命)'이라 수정하면서 또 그림 상단으로 옮긴 것은 이와 같은 함의 위에서 그 의미를 살펴볼 수 있다. 즉 상천·상제와 생성된 만물의 관계를 태극에 주목하여 구상한 것이 「태극도」인데, 「천명도」 역시 이러한 원리에 입각하여 그려져야 한다는 것이다. 이에 대해 퇴계는 상천·상제는 본래 위쪽에 자리하기 때문에 상천·상제와 만물의 관계를 표현하기 위해서는 상단에서부터 하단으로 논의가 진행되어야 한다고 설명한다. 이렇게 해야만 상천·상제가 인·의·예·지인 성을 만물 화생의 과정 속에서 명령처럼 만물에게 부여한다는 의미를 포함할 수 있다는 것이다. 퇴계는 이러한 의미를 보다 온전히 드러내기 위해서 천명권(天命圈)이 상단에 위치하도록 개정하였고, 이를 통해 상천·상제의 본 위치와 걸맞게 도상화한 것이다.

퇴계는 이 지점에서 음양 소장을 중심으로 그림을 작성한 것과 '명물지도(命物之道)'에 근거하여 작성한 것을 명확히 대비시킨다. 이는 「하도」와 「낙서」, 그리고 추만의 「천명도」가 「태극도」 및 자신이 개정한 「천명도」와 대비됨을 뜻한다. 즉 「하도」, 「낙서」, 추만 「천명도」가 음양 소장에 입각한 그림이라면, 자신의 「천명도」는 상천과 만물의 관계 속에서 상천의 본 위치, 즉 상(上)이라는 위상에 걸맞게 그린 그림이다. 이는 달리 말한다면, 「천명도」는, 즉 상천과 만물의 관계를 도상화하는 경우에는, 음양 소장에 입각하여 그 의미를 형상화하면 안 되고, 상천의 의미와 작용에 입각하여 강(降)의 이미지, 즉 그림 상단에서 하단으로의 방향성을 가진 형태로

---

137) 『書傳』, 「商書·湯誥」, 2장, 衷에 대한 九峯 蔡沈(1167~1230)의 주석. "天之降命, 而其仁·義·禮·智·信之理, 無所偏倚, 所謂'衷'也."

도상화해야 한다는 것이다. 퇴계는 이에 대한 또 다른 측면에서의 설명을
「태극도」와 「천명도」에서 표현된 방위, 오행과 관련시켜 진행한다.

(객이) 말하였다. "「태극도」가 위를 말미암음은 화(火)가 왕성한 오방(午
方)의 차례에 해당하나, 이 그림(「천명도」)이 위를 말미암음은 수(水)가
왕성한 자방(子方)의 차례에 해당하니, 같다고 이를 수 있는가?"138)

퇴계는 「천명도」의 상하와 방위가 「태극도」에 부합한다는 설명을 한
뒤, 그에 대해 이어서 보완한다. 즉 당시의 일반적인 이해에 따른다면,
「태극도」에서 북(北)-화(火)-오방(午方)을 상징하는 것들은 「하도」·「낙서」
·추만 「천명도」에서처럼 그림 상단에 자리해야 하는 것으로 여겨진 듯하
다. 그런데 퇴계 「천명도」에서 북(北)-화(火)-오방(午方)은 그림 하단에
있고 남(南)-수(水)-자방(子方)은 그림 상단에 있기 때문에, 이 두 이해
간의 충돌이 발생하는 것이다. 이에 대해 퇴계는 「태극도」가 음양 소장에
입각하여 상하·방위를 도상화하고 있지 않다는 설명을 한다.

(나 황이) 말하였다. "「태극도」는 이미 물(物)에 명함을 주안점으로
하였으니, 그림(「태극도」)의 상면이 바로 상제가 충(衷)을 내리는 가장
처음의 원두(源頭)이면서 모든 것[品彙]의 근저의 극치(極致)가 되어, 「하도」
와 「낙서」 등의 그림이 소장을 주안점으로 하는 것과는 절로 같지 않다.
그렇다면 그 그림(「태극도」)의 형체가 단지 한 가운데 세워서 바로 보도록
했을 뿐, 치우쳐서 남방을 위로 하지는 않았음이 명백하다."139)

138) 『退溪先生文集』 권41, 「天命圖說後叙」(1553.12.11). "曰, '「太極圖」之由上, 當午方火旺
之次, 此圖之由上, 當子方水旺之次, 是可謂同乎?'"
139) 『退溪先生文集』 권41, 「天命圖說後叙」(1553.12.11). "曰, '「太極圖」, 旣以命物爲主,
則其圖之上面, 乃是上帝降衷之最初源頭, 而爲品彙根柢之極致, 與「河」·「洛」等圖以消
長爲主者, 自不同也. 然則其圖之體, 只是堅起當中, 直看下來, 非偏以南方爲上也, 明矣.'"

퇴계는 다시 한 번 「태극도」의 구도가 음양 소장에 입각하여 이루어지지 않았다고 설명한다. 결국 퇴계는 음양 소장에 입각한 생성의 상징들, 즉 남(南)-수(水)-자방(子方)으로부터 천도와 만물의 성이 연결되고, 그 과정을 명(命)이라 이해한 사유, 즉 추만 「천명도」에서 도상화하였고, 「하도」와 「낙서」에 기원을 두고 있는 사유에 입각하여 「천명도」를 작성하는 것과는 다른 방식으로 자신의 「천명도」로 개정한 것이다.

나아가 퇴계는 '천명'을 단지 그림 상단으로 이동시키는 것에만 그치지 않고, 그것을 「태극도」의 묘응권(妙凝圈)을 통해 표현하고자 한다. 이것이 바로 퇴계가 추만의 「천명도」에 「태극도」의 사유를 접합시키고자한 두 번째 지점이다. 천명을 설명하면서 이를 「태극도」의 리기묘응권(理氣妙凝圈)과 연결시켜 형상화한 것은 퇴계에게서 처음으로 보인다.[140] 그리고 리기묘응권으로서의 천명권은 「천명구도」를 거쳐 「천명신도」에 이르러서야 선명하게 그려진다. 「천명도설후서」 후반부에서의 설명을 통해 퇴계의 개정 「천명도」에서는 천명권이 「태극도」의 묘응권에 해당한다는 것을 확인할 수 있다.[141]

---

140) 이는 「천명도설」의 수정과정에서도 나타나는데, '第一節論天命之理' 부분의 "蓋二五妙合之源, 而指四德言之者也."라는 설명은 퇴계의 수정을 거친 「천명도설」에서야 발견된다. 柳正東, 「『天命圖解』考」(『東洋哲學의 基礎的 硏究』, 서울 : 成均館大學校出版部, 1986), 446쪽 참조.

141) 퇴계의 사칠설에 주목하였을 경우, 사칠논변의 발단이 된 그림은 「天命舊圖」라고 보아야 한다는 방현주의 「「천명도天命圖」의 판본문제 고찰-사칠논변의 발단이 된 「천명도」에 대하여」(『한국철학논집』 40, 한국철학사연구회, 2014)를 참조한다면, 현전하는 문집본 「天命新圖」가 1553년 개정된 것이라고 확정할 수는 없다. 그러나 「천명도설후서」에서 天命圈을 「태극도」의 妙凝圈에 해당시킨 설명에 주목한다면, 「천명신도」와 「천명구도」에 도상화된 천명 부분의 차이는 「천명도설후서」의 내용이 얼마나 더 온전하게 「천명도」에 반영되어 있는가를 보여주는 지점이라고 할 수 있다. 즉 「천명도설후서」가 작성된 1553년 퇴계의 천명관이 반영된 天命圈은 「천명신도」의 것이다. 이러한 이유로 이 글에서는 「천명도설후서」를 통해 언급된 퇴계 자신의 해명에 한정하여 문집본 「천명신도」를 검토한다.

(「천명도」의) 천명지권(天命之圈)은 곧 주자(周子)의 이른바 "무극과 이기(二氣) 오행이 오묘하게 합하여 응집한다."라는 것인데, 자사는 리기묘합(理氣妙合)의 가운데에 나아가 유독 무극지리(無極之理)를 가리켜 말하였기 때문에 곧바로 이것을 성이라 여겼을 뿐이다.[142]

"무극이오묘합이응(無極二五妙合而凝)"이라는 것은 "무극(無極)인 진(眞 : 理)과 음양오행의 정(精 : 氣)이 '묘합이응(妙合而凝)'한다."라는 「태극도설」의 한 구절을 가리킨다. 앞에서 살펴본 바와 같이 그림 상단에 위치한 '천명'은 만물에 명하는 전체과정이 상천의 주재 아래에 있음을 상징하는데, 퇴계는 바로 이 '천명'이 리기(理氣)가 묘합(妙合)하여 응집되는 단계를 뜻하는 묘응권(妙凝圈)에 해당한다고 설명한다. 이러한 뜻을 도상화하기 위하여 퇴계는 그림의 상단으로 옮긴 '천명'을 하나의 권(圈 : ○)으로 만들고, 주변에 '리기묘응(理氣妙凝)'이라는 글자를 명기한 것이다. 이것이 바로 퇴계의 추만 「천명도」 개정과 관련하여 주목해야 하는 묘응권으로서의 천명권(天命圈)이다. 이 천명권에 대하여 퇴계는 다음과 같이 설명한다.

생각건대 「태극도」는 태극에서 시작하여 다음으로 음양 오행 이후에 묘응지권(妙凝之圈)이 있다. 묘응지권은 곧 이 그림(「천명도」)의 천명의 권(圈)이 걸려 있는 곳이 이것이다.[143]

"묘응지권(妙凝之圈)"은 「태극도」[144]에서 무극이태극권(無極而太極圈)

---

142) 『退溪先生文集』권41, 「天命圖說後叙」(1553.12.11). "天命之圈, 卽周子所謂'無極二五妙合而凝'者也, 而子思則就理氣妙合之中, 獨指無極之理而言, 故直以是爲性焉耳."

143) 『退溪先生文集』권41, 「天命圖說後叙」(1553.12.11). "蓋「太極圖」, 始於太極, 次陰陽五行而後, 有妙凝之圈. 妙凝之圈, 卽斯圖所揭天命之圈是也."

144) 이 글에서 인용한 「태극도」는 退溪의 『聖學十圖』(韓國文集叢刊 29, 『退溪集』I,

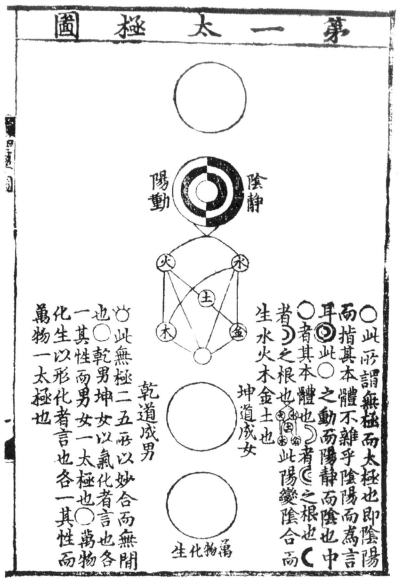

「태극도」

「천명신도」

과 양의권(兩儀圈), 오행권(五行圈) 다음에 매달려 있으며, 기화권(氣化圈)
과 형화권(形化圈) 위에 간격을 두고 위치하는 작은 권(圈)을 가리킨다.
퇴계는 이 작은 권(圈)을 「천명도」에서 천원(天圓)에 맞닿은 천명권(天命

圈)으로 그린 것이다.145) 퇴계에 따르면 「대극도」는 만물이 화생되는 과정을 리(理)와 기의 본원을 열어 보임으로써 형상화한 것인데,146) 그 과정 가운데 묘응권(妙凝圈)은 리(理)와 기가 묘합이응(妙合而凝)함으로써 만물이 성과 형체를 지니고 생겨나기 시작하는 단계를 의미한다. 주자는 『대학혹문(大學或問)』에서 이 과정에 대해 다음과 같이 설명하였다.

천도가 유행하면서 만물을 낳고 길러 주지만, 그 조화는 음양오행일 뿐이다. 그러나 음양오행이라는 것 또한 이 리(理)가 있은 뒤에 기가 있고, 만물이 생성됨에 있어서는 또한 반드시 이 기의 응취를 통한 후에 형체가 있게 된다. 그러므로 인간과 만물이 생성됨에 있어서는 반드시 이 리(理)를 얻은 뒤에 건순·인의예지의 성이 있고, 반드시 이 기를 얻은 뒤에 혼백·오장·백해(百骸)의 육체가 있게 된다. 주자(周子)의 "무극인 진(眞 : 理)과 음양오행의 정(精 : 氣)이 묘합이응(妙合而凝)한다."라는 말은 이를 두고 이른 것이다.147)

이 인용문은 『대학』 경문에 나오는 명덕(明德)에 대하여, 천과의 관계를 설명하면서 언급된 설명이다. 그런데 여기에서 주자는 리기묘응(理氣妙凝)에 해당하는 의미를 풀이하고 있다. 이에 따르면 리기묘응은 만물이 천도의 유행을 통해 리(理)와 기를 얻어 생성되는 과정이다. 「태극도」에서

145) 『退溪先生文集』 권41, 「天命圖說後叙」(1553.12.11). "從人物旣生後, 推而上之, 至於妙凝處, 已爲極致, 故以是當圖之上, 而爲天命之際接, 其自五行陰陽以上, 則固具於天圓一圖, 而太極之無聲無臭, 又不待摹寫, 而亘於穆不已於其中矣."
146) 『退溪先生文集』 권41, 「天命圖說後叙」(1553.12.11). "濂溪, 闡理氣之本原, 發造化之機妙, 不分爲五, 無以曉人."
147) 『大學或問』, 경문에 대한 설명. "天道流行, 發育萬物, 其所以爲造化者, 陰陽五行而已. 而所謂陰陽五行者, 又必有是理而後有是氣, 及其生物, 則又必因是氣之聚而後有是形. 故人物之生必得是理, 然後有以爲健順·仁義禮智之性, 必得是氣, 然後有以爲魂魄·五臟·百骸之身. 周子所謂'無極之眞, 二五之精, 妙合而凝'者, 正謂是也." 이 부분은 『성리대전』 권1, 「태극도」에도 실려 있다.

도 이 과정에 대해 무극이태극권(無極而太極圈)에서부터 기화권(氣化圈)
과 형화권(形化圈)까지 도상화함으로써 만물의 생성을 설명하고 있는데,
그렇다면 무극이태극권, 양의권, 오행권과 기화권, 형화권의 사이에 위치
한 묘응권(妙凝圈)은 리(理)와 기가 묘합이응(妙合而凝)하여 만물이 생성되
는 단계를 가리킨다. 즉 그것은 무극인 리(理)와 이기(二氣) 오행인 기가
묘합하면서 구체적 형상을 가진 만물이 생성되기 시작하는 단계를 의미한다.

  퇴계가 '리(理)와 기가 묘합이응(妙合而凝)함으로써 만물이 생성되는
단계'라는 의미를 갖고 있는 묘응권(妙凝圈)을, 동시에 천명권(天命圈)으로
표현한 것은, 만물 생성의 함의 속에서 천명의 의미를 드러내기 위해서이
다. 이는 곧 리(理)와 기가 묘합이응함으로써 성(性)과 형체를 함께 지닌
만물이 생성된다는 의미를 함께 고려하여 천명을 이해해야 함을 뜻한다.
앞서 명물(命物)의 명령자를 상천·상제라고 구체화함으로써 명령으로
부여하는 것이 인·의·예·지임을 밝혔다. 이러한 의미를 갖고 있는 천명에
리기묘응(理氣妙凝)의 의미가 더해지면, 만물이 형체를 지니고 생성되는
과정 속에서 인·의·예·지라는 도덕 가치 역시 함께 창출된다는 것을
드러낼 수 있게 된다. 그렇다면 주자가 「태극도」의 묘응권 사유를 토대로
천과 명덕의 관계를 해명한 것과 마찬가지로, 퇴계는 이를 『중용』에서의
천과 성(性)의 관계에도 적용시키고자 한 것이라고 해석할 수 있다.

  그런데 「천명도」에서 리기묘응권(理氣妙凝圈)으로서의 천명권(天命圈)
의 의미를 보다 명확히 이해하기 위해서는 리기묘합(理氣妙合)의 과정에
서 자사가 무극지리(無極之理)를 가리켜 말해낸 것이 성, 즉 천명지성(天命
之性)이라는 퇴계의 말을 상기해야 한다. 앞서 퇴계가 천명권(天命圈)이
「태극도」의 리기묘응권에 해당한다고 설명하면서 자사의 천명은 리기묘
응권에서 무극지리(無極之理)만을 가리켜 말한 것이며, 이것이 곧 자사가
말한 성이라고 해석하였다는 것을 확인하였다. 즉 리기묘응권에서의
리(理)가 바로 천명인 것이다. 따라서 리기묘응권으로서의 천명권(天命

圈)은 리(理)와 기의 묘응(妙凝)으로써 만물의 성(性)과 형체가 생성된다는 의미를 갖는 리기묘응권과, 인·의·예·지의 성을 명령으로 부여했다는 함의를 갖는 천명의 뜻을 모두 포괄하는 것이다. 이로써 보면 퇴계 「천명도」에 도상화된 천명은 「태극도」의 리기묘응(理氣妙凝) 개념과 결합하면서, 리(理)와 기의 두 측면을 가진 존재, 즉 구체적인 형체에 인·의·예·지를 부여받은 개체가 생성되는 과정 속에서 인·의·예·지라는 도덕 가치가 창출된다는 의미를 가진다고 할 수 있다. 달리 말해, 그림 상단에 위치한 리기묘응권으로서의 천명권(天命圈)은 인·의·예·지라는 선으로의 가치 지향을 갖는 구체적 존재가 생성된다는 것을 강조하기 위한 것이라고 해석할 수 있다. 즉 리(理)와 기가 묘응하는 과정을 통해 천명으로서의 리(理)를 지닌 구체적 존재가 생성되는 것이다. 『중용』에 입각하여 천인 관계를 도상화한 추만·하서 「천명도」는 퇴계의 「태극도」 해석을 통해 이와 같은 새로운 함의를 가지게 된다. 그리고 이는 결국 「천명도」 그림 내부의 방향성과 천명 개념에 대한 의미 변화로 개괄될 수 있다. 이제 이 두 측면에서 퇴계 천명 개념의 함의를 검토해보도록 하겠다.

3. 천명의 리(理) 철학적 함의

퇴계가 추만의 「천명도」를 개정함으로써 보완하고 수정하고자 하였던 천명의 함의는 크게 두 측면에서 발견된다. 하나는 그림 전체를 상단에서 하단으로 향하는 방향성을 가지도록 개정함으로써 천명을 내리는 명령자로서 묘사된 상천의 위상을 보다 명확하게 도상화한 것이다. 이는 천인 관계 속에서 천과 인간의 지위를 표현한 것으로, 천이 도덕 가치 근원으로서의 함의를 가진다는 점을 고려한다면, 퇴계는 도덕 가치와 인간의 관계 역시 이와 유사한 방식으로 해석되어야 한다는 사유를 보다 강화하고자 한 것이라고 할 수 있다. 다른 하나는 천명과 「태극도」의 리기묘응권 (理氣妙凝圈)의 함의를 결합시킴으로써 천명에 인·의·예·지라는 도덕 가치의 창출이라는 의미를 선명하게 포함시키고자 한 것이다. 이는 리기 묘응권이 구체적 존재 생성의 과정을 의미한다는 점을 고려한다면, 그리고 리(理)와 기가 각각 도덕적 가치의 근원과 형기 형성의 재료라는 의미를 가진다는 것을 고려한다면, 퇴계가 도덕 가치에 대한 지향을 갖는 구체적 존재의 생성이라는 의미를 천명 개념에서 강화하고자 한 것이라고 할 수 있다.

이러한 이유로 퇴계의 「천명도」 개정은 사실상 퇴계의 천명관이 표출되는 과정이었다고 볼 수 있다. 「태극도」의 사유와 천명을 결합하여 해석하는 것, 즉 「태극도」를 상천명물지도(上天命物之道)가 형상화된 그림으로 파악하고, 나아가 「태극도」의 묘응권(妙凝圈)이 천명의 의미를 담고 있는 부분이라고 해석하는 것은 천명에 대한 퇴계의 주자학적 해석이다. 그리고 이에 대해서 퇴계가 단순히 「태극도」와 「천명도」에 도상화된 상징들을 동일한 형태로 바꾼 측면을 검토하는 것에서 나아가, 「태극도」에 대해 퇴계가 재해석하고 강조한 지점이 무엇인지, 태극이 아닌 천명을 통해서 드러내고자 했던 퇴계의 사유가 무엇인지에 대해서 살펴볼 필요가 있다. 이는 한편으로 「천명도」 개정 작업이 퇴계 자신의 천명관에 입각하여 기존의 「태극도」 사유를 특정한 입장에서 재구성함으로써 어떠한 의미를 강조하고자 한 것으로 바라볼 수 있다는 것이다. 이러한 측면에서 검토해 볼 수 있는 퇴계의 「태극도」 재해석 지점은 「태극도」와 「천명도」의 형태가 다르다는 점에서부터 출발한다.

1) 인간의 본질

퇴계가 추만 「천명도」를 개정하면서 이 그림의 각 상징들을 「태극도」의 상징들과 부합시키고자 하였음에도 불구히고, 「태극도」와 「천명도」는 매우 뚜렷한 형태상의 차이를 보인다. 바로 「태극도」는 다섯 층으로 구성되어 있는 반면 「천명도」는 하나의 권(圈)으로 구성되어 있는 점이다.

이러한 형태상의 뚜렷한 차이에 대해 퇴계는 해명해야 될 필요성을 느끼고 있었고, 「천명도설후서」에서 그 대답을 준비하여 놓았다. 퇴계는 다섯 개의 층으로 이루어진 「태극도」와는 달리 하나의 권(圈)으로 「천명도」가 표현되어 있는 것에 대한 의문[148]을 제기한 뒤, 「태극도」가 다섯 층으로 이루어지게 된 이유를 설명하면서 대답을 시작한다.

> 객은 진실로 태극과 이기(二氣) 오행에 삼층이 있다고 여기는가? 기화와 형화가 다시 삼층의 바깥에서 나와 따로 이층이 있는가? "오행은 하나의 음양이고, 음양은 하나의 태극이다."라고 하니 두 가지의 화(化 : 氣化와 形化)는 곧 하나[太極]가 한다. 그러므로 혼륜하여 말하면 단지 하나일 뿐이다. 다만 주자(周子)가 그림을 지어 사람들에게 보이면서 부득불 나누어 다섯으로 하였을 뿐이다.[149]

앞서 살펴보았듯이 「태극도」는 무극이태극으로부터 만물이 화생되기까지의 과정을 다섯 단계, 즉 무극이태극권(無極而太極圈), 양의권(兩儀圈), 오행권(五行圈)과 묘응권(妙凝圈), 기화권(氣化圈), 형화권(形化圈)으로 설명한다. 퇴계는 「태극도」에서 만물을 화생하는 과정을 다섯 단계로 나누어 표현한 것은 그 과정을 설명하기 위한 것일 뿐, 실제적인 내용은 하나의 태극이 작용한 것이라고 보며, 그 과정에서 태극의 작용이 어떤

---

148) 『退溪先生文集』 권41, 「天命圖說後叙」(1553.12.11). "客艴然曰, ‘子欺余哉. 周子之圖, 由太極而五行爲三層, 氣化形化又爲二層, 此圖則只塊然一圈子耳, 何爲其同也.’"

149) 『退溪先生文集』 권41, 「天命圖說後叙」(1553.12.11). "客誠謂太極二五有三層耶? 氣化 形化又出於三者之外而別有二層耶? ‘五行一陰陽也, 陰陽一太極也’, 而二之化, 即一之爲 也. 故渾淪言之, 只一而已矣. 顧周子爲圖以示人, 不得不分而爲五爾."

시간적 선후나 공간적 차이를 가지는 것은 아니라고 해석한다. 그러한 이유로 이 과정을 구분하지 않고 '혼륜'해서 표현한다면 다섯으로 나뉘지 않은 하나의 형태로 구성할 수 있는 것이라고 답한다. 이는 「태극도」가 만물이 생성되는 과정을 음양과 태극의 작용으로 구분하여 다섯 단계로 도상화하고 있지만, 실은 이 둘이 혼륜하여 작용한 것을 굳이 나누어 표현해놓은 것에 불과하다는 말이다. 그런데 바로 다음에 이어지는 질문을 살펴보면, 여기서 혼륜하여 표현한다는 것은 「천명도」의 형태와 관련된 것임을 알 수 있다.

객이 말하였다. "그렇다면 이것도 그림을 지어 사람들에게 보인 것인데, 어찌하여 주자(周子)처럼 하나를 나누어 다섯으로 하지 않고, 도리어 다섯을 합하여 하나로 하였는가? 이는 어긋나게 말한 것이 아닌가?"150)

즉 「태극도」를 다섯 층으로 구분하여 구성한 것과 달리 「천명도」가 하나의 권(圈)으로 구성된 것은 태극과 음양을 단계별로 구분하여 도상화한 것과 태극과 음양을 혼륜하여 도상화한 것의 차이에서 기인한 것임을 알 수 있다. 이러한 「천명도」 구성의 특징에는 바로 현미무간(顯微無間)의 원리가 자리하고 있다.

지금 이 그림(「天命圖」)은 주자의 설을 사용하고 태극의 본도에 근거하면서 『중용』의 큰 뜻을 서술한 것에 불과하니, 드러난 것[顯:象]을 통하여 은미한 것[微:理]을 알고, 서로 드러내 주어 쉽게 깨달을 수 있기를 바란 것이다.151)

150) 『退溪先生文集』 권41, 「天命圖說後叙」(1553.12.11). "客曰, '然則此亦爲圖以示人, 何不如周子分一而爲五, 乃反合五而爲一? 玆非其立異耶?'"
151) 『退溪先生文集』 권41, 「天命圖說後敍」(1553.12.11). "今是圖也, 不過用朱子說, 據太極

현미무간은『정씨역전(程氏易傳)』서문에 나오는 말152)로시, 이를 퇴계는 드러난 현상에서 은미한 도리를 보아낼 수 있다는 뜻과 리(理)가 모든 현상에 내재해있다는 의미로 이해한다.153) 그렇다면「천명도」가 태극과 음양을 혼륜하여 표현하고 있다는 것의 의미는「천명도」가 현상과 그 현상에 내재해 있는 리(理)를 함께 도상화하고 있다는 뜻이라고 할 수 있다. 즉「천명도」는 기본적으로 현(顯)과 미(微), 상(象)과 리(理)를 분리시키지 않고 도상화하기 위해 하나의 권(圈)의 형태로 구성된 것이다.

다시 앞선 질문으로 돌아와서「천명도」가 하나의 권(圈)으로 구성된 이유에 대한 퇴계의 대답을 살펴보자. 퇴계는 이러한 의문 사항에 대하여「태극도」와「천명도」가 각각 주안점을 둔 측면이 있기 때문에 이러한 형태상의 차이가 발생하였다고 설명한다.

  각각 주안점을 둔 곳이 있다. 염계는 리(理)와 기의 본원을 열어 보여 조화의 실마리[機妙]를 드러냈으니, 나누어 다섯으로 하지 않았다면 사람들을 깨우치지 못했을 것이다. 이 그림(「천명도」)은 인간과 물(物)이 품부받은 것을 통하여 리(理)와 기의 화생을 캐보았으니, 합하여 하나로 하지 않았다면 위치가 이루어지지 않을 것이다. 모두 부득이하여 그러한 것이다. 게다가 인간의 지위에서 본다면, "(「태극도」가) 하나를 나누어 다섯으로 하였다."라고 하는 것은 조화롭게 다 갖추어져 있으니, 이러한 뜻은 이미 염계의 그림과 해설에 갖추어져 있다. 이것(「천명도」)은 (염계의) 그림과 해설에 나아가 그려낸 것에 불과할 뿐이니, 어긋남이 있지 않다.154)

之本圖, 述『中庸』之大旨, 欲其因顯而知微, 相發而易曉."
152) 『河南程氏文集』권8,「易傳序」. "至微者, 理也, 至著者, 象也, 體用一源, 顯微無間."
153) 『退溪先生文集』권25,「鄭子中與奇明彦論學, 有不合, 以書來問, 考訂前言, 以答如左」(1560.2). "「易序」'體用一源, 顯微無間'注, 朱子曰, '… 自象而言, 則卽顯而微不能外, 所謂無間也', 又曰, '… 言事則先顯而後微, 蓋卽事而理之體可見, 所以爲無間也." ;「太極圖說解」曰, '自其著者而觀之, 則動靜不同時, 陰陽不同位, 而太極無不在焉.'"

퇴계는 「태극도」가 리기(理氣)의 본원, 즉 태극과 음양오행을 도상화함으로써 음양 조화의 실마리[機妙]를 표현한 것이라고 해석한다. 그리고 이와는 달리 「천명도」는 만물 화생 과정의 결과로 만물이 품부 받게 된 것을 통해서, 역으로 만물이 화생되는 근원까지 소급해 들어간 것을 도상화한 것이라고 해명한다. 그러므로 「태극도」는 만물 생성 변화의 원리를 무극이태극, 음양, 오행, 기화, 형화로 분리하여 도상화한 것이고, 「천명도」는 이미 형상화된 것, 즉 리(理)와 기가 혼륜된 상태를 하나의 권(圈)으로 표현한 것이다. 이는 결국 「태극도」와 「천명도」가 만물 화생의 과정을 서로 다른 측면에서 묘사하고 있다는 것으로, 이러한 언급은 「후서」 전반에 걸쳐 지속적으로 말해진다.[155]

그런데 퇴계는 이러한 차이를 설명하면서 '인간의 지위에서 보는 것'을 언급한다. 여기에서 말하는 '인간의 지위'란, 생성된 만물 가운데 하나로서의 인간을 뜻한다. 「천명도」는 인간과 물(物)이 품부 받은 것을 통하여 리(理)와 기의 화생, 즉 생성된 만물과 리(理), 기의 관계를 형상화한 그림인데, 이러한 구성은 인간의 지위에서 리(理)와 기의 화생을 바라보았을 때에 발견되는 점이라는 것이다. 즉 특정한 과정을 통해 생성된 만물 가운데 하나인 인간이 자신의 지위에서 리(理)와 기의 화생에 대해 사유해보면, 만물의 생성 과정은 각 단계별로 분리되어 인식되지 않는다는 것이다. 이는 「태극도」와 「천명도」의 함의에 있어 차이를 언급하는 것으로 확장된다.

---

154) 『退溪先生文集』 권41, 「天命圖說後叙」(1553.12.11). "各有所主. 濂溪, 闡理氣之本原, 發造化之機妙, 不分爲五, 無以曉人. 是圖, 因人物之稟賦, 原理氣之化生, 不合爲一, 不成位置. 皆不得已而爲之者也. 而況就人位而觀之, 所謂分一爲五者, 宛然畢具, 其義已備於濂溪圖說. 此不過卽圖說而畫出之耳, 非有異也."

155) 『退溪先生文集』 권41, 「天命圖說後叙」(1553.12.11). "此主於運行." ; 『退溪先生文集』 권41, 「天命圖說後叙」(1553.12.11). "若此圖, 自天地定形而言."

지금 이 그림(「천명도」)을 지음에 인간과 물(物)이 품부 받아 생겨난 후로부터 천지 운화의 근원을 미루어보았으니, 그림(「천명도」)의 상면은 진실로 「태극도」의 상면이지만, 그것이 위의 위치와 등급이 되는 까닭은 이(「태극도」)와 같지 않음이 있다.[156]

「태극도」는 상제가 충(衷)을 내리는 것에 주안점을 두어 그린 그림이기 때문에 상하 방향으로 그림이 구성되어 있다. 퇴계가 「천명도」에도 이러한 의미를 반영하여 천명권(天命圈)의 위치를 그림 상단에 자리하도록 개정한 것은 앞서 살펴보았다. 이는 추만 「천명도」의 상하를 뒤바꾼 근거이기도 하다. 그런데 퇴계에 따르면, 두 그림의 상단은 서로 다른 함의를 갖는다. 다시 말해 「천명도」와 「태극도」가 모두 그림 상단을 상천의 자리로 삼고는 있지만, 그 함의에 있어서는 차이를 갖는다는 것이다. 그리고 퇴계는 그 다름의 이유로, 「천명도」가 인간과 물(物)이 품부 받아 생겨난 후로부터 천지 운화의 근원을 미루어 작성된 것이라는, 즉 앞서 언급한 인간의 지위에서 바라본 시선을 거론한다. 퇴계는 그 구체적인 차이에 대해 다음과 같이 설명한다.

생각건대 「태극도」는 태극에서 시작하여 다음으로 음양 오행 이후에 묘응지권(妙凝之圈)이 있다. 묘응지권은 곧 이 그림(「천명도」)의 천명의 권(圈)이 걸려 있는 곳이 이것이다. 주자가 "태극에 동정이 있는 것은 천명이 유행하는 것이다."라고 하였으니, 이 말을 믿는다면 천명에 관한 그림을 지음에 태극에서 시작해야하지만 지금은 바로 "묘합이응(妙合而凝)"에서 시작하니, 어째서인가? 인간과 물(物)이 이미 생겨난 후로부터 미루어 올라가 묘응처(妙凝處)에 이르면 이미 극치하기 때문에 이를 그림

---

156) 『退溪先生文集』 권41, 「天命圖說後叙」(1553.12.11). "今爲是圖, 自人物稟生之後, 而推天地運化之原, 則圖之上面, 固太極圖之上面也, 而其所以爲上之位置等級, 則有不同焉."

(「천명도」)의 위에 해당시키고 천명과 맞닿아 있는 것으로 삼았으니, 그 오행 음양으로부터 이상은 진실로 천원(天圓)한 그림에 갖추어져 태극의 무성무취를 다시 모사하지 않아도 그 안에 "오목불이(於穆不已)"를 포함하고 있다. 그렇다면 그림(「천명도」)의 상면이 또한 어찌 치우쳐 수(水)가 왕성한 차례에만 해당한다고 말할 뿐이겠는가?157)

「태극도」의 그림 상단은 상천의 자리이면서 동시에 그곳에는 무극이태극권(無極而太極圈)이 있다. 「천명도」의 그림 상단은 마찬가지로 상천의 자리이기는 하지만 그곳에는 천명권(天命圈)이 있고, 그 천명권은 「태극도」의 묘응권(妙凝圈)에 해당한다. 무극이태극권, 음양권, 오행권의 의미는 모두 「천명도」의 천원(天圓)으로 흡수되고, 그림 상단이 가지는 의미는 「태극도」의 묘응권에 해당한다는 것이다. 이에 대해 퇴계는 인간과 물(物)이 이미 생겨난 후로부터 미루어 올라간다면[推而上之], 즉 인간의 지위에서 바라본다면, 이 묘응처가 미루어 올라갈 수 있는 극치, 즉 한계라는 것을 들어 해명한다. 여기서의 묘응처는 「태극도」에서 구체적인 만물이 생성되기 시작하는 순간을 의미한다. 그런데 이 묘응권이 인간의 지위에서 미루어 올라갔을 때의 한계라는 의미에서 「천명도」에 도상화되었을 때에는, 만물 생성 과정의 측면과 함께 새로운 함의가 덧붙여진다. 바로 생성된 만물의 입장에서 그 근원적 상태에 대해 사유해 보았을 때 발견되는 리(理)와 기가 묘응되어 있는 상태를 의미하게 되는 것이다. 즉 「태극도」에서 만물 생성의 과정으로서 여러 단계로 나뉘어 있었던 상징들은

---

157) 『退溪先生文集』권41, 「天命圖說後叙」(1553.12.11). "蓋「太極圖」, 始於太極, 次陰陽五行而後, 有妙凝之圈. 妙凝之圈, 卽斯圖所揭天命之圈是也. 朱子云'太極之有動靜, 是天命之流行也', 信斯言也, 爲天命之圖, 當始於太極, 而今乃始於'妙合而凝', 何哉? 從人物旣生後, 推而上之, 至於妙凝處, 已爲極致, 故以是當圖之上, 而爲天命之際接, 其自五行陰陽以上, 則固具於天圓一圖, 而太極之無聲無臭, 又不待摹寫, 而亘'於穆不已'於其中矣. 然則圖之上面, 亦豈偏當水旺之次云爾哉?"

이제 「천명도」에서 모두 분리되지 않은 채 하나의 원으로 표현되며, 그 가운데 특히 묘응권을 기준으로 그보다 이전 단계에 대한 상징들은 단계별로 세분화해서 사유할 수 없다는 이유로 천원(天圓)에 모두 합쳐서 표현된다.

이 지점에서 퇴계가 「천명도」의 천명권(天命圈)을 「태극도」의 묘응권을 통해 설명하고자 하였던 것, 즉 묘응권으로서의 천명권은 만물의 생성 과정에 대한 도상화는 물론, 만물의 존재 본질에 대한 도상화이기도 하다는 것을 알 수 있다. 그렇다면 이 묘응처는 구체적 존재들이 공통적으로 기반하고 있는 것, 아니면 구체적 존재들의 공통적인 존재 모습을 의미한다고 할 수 있다. 이는 주자학에서의 리(理)와 기가 존재의 구성 요소로서 해석되는 개념임을 적극 표명한 것이라고 할 수 있다.

그렇다면 앞서 언급한 「태극도」와 「천명도」 각각의 주안점이란, 결국 무극이태극으로부터 만물에 이르기까지의 과정을 어느 방향에서의 시선으로 바라볼 것인가의 문제이다.[158] 「태극도」가 무극이태극으로부터 태극의 전개를 도상화한 것이라면, 「천명도」는 그러한 과정의 결과로 만물이 품부 받은 것으로부터, 즉 인간의 지위로부터 그 근원적 상태에 접근하는 것이기 때문에, 태극의 전개를 단계별로 도상화하는 것과 만물이 형성된 상태에서 그 존재의 근원적 상태를 도상화하는 것은 차이를 갖게 된다. 그리고 「천명도」에서는 이러한 존재의 근원적 상태를 리기묘

---

158) 「천명도」에서의 시선의 방향에 주목한 한자경의 연구가 있다. 이 연구에서는 「천명도」에서 표현된 인간의 시선에 대해, "존재를 바라보는 인간의 시선"으로서 "존재로부터 벗어나서 존재를 뒤돌아보는 2차적이고 반성적인 시선이 아니라 근원적으로 존재를 형성하고 존재에 빛을 주는 태양의 시선과 하나"라고 설명한다. 나아가 "존재의 근원인 태극과 理가 인간이 대상적으로 마주 대해야 할 객관이 아니라, 인간이 그 자신 안에서 스스로 실현하고 전개해야 할 내적 초월자"라는 측면에서 「천명도」에 표현된 인간 시선이 "천지만물을 하나로 느끼는 仁의 시선"이면서 "이미 우주 만물에 충만해있는 천지지심의 시선"이라는 의미를 갖고 있음을 보이고 있다. 한자경, 「도표의 정위(定位)와 인간의 시선」,『철학』 88, 한국철학회, 2006), 15~21쪽 참조.

응권(理氣妙凝圈)으로 도상화하고 있는 것이다. 즉 퇴계가 천명과 결합시킨 리기묘응(理氣妙凝) 개념은 그 자체로 리(理)와 기가 묘응되어 있는 존재 일반을 가리킨다.

이는 "오행 음양으로부터 이상은 진실로 천원(天圓) 한 그림에 갖추어져 태극의 무성무취를 다시 모사하지 않아도 그 안에 "오목불이(於穆不已)"를 포함하고 있다. 그렇다면 그림(「천명도」)의 상면이 또한 어찌 치우쳐 수(水)가 왕성한 차례에만 해당한다고 말할 뿐이겠는가?"에 대한 해석을 통해서도 확인할 수 있다. "오목불이"는 앞서 살펴보았듯이 『시경』의 "천의 명이 오, 심원하여 그침이 없구나.[維天之命, 於穆不已.]"라는 구절에서 가져온 것으로 천도의 지성무식(至誠無息)의 측면을 형용한 말이다. 그렇다면 「태극도」의 무극이태극권, 음양권, 오행권에 해당하는 과정은 「천명도」에서 천도를 상징하는 천원(天圓)에 포함되게 되고, 이로써 「천명도」는 사실 묘응권 이후의 과정에 초점을 맞추고 있는 것이 된다.159)

여기서 「태극도」에 대한 「천명도」식 해석의 전환을 읽어낼 수 있다.

---

159) 이는 사실상 퇴계 「천명도」에서 天圓과 天命圈이 의미적으로 분리된다는 것을 의미한다. 그리고 이것은 無極而太極과 理氣凝聚을 분리하여 사유하는 것이라고 해석될 수 있으며, 나아가 앞선 인용문을 참조한다면, 퇴계는 이를 太極動靜과 天命流行의 분리 문제라고 이해하였던 것으로 보인다. 이 글에서는 이를 퇴계가 태극 개념을 통해 해명되는 영역과 천명 개념을 통해 선명해지는 의미를 구분하고자 하였던 것으로 이해한다. 즉 주자에 따르면 太極動靜과 天命流行은 동일한 층위에서의 설명이라고 볼 수 있지만, 퇴계는 오히려 그 차이점에 주목하고 있다는 것이다. 이는 太極動靜, 곧 理 動靜의 문제와 천명의 개념적 분리 가능성을 염두에 두도록 한다. 기본적으로 퇴계가 말한 理 動靜은 태극과 음양의 관계 속에서 파악되어야 하며, 이는 「천명도」의 天圓의 영역에 해당한다. 물론 퇴계 철학에서 理의 動靜은 理氣論 층위에서의 사유로서 그간 많은 연구를 통해 理發과 理自到의 근거, 혹은 주자 철학의 모순을 해결한 독창적 개념으로 분석되었다. 그러나 이 글에서는 「천명도」를 통해 드러나는 理에 대한 퇴계의 문제의식이 천명으로 집중되며, 이는 天圓과 無極而太極, 그리고 太極動靜에 해당하는 理의 動靜 문제를 천명과 구분하고자 하는 퇴계의 의도가 표출된 것이라고 본다. 나아가 이러한 해석은 天圓에 표기된 원형이정과 인간의 심성에 표기된 인의예지의 관계를 해명하는 데 '천명'이 관건이 되는 개념임을 추정해볼 수 있도록 한다.

즉 만물 생성의 과정을 태극과 음양의 관계를 드러내 보임으로써 도상화
한 「태극도」를 인간의 지위에서의 시선으로 전환함을 통해 묘응을 존재의
본질에 대한 사유로 재해석한 것이다.[160]

> 마음을 비우고 창가의 책상 마주하면
> 생기를 머금은 풀들이 뜨락에 가득하리니,
> 그대, 물(物)과 아(我)가 일체임을 알려면
> 만물생성의 처음 근원[眞精妙合初]을 보게나.[161]

묘응에 대한 이러한 해석은 "물아무간(物我無間)"이라는 말로 표현되기
도 한다. 즉 물(物)과 아(我)가 나뉘지 않은 상태를 가리켜 리기묘응(理氣妙
凝)이라 일컫는 것이다. 그런데 퇴계는 바로 이러한 리기묘응과 천명을
결합한다. 그렇다면 적어도 퇴계의 천명 개념은 구체적 존재들이 공통적
으로 기반하고 있는 것, 나아가 구체적 존재들의 공통적인 존재 모습이란
의미를 갖고 있는 것이다. 즉 퇴계는 리기묘응과 천명 개념을 결합함으로
써 인간을 포함하는 존재의 본질을 천명이라고 보는 사유를 강조하고자
한 것이다. 그리고 퇴계는 이를 유학 전통 개념인 천명지성(天命之性)을
통해서도 확인한다.

> (「천명도」의) 천명지권(天命之圈)은 곧 주자(周子)의 이른바 "무극과 이기
> (二氣) 오행이 오묘하게 합하여 응집한다."라는 것인데, 자사는 리기묘합

---

160) 이는 또한 「천명도」에서 妙凝圈이 오행 가운데 하나로서 水, 즉 기의 층위에서
만물 생성 근원의 다음 순서에 해당하는 것이 아니라는 해명에서도 확인된다.
즉 「천명도」는 음양 오행에 입각한 만물 생성 과정을 도상화한 것이 아니라는
것이다.

161) 『退溪先生文集別集』 권1, 「次韻金惇敍」(1557.여름). "人正虛襟對窓几, 草舍生意滿庭
除, 欲知物我元無間, 請看眞精妙合初." 김기현, 「퇴계의 敬사상 ; 畏敬의 삶의 정신」
(『退溪學報』 122, 退溪學硏究院, 2007), 99쪽 재인용.

(理氣妙合)의 가운데에 나아가 유독 무극지리(無極之理)를 가리켜 말하였기 때문에 곧바로 이것을 성이라 여겼을 뿐이다.[162]

즉 「천명도」에서 천명이 가치의 근원으로서의 리(理)와 형기의 형성 재료로서의 기가 묘응되어 있는 것을 의미하는 리기묘응권(理氣妙凝圈)으로 표현됨으로써 천명이 존재의 본질이라는 점이 드러나게 되는 것이다. 그리고 이는 「천명도」에서 리기묘응(理氣妙凝)의 리(理)가 『중용』의 천명지성과 동일하다는 설명을 통해 재확인된다. 다시 말해서, 리기묘응권에서의 리(理)가 천명, 천명지성이고, 그것이 존재 일반의 본질이라는 것이다. 즉 가치근원으로서의 리(理)가 존재 일반의 본질이라는 사유가 퇴계의 천명 개념에는 정립되어 있다.

이러한 사유는 리기묘응이 갖고 있는 만물 생성과 존재 본질이라는 의미 이면에 다음과 같은 또 하나의 주요한 입장이 전제되어 있음을 통해 확인할 수 있다. 이는 "리기결시이물(理氣決是二物)"이라는 용어로 표현되는 리(理)와 기가 다른 것, 리(理)와 기가 다른 차원의 존재 형식이라는 것으로, 퇴계의 학문을 형성하고 있는 매우 중요한 사유이다.

공자가 말하였다. "역에는 태극이 있으니, 이것이 양의(兩儀)를 낳는다." 주자(周子)가 말하였다. "태극이 동(動)하여 양을 낳고, (태극이) 정(靜)하여 음을 낳는다." 또 (주자가) 말하였다. "무극인 진(眞)과 이기(二氣) 오행의 정(精)이 오묘하게 합하여 응결된다." …

(나 황은 이에 대해) 이제 다음과 같이 생각한다. 공자와 주자(周子)가, 음양은 태극이 낳은 것이라고 분명히 말하였다. 만약 리(理)와 기가 본래 같은 것이라고 말한다면, 태극이 바로 양의가 되니, 어찌 낳을 수 있는

---

162) 『退溪先生文集』 권41, 「天命圖說後叙」(1553.12.11). "天命之圈, 卽周子所謂無極二五妙合而凝者也, 而子思則就理氣妙合之中, 獨指無極之理而言, 故直以是爲性焉耳."

것이 있겠는가? "진(眞)"을 말하고 "정(精)"을 말하였으니, 그것들이 다른 것이기 때문이다. "오묘하게 합해지고 응결된다."라고 말하였으니, 만일 그것들이 같은 것이라면 어찌 오묘하게 합하여 응결되는 것이 있겠는가?163)

리기묘응에 이미 리기결시이물(理氣決是二物) 사유가 전제되어 있는 것이라고 한다면, 이는 존재 일반에서 그 구성요소를 구분하여 리(理)와 기가 완전히 다른 역할을 담당하고 있다는 것을 표현하고자 한 것이 된다. 그렇다면 이러한 리기결시이물(理氣決是二物) 사유가 담긴 리기묘응권(理氣妙凝圈)이 천명 개념과 결합하게 되면, 천명에 존재 개념이 덧붙여진 것에 더하여 존재 일반의 구성 요소인 가치 근원으로서의 리(理)와 형기 형성 재료로서의 기 두 가지를 반드시 구분하게 된다. 그런데 퇴계는 이 가운데 리(理)만을 가리켜 천명지성이라 해석함으로써, 이를 만물의 본질을 뜻하는 성의 의미와 천명을 연결시킨 『중용』의 사유로 해명한다. 이 천명지성이 도덕적 가치의 근원임을 고려한다면, 존재 일반의 본질을 도덕적 가치근원으로서의 리(理)라고 해석한 것이라고 할 수 있다. 그리고 이것은 다시 퇴계의 理 개념이 도덕적 가치에 입각하여 이해된 것이며, 그 자체로 도덕 행위를 지향한다는 의미까지 함축한다는 것을 뜻한다. 즉 퇴계의 천명관은 앞서 살펴본 "인·의·예·지라는 선으로의 가치 지향을 갖는 구체적 존재가 생성된다."라는 의미와 함께, 그 구체적 존재의 본질이 선으로의 가치 지향, 도덕 가치에 대한 지향이라는 의미까지 포함하게 된다.164)

---

163) 『退溪先生文集』 권41, 「非理氣爲一物辯證」(時期未詳). "孔子曰, '易有太極, 是生兩儀', 周子曰, '太極動而生陽, 靜而生陰', 又曰, '無極之眞, 二五之精, 妙合而凝.' … 今按, 孔子·周子明言陰陽是太極所生. 若曰'理氣本一物', 則太極卽是兩儀, 安有能生者乎? 曰 '眞'曰'精', 以其二物故. 曰'妙合而凝', 如其一物, 寧有妙合而凝者乎?'"

164) 이와 관련하여, 퇴계 철학에서 인간의 본질이 "도덕생명"임을 밝히면서 이를

이와 같은 해석은 퇴계가 「태극도」의 사유를 재해석함으로써 자신의
천명관을 완성한 측면이라고 할 수 있다. 즉 「태극도」의 리기묘응권(理氣
妙凝圈)에 대한 퇴계의 해석이 「천명도」의 천명권(天命圈)으로 드러난
것이라고 할 수 있다. 그런데 퇴계의 천명 개념은 이에 그치지 않는다.
이는 「천명도」가 상하의 방향성을 가진 그림, 즉 「천명도」의 그림 상단이
명령자로서의 상천에 해당한다는 점 역시 강조되고 있기 때문이다. '명
(命)', 즉 명령의 함의를 보다 적극적으로 해석해내야 한다는 것이다.

2) 직분의 근원

두 번째로 발견되는 퇴계의 「태극도」 재해석의 지점은 「태극도」의
상단을 상천·상제의 자리로 바라보고, 나아가 그림 전체를 상단으로부터
하단으로 향하는 방향성을 가진 것으로 보면서 이것의 의미를 상천명물
지도(上天命物之道)라고 해석한 것이다. 이와 관련하여 퇴계는 한 서간에
서 묘응(妙凝)과 천명(天命)을 다음과 같이 유기적으로 설명하였다.

다만 무극으로서의 진(眞 : 理)과 이기(二氣), 오행이 신묘하게 합해져
응결되어 만물을 화생하는 곳에 나아가 보면 마치 주재하고 운용하여
이와 같게 하는 것이 있는 듯하니, 곧 『서경』에서 "훌륭하신 상제(上帝)가
백성들에게 선한 마음을 내려주어"라고 한 것, 정자(程子)가 "주재하는
측면에서 제(帝)라고 한다."라고 한 것이 이것입니다. 생각건대 리(理)와
기가 합하여 만물에 명함에 그 신묘한 작용이 자체로 이와 같을 뿐이니,

천명과 "개방적인 생명정신", "도덕생명의 정신"으로 해명하는 김기현의 연구를
참조할 수 있다. 이에 따르면 도덕생명은 "내 안에서 도덕적인 요구를 일게 만들"고,
"마음속에 내밀한 힘으로 변함없이 존재"하는 것이다. 그리고 이를 확인할 수
있는 단서가 바로 사단이고, 이러한 "도덕생명의 근저에 놓여 있는 본래적 인격"이
인의예지라고 한다. 김기현, 『선비』(서울 : 민음사, 2009), 126~130쪽 참조.

천명이 유행하는 곳에 또 별도로 하게 하는 것이 있다고 하면 안 됩니다. 이것은 리(理)가 지극히 존귀하고 상대되는 것이 없으며, 만물에 명하지만 만물에 명받지 않기 때문입니다.[165]

이것은 「태극도」와 관련하여, 태극과 천명을 리(理)가 따로 주재하는지를 묻는 질문[166]에 대한 퇴계의 대답이다. 퇴계는 "무극으로서의 진(眞 : 理)과 이기(二氣), 오행이 신묘하게 합해져 응결되어 만물을 화생하는 곳"에서 생각해본다면, 주재(主宰)하고 운용(運用)하는 무엇인가가 있는 것처럼 여겨진다고 설명한다. 그리고 그 주재와 운용의 능력에 대해서 유학에서는 전통적으로 상제와 제의 측면에서 이해해왔다고 말한다. 여기에서 퇴계는 천명의 함의 가운데 상제의 명령이라는 측면, 즉 권위 있는 명령자의 명령이라는 의미를 "만물에 명함[命物]"이라는 표현을 통해 드러내고 있는데, 이러한 의도를 「천명도」에 반영한 것이 바로 상천명물지도(上天命物之道)에 입각하여 천명권(天命圈)을 그림 상단으로 옮긴 것이라고 할 수 있다. 그렇다면 권위 있는 명령자의 명령이라는 표현은 리기묘응권(理氣妙凝圈)에서 리(理)의 주재와 운용이라는 특정한 현상에 대한 형용임을 알 수 있다.

이에 대해서 구체적으로 퇴계는 리(理)와 기가 합하여 만물에 명하는 신묘한 작용[神用]이라고 말한다.[167] 또한 이러한 주재와 운용은 천명이

---

165) 『退溪先生文集』권13, 「答李達李天機」(時期未詳). "但就無極二五妙合而凝, 化生萬物 處看, 若有主宰運用而使其如此者, 卽『書』所謂'惟皇上帝, 降衷于下民', 程子所謂'以主宰 謂之帝', 是也. 蓋理氣合而命物, 其神用自如此耳, 不可謂天命流行處亦別有使之者也. 此理極尊無對, 命物而不命於物故也."

166) 『退溪先生文集』권13, 「答李達李天機」(時期未詳). "太極之有動靜, 是天命之流行, 【止】 理爲之主, 而使之流行歟?"

167) 이곳에서의 神의 의미와 관련해서는 다음의 설명을 참조할 수 있다. "(退溪는) 제사에 있어서의 귀신이나 사람의 정신·혼백이나 천에 있어서의 신이나 다 그 본질에 있어서는 같은 것이라고 본다. 즉 민간 俗神의 대상으로서의 각종 잡신·인귀 같은 형이하의 신이나 무성무취한 '上天之載'로서의 형이상적 신이나 다 그 본질에

자체로 유행하는 것이며, 이것은 곧 기와 함께 있는 리(理) 자체의 작용이라고 한다. 리(理)는 지극히 존귀하고 상대되는 것이 없는 것, 만물에 명령을 내리지만 만물에게서 명령을 받지는 않는 것이기 때문이다. 퇴계는 바로 이러한 측면에서 리(理)를 상제로 묘사한다. 그렇다면 기와 함께 있는 리(理)의 신묘한 작용은 묘응처(妙凝處)에서 만물이 화생하는 순간에 마치 주재하고 운용하는 무엇인가가 정말로 있는 것처럼 인간에게 받아들여지게 되는데, 이를 비유적으로 표현한 말이 바로 '상제'·'제'인 것이다. 즉 「태극도」와 달리 「천명도」에서 무극이태극권이 아닌 묘응권이 천명권(天命圈)과 결합하여 그림 상단에 위치한 까닭은, 묘응처가 바로 인간에게 상제의 모습으로 리(理)의 작용이 파악되는 순간이기 때문이다.

이처럼 상천·상제를 통해 천인 관계 속에서 도덕 층위에서의 명령자로서 천의 이미지를 그려내는 것은 유학의 전통적인 문맥 속에서 발견되는 표현이지만, 퇴계의 언급 속에서는 이러한 측면이 더욱 강조된다고 평가된다.[168] 그 가운데 1554년 12월, 즉 퇴계가 사신의 천명관을 피력하고서 1년이 지난 시점에 작성된 「경복궁중신기(景福宮重新記)」를 살펴보면 다음과 같은 구절을 발견할 수 있다.

지금 이후로 주상전하께서 천의 경계를 매우 두려운 것으로 생각하고

있어서는 理가 '기를 타고 출입'하는 실체라고 본다. 이러한 신관에 있어서는 形上·形下의 구별은 이미 존재하지 않는다. 오직 '乘氣出入'하는 理氣體로서의 신이 있을 뿐이다." 李相殷,『退溪의 生涯와 學問』(서울 : 瑞文堂, 1973), 262~263쪽 참조.

168) 李光虎,「上帝觀을 중심으로 본 儒學과 基督敎의 만남」(『儒敎思想硏究』 19, 한국유교학회, 2003), 552~555쪽 참조. 이 외에도 퇴계의 상제관에 주목한 논문은 다음과 같다. 이종우,「退溪 李滉의 理와 上帝의 관계에 대한 연구」(『철학』 82, 한국철학회, 2005) ; 김형찬,「내성외왕(內聖外王)을 향한 두 가지 길-퇴계(退溪) 철학에서의 리(理)와 상제(上帝)를 중심으로-」(『철학연구』 34, 고려대학교 철학연구소, 2007).

백성의 수고를 반복해서는 안 됨을 염려하며, 사람들이 보지 않는 곳에서
덕에 짝하는 일에 신중하고 궁전 문에서 마음을 바로잡는 것을 깨달아,
그 지위에 맞게 실천하고 그 예에 따라 행하며, 삼가고 두려워하기를
항상 상제를 마주하듯이 하고, 조종이 옆에 있는 듯이 한다면, 안일함과
욕심이 어디로부터 생겨나겠습니까. 대업을 보전하고 수성하는 어려움은
걱정할 것이 없을 것입니다.[169]

그렇다면 퇴계가 상제의 이미지를 가져옴으로써 드러내고자 한 자신의
천명관에는 앞서 인간의 본질이 도덕적 가치에 대한 지향이라고 하는
사유와 함께 도덕적 가치로서의 리(理)가 상제의 명령과도 같이 그 도덕적
가치의 현실적 완수를 요구한다는 의미가 덧붙여져 있다고 할 수 있다.
그리고 퇴계는 이러한 명령자가 사실은 천명 자체, 리(理) 자체라는
설명을 덧붙임으로써 도덕 가치를 완수하라는 명령이 도덕 가치 자체의
작용으로 인해 발생하는 명령이라고 설명한다. 이는 도덕적 가치를 상제
와도 같은 위상에 위치시킴으로써, 도덕 가치에는 그것의 완수를 인간에
게 명령하는 능력이 있다는 의미를 드러내고자 한 것이다. 여기서 상제의
명령과도 같은 능력을 지닌 도덕 가치에 대해 인간의 시선에서 사유해본
다고 하면, 인간은 도덕 가치를 현실에서 완수하라는 명령과도 같은
어떠한 작용, 힘을 발견하게 된다는 것이다. 이것을 퇴계는 훗날 「천명도」
를 통해 자신이 드러내고 싶었던 의미를 표명한 서간문을 통해 '직분(職分)'
이라는 말로 다시 설명한다.

생각건대 저것(「태극도」)은 태극이라 이름을 붙이고 이것(「천명도」)은

---

169) 『退溪先生文集』 권42, 「景福宮重新記」(1554.12.16. 이후). "自今以往, 主上殿下思天警
之甚可畏, 念民勞之不可再, 謹德隅於屋漏, 喩心正於殿門, 踐其位, 行其禮, 懍懍乎慄慄
乎, 常若上帝之對越, 祖宗之如臨也, 則逸欲何自而生, 而保業守成之難, 有不足憂矣."

천명이라 명명하였습니다. 태극이라 이름을 붙인 것은 조화자연의 영역이
라는 의미를 갖고, 천명이라 명명한 것에는 인간과 만물이 부여받은
직분으로서의 도리가 있다는 것입니다. 자연의 영역을 차지한 경우 진실
로 수위(修爲)의 일을 참여시키면 마땅하지 않습니다. 그러므로 공자도
태극을 논함에 "길흉이 대업을 낳는다."에 이르러 그쳤으니, 곧 염계가
그림을 지은 뜻입니다. 받은 바의 직분이 있는 경우 수위(修爲)의 일이
없다면 천명은 행해지지 않습니다. 그러므로 자사가 천명을 말함에 솔성
(率性), 수도(修道), 존양(存養), 성찰(省察)에서부터 중화(中和)의 지극한
공효에 이른 이후에야 그쳤으니, 곧 이 그림(「천명도」)이 근본 하는 바의
뜻입니다. 게다가 그림에서 품부 받은 것이 치우치거나 바름을 통해
인간과 만물의 귀천을 밝혔으니, 만약 부여받은 것을 보존하기만 하고
수위(修爲)를 빠뜨린다면, 체(體)는 있으나 용(用)이 없으며 군주에게 명은
있으나 신하가 직분을 폐기하는 것입니다. 무엇으로 인간이 만물보다
귀함을 드러내겠습니까?[170)]

퇴계는 「천명도」가 천명이라는 개념을 중심으로 해서 고안된 그림이기
때문에 「태극도」와는 달리 인간과 만물에게 직분으로서의 천명이 주어져
있다는 의미를 중심으로 해석해야 한다고 설명한다. 그리고 이러한 직분
은 수위, 즉 공부(工夫)를 통해 완성되며, 그 공부는 군주의 명령을 수행하
듯이 직분을 완수해내기 위한 필연적인 필수 요건이라는 것이다. 즉
인간에게서 직분은 도덕 가치를 현실 속에서 완수해내는 것이고, 이

---

170) 『退溪先生文集』 권38, 「答申啓叔沃○壬戌(1562)」. "蓋彼以太極爲名, 此以天命爲名,
名以太極者, 占造化自然之地分意思, 名以天命者, 有人物所受之職分道理. 占自然地分
者, 固不當參以修爲之事, 故孔子之論太極, 亦至於'吉凶生大業'而止, 卽濂溪作圖之意也.
有所受職分者, 苟無修爲之事, 則天命不行矣, 故子思之言天命, 自率性·修道·存養·省察,
以至於中·和之極功而後已, 卽此圖所本之意也. 況圖中因稟賦之偏正, 而明人物之貴賤,
若只存賦予而闕修爲, 是有體而無用, 君有命而臣廢職, 何以見人之貴於物乎?"

직분을 수행하기 위해서 인간은 공부를 해야 한다는 것이다. 그렇다면 도덕 가치에 대한 지향이 인간의 본질이라는 사유와 함께 퇴계는 인간에게 그 도덕 가치를 현실 속에서 직분으로서 완수해내야 함이 명령으로서 주어져 있다는 것을 천명을 통해 보이고자 하였다고 할 수 있다. 이 지점에서 인간 본질로서의 도덕 가치를 현실 속에서 완수하는 것은 인간의 직분으로 받아들여지며, 이러한 직분을 완수하기 위해 인간은 공부를 해야 한다는 점이 주장된다. 바로 도덕적 가치를 현실 속에서 완수해내는 것이 인간에게는 명령으로서 주어진 직분인 것이다. 즉 퇴계의 천명 개념은 천명이 인간 존재의 본질인 동시에 도덕 가치의 완수가 인간에게 직분과도 같은 의무로서 주어져 있다는 것을 의미하며, 이를 통해 공부가 인간이 자신의 직분을 완수해내기 위한 의무적 노력이라는 사유가 세워진다.

그런데 여기서 중요한 것은 앞서 언급한 것처럼 이러한 권위를 가진 명령자가 인간이 자신의 심성으로, 존재의 내면으로 향하는 시선을 갖고 있을 때 포착되는 것이라는 점이다. 즉 퇴계의 천명 개념은 도덕 가치 완수의 직분이 상제의 명령과도 같은 것이라는 표면적 의미 이면에, 인간 내면으로의 시선으로 사유할 수 있으며, 인간이 자기 안에서 발견할 수 있는 존재의 근원에서 그러한 명령이 발견된다는 의미 역시 갖고 있다. 다시 말해, 인간의 본질을 자신의 내면에서 발견되는 도덕 가치와 그에 대한 완수 노력에 입각하여 규정한 것이다. 천명의 이러한 의미로 인해 퇴계의 공부론은 인간 자신의 내면으로 향하는 경향을 강하게 갖게 된다.171)

---

171) 이와 관련하여 장승구는 퇴계 철학을 "절대적인 정신적 존재[理]와 그것의 현동을 전제하고, 이러한 정신적 존재와의 내면의 의식에서의 관여를 중시하고 정신적 가치에 절대적 우월성을 부여하며, 外界에 대하여 주관적 정신의 존재에 창조성을 부여한다는 점에서 정신주의적이라고 할 수 있다."라고 평가한다. 특히 그는 퇴계 철학이 "인간의 내면세계에서 근원적인 정신적 절대자와의 관여를 회복하여

퇴계는 천명을 리(理) 개념으로 해명하였고, 이는 다시 리(理)로 표현된 언설들이 천명 개념에 의해 해석될 수 있음을 뜻한다. 그리고 이러한 가능성은 결국 리(理)가 그 자체로 도덕적 색채를 띤, 그리고 명령자로서의 위상을 가진 개념으로 해석될 수 있게 한다. 또한 인간 내면의 경험 가능한 어떤 현상을 포함하는 천명을 리(理)의 신묘한 작용[神用]이라고 풀이함으로써, 리(理) 역시 인간 내면의 경험 가능한 영역에 대한 서술일 가능성까지 염두에 두게 된다. 결국 퇴계가 이해한 리(理)는 인간 내면에서 발견되는 도덕 가치의 작용이기도 한 동시에 유학의 전통적 개념인 상제의 명령과도 같은 권위 역시 갖고 있다고 이해할 수 있다. 나아가 이와 같은 해석은 퇴계의 리(理) 철학에서 도덕 가치의 실현이 인간의 직분이자 의무로서 자리매김하게 되는 근거로서 천명인 리(理)가 기능하고 있음을 뜻한다.[172] 이처럼 퇴계의 리(理) 철학은 리(理)를 천명의 층위에서 해석함으로써 도덕적 행위를 현실에서 완수해야만 하는 인간의 노력에 주목하게 되는데, 이러한 노력의 토대에 자리하고 있는 것이 바로 경(敬)이다.

삶의 영적 차원을 재발견하는 향내적 자각이 선행"되도록 하는 데 기여할 수 있다고 본다. 장승구, 「退溪의 精神主義 哲學과 그 現代的 意味」, 『退溪學報』 107·108 合輯, 退溪學研究院, 2000), 188쪽, 197쪽 참조.

172) 이와 관련하여 김상준은 유교에 "초월윤리적 명령"이 존재함을 긍정한다. 그는 "현세에 대한 윤리적 긴장"이 바로 초월의 함의인데 유교의 우환 의식과 도통론에서 현세에 대한 윤리적 비판 의식이 발견되며, 이를 성왕(聖王)이라는 관념을 통해 "유교적 성스러움에 대한 신앙"으로 정립함으로써 유교적 윤리성이 탄생하였다고 설명한다. 김상준, 『맹자의 땀, 성왕의 피』(서울 : 아카넷, 2011), 124~179쪽 참조.

Ⅲ. 퇴계 리(理) 철학의 실천적 토대 : 경(敬)

1. 주자학의 경

추만 「천명도」에 대한 개정을 통해 도덕적 가치를 완수하라는 명령자로서의 천은 물론, 이러한 천인 관계 속에서 인간의 본질을 도덕적 가치 실현의 명령을 수행하기 위해 노력하는 것으로 정립한 퇴계는 이러한 인간 본질의 실현 방법의 토대로 경(敬)을 제시한다. 그리고 공부로서의 경의 방법을 두 측면에서 설명하는데, 정시(靜時)의 존양(存養)과 동시(動時)의 성찰(省察)이다. 나아가 존양에 해당하는 「태극도설」에서의 인급으로 "주정(主靜)"과 "입극(立極)"을, 성찰에 해당하는 것으로 "정지(定之)"와 "수지(修之)"를 거론한다. 동시에 『중용』에서도 이와 동일한 의미의 표현을 찾아 연결시키는데, 바로 "계신공구(戒愼恐懼)"와 "신독(愼獨)"이다. 또한 이를 각각 "치중(致中)"과 "치화(致和)"를 위한 공부라는 점을 아울러 밝힌다.[1] 사실 이상과 같이 경 공부를 정시(靜時)와 동시(動時)의 심의 특정 상태로 구분하여 체계화하는 것은 주자에게서 이미 검토된 것으로, 1170년 전후에 있었던 중화논변이라 일컬어지는 주자와 장남헌의 논의를 통해 그 구체적인 내용이 확립되었다.

---

1) 『退溪先生文集』 권41, 「天命圖說後叙」(1553.12.11). "由是言之, 圖之節節, 皆本於周子圖說, 而性·情之未發·已發, 又豈外於子思之意歟. 而況敬以存養於靜者, 是周子之'主靜'·'立極', 而子思由'戒懼'·'致中'之謂也, 敬以省察於動者, 是周子'定之'·'修之'之事, 而子思由'謹獨'·'致和'之謂也."

　퇴계는『심경부주』,『중용장구대전』등의 독서를 통해 이 중화논변의 핵심 구절들과 이 시기 확립된 주자 공부론의 의미를 이미 숙지하고 있었을 것으로 보인다. 그러나 그에 대한 체계적인 접근은 1543년 이후 『주자대전』에 실린 중화논변 관련 서간문 전체를 직접 접하면서 가능했을 것이다.[2] 주자와 장남헌 사이에 있었던 중화논변에 대하여, 주자의 중화신설을 중심으로 살펴봄으로써, 주자학에서의 말하는 경의 의미에 대해 우선 파악해보도록 하겠다.

1) 주자학의 경 공부

　중화논변을 통해 완성된 주자의 중화신설은 그의 학문 체계가 정립되는 하나의 전환점으로 평가되며, 이러한 중화신설의 핵심은 "미발시(未發時) 심의 함양(涵養) 공부를 확립"한 것에 있다고 분석된다.[3] 그리고 중화신설을 통해 정립된 주요 개념은 미발(未發)과 이발(已發)이고, 이는

---

2) 『朱子書節要』를 살펴보면, 퇴계는 주자와 장남헌의 중화논변 편지를 모두 7통으로 간주하였으며, 그 가운데 4통을 절략하여 수록하였음을 알 수 있다. 다만 현대 연구자들에 의하면 중화논변과 관련된 편지는 모두 6통으로 여겨진다. 中和舊說로 분류되는 4통의 편지(『朱子大全』권30, 「與張欽夫」2 ; 「與張欽夫」3 ; 권32, 「答張敬夫」2 ; 「答張敬夫」3)와 中和新說로 분류되는 2통의 편지(『朱子大全』권32, 「答張欽夫」2 ; 권64,「與湖南諸公論中和第一書」)가 그것이다. 퇴계는 중화구설에 해당하는 서간을 5통으로 보았는데, 이는 퇴계의『주자서절요』권3, 「答張敬夫」의 주석("心爲已發之說, 詳見第五書. 然其說後來深自以爲非, 是故今不收.")에서 확인되며, 『朱子大全箚疑輯補』권32에 인용된 「答張敬夫十八」에 대한 『朱子大全箚問標補』의 설명을 살펴보면, 이 第五書를 권32의 「答張敬夫問目」으로 추정하고 있다.("諸說, 卽以上論仁說等諸條, 而未發之旨, 則中和第四書, 以後無特然論辨, 自爲一書, 未知所謂無異論者果是何說也, 豈指十六板心也者妙性情之德一段歟. 然則彼當爲第五書, 而此當爲第六書.") 다만『주자서절요』에 실린 4통의 서간은 중화구설이 담긴 2통의 편지(권32, 「答張敬夫」2 ; 「答張敬夫」3)와 中和新說이 담긴 2통의 편지(권32, 「答張欽夫」2 ; 권64,「與湖南諸公論中和第一書」)이다.

3) 李光虎,「中和論辯을 통하여 본 朱子後期思想의 端初」(『哲學論究』12, 서울대학교 철학과, 1984), 42쪽 참조.

"미발과 이발은 심리 활동의 다른 단계나 상태를 가리킨다는 것"과 "미발
은 성(性)이고 이발은 정(情)이라는 것"으로 정리된다.[4] 그런데 중화논변
은 일차적으로 『중용』에 나오는 중화(中和)를 어떻게 이해할 것인가의
문제이다. 이는 중화와 심성정의 관계를 어떻게 설정할 것인가로 이어지
며, 궁극적으로는 치중(致中)과 치화(致和)를 어떻게 해석해낼 것인가로
귀결된다.[5]

> 기뻐하고 노하고 슬퍼하고 즐거워함이 발하지 않은 것을 중이라 이르
> 고, (그 정이) 발하여 모두 절도에 맞는 것을 화라 이른다. 중이라는
> 것은 천하의 큰 근본이고, 화라는 것은 천하의 공통된 도이다. 중과 화를
> 지극히 하면 천지가 제자리를 편안히 하고, 만물이 잘 생육될 것이다.[6]

이상과 같은 『중용』의 중화와 치중, 치화에 대한 주자학적 해석의
체계가 바로 중화신설에 입각하여 성립된다. 이제 중화신설의 입장이
가장 잘 드러나 있는 것으로 여겨지는 두 서산을 통해 그 구체적인
내용을 구성해보도록 하겠다. 처음으로 살펴볼 서간은 「여호남제공논중
화제1서(與湖南諸公論中和第一書)」이다.

『중용』의 미발과 이발의 의미에 대해서는 이보다 앞서 이 심이 유행하는

---

4) 陳來 지음, 이종란 외 옮김, 『주희의 철학』(서울 : 예문서원, 2002), 175쪽 ; 187쪽 ;
   175~184쪽 참조.
5) 물론 주자의 당대 사상과의 교류라는 측면에서 살펴보면, 중화논변의 중심의제는
   延平의 靜 중심의 학문과 南軒의 動 중심의 학문을 종합적으로 구성하는 것에
   있었다고 평가된다. 다만 이 역시 수양공부와 심, 그리고 중화의 관계에 관한
   각 사상의 입장을 종합적으로 이해하고자 한 것이라고 여겨진다. 호이트 틸만
   저, 김병환 역, 『주희의 사유세계』(파주 : 교육과학사, 2010), 74~79쪽 참조.
6) 『中庸章句』, 1장. "喜怒哀樂之未發, 謂之中, 發而皆中節, 謂之和. 中也者, 天下之大本也,
   和也者, 天下之達道也. 致中和, 天地位焉, 萬物育焉."

체라고 알았고 또 정자가 "무릇 심이라는 것은 다 이발을 가리켜서 말한
것"이라고 한 것으로 인하여 마침내 심을 지목하여 이발이라고 하고
성을 미발이라고 하였습니다. 그러나 정자의 글을 보면 부합하지 않는
곳이 많습니다. 그래서 다시 생각하여 마침내 전날에 한 말은 심성에
대한 명명이 합당치 않을 뿐만이 아니고 일상생활 속의 공부가 본령이
전혀 없음을 알게 되었습니다. 생각건대 잘못된 것은 글 뜻뿐만이 아니었
습니다.[7]

중화구설의 입장을 견지하던 시기의 주자는 미발과 이발에 대하여
"이 심이 유행하는 체라고 알았고" 또 정자의 "무릇 심이라는 것은 다
이발을 가리켜서 말한 것"이라는 말에 근거하여 심을 이발로, 성을 미발로
이해하였다. 즉『중용』에 나오는 미발과 이발 개념이 각각 심과 성을
가리키는 것으로 파악하였다는 것인데, 이는 "사람은 갓난아기 때부터
늙어 죽을 때까지 어묵동정이 비록 다르지만 그 대체는 이발 아닌 것이
없으며, 그 미발은 아직 발하지 않은 것일 뿐이다."[8]라는 의미이다.
이는, 일반적으로 인간의 삶은 심이 작용하는 상태로 지속되는 반면,
성은 현실에 드러나지 않는다는 의미로 해석된다. 그런데 주자는 정자의
글을 다시 확인하면서 이러한 견해에 문제가 있다는 점을 발견한다.
우선은 심성 개념이 정합적이지 않으며, 나아가 "일상생활 속의 공부"에

---

7) 『朱子大全』 권64, 「與湖南諸公論中和第一書」(1169). "『中庸』未發·已發之義, 前此認得
此心流行之體, 又因程子凡言心者皆指已發而言, 遂目心爲已發, 性爲未發. 然觀程子之
書, 多所不合, 因復思之, 乃知前日之說非惟心性之名命之不當, 而日用功夫全無本領,
盖所失者不但文義之間而已."
  * 이 글에서 인용하고 있는 주자 서간에 대한 번역은 모두 주자대전 번역연구단
  옮김, 『주자대전』 I ~IV(전남대학교 철학연구교육센터·대구한의대학교 국제문화
  연구소, 2010)을 토대로 하여, 필요에 따라 수정을 가한 것이다.
8) 『朱子大全』 권75, 「中和舊說序」(1172). "人自嬰兒以至老死, 雖語默動靜之不同, 然其大
體莫非已發, 特其未發者爲未嘗發爾."

본령이 전혀 없게 된다는 것이다. 여기서 우리는 중화신설의 문제의식이 크게 두 가지임을 알 수 있다. 하나는 심성 개념의 의미를 명확히 규정하는 것이고 다른 하나는 일상생활에서 수행해나갈 공부의 본령을 확립하는 것이다. 이러한 문제의식에 대한 대답이 중화신설의 핵심인 것이다. 여기서 말하는 심성 개념에는 이 편지에서 언급된 미발과 이발은 물론 이 논의의 출발점인 중화, 그리고 이들 사이의 관계까지 포괄한다. 그렇다면 중화신설을 통해 주자의 심성론의 체계가 정립됨을 예상해볼 수 있다. 한편 공부와 관련해서는 일상생활[日用]과 본령을 모두 충족시키는, 즉 일상생활에서 수행해나갈 수 있는 핵심적인 공부가 제시될 것이라는 점 역시 예상해볼 수 있다. 즉 중화신설은 주자의 심성론과 공부론에 있어 기본적인 토대를 제시한 것이다.9) 이어서 주자의 서간은 다음의 내용으로 이어진다.

『문집』과 『유서』의 여러 학설을 고찰하니 모두 사려(思慮)가 아직 싹트지 않고 사물(事物)이 이르지 않았을 때를 희·노·애·락의 미발이라고 한 것 같았습니다. 바로 이때가 곧 이 심의 조용하게 움직이지 않는 체여서 천명지성이 바로 거기에 갖추어져 있습니다. 그것은 과·불급이 없고 치우치지 않고 기울어지지 않으므로 중이라고 합니다. 그것이 감응하여 마침내 천하의 일에 통하면 희·노·애·락의 성10)이 발하니, 심의 용을 볼 수 있습니다. 그것은 절도에 맞지 않음이 없고 어긋남이 없으므로 화라고 합니다. 이것은 곧 인간 심의 올바름이며 정성(情性)의 덕이 그러한

---

9) 중화신설을 통해 주자가 성은 심의 체이고, 정은 심의 용이라는 사상을 탄생시켰지만, 중화신설의 중요한 점은 未發時 心의 涵養 공부를 확립한 데 있지, 성과 정을 논하는 데 있었던 것이 아니라는 평가가 있다. 陳來 지음, 이종란 외 옮김, 『주희의 철학』(서울 : 예문서원, 2002), 187쪽 참조.

10) 퇴계에 따르면, '性'자는 '情'이 되어야 한다. 『朱子書節要』권18, 「與湖南諸公論中和第一書」에 대한 주석. "哀樂之性 : '性', 恐當作'情'."

것입니다.[11]

주자는 "무릇 심이라는 것은 다 이발을 가리켜서 말한 것"이라는 말을
이정의 글을 검토함으로써 다시 해석해낸다. 그리고 이를 통해 중화에
대해 설명한다. 『중용』에서 중에 대한 설명인 "희·노·애·락의 미발"을
"사려가 아직 싹트지 않음[思慮未萌]"과 "사물이 이르지 않음[事物未至]"의
상황으로 이해하고, 이것이 바로 심의 체를 설명한 말이며, 이 심체는
적연부동(寂然不動)한 상태로 천명지성을 갖추고 있다고 설명한다. 그리
고 이 심체의 과불급이 없고 불편불의(不偏不倚)한 측면을 중이라고 표현
한 것이라는 것이다. 마찬가지로 화에 대한 『중용』에서의 설명인 "발이개
중절(發而皆中節)"과 관련하여서는 적연부동(寂然不動)한 심체가 감이수
통(感而遂通)하게 된 상황에서 희·노·애·락의 정이 발하게 되면 심의
용을 볼 수 있는데, 그 심용인 정(情)이 중절하지 않음이 없고 어긋나지
않는 것을 화라고 표현한 것이라는 것이다. 나아가 이 중화가 심의
올바른 상태이고 성정이 온전한 상태라고 설명하고 있다. 이 부분은
이후 전개될 심성에 대한 주자학의 기본 틀을 보여주는 부분이라고
할 수 있는데, 그 핵심은 중화를 각각 성과 심으로 이해하였던 이전의
견해와는 달리 심의 체와 용으로, 다시 말해 심의 두 측면으로 해석해낸
것에 있다. 이러한 해석은 이후 심유체용(心有體用)과 심통성정(心統性情)
이라는 명제로 정립된다.

그런데 요즘 지난 설을 보고 어떤 강령도 없다는 것을 알게 되어 이를

---

11) 『朱子大全』 권64, 「與湖南諸公論中和第一書」(1169). "按『文集』·『遺書』諸說, 似皆以思
慮未萌事物未至之時爲喜·怒·愛·樂之未發. 當此之時, 卽是此心寂然不動之體, 而天命
之性, 當體具焉. 以其無過·不及, 不偏不倚, 故謂之中. 及其感而遂通天下之故, 則喜·怒·
愛·樂之性發焉, 而心之用可見. 以其無不中節, 無所乖戾, 故謂之和. 此則人心之正而情
性之德然也."

인하여 다시 살펴보고 나니, 이 리(理)는 모름지기 심을 위주로 하여
논의해야 성정의 덕과 중화의 묘함이 모두 조리 있고 어지럽지 않다는
것을 알게 되었습니다.

① 그러나 사람의 몸의 지각과 운용은 심이 하는 바가 아닌 것이 없으니
심이란 실로 몸을 주재하여 동정어묵의 사이에 간격이 없습니다.

② 그러나 고요할 때에는 사물(事物)이 아직 이르지 않고 사려(思慮)가
아직 싹트지 않아서 하나의 성이 모두 혼연하고 도의가 모두 갖추어져
있으니, 이른바 중이 바로 심의 체가 되어 적연부동하는 까닭이며, 움직일
때에 사물이 서로 이르고 사려가 싹트게 되면 칠정이 번갈아 가며 작용하여
각각 주가 되는 바가 있으니, 이른바 화가 바로 심의 용이 되어 감이수통하
는 까닭입니다.

③ 그러나 성이 고요하여도 움직이지 않을 수 없고 정이 움직여도
반드시 절도가 있으니, 이것이 바로 심이 적연(寂然) 감통(感通)하고 주류(周
流) 관철(貫徹)하여 체용이 애당초 서로 떨어지지 않는 까닭입니다.

④ 그러나 사람은 이 심이 있어도 어질시 않으면 이 심의 묘함을 잡을
수 없으며, 사람이 비록 인(仁)하고자하여도 경(敬)하지 않으면 인을 구하
는 공부를 이룰 수 없습니다.12)

「여호남제공논중화제1서」와 같은 해 작성된 위의 편지에서 주자는
"심을 위주로 하여" "성정의 덕"과 "중화의 묘함"에 관한 개념이 정합적으

---

12) 『朱子大全』권32, 「答張欽夫」(1169). "然比觀舊說, 却覺無甚綱領, 因復體察, 得見此理
須以心爲主而論之, 則性情之德, 中和之妙皆有條而不紊矣. (①)然人之一身, 知覺運用莫
非心之所爲, 則心者固所以主於身, 而無動靜語默之間者也. (②)然方其靜也, 事物未至,
思慮未萌, 而一性渾然, 道義全具, 其所謂中, 是乃心之所以爲體而寂然不動者也. 及其動
也, 事物交至, 思慮萌焉, 則七情迭用, 各有攸主, 其所謂和, 是乃心之所以爲用, 感而遂通
者也. (③)然性之靜也而不能不動, 情之動也而必有節焉, 是則心之所以寂然感通, 周流貫
徹而體用未始相離者也. (④)然人有是心而或不仁, 則無以著此心之妙, 人雖欲仁而或不
敬, 則無以致求仁之功."

로 설명될 수 있다고 말한 뒤, 네 번의 '연(然 : 그러나)'을 사용하여 그 개념 간의 관계를 정리한다. '연(然)'에 초점을 맞추어 이 서간을 살펴본다면, 첫 번째 '연(然)'은 심을 성정과 중화로 구분지어 이해하기로 하였지만, 사실은 심이 신(身) 전체를 주재한다는 의미를 드러내는 데 사용된 것이다. 즉 심을 중화로 구분하고 성정으로 나누었지만 그러한 구분은 각 개념들과 심의 관계를 개념적으로 체계화하기 위한 것이지, 심이 몸 전체의 작용(知覺·運用)을 주재하고 삶의 전 영역(動靜語默)을 관장한다는 사실은 변함이 없다는 것이다.

두 번째 '연(然)'은 심을 다시 그 심의 두 양상인 동정(動靜)으로 구분하여 해석하기 위해 사용된다. 즉 심이 정(靜)한 때인 "사물미지(事物未至)"와 "사려미맹(思慮未萌)"의 상태에서는 그 심에 하나의 성이 혼연하고 도의가 온전히 갖추어져 있는데, 이것이 바로 중이자 적연부동한 심체(心體)라는 것이다. 또한 심이 동(動)한 때인 "사물교지(事物交至)"와 "사려맹언(思慮萌焉)"의 상태에서는 칠정이 번갈아 작용하면서 그 상황에 알맞은 반응이 있게 되는데, 이것이 바로 화이자 감이수통한 심용(心用)이라는 것이다.

세 번째 '연(然)'은 또 다시 고요한 성이 움직이지 않을 수 없고, 움직인 정에도 반드시 절도가 있는 것은 심의 적연감통(寂然感通), 주류관철(周流貫徹)하는 측면, 즉 체용이 함께 갖추어져 있다는 점을 표현하기 위해 사용된 것이다. 즉 성과 정이 동정의 다름이 있지만 그것이 사실은 하나의 심의 체용이라는 것이다.

마지막 네 번째 '연(然)'은 이러한 능력을 지닌 심도 인(仁)하여야 그 능력을 발휘할 수 있고, 그 심의 인은 경(敬)을 통하여서 이룰 수 있다는 내용으로의 전환에 사용된 것이다. 즉 몸 전체의 작용을 주재하고 삶의 전 영역을 관장하는 심을 성정, 중화, 체용 등으로 구분하여 봄으로써 심에 대한 개념적 이해가 투철해질 수 있지만, 그러한 심의 능력을 온전히 발휘해내기 위해서는 인(仁)한 심을 가져야 하고, 그 인한 심은 경이라는 공부를 통해서만 도달할 수 있는 이상적인 상태라는 것이다.

여기서 다시 첫 번째 편지로 돌아가면, 이 편지에서 언급되었던 일상생활[日用]과 본령을 모두 충족시키는 핵심적인 공부란 바로 경임을 알 수 있다.

그러나 아직 발하기 전에는 찾아볼 수 없고, 이미 지각한 뒤에는 안배할 수가 없습니다. 다만 평소에 장경함양(莊敬涵養)의 공부가 지극하면 사사로운 인욕이 어지럽히는 것이 없어서, 그것이 발하지 않았을 적에는 밝은 거울이나 조용한 물과 같고, 그것이 발했을 때는 절도에 들어맞지 않음이 없습니다. 이것이 바로 일용의 본령 공부입니다. 그리고 일에 따라 성찰하고 사물에 나아가 미루어 밝히는 것 역시 반드시 이것(莊敬涵養의 工夫)을 근본으로 삼아야 합니다. 그리고 이발(已發)의 때에 본다면, 아직 발하기 전에 갖추어진 것을 진실로 묵묵히 알 수 있습니다. 그래서 정자가 소계명(蘇季明)에게 답한 글에서 반복해서 논변한 것이 지극히 상세하고 치밀하였지만, 끝내는 경이라 밀한 것에 불과합니다. 또 말하기를, "경하여 잘못됨이 없으면 곧 중이다."라고 하였고, 또 말하기를 "도에 들어가는 데에는 경만한 것이 없으며, 치지하면서 경하지 않는 경우는 없다."라고 하였고, 또 말하기를, "함양은 모름지기 경하여야 하고, 학문의 진보는 치지에 달려있다."라고 한 것은 대개 이 때문이었습니다.

예전에는 강론하고 사색하면서, 곧바로 심을 이발(已發)로 여기고 일상생활 속의 공부도 다만 실마리를 살펴서 아는 것[察識端倪]을 최초 착수할 곳으로 여겼습니다. 그래서 평일 함양(涵養)하는 한 부분의 공부가 누락되어 사람들의 가슴속이 안정되지 못하게 하고 마침내 깊이 있고 차분하며 순수한 맛이 없게 하였으며, 그 말과 행동에 드러난 것도 항상 급박하고 경박하여 조용하고 깊이 있는 풍모가 없습니다. 생각건대 소견이 한

번 어긋나 그 해가 마침내 여기에 이르니, 살피지 않을 수 없습니다.[13]

여기서 우리는 두 가지를 주목해야 한다. 하나는 "아직 발하기 전에는 찾아볼 수 없고, 이미 지각한 뒤에는 안배할 수가 없습니다."라는 것이고, 다른 하나는 "평일 함양(涵養)하는 한 부분의 공부가 누락되어 사람들의 가슴속이 안정되지 못하게 하고 마침내 깊이 있고 차분하며 순수한 맛이 없게 하였으며, 그 말과 행동에도 항상 급박하고 경박하여 조용하고 깊이 있는 풍모가 없습니다."라는 것이다.

몸 전체의 작용을 주재하는 것이 심이며, 아울러 이 심이 동정어묵이라 표현된 삶의 전 영역에서 그러한 역할을 수행하고 있다는 것이 중화신설을 통해 제시된 주자의 심 개념이다. 그런데 주자는 "미발지전(未發之前)"과 "이각지후(已覺之後)"라고 표현된 미발시(未發時)·정시(靜時)와 이발시(已發時)·동시(動時)에 대해서 인위적으로 각각의 상황을 만들어낼 수 없는 것이라고 본다. 즉 앞서 "사물미지(事物未至)"와 "사려미맹(思慮未萌)", "사물교지(事物交至)"와 "사려맹언(思慮萌焉)"으로 설명된 심의 두 양상이 동정으로 구분될 수 있지만, 실제로는 미발시(未發時)·정시(靜時)의 심(心)과 이발시(已發時)·동시(動時)의 심이 단절 없는 하나의 심이라는 것이다. 만약 이를 분리하여 이발시(已發時)·동시(動時)의 심만을 심이라 여기면서 이발시(已發時)·동시(動時)의 공부를 착수처로 여긴다면, 공부

---

13) 『朱子大全』 권64,「與湖南諸公論中和第一書」(1169). "然未發之前, 不可尋覓, 已覺之後, 不容安排. 但平日莊敬涵養之功至, 而無人欲之私以亂之, 則其未發也鏡明水止, 而其發也無不中節矣. 此是日用本領功夫. 至於隨事省察, 即物推明, 亦必以是爲本, 而於已發之際觀之, 則其具於未發之前者, 固可嘿識, 故程子之答蘇季明, 反復論辨, 極於詳密, 而卒之不過以敬爲言. 又曰, '敬而無失卽所以中', 又曰, '入道莫如敬, 未有致知而不在敬者', 又曰, '涵養須是敬, 進學則在致知', 蓋爲此也. 向來講論思索, 直以心爲已發, 而日用功夫亦止以察識端倪爲最初下手處, 以故闕却平日涵養一段功夫, 使人胸中擾擾, 無深潛純一之味, 而其發之言語事爲之間, 亦常急迫浮露, 無復雍容深厚之風. 蓋所見一差, 其害乃至於此, 不可以不審也."

에 단절이 발생하는 문제가 야기된다는 것이다.

위 인용문에서 언급된 일용의 본령 공부는 이러한 측면에서 이해할 수 있다. 즉 삶의 전 영역을 동정으로 나누어 이발시(已發時)·동시(動時)의 심만을 공부의 대상으로 여긴다면, 심에 대한 공부가 삶의 전 영역에서 단절이 없이 이루어지지 않게 된다는 것이다. 다시 말해 "평소[平日]", "일상생활[日用]"에서 항상 해나가야 하는 공부가 있으며, "수사성찰(隨事省察)", "즉물추명(卽物推明)", 즉 심을 통해 자신이 맞닥트린 일을 처리하는 상황에서도 이 공부를 근본으로 삼아 해결해나가야 한다는 것이다. 이 공부에 대한 보다 구체적인 설명이 장경함양(莊敬涵養) 공부이고, 그 공부의 내용은 사사로운 인욕이 무엇인가를 어지럽히지 않도록 하는 것이다. 그리고 이 공부가 바로 경(敬)이라는 것이다. 다시 말해, 장경함양 공부, 일용 본령 공부, 평일 함양 공부는 모두 경 공부의 다른 표현인데, 이는 동시(動時)와 정시(靜時)가 실제 삶에서는 하나의 심의 두 양상을 가리키기 때문에 동정에 일관하는 하나의 공부를 정립하여야 한다는 측면에서 제시된 것이다. 이 경 공부에 대해서도 보다 구체적으로 앞서 참조한 같은 해에 작성된 편지에서 언급한다.

대개 심은 한 몸을 주재하면서 동정어묵의 사이가 없으니 이 때문에 군자는 경(敬)에 대해서도 역시 동정어묵에 힘을 쓰지 않음이 없습니다. 미발지전(未發之前)에는 경하여 실로 이미 존양의 실질을 주로 하고, 이발지제(已發之際)에는 경하여 항상 성찰하는 사이에도 행해집니다. 존양할 때에 사려는 아직 싹트지 않지만 지각은 어둡지 않으니, 이것은 고요함 속의 움직임으로 복괘에서 천지의 심을 본다는 것입니다. 성찰할 때에 사물은 어지럽게 일어나지만 법도에 어긋나지 않으니, 이것은 움직임 속의 고요함으로 간괘에서 그 몸을 얻지 못하면 그 사람을 보지 못한다는 것입니다.[14]

중화신설을 통해 정립된 핵심적인 내용은 한 몸 전체를 주재하고
삶의 전 영역에서 한 순간도 끊어짐이 없는 심을 확립한 것이고, 주어지는
조건에 따라 그 심의 상태를 미발과 이발로 구분할 수는 있지만, 실제적인
공부는 경 공부 하나에 기반을 두고 있다는 것이다. 다시 말해, 한 개인의
삶의 전 영역을 주관하는 심에 대해서 삶의 전 영역을 일관하여 바람직한
삶의 자세를 갖추려는 노력, 즉 공부를 심과 경 구도로 정립한 것이다.
물론 중화신설을 통해 이 시기의 주자는 미발과 이발, 정(靜)과 동(動)
등의 구분에 대하여 다음과 같이 정리하고 있다.

> 未發之前－敬－存養：方其存也, 思慮未萌·知覺不昧－靜中之動：復卦
> 已發之際－敬－省察：及其察也, 事物紛糾·品節不差－動中之靜：艮卦

그러나 이러한 구분은 미발과 이발을 관통하고 동(動)과 정(靜)을 일관
하는 심, 그리고 그 심에 대한 일관된 공부인 경을 정립한 위에서 이루어진
것이라고 하겠다. 즉 동시(動時) 성찰, 정시(靜時) 존양이라는 경 공부의
두 양상은 간단없는 심에 대한 일관된 공부에 기반함으로써 동시(動時)와
정시(靜時)의 구분을 통해 혹 발생할 가능성이 있는 공부의 단절을 방지하
게 되는 것이다. 이것이 바로 주자가 일용의 본령 공부를 강조하게
된 맥락이라고 하겠다.

『중용』 1장에 나오는 중화(中和)는 훗날 주자의 『중용장구』를 통해
다음과 같이 해석된다.

> 희·노·애·락은 정이다. 이것이 발하지 않았다면 곧 성인데, 편벽되고

---

14) 『朱子大全』 권32, 「答張欽夫」(1169). "蓋心主乎一身而無動靜語默之間, 是以君子之於
敬, 亦無動靜語默而不用其力焉. 未發之前是敬也固已主乎存養之實, 已發之際是敬也又
常行於省察之間. 方其存也, 思慮未萌而知覺不昧, 是則靜中之動, 復之所以見天地之心
也. 及其察也, 事物紛糾而品節不差, 是則動中之靜, 艮之所以不獲其身, 不見其人也."

치우친 바가 없기 때문에 중이라고 한다. 발함에 모두 절도에 맞는 것은 정의 올바름으로, 어그러지는 바가 없기 때문에 화라고 한다. 대본은 천명지성으로, 천하의 리(理)가 모두 이를 통해 나오니, 도의 체이다. 달도는 성을 따름을 이르니, 천하와 고금이 함께 말미암는 것으로, 도의 용이다. 이는 성정의 덕을 말하여 도를 떠날 수 없는 뜻을 밝힌 것이다.[15]

중화신설에서 중요하게 다루어졌던 심이 중화에 대한 주자의 주석에서 표면적으로는 보이지 않지만, 중화신설에서 정립된 심성정에 대한 기본 틀이 유지되고 있음은 성(性)-중(中), 정(情)의 올바름-화(和)의 구도를 통해 확인할 수 있다. 또한 주자는 중과 화가 각각 대본과 달도라는 『중용』의 구절을 통해 중(中)-대본(大本)-천명지성(天命之性)을 동일한 것으로 설명하면서 이것이 모두 천하의 리(理), 즉 모든 가치의 근원임을, 그리고 이러한 이유로 도의 체임을 명확히 한다. 그리고 화(和)-달도(達道)-솔성(率性)을 동일한 것으로 설명하면서 이것이 천하와 고금, 즉 시공간을 넘어서는 옳음임을, 그리고 이러한 이유로 도의 용임을 명확히 한다. 이어서 치중(致中)과 치화(致和)에 대한 해석 역시 다음과 같이 설명된다.

치(致)는 미루어 지극히 함이다. 위(位)는 그 자리를 편안히 함이다. 육(育)은 그 삶을 이룸이다. 계구(戒懼)로부터 단속하여 지극히 정(靜)한 가운데에 편벽되고 치우친 바가 없어 그 지킴이 잃지 않는 데 이르면, 그 중(中)을 지극히 하여 천지가 제자리를 편안히 할 것이고, 근독(謹獨)으로부터 정밀하게 하여 사물(事物)에 응(應)하는 곳에 조금도 잘못됨이

---

15) 『中庸章句』 1장, 주자 주석. "喜·怒·哀·樂, 情也. 其未發, 則性也, 無所偏倚, 故謂之中. 發皆中節, 情之正也, 無所乖戾, 故謂之和. 大本者, 天命之性, 天下之理皆由此出, 道之體也. 達道者, 循性之謂, 天下古今之所共由, 道之用也. 此言性情之德, 以明道不可離之意."

없어 가는 곳마다 그렇지 않음이 없는 데 이르면, 그 화(和)를 지극히 하여 만물이 생육될 것이다. 생각건대 천지와 만물은 본래 나와 일체이다. 그리하여 나의 심이 바르면 천지의 심이 또한 바르고, 나의 기가 순하면 천지의 기 또한 순하다. 그러므로 그 효험이 이와 같음에 이른다. 이는 학문의 지극한 공효이고 성인의 능사인데, 애당초 밖에서 기다림이 있지 않고, 수도(修道)의 가르침도 이 안에 들어 있다. 이는 한 체와 한 용이 비록 동·정의 다름이 있으나 반드시 그 체가 선 뒤에 용이 행해질 수 있는 것이니, 그 실제는 역시 두 가지 일이 있는 것이 아니다. 그러므로 여기에서 합하여 말하여 위 글의 뜻을 맺었다.[16)]

대본으로서의 천명지성의 중이라는 상태를 유지하는 방법은 계신공구 (戒愼恐懼) 공부이고, 달도로서의 솔성인 화의 상태를 이루어내는 방법은 근독(謹獨) 공부이다. 그리고 이러한 공부를 통해 달성되는 공효는 온 세상이 안정을 찾고 만물이 온전한 삶을 영위하는 것이다. 이러한 설명은 유학의 전통적 구도인 수기-치인 구도로 이해할 수 있다. 다만 『중용』의 중화를 통해서는 수기에 초점을 맞추어 설명하고 있다고 볼 수 있다. 그리고 그 수기의 내용으로 중화를 지극히 하는 것을 이야기하고 있고, 그 방법으로 계신공구 공부와 근독 공부를 들고 있다. 그런데 여기서 주목할 것은 계신공구 공부와 근독 공부는 모두 경 공부로 일관되는 심 공부의 두 측면을 말하는 것이라는 점이다.[17)]

---

16) 『中庸章句』1장, 주자 주석. "致, 推而極之也. 位者, 安其所也. 育者, 遂其生也. 自戒懼而約之, 以至於至靜之中, 無少偏倚, 而其守不失, 則極其中而天地位矣. 自謹獨而精之, 以至於應物之處, 無少差謬, 而無適不然, 則極其和而萬物育矣. 蓋天地萬物本吾一體, 吾之心正, 則天地之心亦正矣, 吾之氣順, 則天地之氣亦順矣. 故其效驗至於如此. 此學問之極功·聖人之能事, 初非有待於外, 而修道之敎亦在其中矣. 是其一體一用雖有動·靜之殊, 然必其體立而後用有以行, 則其實亦非有兩事也. 故於此合而言之, 以結上文之意."

17) 『論語集註』, 「憲問」, 45장에 대한 주자의 주석. "程子曰, '君子修己以安百姓, 篤恭而天下平. 惟上下一於恭敬, 則天地自位, 萬物自育, 氣無不和, 而四靈畢至矣. 此體信達順之

주자는 이러한 경 공부에 대해 잠(箴)을 작성함으로써 그 구체적인 조목을 제시하며 체계화한다. 중화신설이 수립된 직후인 1172년 주자는 장남헌의 「주일잠(主一箴)」을 보완하여 다음의 「경재잠(敬齋箴)」을 작성한다.[18)

의관을 바르게 하고 시선을 존엄하게 하며, 마음을 가라앉혀 상제를 마주 모신 듯이 하라.(1)

걸음걸이는 무겁게 하고 손은 공손하게 하며, 땅을 골라 밟는 것이 개미둑 사이로 말을 달리듯이 하라.(2)

문을 나가면 손님을 대하듯이 하고, 일을 처리할 때는 제사를 모시듯이 하며, 조심조심 두려워하여 감히 잠시도 안이하게 하지 말라.(3)

입을 지키기를 병마개 막듯 하고 잡생각 막기를 성문 지키듯 하며, 성실하고 공경하여 감히 잠시도 경솔하게 하지 말라.(4)

마음을 동쪽을 갔다 서쪽으로 갔다 하지 말며, 남쪽으로 갔다 북쪽으로 갔다 하지 말고, 일을 만나 마음을 보존하여 다른 데로 가지 말라.(5)

두 가지 일이라고 마음을 둘로 나누지 말고, 세 가지 일이라고 마음을 세 갈래로 나누지 말며, 정밀하게 살피고 전일하게 하여 만 가지 변화를 살펴라.(6)

이것에 종사함을 경을 지킨다고 하니, 움직일 때나 고요히 있을 때나 어기지 말고, 밖이나 안이나 번갈아 바르게 하라.(7)

잠시라도 틈이 나면 만 가지 사욕이 일어나, 불길 없이도 뜨거워지고 얼음 없이도 차가워진다.(8)

털끝만큼이라도 틀림이 있으면 하늘과 땅이 바뀌게 되니, 삼강이 침몰하고, 구법도 썩어버린다.(9)

道, 聰明睿知皆由是出, 以此事天饗帝.'"
18) 束景南, 『朱熹年譜長編(上)』(上海 : 華東師範大學校出版社, 2001), 473~475쪽 참조.

오호! 아이들이여! 생각하고 조심하라! 먹글로 써서 경계를 삼아 감히 영대에 고하노라.(10)[19]

「경재잠」의 전체 구도에 대해 초려 오징은 다음과 같이 설명한다.

「경재잠」은 모두 10장으로 되었는데, 한 장은 4구씩이다. 첫째 장은 고요히 있을 때 어기지 않음을 말하였고, 둘째 장은 움직일 때 어기지 않음을 말하였다. 셋째 장은 겉의 바름을, 넷째 장은 안의 바름을 말하였다. 다섯째 장은 심이 바로잡혀 일에 통달될 것을 말하였으며, 여섯째 장은 일에 집중하면서도 심에 근본을 둘 것을 말하였다. 일곱째 장은 앞의 여섯 장을 총괄하였고, 여덟째 장은 심이 흩어지는 병폐를 말하였으며, 아홉째 장은 일에 집중하지 못하는 병폐를 말하였다. 열째 장은 이 한 편을 총괄하여 매듭지었다. 지경(持敬) 공부에 대해 말한 것이 주밀하고 완전하다.[20]

초려의 해석을 따른다면, 「경재잠」은 정시(靜時)와 동시(動時)를 아우르고, 심신 내외를 포괄하는 공부로서 경을 제시하고 있다. 또한 사(事)·변

---

19) 『朱子大全』 권85, 「敬齋箴」. "正其衣冠, 尊其瞻視, 潛心以居, 對越上帝. 足容必重, 手容必恭, 擇地而蹈, 折旋蟻封. 出門如賓, 承事如祭, 戰戰兢兢, 罔敢或易. 守口如瓶, 防意如城, 洞洞屬屬, 罔敢或輕. 不東以西, 不南以北, 當事而存, 靡他其適. 弗貳以二, 弗參以三, 惟精惟一, 萬變是監. 從事於斯, 是曰持敬, 動靜弗違, 表裏交正. 須臾有間, 私欲萬端, 不火而熱, 不冰而寒. 毫釐有差, 天壤易處, 三綱旣淪, 九法亦斁. 於乎小子, 念哉敬哉, 墨卿司戒, 敢告靈臺." 참고로 '惟精惟一' 구절이 『성학십도』에는 '惟心惟一'로 수정되어 있다.

20) 『心經附註』, 敬齋箴 장의 부주. "「敬齋箴」 凡十章, 章四句. 其一言靜無違, 其二言動無違, 其三言表之正, 其四言裏之正, 其五言心之正而達於事, 其六言事之主一而本於心, 其七總前六章, 其八言心不能無適之病, 其九言事不能主一之病, 其十總結一篇, 其言持敬工夫, 周且悉矣." 이 글은 『성학십도』에 인용되어 있으며, 『吳文正集』 권59의 「題朱文公敬齋箴後」에서도 볼 수 있다.

(變)과 심의 관계 속에서 경 공부를 지속함으로써 심의 바른 상태를 이루어 일을 올바르게 처리하고, 그 일에 집중하면서도 심에 근본을 두어 일을 처리할 것을 말하고 있다. 이는 동정과 내외의 구분을 말하면서도 이를 모두 아우르는 공부는 심을 바르게 하고 그러한 심에 근본을 두는 지경의 상태를 추구하는 것이라고 해석하는 것으로, 삶의 전 영역에서 바람직한 심의 상태를 유지하려는 노력으로서의 경 공부를 정립한 중화신설의 사유가 고스란히 반영되어 있다고 할 수 있다.

2) 『심경부주(心經附註)』에 드러나는 주자학 해석의 경향

주자의 재전 제자인 진덕수(眞德秀, 1178~1235)는 『서경』, 『시경』, 『역경』, 『예기』, 그리고 사서(四書)를 비롯하여 주렴계와 정자, 범준(范浚, 1102~1151), 주자의 글을 모아 『심경(心經)』을 찬술한다. 진덕수는 이 구절들을 모두 37장으로 구성한 뒤, 각 구절들에 대한 해설에 해당하는 70여 개의 글을 주석의 형태로 덧붙이는데, 정현(鄭玄, 127~200), 공영달(孔穎達, 574~648)을 포함하여 정자, 장횡거, 양귀산, 주자, 장남헌 등의 언설을 인용한다. 이후 명대 정민정(程敏政, 1446~1499)은 진덕수의 『심경』을 경(敬)에 입각하여 해석하면서 그와 관련된 500여 구절을 새롭게 덧붙여 『심경부주』를 편찬하는데, 대부분 정자와 주자 이후 학자의 언설들이다. 이러한 구성을 갖추고 있는 『심경』과 『심경부주』는 중국에서 편찬된 문헌이지만, 사실 중국에서는 크게 중시되지 않았던 것으로 알려져 있다.21) 대신 『심경』과 『심경부주』는 조선의 퇴계에 의해 매우 중시되었고, 퇴계 이후 조선에서는 주자학의 기본 텍스트로서 자리매김하였다.22)

---

21) 최재목, 『퇴계 심학과 왕양명』(서울 : 새문사, 2009), 88쪽 참조.

22) "일용에서의 함양이라는 수행 방법"이라는 주자학의 기본 관점에 입각하여 『심경부주』가 조선 성리학에서 가지는 의미를 분석한 논문으로 다음을 참조할 수

이러한 이유로『심경』과『심경부주』를 통해 주자학의 한 경향을 살펴보는 것은 이미 어느 정도 조선 유학의 특징적인 흐름을 전제한 분석이라고 할 수 있다. 즉 퇴계가『심경부주』를 중시하였고, 퇴계 이후 조선에서도 『심경부주』가 지속적으로 중시되었다는 측면을 감안하여야, 주자학에 대한 해석 양상으로서『심경부주』를 살펴보는 것이 의미가 있는 것이다. 그리고 이는 퇴계의 주자학 수용이『심경부주』의 시야 위에서 진행되었다 는 기존의 평가23)에 근거한 것이기도 하다.

정민정의 부주(附註) 내용을 고려하지 않고 진덕수의『심경』만을 살펴 보면, 그 내용이 '심'에 초점이 맞추어져 구성되었다는 점을 파악할 수 있다. 이러한 맥락에서, "정치를 논한 경전의 내용을 실었으며, 한나라에 서부터 당나라 때까지의 여러 수령들의 행정사례들과 서산이 역임했던 고을 백성들에게 유시한 내용을 수록"하고 있는『정경(政經)』과의 대비를 통해『심경』은 수기(修己)의 내용을 중심으로 하고 있으며,『정경』은 치인(治人)의 내용을 중심으로 하고 있다는 평가를 받는다.24) 물론 주자의 재전 제자로서 진덕수의 주자학에 대한 이해를 고려한다면, 심에 대한 그의 이해가 주자학에서의 경 개념으로 귀결될 가능성이 높지만, 경에 대한 해석의 내용을 뚜렷하게 제시하고 있지는 않다. 그러나 정민정의 『심경부주』를 살펴보면 주자의 경을 중심으로 진덕수의『심경』이 해석· 보완되고 있음을 선명하게 발견할 수 있다. 그런데 여기서 살펴보아야 하는 것이 바로 정민정의 사상 경향이다.

있다. 李俸珪,「涵養論과 교육과정으로 본 조선성리학의 개성」(『退溪學報』 128, 退溪學硏究院, 2010).

23) 퇴계의 학문과『심경부주』의 연관성을 검토한 논문으로 다음을 참조할 수 있다. 안병주,「퇴계의 학문관」(『퇴계 이황』, 서울 : 예문서원, 2002) ; 주월금,「『심경부 주』가 퇴계심학 형성에 미친 영향에 관한 연구」(박사학위논문, 계명대학교 대학원, 2000).

24) 오석원,「『心經』의 구성과 수양론 연구(一)」(『東洋哲學硏究』 36, 동양철학연구회, 2004), 356쪽 참조.

정민정은 명대 학자로, 흔히 주륙화회론자 혹은 주륙조화론자로 분류
된다. 주륙화회론이란, 『중용』에 나오는 존덕성(尊德性)과 도문학(道問學)
개념을 중심으로 주자학을 도문학 공부에 치중한 것으로, 상산학을 존덕
성 공부에 치중한 것으로 파악한 뒤, 주자가 만년에 존덕성 공부를 중시하
는 것으로 입장을 선회하여 자신의 학문과 상산학의 통일을 지향했다고
파악하는 하나의 학술 흐름이다.25) 정민정을 주륙화회론자로 분류하는
것은 그가 지은 『도일편(道一編)』이라는 문헌에 근거하는데,26) 단적으로
『도일편』과 『심경부주』는 "주희의 학문적 방법론이 시기적으로 변화해갔
다는 자신의 인식을 바탕으로 주희일파의 육구연 사상에 대한 비판을
반박하면서, 육구연의 논점으로 주희의 사상을 일치시켜 읽어내는 하나
의 모델을 수립"한 것으로 평가될 수 있는 것이 사실이다.27)

　이러한 정민정 개인의 사상 경향에 대해서는 명대 학자인 청란(淸瀾)
진건(陳建, 1479~1567)에 의해서도 비판되며, 진건의 이러한 비판은 조선
에서도 주목받게 된다.28) 즉 정민정의 사상 경향, 즉 그가 주륙화회론자라
는 점을 『심경부주』의 편찬과 아울러 고려한다면, 주자학을 경 중심으로
해석한 것은 존덕성 측면을 중시한 것으로 여겨지는 상산학에 주자학을
부합시키려는 의도가 개입되어있을 가능성이 있다는 것이다. 이와 같은

---

25) 이와 관련하여 주륙화회론의 허구성을 검토한 연구가 있다. 홍원식, 「주륙화회론
　　과 퇴계학의 심학화」(『오늘의 동양사상』 9, 예문동양사상연구원, 2003) ; 정도원,
　　「"주자학의 심학화" 가설에 대한 재검토 : 주륙이동의 문제와 주륙화회론의 허구
　　성」(『퇴계 이황과 16세기 유학』, 서울 : 문사철, 2010) 참조.
26) 『篁墩文集』 권28, 「道一編序」. "其初則誠若氷炭之相反, 其中則覺夫疑信之相半, 至於終
　　則有若輔車之相倚, 且深有取於孟子道性善·收放心之兩言. 讀至此而後, 知朱子晩年所
　　以推重陸子之學, 殆出於南軒·東萊之右."
27) 李俸珪, 「『心經附註』에 대한 조선성리학의 대응」(『泰東古典硏究』 12, 한림대학교
　　태동고전연구소, 1995), 72~75쪽 참조.
28) 「心經後論」은 퇴계의 문인 月川 趙穆이 『皇明通紀』를 통해 이러한 정민정 개인의
　　사상 경향을 알게 된 후, 이에 대한 퇴계의 응답을 주 내용으로 하는 글이다.
　　이후 조선에서는 『심경부주』에 「심경후론」을 수록하여 간행한다.

『심경부주』문헌의 배경 정보를 감안한다면, 정민정이 활동하던 명대 학술계가 존덕성과 도문학의 구도 안에서 상산학과 주자학을 파악하는 것을 주요 논점으로 삼고 있었다는 평가 역시 가능할 것으로 보인다. 그리고 정민정이『심경부주』를 편찬한 목적 역시 주자학의 존덕성 중시 측면을 경을 통해 해명함으로써 주륙화회론의 근거로 사용하고자 하였을 가능성 역시 매우 설득력이 있게 제기해볼 수 있어 보인다.29)

이 지점에서『심경부주』의 내용을 확인해보면 이러한 경향을 확인할 수 있는 부분은 마지막 장인「존덕성재명(尊德性齋銘)」의 부주 부분이다. 그런데 퇴계는 이 부분에서 인용된 주자학에 대한 비판에 대해서 이미 주자학의 폐단과 본령을 구분하는 방식으로 응답함으로써『심경부주』의 전체 내용에는 큰 영향을 끼치지 못하는 것으로 파악하고 있었다. 대신 퇴계는『심경부주』가 경전의 내용과 주자학자들의 언설을 중심으로 찬술된 저작으로, 주자학적 사유를 구성해내는 데 매우 주요한 문헌이라는 점을 강조한다. 즉『심경부주』가 존덕성과 도문학 가운데 어느 한 공부만을 강조함으로써 주자학이 한쪽 측면에 치우친 체계를 가진 것으로 이해한 문헌이라고 보는 것에 반대하고, 오히려 정민정의『심경부주』를 주자학적 사유가 왜곡되지 않은 채 구성된 문헌으로 해석한 것이다.30)

---

29) 이와 관련하여 정민정의 존덕성과 도문학에 대한 견해를 검토해볼 수 있다. 정민정의 언급 가운데 주자의 도문학은 존덕성을 근본으로 하였으며, 육상산의 존덕성은 도문학을 보조적인 것으로 보았다는 것이 발견되는데(『篁墩文集』권16, 「道一編目錄後記」. "朱子之道問學固以尊德性爲本, 豈若後之講析編綴者畢力於陳言? 陸子之尊德性固以道問學爲輔, 豈若後之忘言絶物者悉心於塊坐走誠?"), 그 근거로 "무극태극론에서 육구연을 원용하여 주희의 이기 이원론적 해석을 이기 일원론으로 변경"한 점이 제시되기도 한다. 김낙진, 「程敏政 사상의 朱陸 和會的 특성과 조선 성리학자들의 반응」(『儒敎思想文化硏究』31, 韓國儒敎學會, 2008), 272쪽 참조. 참고로, 주희와 육구연의 사상을 조정하려는 시도는 13세기 중엽의 湯千과 湯巾 형제를 시작으로, 吳澄, 趙汸, 王守仁으로 이어진다고 여겨진다. 이후 羅欽順과 陳建은 王守仁에 대한 비판의 시각에서, 청대 李紱은 옹호의 시각에서 존덕성과 도문학에 대한 주희와 육구연의 입장을 정리한다. 임홍태, 「왕양명의 주륙관 연구」(『東方學』 23, 한서대학교 동양고전연구소, 2012), 247~249쪽, 260~270쪽 참조.

퇴계가 『심경부주』를 통해 읽어낸 주자학적 사유는 바로 경 공부이다.[31]

『심경부주』가 경에 입각하여 구성된 것이라고 파악하는 것은 정민정의 서문과 정민정에 의해 『심경부주』의 내용이 집약된 그림이라고 여겨진 「심학도(心學圖)」를 살펴보면 확인 가능하다.

일찍이 반복하여 생각해서 정자의 설을 얻었는데, "천덕(天德)과 왕도(王道)는 그 요점이 다만 근독(謹獨)에 있다."라고 하였고, 또 "배우는 사람은 모름지기 경(敬)하여 안을 곧게 함으로써 함양(涵養)하여야 하니, 안을 곧게 하는 것이 근본이다."라고 하였으며, 주자 또한 "정 선생이 후학들에게 가장 공이 있는 것은 경이라는 한 글자이다. 경은 성학(聖學)의 처음과 끝이 되는 요체이다."라고 하였으니, 이 『심경』에서 가르친 것은 경 한 글자를 벗어나지 않는다. 그러므로 그 말이 간략하면서도 뜻은 정밀하고 그 공부가 간단하면서도 효과는 넓으니, 참으로 "냇물을 막는 지주산이고 남쪽을 가리키는 수레이며 어둠을 밝히는 거울"이라는 것이다. 크게

---

30) 『皇明理學名臣言行錄』에 정민정이 실려 있지 않은 것에 대해 퇴계가 의문을 제기했던 것 역시 이러한 맥락이었을 것이다. 『退溪先生文集』 권19, 「答黃仲擧」(1559.5.10). "『理學錄』, 諸人所評皆當, 深喜所見於鄙抱, 不約而相符契, 幸甚幸甚. 但考他書, 吳康齋晚節, 與家弟訟閱, 有識甚加嗤薄之, 不知其事之如何? 若果爾, 此亦不得爲全人, 誠可謂造詣之難, 而爲千古學道者之至戒也. 白沙亦有失節於貂璫之譏, 此則恐出於吹毛之口, 然觀其學術, 專是禪虛, 得非緣虛甚, 不免有制行之疏處耶. 未可知也. 鄙意數公外, 又有章楓山, 差强人意, 如何如何? 醫閭·篁墩之不錄, 誠不可知, 而楊月湖所造, 因其贊語, 可以槩見, 則凡所去取, 盡出於天下之公議, 何可必也?" 이 외에도 정민정에 대한 우호적인 평가는 『退溪先生文集』 권2, 「閒居, 次趙士敬·具景瑞·金舜擧·權景受諸人唱酬韻」(1551.1월 하순)과 『退溪先生文集別集』 권1, 「韓士烱【胤明】往天磨山讀書, 留一帖求拙跡, 偶書所感寄贈」(1554.12)에서 확인할 수 있다. 다만 1566년 「心經後論」(『退溪先生文集』 권41)이 작성되는 일련의 과정 속에서 정민정에 대한 평가가 변경된다.

31) 이와 관련하여 앞서 언급했듯이 주륙화회론 자체를 "당시의 시대적 역사적 맥락에서나 이해할 수 있는 사상사적 사건의 하나일 뿐, 통설로까지 받아들여질 수 있는 주장은 아니었다."라고 해석하기도 한다. 정도원, 「"주자학의 심학화" 가설에 대한 재검토 : 주륙이동의 문제와 주륙화회론의 허구성」(『퇴계 이황과 16세기 유학』, 서울 : 문사철, 2010), 162쪽 참조.

이 문화에 공이 있어서 황급하고 위급한 상황에도 소홀히 할 수 없다.

만생 말학이 무엇을 알겠는가만, 손수 기록하여 책을 완성해서 동지들에게 고하면서도 경에 대한 설을 특별히 상세하게 하였는데, 어찌 감히 이것을 가지고 선생의 글보다 더 많기를 바란 것이겠는가. 성인의 경과 현인의 전 가운데 마음을 두어 (몸을) 검속하고 (욕심을) 막으며 거듭 익혀 가는 터전으로 삼고자할 뿐이다.[32]

정민정은 근독과 경, 직내(直內), 함양 등의 개념을 통해 자신이 진덕수의 『심경』을 보완하면서 역점을 둔 부분이 주자학의 경에 있음을 명확하게 밝힌다. 앞서 언급하였듯이 이러한 정민정의 언급 이면에 자리하고 있을 수 있는 주륙화회론에 입각한 주자학 재구성의 의도는 아마도 궁극적으로 존덕성에 입각하여 상산학과 주자학의 통일을 꾀하는 것일 수도 있다. 그러나 『심경부주』에 새롭게 덧붙여진 구절들을 살펴보면, 대부분이 정자와 주자의 언설들로, 그 의도와는 별개로 주로 주자학자들의 경 관련 언급들로 채워져 있다.[33] 이러한 측면은 정민정이 『심경부주』의 내용을 '심학(心學)'이라 규정하면서 정복심(程復心, 1257~1340)의 「심학도」를 중시한 것에서도 확인할 수 있다.[34]

---

32) 『心經附註』, 「序」. "蓋嘗反覆紬繹, 得程子之說, 曰, '天德王道, 其要只在謹獨', 又曰, '學者須是將敬以直內涵養, 直內是本', 朱子亦曰, '程先生有功于後學, 最是敬之一字, 敬者, 聖學始終之要也', 蓋是『經』所訓, 不出敬之一言. 故其語約而義精, 其功簡而效博, 誠所謂障川之柱, 指南之車, 燭幽之鑑. 大有功于斯道, 而造次顚沛, 不可忽焉者也. 晩生末學, 何所知識, 輒手錄成帙, 以告同志者, 而於言敬之說, 特加詳焉, 豈敢以是求多于先生之書哉. 圖眞心于聖經賢傳之中, 爲檢防熟複之地云爾."

33) 이에 대하여 기존 연구에서는 『심경부주』에 인용된 주석자 및 인용횟수, 분량 등을 상세히 밝히고 있다. 이에 따르면 "『심경부주』에서 가장 많이 인용된 학자는 주자가 239회이며, 그 다음 정자가 80회이다. … 전체분량의 60%를 상회하고 있는 점으로 보아 정주학을 기본으로 삼고 있음을 알 수 있다." 오석원, 「『心經』의 구성과 수양론 연구(一)」(『東洋哲學硏究』 36, 동양철학연구회, 2004), 364~365쪽, 373~375쪽 참조.

34) 이 글에서 인용한 「심학도」는 퇴계의 『성학십도』(韓國文集叢刊 29, 『退溪集』Ⅰ,

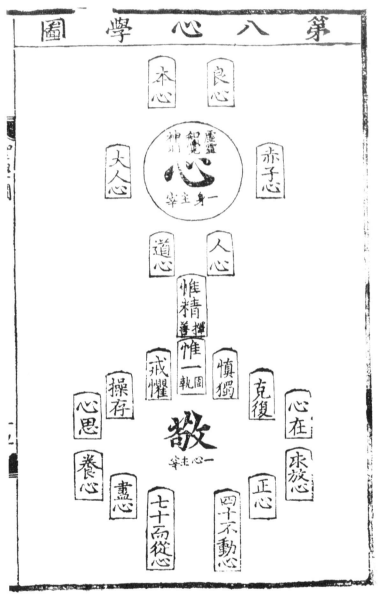

「심학도」

서울 : 민족문화추진회, 1989)에 수록된 것이다.

(나 민정은) 다음과 같이 생각한다. 정씨의 이 그림은 심학의 묘(妙)를 다했고, 논한 것 또한 심학의 요점을 밝히기에 충분하다. 그러므로 편의 머리에 걸어서 배우는 이로 하여금 향해 갈 바를 알고, 힘쓸 곳의 단서를 알게 하고자 한 것이다.[35]

「심학도」는 심과 경의 구도로 그려진다. 심과 관련해서는 심이 일신(一身)의 주재(主宰)라는 정의와 함께 허령과 지각, 신명이라는 심의 능력을 표기한 뒤, 그 주변을 유학 경전에 나오는 심에 대한 언급인 본심(本心), 대인심(大人心), 도심(道心)과 양심(良心), 적자심(赤子心), 인심(人心)이라는 하나의 심에 대한 상이한 차원에서의 설명으로 채우고 있다. 한편 이 아래에는 경이란 일심(一心)이 주재(主宰)가 된 상태를 일컫는다는 정의와 함께 그 주변을 유학 경전에 나오는 다양한 공부 방법으로 둘러싸고 있다. 정복심의 설명에 따른다면, 이 공부 방법들은 크게 존천리(存天理)와 알인욕(遏人欲)으로 양분되어 이해할 수 있다. 즉 경 공부는 천리를 보존하고 인욕을 막는 것으로 구체화하여 이해할 수 있다는 것이다. 정복심은 이와 같은 심과 경에 대한 개념들을 도상화한 그림의 이름을 「심학도」라 하였으며, 정민정 역시 이에 동조하며 '심학'이라는 용어를 사용하여 『심경부주』의 내용을 일괄한 그림이라고 중시한다. 이러한 심학이라는 용어의 사용은 『심경부주』를 이해하는 퇴계의 언급에서도 쉽게 발견된다.

나는 『심경』을 얻은 이후 비로소 심학(心學)의 연원과 심법(心法)의 정미함을 알게 되었다. 그런 까닭에 나는 평생 이 책을 신명처럼 믿었고, 엄한 어버이와 같이 공경하였다.[36]

---

35) 『心經附註』, 「心學圖」에 대한 정민정의 按. "按, 程氏此圖, 盡心學之妙, 而所論亦足以發心學之要. 故揭之編首, 使學者知所向往, 而爲求端用功之地云."

심학이라는 용어와 관련된 문제는 이곳에서 깊이 다루지는 않겠지만, 적어도 정복심과 정민정, 그리고 퇴계가 사용한 심학이라는 용어에는 심에 대한 관심뿐만이 아니라, 경에 대한 중시까지 포함하고 있는 개념이 라는 것을 어렵지 않게 파악할 수 있다. 그렇다면 비록 진덕수가『심경』을 편찬하고, 정민정이 이에 대한 보완 작업을 진행하면서 아울러 정복심이 그린「심학도」를 덧붙인『심경부주』가 심학과 심, 경에 대한 관심을 고취시킨 측면은 부정하기 어렵다. 이러한『심경부주』의 심과 경에 대한 주목은 앞서 살펴보았듯이 퇴계가 자신의 천명관을 정립하면서 인간 자신의 내면에 대해 관심을 기울이게 된 주된 배경이 되었다고 할 수 있다. 그리고 이러한 문제의식은 한편으로는 주자학에 대해 이와는 다른 방식으로 접근한 사유들에 대한 퇴계의 비판을 통해서도 표출된다. 이에 다음으로 퇴계가 자신과는 상이한 사유에 대해 진행한 비판을 살펴봄으 로써 퇴계가 주목한 주자학의 의제를 조금 더 구체화시켜보도록 하겠다.

2. 퇴계의 경 본위 주자학 이해

퇴계의 학문이 경 공부를 중시했다는 평가는 퇴계 학문에 대한 일반적 인 이해라고 할 수 있다. 그리고 그러한 평가의 가장 주된 근거로 제시되는 것이 앞서 살펴본『심경부주』에 대한 퇴계의 중시이다. 그런데 퇴계 학문에서 발견되는 경에 대한 중시는 단순히 주자학자로서 경 공부를 수행해나가는 것의 의미를 매우 크게 두었다는 정도에 그치지 않는다. 퇴계의 학문에는 경 개념과 관련된 특징적인 경향성이 담겨 있으며,

---

36)『退溪先生言行錄』권1,「學問」. "先生自言, '吾得『心經』而後, 始知心學之淵源, 心法之精 微. 故吾平生信此書如神明, 敬此書如嚴父.'" 이는 艮齋 李德弘(1541~1596)의 기록이 다.

그것은 주자학 자체를 경 공부에 입각하여 해석하고 있다는 점이다.[37]
이러한 점은 우선 퇴계의 다른 학자들의 사상에 대한 비판을 검토함으로
써 엿볼 수 있다.

1) 경 중심의 주자학 해석

주자학이 심(心)과 리(理)의 분리 가능성을 갖고 있다는 비판은 주자의
학문에 대하여 직접적으로 이루어지기도 하며,[38] 명초에 이르러서는
이러한 문제제기와 그에 대한 해명이 학술계의 주요 의제였다고 분석되
기도 한다.[39] 이는 앞서 언급한 도문학과 존덕성 구도로 주자학과 상산학
을 각각 배속시켜 이해하는 학술 경향과도 연결되는 것이며, 한편으로는

---

37) 퇴계의 학문이 경 공부를 중시했다는 평가를 내리는 기존 연구는 특정하기 어려울
   만큼 공통적인 결론이다. 그러나 이 글에서 주목하는 지점은 "경을 핵심으로
   한 퇴계의 학문체계"라는 李光虎의 평가(「李退溪 學問論의 體用的 構造에 관한
   硏究」, 박사학위논문, 서울대학교 대학원, 1993, 138~143쪽 참조)이며, 동시에
   그것이 타 학자들과의 구분되는 특징적 면모를 보인다는 최재목의 시야(「V.
   퇴계의 '경敬의 심학과 양명의 '양지良知 심학」, 『퇴계 심학과 왕양명』, 서울 : 새문
   사, 2009, 118~131쪽 참조)이다. 이는 퇴계 학문에 대해서 "주자에서처럼 '궁리'와
   '거경'은 互進하는 것이 아니라 '持敬'이야말로 窮理의 실천이며, '持敬卽窮理'라
   해석되는 학설을 수립한 것이다. 이리하여 '궁리'는 '지경'에 집약되어 '경' 중심의
   철학이 체계적으로 확립되었다."라고까지 평가하는 것에서도 확인할 수 있다.
   高橋進 著, 安炳周·李基東 譯, 『李退溪와 敬의 哲學』(서울 : 新丘文化社, 1986), 284쪽
   참조.
38) 모종삼은 주희가 계승한 정이의 철학을 설명하면서, "심과 성을 후천과 선천,
   경험적인 것과 초월적인 것, 인식의 주체와 인식의 대상으로 서로 대립하는 두
   가지로 분리"하였다고 평가한다. 그리고 이러한 정이와 주희의 학문에 대해서,
   ① 지식의 문제와 덕을 완성하는 문제를 뒤섞어 말하고 ② 초월적인 理와 후천적인
   심을 대립적인 것으로 세우며 理를 경험의 대상으로 삼음으로써, 심은 인지적으로
   理를 포함하여 갖추고 理는 초월적으로 심을 이끄는 개념이 되었다고 평가하였다.
   모종삼 지음, 김기주 옮김, 『심체와 성체』 1(서울 : 소명출판, 2012), 100~102쪽,
   112~113쪽 참조.
39) 구스모토 마사쓰구 지음, 김병화·이혜경 옮김, 『송명유학사상사』(서울 : 예문서
   원, 2005), 385~389쪽 참조.

이 시기 형이상자(形而上者 : 理)와 형이하자(形而下者 : 氣)의 관계에 관한 논의가 중시되기 시작하는 것과도 연관성을 갖는다.

이와 관련하여 퇴계는『심경부주』를 통해 주자학을 경에 입각하여 바라보는 시야를 갖고 있으면서,『주자대전』을 숙독하기 시작한 지 10년여가 지난 시점에, 당시의 주요 학술사조에 대한 비판적 견해를 남긴다. 이는 주자학에 대한 반대, 혹은 비판적 계승의 차원에서 생겨난 여러 학자들의 사유에 대해서 퇴계 자신이 해석한 주자학 본령에 입각하여 비판을 진행한 것으로, 이러한 비판을 살펴봄으로써 퇴계가 주자학에서 어떠한 의제에 주목하고 있었는지 구성해볼 수 있다.

1550년대 퇴계에 의해 비판의 대상이 되는 중국의 학자는 우선 상산(象山) 육구연(陸九淵, 1139~1192), 초려(草廬) 오징(吳澄, 1249~1333), 백사(白沙) 진헌장(陳獻章, 1428~1500), 양명(陽明) 왕수인(王守仁, 1472~1528), 의려(醫閭) 하흠(賀欽, 1437~1510)이다. 이는 1550년대 초『백사시교(白沙詩敎)』와『전습록(傳習錄)』,『의려선생집(醫閭先生集)』등에 대한 독서[40]가 이루어지면서 진행된 것인데, 이들에 대한 비평은「백사시교변(白沙詩敎辯)」,「전습록논변(傳習錄論辯)」,[41]「백사시교전습록초전인서기후(白沙詩敎傳習錄抄傳因書其後)」,「초의려선생집부백사양명초후부서기말(抄醫閭先生集附白沙陽明抄後復書其末)」을 통해 확인할 수 있다. 우선 퇴계는 이들

---

40) 『退溪先生文集別集』권1,「韓士炯【胤明】往天磨山讀書, 留一帖求拙跡, 偶書所感寄贈.」(1554.12) 참조. 이 시에서는『延平答問』,『讀書錄』,『白沙詩敎』,『醫閭先生集』,『傳習錄』,『困知記』등에 대한 퇴계의 평가가 드러나고 있다.

41) 일반적으로「傳習錄論辯」은 1566년에「心經後論」과 함께 작성된 것으로 여겨진다. 그런데『退溪先生年譜』권2, 四十五年丙寅【先生六十六歲】조를 살펴보면, "作「心經後論」."이라는 구절의 세주로, "先生又嘗患中國學術之差, 白沙·陽明諸說, 盛行於世, 程·朱相傳之統, 日就湮晦, 未嘗不深憂隱歎, 乃於『白沙詩敎』·陽明『傳習錄』等書, 皆有論辯, 以正其失云."이라는 내용이 보인다. 이에 1553년에 작성된 것으로 추정되는「白沙詩敎辯」,「白沙詩敎傳習錄抄傳因書其後」와 함께「傳習錄論辯」을 다루도록 하겠다. 해당 저술의 작성 추정 시기는 다음을 참조하였다. 최재목,『퇴계 심학과 왕양명』(서울 : 새문사, 2009), 80쪽 참조.

에 대해 공통적으로 "선학(禪學)"·"선(禪)"·"석씨(釋氏)"와 유사한 점이 있다고 평가한다. 퇴계는 주자학자로서 선학에 대해 비판적인 입장을 가지는데, 육구연, 오징, 진헌장, 왕수인을 선학과 유사한 사유에 입각하여 학문을 진행한 학자들로 분류하면서 비판하였던 것이다. 다만 하흠에 대해서는 이러한 비판적 시각에서 조금 유보적인 자세를 취한다. 이상의 글들을 통해 발견되는 퇴계가 이해한 선학의 특성은, "본심만을 종지로 삼으면서",42) "돈오(頓悟)를 추구하며",43) "인륜을 멸하고 사물을 끊고자 하는 것"44)으로, 이러한 점들이 비판의 출발점이 된다.

우선 「백사시교변」에서 퇴계는 진백사가 인용한 오초려의 "귀에 대고 가르치면 글자 하나 모르는 보통사람이라도 신묘한 경지에 나아가게 할 수 있다."라는 말에 대하여, "선가의 돈오의 기틀"이라는 평가를 내린다.45) 다만 이에 대한 자세한 설명을 진행하고 있지는 않기 때문에 보다 구체적인 비판의 내용을 확정하기는 어렵다. 다음으로 「백사시교전습록초전인서기후」에서 퇴계는 진백사와 왕양명이 모두 육상산의 "본심을 종지"로 삼는 학문을 계승한 것으로 평가한다.46) 다만 진백사에 대해서

---

42) 『退溪先生文集』권41, 「白沙詩敎傳習錄抄傳因書其後」(1553추정). "陳白沙·王陽明之學, 皆出於象山, 而以本心爲宗, 蓋皆禪學也." ; 『退溪先生文集』권41, 「傳習錄論辯」(1566/1553전후). "陽明徒患外物之爲心累, 不知民彝物則眞至之理, 卽吾心本具之理, 講學窮理, 正所以明本心之體, 達本心之用, 顧乃欲事事物物一切掃除, 皆攬入本心衰說了, 此與釋氏之見何異?"

43) 『退溪先生文集』권41, 「白沙詩敎辯」(1553추정). "滉按, 草廬此言, 亦禪家頓悟之機, 聖門無此法."

44) 『退溪先生文集』권41, 「白沙詩敎傳習錄抄傳因書其後」(1553추정). "其初, 亦只爲厭事物之爲心害而欲去之, 顧不欲滅倫絶物如釋氏所爲. 於是創爲心卽理也之說, 謂天下之理只在於吾內, 而不在於事物, 學者但當務存此心, 而不當一毫求理於外之事物. 然則所謂事物者, 雖如五倫之重, 有亦可無亦可, 剗而去之亦可也, 是庸有異於釋氏之敎乎哉."

45) 『退溪先生文集』권41, 「白沙詩敎辯」(1553추정). "吳草廬亦云, 提耳而誨之, 可使不識一字之凡夫立造神妙. 滉按, 草廬此言, 亦禪家頓悟之機, 聖門無此法."

46) 『退溪先生文集』권41, 「白沙詩敎傳習錄抄傳因書其後」(1553추정). "滉謹按, 陳白沙·王陽明之學, 皆出於象山, 而以本心爲宗, 蓋皆禪學也."

는 선의 방법을 깨달음의 출발점으로 삼기는 하였지만 성현의 가르침이 담긴 글을 저버리지 않고, 오륜으로 대표되는 사물의 이치를 없애지 않았기 때문에 주자학에서 크게 벗어나지는 않은 것으로 판단한다.[47] 그런데 왕양명에 대해서는 오륜을 중시하지 않고, 성현의 가르침이 담긴 글에 의거하지 않기 때문에 주자학과는 매우 다른 사유를 진행한 것으로 평가한다. 그리고 이에 대해 "궁리의 학문을 배격"한 것이라고 표현한다.[48] 바로 이 지점에서 퇴계는 양명의 이러한 사유의 논리를 다음과 같이 파악한다.

　　또 살피건대, 주자는 만년에 문하의 제자들이 대부분 문의에 얽매이는 것을 보고 자못 본체를 가리켜 보여서 중점을 존덕성 논의로 돌렸다. 그러나 이것이 어찌 도문학 공부를 완전히 폐하고 사물의 리(理)를 무시하기를 양명이 말한 것처럼 하려는 것이었겠는가만, 양명은 곧 이를 가져다가 스스로 주자의 설에 붙이려 하였으니, 이 또한 잘못이다. 더구나 대학에 입문하는 사람은 소학을 먼서하고 격물을 하고자 하는 사람은 함양에 힘쓰는 것, 이것이 참으로 주자의 본뜻이니 『대학혹문』과 「답오회숙」에 보인다. 이와 같은 것은 매우 많아서 간곡하게 반복하고 두 번 세 번 뜻을 기울일 뿐만이 아니었으니, 어찌 사람들이 공허한 외물을 좇고

---

47) 『退溪先生文集』 권41, 「白沙詩敎傳習錄抄傳因書其後」(1553추정). "然白沙猶未純爲禪, 而有近於吾學, 故自言其爲學之初, 聖賢之書, 無所不講, 杜門累年, 而吾此心與此理, 未湊泊脗合. 於是舍繁求約, 靜坐久之, 然後見心體呈露. 日用應酬, 隨吾所欲, 體認物理, 稽諸聖訓, 各有頭緖來歷, 始渙然自信云. 此其不盡廢書訓, 不盡鍊物理, 大槩不甚畔去."

48) 『退溪先生文集』 권41, 「白沙詩敎傳習錄抄傳因書其後」(1553추정). "至如陽明者, 學術頗忒, 其心强狠自用, 其辯張皇震耀, 使人眩惑而喪其所守, 賊仁義亂天下, 未必非此人也. 詳其所以至此者, 其初, 亦只爲厭事物之爲心害而欲去之, 顧不欲滅倫絶物如釋氏所爲. 於是創爲'心卽理也'之說, 謂天下之理只在於吾內, 而不在於事物, 學者但當務存此心, 而不當一毫求理於外之事物'. 然則所謂事物者, 雖如五倫之重, 有亦可無亦可, 刻而去之亦可也, 是庸有異於釋氏之敎乎哉. … 欲排窮理之學, 則斥朱說於洪水·猛獸之災, 欲除繁文之弊, 則以始皇焚書爲得孔子刪述之意, 其言若是, 而自謂非狂惑喪心之人, 吾不信也."

본원을 잊도록 하였겠는가. 간혹 입과 귀로 흘러가는 것은 곧 말학 스스로 그르친 것일 뿐인데, 지금 (양명은) 특히 그 말폐만을 근심하고 그 본원의 바른 것을 크게 무함하면서, 자기는 다시 정도를 등지고 부정한 데로 나아가 이를 바로잡으려 하니, 이것이 어찌 도를 아는 군자가 할 일이겠는가.[49]

즉 퇴계가 보기에 양명은 주자가 일시의 폐단을 지적하기 위해 존덕성을 중시한 언급만을 근거로 도문학, 즉 궁리 공부를 완전히 폐기한 것으로 오인하였다. 이는 사실 『심경부주』의 편찬자인 정민정에 대한 비판과 유사한 것이다. 즉 도문학에 치우쳐 존덕성을 결여하였다가 만년에 다시 존덕성을 중시함으로써 재구성된 것으로 주자의 학문을 파악하여, 주자학의 본령이 존덕성만을 중시하는 것이라고 해석하는 것이 양명의 논지라고 이해한 것이다. 이에 대해서 퇴계는 정민정에 대한 비판의 요지를 『심경부주』 독해에 수용하지 않았던 것과 마찬가지의 방법으로 양명의 사유가 가지는 문제를 해결한다. 즉 주자학에 대해서 존덕성 혹은 도문학 한 측면만을 중시한 것으로 파악하면 안 된다는 것이다. 이러한 해석의 근거로 퇴계는 주자학의 기본 구조가 『대학혹문』과 「답오회숙」에 보이는 소학-대학, 함양-격물 구도임을 제시한다.

다음으로 「전습록논변」에서 퇴계는 『전습록』의 네 조목을 들어 양명학 전반에 대한 비판을 진행한다.[50] 첫 번째는 『대학장구』에서 주자가 신민

---

49) 『退溪先生文集』 권41, 「白沙詩敎傳習錄抄傳因書其後」(1553추정). "又按, 朱子晚年見 門弟子多纏繞於文義, 果頗指示本體, 而有歸重於尊德性之論. 然是豈欲全廢道問學之 功, 泯事物之理, 如陽明所云者哉, 而陽明乃欲引此以自附於朱說, 其亦誤矣. 況入大學者 先小學, 欲格物者務涵養, 此固朱子之本意, 而見於『大學或問』與「答吳晦叔」書. 若此類 甚多, 不啻丁寧反復三致意焉, 何嘗使人逐虛外而忘本原哉. 其或流於口耳者, 乃末學之 自誤耳, 今特患其末弊, 而厚誣其本正, 已復背正趨邪而欲矯之, 此豈知道君子之所爲哉."

50) 네 조목에 대한 분류 제목은 최재목, 「Ⅳ.이퇴계의 양명학관에 대하여」(『퇴계 심학과 왕양명』, 서울 : 새문사, 2009), 94~100쪽 참조.

(新民)을 해석한 것에 대해, 양명이 "'가르친대[敎]'와 '양육한대[養]'는 의미를 겸하"는 친민(親民)으로 읽어야 함을 주장한 것51)을 다시 비판한 것이다. 즉 양명의 "친민설에 대한 비판"으로, 이에 대해 퇴계는 "이 장(『대학장구』 수장)의 첫머리에서 말한 '대학의 도는 명덕을 밝히는 데 있다'는 것은 자기가 배움[學]을 통해서 자신의 덕을 밝힘을 말한다. 이어서 말한 '백성을 새롭게 하는 데 있다'는 것은 자신이 배운 것을 미루어서 백성에게까지 미쳐 그들도 자신의 덕을 새롭게 하도록 함을 말한다. 두 가지는 모두 '학(學)'자의 뜻을 띠고 하나로 꿰뚫어 말한 것"이라고 반박한다.52) 두 번째는 "지선(至善)을 추구하는 방법에 대한 비판"이다. 퇴계는 이에 대해 "본래는 궁리 공부를 논한 것인데 뒤바꿔 실천 공효에서 섞어 말하였다."라고 평한다.53) 이는 아마도 구체적인 상황에서 궁리 공부의 필요성을 제기한 제자의 질문에 대하여 양명이 "오직 이 심의 인욕을 제거하고 천리를 보존하는 데에서 강구할 뿐이다."라고 답한 것54)에 대한 비판이라고 생각된다. 세 번째 역시 "지선을 추구하는 방법에 대한 비판"이라고 할 수 있다. 제자가 "지선 또한 반드시 사물에서 합당한 것을 구해야만 비로소 지선입니다."라고 하자, 양명이 "만약에 단지 그와 같은 의절(儀節)에서 합당함을 구한 것을 지선이라고 한다면, 바로 연극배우가 따뜻하게 해드리고 시원하게 해드리며 봉양하는 여러 의절들을 합당하게 연출한 것도 지선이라고 말할 수 있을 것이다."라고 답한다.55) 이에 대해 퇴계는 다음과 같이 변론한다.

51) 『傳習錄』 권上, 「徐愛錄」 1조목 참조.
52) 『退溪先生文集』 권41, 「傳習錄論辯」(1566/1553전후). "此章首曰'大學之道在明明德'者, 言己之由學以明其德也. 繼之曰'在新民'者, 言推己學以及民, 使之亦新其德也. 二者皆帶'學'字意, 作一串說, 與養之親之之意, 初不相涉."
53) 『退溪先生文集』 권41, 「傳習錄論辯」(1566/1553전후). "本是論窮理工夫, 轉就實踐工效上衮說."
54) 『傳習錄』 권上, 「徐愛錄」 3조목 참조.
55) 『傳習錄』 권上, 「徐愛錄」 4조목 참조.

심에 근본을 두지 않고 다만 밖에서 의절을 강구하는 것은 참으로
연극배우와 다를 것이 없지만, 백성의 떳떳한 마음[民彝]과 물(物)의 준칙[物
則]은 하늘이 내려주신 마음[天衷]의 참되고 지극한 이치가 아님이 없다는
것을 듣지 못하였는가? 또한 주자가 "경(敬)을 위주로 하여서 그 근본을
세우고, 이치를 궁구하여서 그 앎을 지극하게 한다."56)라고 한 것을 알지
못하는가? 심이 경을 위주로 하고 사물의 참되고 지극한 리(理)를 궁구하
여, 마음이 리의(理義)를 깨달아 눈에 온전한 소가 없게 되면, 내외가
밝아지고 정조(精粗)가 일치된다. 이를 통해 성의(誠意)·정심(正心)·수신(修
身)하여 집안과 나라에까지 미루어가고 온 세상에 이른다면, 성대하여
막을 수 없을 것이다. 이와 같은 것도 연극배우라고 할 수 있겠는가?57)

양명은 의절의 합당함을 지선이라 생각한다면, 겉으로만 그 의절을
수행하기만 하더라도 그 행위를 지선이라고 판단하게 될 것을 우려하였
다. 그런데 퇴계는 이에 대해 경 공부를 통해 답변한다. 경 공부를 통해
근본이 세워지는 상태에 이른 사람이라면, 겉으로만 의절을 수행할 우려
는 없다는 것이다. 이는 결국 "양명은 외물이 심을 얽어맬 것을 걱정하기만
하였지, 백성의 떳떳한 마음과 물(物)의 준칙, 참되고 지극한 이치가
바로 내 심에 본래 갖추어진 이치여서 강학하고 궁리하는 것이 바로

---

56) 주자의 「程氏遺書後序」에서 인용한 것으로 보인다. 이 구절은 흥미로운 구절인데,
陳來에 의하면 陳榮捷은 이 서문이 작성된 것이 중화신설 성립, 즉 기축년인
1169년 이전이기 때문에 중화신설을 통한 경 공부 정립에 의문을 제기한다고
한다고 한다. 그러나 진래에 따르면, 이는 중화신설 이후 수정된 구절이라고
한다. 陳來 지음, 이종란 외 옮김, 『주희의 철학』(서울 : 예문서원, 2002), 185~187쪽
참조.
57) 『退溪先生文集』 권41, 「傳習錄論辯」(1566/1553전후). "不本諸心而但外講儀節者, 誠無
異於扮戱子, 獨不聞民彝物則, 莫非天衷眞至之理乎? 亦不聞朱子所謂'主敬以立其本, 窮
理以致其知'乎? 心主於敬, 而究事物眞至之理, 心喩於理義, 目中無全牛, 內外融徹, 精粗
一致. 由是而誠意·正心·修身, 推之家國, 達之天下, 沛乎不可禦. 若是者, 亦可謂扮戱子
乎?"

본심의 체(體)를 밝히고 본심의 용(用)을 이르게 하는 것임을 알지 못하였다. 다만, 사물(事物)마다 일체 쓸어버리고는 모두 본심으로 끌어들여와서 뒤섞어 말하고자 하였다. 이것이 석씨의 견해와 무엇이 다르겠는가?[58]라는 비판에 이른다. "민이(民彝)"와 "물칙(物則)", "천충(天衷)", 그리고 "본심의 체"를 근본으로 보는 사유 위에서, 이 근본을 확립하는 방법으로서의 경 공부를 진행해나간다면, 행위가 지선과 분리되어 겉으로만 지선과 유사한 행위를 수행하게 될 우려를 해소시킬 수 있으며, 이러한 우려에 대한 대비는 이미 주자학 내부에 마련되어 있다는 것이다.

　네 번째는 "지행합일설(知行合一說)에 대한 비판"이다. 제자가 "부모에게 효도해야하고 형에게 공손해야한다는 것을 아는 사람이 도리어 효도를 하지 못하고 공손하지 못한 것은 지(知)와 행(行)이 분명히 두 가지인 것입니다."라는 질문을 하자, 양명은 『대학』에서 "아름다운 여색을 좋아하듯이 하라."라고 한 것을 인용하며, "사의(私意)로 인해 가로막혀 단절된 것이지, 지행의 본체(本體)가" 원래부터 둘로 나뉜 것은 아니라고 답한다.[59] 이에 대해 퇴계는 "말학들이 입과 귀만을 일삼는 폐단을 절실하게 지적하였다."라고 평하면서도 "말은 점점 교묘해지고 뜻은 더욱 요원해졌다."라고 비판한다. 그 이유는 사람의 심이 형기에서 드러나는 것은 배우지 않아도 저절로 알고 노력하지 않고서도 저절로 해낼 수 있어서, 행이 지에 의존한다고 해도 되지만, 의리(義理)의 경우에는 그렇지 않아서 배우지 않으면 알지 못하고 노력하지 않으면 해낼 수 없는데도, 양명은 이 둘을 뒤섞어 지행합일의 논거로 삼았기 때문이다. 이에 덧붙여 퇴계는 "또한 성현의 학문은 심에 근본을 하면서도 사물(事物)을 꿰뚫기 때문에

---

58) 『退溪先生文集』 권41, 「傳習錄論辯」(1566/1553전후). "陽明徒患外物之爲心累, 不知民彝物則眞至之理, 卽吾心本具之理, 講學窮理, 正所以明本心之體, 達本心之用, 顧乃欲事事物物一切掃除, 皆攬入本心袞說了, 此與釋氏之見何異?"

59) 『傳習錄』 권上, 「徐愛錄」 5조목 참조.

선을 좋아한다면 마음으로 좋아하는 것일 뿐만이 아니라 반드시 일을 행하면서 그 선을 완수하여 마치 아름다운 여색을 좋아하여 기필코 얻고자 하는 것과 같이"함을 밝히면서, "양명의 견해는 오로지 본심에 있어 밖에서 사물(事物)의 간섭이 약간이라도 있을까 걱정한다."라고 비판한다. 결국 퇴계는 양명처럼 이해한다면, 즉 만약 그의 말과 같이 오직 본심만을 일삼으면서 사물(事物)과 관계 맺지 않는다면, 마음으로 참으로 아름다운 여색을 좋아하면서 결혼하지 않고 인륜을 저버리더라도 아름다운 여색을 좋아한다고 할 수 있다는 것이다. 한편 퇴계가 보기에, 궁극적으로 이러한 양명의 지행합일설은 '혈기'와 '의리', '인심(人心)'과 '도심(道心)'을 구분하지 않은 것으로 "학문에서 무엇이 귀"한지 모르는 것이다. 이러한 입장을 퇴계는 고자(告子)의 "생지위성(生之謂性)"에서 기인한 것으로 이해한다.[60]

이처럼 양명을 비롯하여 선학과 유사한 공부 방법을 제시한 사유에 대한 퇴계의 비판에서 다양한 지점들을 읽어낼 수 있지만, 그 가운데 두드러진 측면은 선학과 유학의 공부 방법을 혼동하지 않는 것이고, 구체적으로 경 공부를 기본으로 삼고 있는 주자학의 구조를 오해하지 않는 것이며, 이를 통해 심과 선한 행위의 괴리를 방지하는 것이다. 아울러 의리에 대한 앎과 실천을 이와 같은 학문 구조를 통해 완성해내는 것이다. 이 연장선상에서 퇴계는 심을 온전하게 하는 공부로서의 정좌(靜坐)에 대해 주목한다.

내가 살피건대, 정좌의 학문은 두 정선생에게서 시작되었지만, 그 언설이 선으로 의심된다. 그러나 연평과 주자에게서는 (정좌의 학문이) 심학의 본원이 되지만 선은 아니다. 백사와 의려 같은 사람은 일을 싫어하고

안정을 구하였기 때문에 선에 들어갔으나, 의려는 백사에 견주면 비교적
거의 진실하고 바르다. (그러나) 양명의 경우는 선 같으면서도 선이 아니고
오로지 고요함을 위주로 하지도 않아, 그 바름을 해친 것이 심하다. 그러므
로 이제 백사와 양명의 글을 『연평답문』 뒤에 기록하고 의려의 문집을
끝에 붙여, 정좌의 학문이 어긋나기 쉽지만 소홀히 할 수 없음을 보인다.[61]

정좌와 관련하여 퇴계는 심에 관한 주요한 공부 방법으로 인정한다.
다만 이정과 연평, 주자로 이어지는 학맥에서는 정좌를 올바른 공부
방법으로 정립하여 심에 대한 공부론으로 제시하였지만, 백사나 의려,
양명의 경우는 이와 달리 선에 가까운 공부법이었다는 것이다. 이러한
특징을 퇴계는 "일을 싫어하고 안정을 구하는 것"에서 찾는다. 그리고
선과는 다른 유학의 정좌 공부의 특징을 다음과 같이 설명한다.

비록 그 경계를 쉽게 헤아리지는 못하였지만, 우리 학문과 선학이
같은 것 같으나 실제로는 다른 단서를 여기에 이르러 알 수 있어, 본원(本原)
을 함양하는 것이 힘쓸 터전을 얻은 것 같았다.[62]

이것은 『연평답문』에 대한 퇴계 글의 일부인데, 『연평답문』에 대한
독서가 1552년 전후에 있었던 것을 고려하면, 자신과 이견을 가진 다른
사유들에 대한 비평이 이루어진 시기와 상당부분 중첩되는 때임을 알
수 있다. 이러한 사실을 매개로 앞의 내용과 함께 살펴본다면, 여기서

---

61) 『退溪先生文集』 권41, 「抄醫閭先生集附白沙陽明抄後復書其末」(1553). "滉按, 靜坐之
學, 發於二程先生, 而其說疑於禪. 然在延平·朱子, 則爲心學之本原而非禪也. 如白沙·醫
閭, 則爲厭事求定而入於禪, 然醫閭比之白沙, 又較近實而正. 至於陽明, 似禪非禪, 亦不專
主於靜, 而其害正甚矣. 今故錄白沙·陽明於『延平答問』後, 而終之以醫閭, 以見靜學之易
差而不可忽也."
62) 『退溪先生文集』 권43, 「延平答問後語」(1553.11.8) "雖未易測其涯涘, 而吾學與禪學,
似同而實異之端, 至是可知, 而涵養本原, 似若得其用力之地矣."

말하는 유학과 선학이 유사한 듯한 부분은 정좌라는 공부법을 가리킴을
알 수 있다. 그렇다면 퇴계는 선학과 차별화되는 유학의 정좌 공부의
특징을 "본원을 함양하는 것"에서 찾고 있다고 해석할 수 있다. 그리고
이러한 언급이 『연평답문』에 대한 독서를 통해 이루어진 것이라는 점을
감안한다면 이 본원을 함양한다는 것의 보다 구체적인 의미를 연평과
주자의 대화 속에서 발견할 수 있다는 것이다. 『연평답문』에 대한 또
다른 글에서 본원을 함양하는 것에 대한 보다 적실한 설명을 발견할
수 있다.

　　대저 회암 부자가 (연평) 선생을 만나기 전에는 여전히 석씨와 노씨에
출입하였었는데, 후에 선생을 만난 뒤 학문함이 비로소 평실해져 결국
저 천년 동안 전해진 도통을 얻을 수 있었다. 그렇다면 무릇 회암이
여러 책들을 절충하고 천하에 이 문화를 크게 밝힌 것은 모두 (연평)
선생으로부터 시작되었는데, 주고받은 신묘한 심법은 이 책에 갖추어져있
다. 지금 그 말들을 읽어보면 평범하고 담백하며 질박하고 수수하여
크게 특이한 것이 없는 듯하지만 그 의미는 정미하고 깊으며 넓고 넓어
끝을 알 수 없다. 그 지극함을 미루어보면 일월과 같은 밝음이고 조화에
참여할 수 있는 그윽함이라고 할 수 있지만, 그 공부함에 친절한 곳은
항상 일용수작(日用酬酌)과 동정어묵(動靜語默)의 때를 벗어나지 않는다.
이것이 선생의 정좌구중(靜坐求中) 설이 우뚝하게 선학에 빠지지 않으면서
대본과 달도를 두루 꿰뚫지 못함이 없는 까닭이다.[63]

---

63) 『退溪先生文集』 권43, 「延平答問跋」(1554.9.16). "夫晦菴夫子, 未見先生之前, 猶出入釋
　　·老之間, 及後見先生, 爲學始就平實, 而卒得夫千載道統之傳. 是則凡晦菴之折衷羣書,
　　大明斯道於天下者, 皆自先生發之, 而其授受心法之妙, 備載此書. 今竊讀其言, 平淡質愨,
　　若無甚異, 而其旨意精深浩博, 不可涯涘. 推其極也, 可謂明竝日月, 幽參造化, 而其用功親
　　切之處, 常不離於日用酬酢動靜語默之際. 此先生靜坐求中之說, 所以卓然不淪於禪學而
　　大本達道靡不該貫者也."

퇴계는 주자가 연평을 만나기 이전, 즉 24세 이전에 선학과 도가의 학문에 관심을 가졌다는 사실을 알고 있었고, 연평을 만나 유학에 입각한 심 공부법을 정립하게 되었다고 본다. 그리고 그 심에 대한 공부법 가운데 정좌 공부가 주요 방법임을 부정하지 않고 있음을 확인할 수 있으며, 그 중심에는 연평의 학문이 자리하고 있다고 퇴계는 파악하고 있었음을 알 수 있다. 퇴계는 "일용수작(日用酬酢)과 동정어묵(動靜語默)의 때를 벗어나지 않는" 공부를 가장 친절한 것, 즉 가장 효과적인 공부라고 여긴 것이라고 보았다. 이곳에서 연평의 학문에 대해서 구체적으로 고찰하지는 않겠지만, 일용수작과 동정어묵의 때를 벗어나지 않는다는 것이 삶의 전 영역을 가리킨다는 것을 감안한다면, 이를 통해 삶의 영역을 벗어나지 않는 한에서 정좌 공부가 승인될 수 있다는 것임을 알 수 있다. 즉 연평의 종지가 정좌구중(靜坐求中)에 있지만, 이것이 구체적인 삶 속에서 벗어나는 것을 목표로 두지 않기 때문에 유학의 주요 공부로서 손색이 없다는 것이다. 퇴계가 연평의 학문과 경을 직접적으로 연결시키고 있지는 않지만, 이러한 정좌와 경의 관계에 대해서도 퇴계는『심경부주』의 내용을 통해 해결의 실마리를 발견하고 있다.

　　근세에 황돈 정씨가 야기(夜氣)는 주정(主靜)의 뜻이라는 것을 논하면서도 결국에는 경(敬)으로 중함을 돌렸으니, 사람들에게 보인 뜻이 모두 깊고 절실하다고 할 수 있다. 오직 남시보(南時甫) 그대가 참으로 주자의 가르침을 통하고 황돈의 글을 참조하여 공부를 날로 새롭게 해나간다면, 정(靜)과 경이 서로 도와주고 본말이 함께 작동하여 주정(主靜)하면서도 정(靜)에 치우치지 않을 것이니, 어찌 그대가 터득하게 되지 않겠는가?[64]

---

64)『退溪先生文集』권42,「靜齋記」(1556.5). "近世篁墩程氏論夜氣主靜之旨, 而卒亦歸重於敬, 其示人之意, 皆可謂深且切矣. 惟時甫誠能因朱子之訓, 參以篁墩之書, 而日新其功, 則靜敬相須, 本末兼擧, 主靜而不偏於靜, 豈惟時甫之庶幾有得?"

1556년 완성된 「정재기(靜齋記)」에 실린 이 글은『심경부주』우산지목 (牛山之木) 장에 대한 퇴계의 이해를 보여주며, 주정(主靜)과 경(敬)의 관계에 대한 입장도 드러내준다. 우산지목 장은 전통적으로 심을 지녀 지키는 것[持守]의 중요성이 언급된 구절로 해석된다.[65] 이는『맹자』에서 공자의 다음과 같은 언설을 인용하여 이 장의 내용을 해설하고 있기 때문이기도 하다.

> 공자가 "잡으면 보존되고 놓으면 잃어서, 나가고 들어옴이 정해진 때가 없으며 그 방향을 알 수 없는 것은 오직 사람의 마음을 두고 말한 것이다."라고 하였다.[66]

앞서 말했듯이 퇴계는『심경부주』를 근거로 이러한 해석을 이끌어나간 다. 정민정은 우산지목 장에 대해 재구성하면서 "조존(操存)"을 주제로 하는 11조목의 언설, "주정(主靜)"을 주제로 하는 9조목의 언설,[67] "지경(持 敬)"을 주제로 하는 10조목의 언설, "경겸동정(敬兼動靜)"을 주제로 하는 11조목의 언설의 순서로 구분하여 놓는다. 퇴계는 우산지목 장의 야기가 주정(主靜), 즉 정좌 공부를 의미하는 것으로 해석되지만, 결국에는 이를 경 공부로 귀결시키고 있는 정민정의 견해에 적극 동의하는 것이다. 이곳에서 퇴계가 혐의를 두고 있는 정좌 공부의 의미는 기존 주자학에 서 비판하였던 인륜과 속세의 일을 외면한 채 허무·적멸한 어떤 선험적 본체를 곧장 보아내려는 선학적 시도를 가리킬 것이다.[68] 물론 퇴계가

---

65) 『孟子集註』, 「告子上」, 8장에 대한 주자의 주석. "愚聞之師曰, '人理義之心未嘗無. 惟持守之, 卽在爾. 若於旦晝之間, 不至梏亡, 則夜氣愈淸. 夜氣淸, 則平旦失與物接之時, 湛然虛明氣象自可見矣. 孟子發此夜氣之說, 於學者極有力, 宜熟玩而深省之也.'"

66) 『孟子』, 「告子上」, 8장. "孔子曰, '操則存, 舍則亡, 出入無時, 莫知其鄕, 惟心之謂與.'"

67) 정민정이 『심경부주』, 우산지목 장의 主靜 항목에 인용한 언설들을 살펴보면, 主靜의 의미가 정좌 공부를 뜻한다는 것을 알 수 있다.

언급한 정좌에 대한 혐의가 남시보에게 준 「정재기」라는 글에 서술된
것이라는 점에 주목한다면, 당시의 화담학에 대한 비판적 시야로까지
확대되어 해석될 수도 있다.[69] 그러나 이러한 정좌와 경에 대한 퇴계의
문제의식 이면에는 사실 주자의 중화신설이 그 근거로서 자리하고 있다.
퇴계가 중화신설의 입장이 정리된 주자의 서간을 「정재기」에 인용함으로
써 정좌와 경의 관계를 정립하고 있는 것에서도 이러한 측면을 확인할
수 있다.

　　삼가 생각해보면, 고요할 때[靜] 존양(存養)하고 움직일 때[動] 성찰(省察)
하는 것은 참으로 학자라면 누구나 아는 것이다. 내가 말하는 정(靜)은
저 허무·적멸과는 전혀 다르다. 이것은 사람마다 알 수 있는 것이 아니다.
그 때문에 공부하면서 매번 선적(禪寂)에 빠진다. 혹 이러할까 걱정하여
결국 고요할 때[靜]의 존양은 버리고자 하고 오로지 움직일 때[動]의 성찰(省
察)에만 힘을 쓴다면, 더는 체를 온전히 하고 쓰임을 크게 하는 학문이
아니게 된다. 그러므로 학문은 치우치지 않음을 귀하게 여긴다.
　　「하도」·「낙서」 이래로 이 이치를 논한 것이 많은데, 주자가 장남헌에게
준 중화를 논한 편지보다 갖추어진 것은 없다. 그곳에서 다음과 같이

---

68) 아라키 겐고 지음, 심경호 옮김, 『불교와 유교』(서울 : 예문서원, 2000), 357~358쪽
　　참조.
69) 퇴계와 화담학파와의 관계에 주목함으로써 퇴계 학문의 특성을 규명하려는 연구를
　　참조할 수 있다. 특히 퇴계의 未發論이 화담 계열의 남언경 등의 미발설에 대한
　　대결을 통해 형성된 것이라는 측면(문석윤, 「退溪의 ‘未發’論」, 『退溪學報』 114,
　　退溪學硏究院, 2003), 정주학-백사학-양명학-화담학-퇴계학의 관계 속에서 정좌와
　　主靜을 비교하는 것(안영상, 「백사학과 양명학의 비교를 통해 본 조선중기 성리학
　　의 특징」, 『東洋哲學硏究』 50, 동양철학연구회, 2007), 정좌·主靜 공부에 대한 퇴계의
　　문제의식(李俸珪, 「『延平答問』 논의를 통해 본 退溪學의 지평」, 『東方學志』 144,
　　연세대학교 국학연구원, 2008) 등에 초점을 맞춘 연구가 있다. 또한 퇴계의 화담학
　　에 대한 비판의 지점을 ① 氣一元論과 主理論, ② 기의 不滅과 漸滅論, ③ 頓悟와
　　日用平易論, ④ 以靜爲先과 靜敬相須論으로 제시한 연구(장병한, 「退溪의 花潭學에
　　대한 反論 樣相 일고찰」, 『漢文學報』 20, 우리한문학회, 2009)도 있다.

말하였다. "정(靜)을 말하면 허무(虛無)에 빠지게 된다고 하였는데, 이것은 참으로 염려할 것이다. 만약 천리(天理)로 본다면, 동(動)에 정(靜)이 없을 수 없는 것은 정(靜)에 동(動)이 없을 수 없는 것과 같으며, 정(靜)에 존양이 없을 수 없는 것은 동(動)에 성찰하지 않을 수 없는 것과 같다. 그러나 한번 움직이고 한번 고요한 것이 서로 뿌리가 되어 끊어짐을 용납하지 않는다는 의미를 안다면, 비록 '정(靜)'자를 썼더라도 원래 죽은 물건이 아니니, 지극히 고요한 가운데 움직임의 단서가 있는 것이다. 본래 일을 멀리하고 외물을 끊어버려 눈을 감고 꼿꼿이 앉아 있으면서 정(靜)에 치우치는 것을 말하는 것이 아니다." 그리고 마치면서 다음과 같이 말하였다. "'경(敬)'자 공부는 동정(動靜)을 관통하지만 반드시 정(靜)으로 근본을 삼아야 한다."70)

주자가 "정(情)으로 드러나기 전에 찾아서도 안 되고, 이미 나타난 다음에 적당하게 배치하여도 안 된다. 평일에 장경한 태도로 함양(涵養)하는 것이 공부의 본령이다."71)라고 한 부분은 매우 절실하다.72)

이상의 자료들을 통해 발견되는 퇴계의 주자학 이해의 시각은 경 공부를 중심으로 심 공부를 진행함으로써 본원을 함양하는 것을 핵심으

---

70) 『退溪先生文集』 권42, 「靜齋記」(1556.5). "竊嘗思之, 以爲靜而存養, 動而省察, 固學者所 共知也, 而吾所謂靜, 與彼之虛無寂滅者絶不同. 此則非人人之所能知也. 故其用功也, 每淪於禪寂. 若或患是然也, 遂欲舍靜養, 而專用力於動察, 則又非所以爲全體大用之學. 故學以不偏爲貴. 『河』·『洛』以下, 論此理多矣, 而莫備於朱子與南軒論中和之書. 其言有 曰, '言靜則溺於虛無, 此固當慮. 若以天理觀之, 動之不能無靜, 猶靜之不能無動也, 靜之 不能無養, 猶動之不可不察也. 但見得一動一靜互爲其根, 不容間斷之意, 則雖下靜字, 元非死物, 至靜之中, 自有動之端焉. 固非遠事絶物, 閉目兀坐而偏於靜之謂', 而終之曰, '敬字工夫, 通貫動靜, 而必以靜爲本.'"

71) 앞서 살펴본 『朱子大全』 권64, 「與湖南諸公論中和第一書」(1169)에 나오는 말이다.

72) 『退溪先生文集』 권36, 「答琴聞遠」. "朱子謂, '未發之前, 不可尋覓, 已覺之後, 不容安排, 惟平日莊敬涵養爲本領工夫'一節, 尤爲警切."

로 한다. 그리고 이 본원이란 심, 특히 천충(天衷)으로서의 심을 의미한다. 이러한 맥락에서 심에 대한 공부가 주자학의 본령이라고 퇴계는 파악한 것이다. 그런데 이러한 심에 대한 공부는 정좌라는 공부법과 유사한 측면이 있다. 그러나 퇴계는 이러한 정좌의 방법이 "일을 멀리하고 외물을 끊어버려 눈을 감고 꼿꼿이 앉아 있으면서 정(靜)에 치우치는 것"을 의미하지 않는다는 것을 명확히 한다. 즉 심-경 구도 속에서 정립된 주자학의 경 공부 중시 사유에 주목하여 정좌 공부를 해명하고 있는 것이다. 그리고 이러한 측면은 "일용수작과 동정어묵의 때를 벗어나지 않는" 공부로서의 경 공부를 통해 인간 자신의 본원을 함양하는 것을 목표로 하는 것으로 구체화된다. 다만 한 가지 언급할 것은 동정에 일관한 경 공부를 수행하면 심의 체와 용이 온전히 실현되고 발휘되는 전체대용(全體大用)의 학문이 완성된다는 언급이다. 이것은 "'경(敬)'자 공부는 동정을 관통하지만 반드시 정(靜)으로 근본을 삼아야 한다."라는 구절의 함의에 해당할 것으로 보인다. 즉 "전체(全體)", "본원을 함양하는 것"과의 연관성 속에서 "이정위본(以靜爲本)"의 의미를 해석할 수 있다는 것이다.

그러나 궁극적으로 이러한 공부는 모두 평일장경함양(平日莊敬涵養)이라는 평상시의 본령 공부로 귀결되며, 이는 앞서 살펴보았듯이 경 공부이다. 그리고 이러한 퇴계의 입장은 주자학의 기초자료라고 할 수 있는 『주자대전』과 『주자어류』에 대한 이해 양상을 살펴보아도 확인할 수 있다.

2) 『송계원명이학통록(宋季元明理學通錄)』에서 경의 위상

1556년 6월, 『주자대전(朱子大全)』에 실린 주자의 서간을 절략한 『주자서절요(朱子書節要)』가 완성된다. 1543년 『주자대전』을 처음 접한 뒤,

1550년 무렵 이후부터 본격적으로 『주자대전』에 대한 독서를 진행하였던 퇴계가 그 독서의 결과물로서 『주자서절요』를 편찬한 것이다. 460여 명에게 보내진 2,400여 통의 서간 가운데 350여 명에게 보내진 1,200여 통의 서간을 선별하고,[73] 다시 내용에 따라 간추려 14권 7책의 규모로 완성된 『주자서절요』는 1558년 4월에 작성된 퇴계의 서문에 의해 그에 대한 구체적인 사항들을 살펴볼 수 있다.

가정(嘉靖) 계묘(癸卯 : 1543)에 우리 중종대왕께서 교서관에 명하여 인출하여 반행하였다. 신 황은 이때 이러한 책이 있다는 것을 알게 되어 구하여 얻었지만 여전히 어떠한 책인지 알지 못하였다. 병으로 관직에서 물러나 계상으로 돌아와 문을 닫고 조용히 머물면서야 읽을 수 있었다. 이로부터 그 말에 의미가 있고 그 뜻이 무궁하다는 것을 알게 되었는데 서찰에 있어 더욱 감발되는 점이 있었다. 대체로 그 모든 글에 나아가 논한다면 땅이 짊어지고 바다가 품은 듯하여 비록 있지 않은 것이 없지만, 궁구하여도 그 요법을 얻기 어려웠다. 서찰에서는 각각 사람들이 가진 재주의 높이와 학문의 깊이에 따라 증세를 살피고 약을 쓰며 인물에 맞게 단련시켜, 때로는 억누르거나 드높이고 때로는 인도하거나 구제하고 때로는 격려하며 나아가게 하고 때로는 배척하며 경계토록 하였으니, 마음을 쓰는 은미한 데에서는 조그만 악도 용납하는 바가 없었고 의리를 강구하는 경우에는 작은 잘못에 대해서도 먼저 비추었다. 규모가 광대하고 심법이 엄밀하며 전전긍긍(戰戰兢兢)하고 깊은 못을 마주한 듯, 얇은 얼음을 밟듯 하여 혹 쉼도 없으며, 화를 억제하고 욕심을 막는 것과 선으로 옮겨가고 잘못을 고치는 것을 해내지 못할까 걱정하였다. 강건하고 독실하여 휘광이 날로 그 덕을 새롭게 하였다. 그가 부지런히 쉬지

---

73) 崔彩基, 「退溪 李滉의 『朱子書節要』 編纂과 그 刊行에 관한 硏究」(박사학위논문, 성균관대학교 대학원, 2013), 59쪽 참조.

않아 그치지 않는 것은 남과 자신의 차이가 없었다. 그 때문에 다른 사람에게 고함에 사람들을 감발하여 흥기하게 할 수 있었고, 당시 문하에 이르렀던 선비들에게만 국한된 것이 아니라 백 세대가 지났어도 가르침을 들을 수 있는 사람이라면 직접 마주보고 귀로 들은 것과 다름이 없다. 아, 지극하다![74)]

1543년 『주자대전』을 처음으로 접한 것으로 보이는 퇴계는 그 이후 『주자대전』에 대한 독서를 통해 자신의 학문을 체계화해나갔다. 특히 퇴계는 주자서에 대해 크게 중시하였는데, 다만 그 주제의 다양함과 분량의 방대함 등으로 인해 그 핵심을 파악하는 것이 용이하지 않았던 것으로 보인다. 퇴계가 주자서를 통해 발견한 그 의의는 주로 주자가 학문을 성취해나간 과정과 방법에 있었다. 특히 서간이 지니고 있는 독특한 형식에 착안하여, 각 수신인과 주자 사이의 특수성을 고려하여 읽어냄으로써, 학문 성취에 있어 학자들이 겪게 되는 구체적인 개별 상황을 엿볼 수 있다는 측면에서 주지서의 특징을 발견하였다. 이러한 이유로 학문을 해나감에 "감발하여 흥기"하는 동력으로서의 주자서에 주목한 것이다. 다만 그 내용에 있어 경 공부에 대한 유학의 전통적인 표현인 "전전긍긍(戰戰兢兢)", "깊은 못을 마주한 듯, 얇은 얼음을 밟듯[如臨深淵, 如履薄氷]"을 언급하고, 나아가 "징분질욕(懲忿窒慾)"과 "천선개과(遷

---

74) 『退溪先生文集』 권42, 「朱子書節要序」(1558.4). "嘉靖癸卯中, 我中宗大王, 命書館印出頒行. 臣滉於是, 始知有是書而求得之, 猶未知其爲何等書也. 因病罷官, 載歸溪上, 得日閉門靜居而讀之. 自是, 漸覺其言之有味、其義之無窮, 而於書札也. 尤有所感焉. 蓋就其全書而論之, 如地負海涵, 雖無所不有, 而求之難得其要. 至於書札, 則各隨其人材稟之高下、學問之淺深, 審證而用藥石, 應物而施爐錘, 或抑或揚, 或導或救, 或激而進之, 或斥而警之, 心術隱微之間, 無所容其纖惡, 義理窮索之際, 獨先照於毫差, 規模廣大, 心法嚴密, 戰兢臨履, 無時或息, 懲窒遷改, 如恐不及, 剛健篤實輝光日新其德, 其所以勉勉循循而不已者, 無間於人與己. 故其告人也. 能使人感發而興起焉. 不獨於當時及門之士爲然, 雖百世之遠, 苟得聞教者, 無異於提耳而面命也. 嗚呼至矣!"

善改過)" 등을 거론하고 있는 것으로 보아, 유학에 대한 이론적 구성을 살펴보는 것과 함께 실제로 학문을 진행해나가는 과정과 방법에 주안점을 두어 독해하고자 하였을 가능성을 짐작해볼 수 있다.[75]

다만 그 편질이 매우 많아 쉽게 살펴볼 수 없고, 아울러 실린 제자들의 질문에 득실이 있음을 면치 못하기도 하였다. 나 황의 어리석음으로 스스로를 헤아리지 않고, 학문에 더욱 관계되고 수용하기에 절실한 것을 탐구하여 찾아냈는데, 편장에 얽매지 않고 요법을 얻는 데 힘썼다. 그리고는 글씨를 잘 쓰는 여러 학우와 자질에게 부탁하여 권을 나누어 필사하는 것을 마치니, 모두 14권 7책이 되었다.[76]

『주자서절요』의 편찬은 일차적으로 방대한 주자서를 간추려 요약함으로써 주자학 수용의 효율성을 제고한 것이며, 나아가 주자와 편지 수신인 사이에 있었던 논의 내용을 구체적으로 보임으로써 해당 주제와 관련된 실제 논의 과정을 구체적으로 살펴볼 수 있도록 한 것이었다. 그리고 『주자서절요』의 편찬 목적은 궁극적으로 "학문에 더욱 관계되고 수용하기에 절실한 것"을 정리하여 학문의 "요법"을 얻는 데 있었다. 이러한 퇴계의 문제의식은 서문 전체에서 지속적으로 언급된다.

누군가가 "성인과 현인의 경전 가운데 무엇이 실질적인 학문이 아니겠는가? 또 지금 집집마다 전해져 사람들이 송독하고 있는 집주의 여러

---

75) 錢穆 著, 李相殷 譯, 「朱子學의 韓國傳播考」(『退溪學報』 5, 退溪學硏究院, 1975), 22~23쪽 ; 陳榮捷 著, 이규성 譯, 「退溪의 朱子理解」(『退溪學報』 32, 退溪學硏究院, 1981), 61쪽 참조.

76) 『退溪先生文集』 권42, 「朱子書節要序」(1558.4). "顧其篇帙浩穰, 未易究觀, 兼所載弟子之問, 或不免有得有失. 滉之愚竊不自揆, 就求其尤關於學問而切於受用者, 索而出之, 不拘篇章, 惟務得要, 乃屬諸友之善書者及子姪輩, 分卷寫訖, 凡得十四卷爲七冊."

설들은 모두 지극한 가르침인데, 그대는 유독 부자의 서찰만을 감싸고 있으니, 어찌 숭상하는 것이 치우치고 넓지 못한가?"라고 하여, 다음과 같이 답하였다. "그대의 말이 그럴 듯하지만 그렇지 않다. 대저 사람이 학문함에 반드시 단서를 발견하고 흥기가 되는 곳이 있어야 이를 통해 나아갈 수 있다. 또 천하의 영재가 적은 것이 아니고 성현의 글과 부자의 설을 송독하는 데 열심히 하지 않는 것이 아닌데, 끝내 이 학문에 힘을 쓰는 사람이 없는 것은 다름이 아니라 그 단서를 발견하여 마음을 진작시키지 못하기 때문이다. 지금 대저 서찰의 말은 같은 때 사우 간에 지결을 강명하고 공정을 책면한 것으로, 저처럼 범론한 것과는 같지 않다. 어찌 사람의 뜻을 감발시키고 사람의 마음을 진작시키는 것이 아님이 없겠는가? 예전 성인의 가르침인 시·서·예·악이 모두 있는데 정자와 주자가 『논어』를 학문에 가장 절실한 것이라고 칭술하였으니, 그 뜻 역시 이와 같은 것이다."[77]

"위학(爲學)", 즉 유학의 공부를 해나가기 위해서는 "단서를 발견하고 흥기가 되는 곳"이 있어야 하는데, 이는 "그 단서를 발견하여 마음을 진작"시켜야 이를 기반으로 학문에 진전이 있을 수 있기 때문이다. 그리고 바로 주자서가 "사람의 뜻을 감발시키고 사람의 마음을 진작시키는 것"과 "학문에 절실한 것"이 갖추어진 글이라는 것이다. 여기서 우리는 성현의 글과 부자의 설을 송독하는 것과 단서를 발견하여 마음을 진작시키는 것의 대비를 확인할 수 있다. 독서를 통한 지식의 확충을 도모하더라도

77) 『退溪先生文集』권42, 「朱子書節要序」(1558.4). "或曰, '聖經賢傳, 誰非實學? 又今集註諸說, 家傳而人誦者, 皆至敎也, 子獨拳拳於夫子之書札, 抑何所尙之偏而不弘耶?' 曰, '子之言似矣, 而猶未也. 夫人之爲學, 必有所發端興起之處, 乃可因是而進也. 且天下之英才, 不爲不多, 讀聖賢之書, 誦夫子之說, 不爲不勤, 而卒無有用力於此學者, 無他, 未有以發其端而作其心也. 今夫書札之言, 其一時師友之間, 講明旨訣, 責勉工程, 非同於泛論如彼, 何莫非發人意而作人心也? 昔聖人之敎, 詩書禮樂皆在, 而程·朱稱述, 乃以『論語』爲最切於學問者, 其意亦猶是也.'"

자신의 마음을 통한 감발과 흥기가 뒷받침되어야 유학의 학문에 있어 성취를 할 수 있다는 것이다. 주자서를 통해 발견되는 단서는 성현의 글을 통해 자신의 마음에 갖추어진 리(理)의 단서를 가리킬 것이다. 독서와 마음의 감발을 통해 학문의 진전을 도모하는 것이 퇴계의 『주자서 절요』 편찬 목적이었던 것이다.

> 아! 『논어』라는 책으로도 도에 들어가기 충분하지만, 지금 사람들이 이를 암송하는 데만 힘쓸 뿐 도를 구하는 것을 마음에 두지 않는 것은 이익에 빠져있기 때문이다. 이 책에는 『논어』의 요지가 있지만 이익에 빠지는 해로움은 없다. 그러하다면 이제 학문하는 사람들이 감발하고 흥기토록 하여 진지실천(眞知實踐)에 종사하게 하는 것은 이 책이 아니면 무엇으로 하겠는가? 부자(夫子 : 朱子)의 말에 "학자가 나아가지 못하는 것은 들어갈 곳이 없어 좋아할 만한 그 의미를 알지 못하기 때문이다. 들어갈 곳이 없는 것은 마음을 비워 뜻을 겸손하게 하고 번거로움을 참아 이해하려고 하지 않기 때문이다."라는 것이 있다. 지금 이 책을 읽는 사람들이 마음을 비워 뜻을 겸손하게 하고 번거로움을 참아 이해하도록 하여 부자의 훈계와 같이 한다면 자연스럽게 그 들어갈 곳을 알게 될 것이고, 그 들어갈 곳을 얻은 후에 좋아할 만한 그 의미를 알게 되면 입을 즐겁게 하는 고기와 같을 뿐만이 아닐 것이니, 규모를 광대하게 하고 심법을 엄밀하게 한다는 것에 거의 노력할 수 있을 것이다. 이를 통해 두루 통하고 곧장 올라간다면, 이락(伊洛)으로 거슬러 올라가 수사(洙泗)에 이르는 데 불가한 것이 없을 것이니, 앞서 말한 성인과 현인의 경전이 과연 모두 나의 학문이 될 것이다. 어찌 이 한 책만을 숭상한다고 하겠는가?[78]

---

78) 『退溪先生文集』 권42, 「朱子書節要序」(1558.4). "嗚呼! 『論語』一書, 旣足以入道矣. 今人之於此, 亦但務誦說, 而不以求道爲心者, 爲利所誘奪也. 此書有『論語』之旨, 而無誘

　퇴계는 당시에『논어』가 과거 교재로서 당대의 사람들에게 오독되고 있었던 것으로 파악하였던 것으로 보인다. 대신에 퇴계는 주자서에서『논어』와도 같은 목표, 즉 "학문하는 사람들이 감발하고 흥기토록 하여 참으로 알고 실제로 실천하는 것[眞知實踐]에 종사하게 하는 것"을 발견하였고, 이러한 이유로『주자서절요』를 편찬하였던 것이다. 이렇듯 퇴계는 주자의 학문을 통해, 구체적으로 주자서를 통해 "나의 학문"을 완성하는 것을 목표로 하였다.

　『주자서절요』의 편찬이 가지는 의의와 지향을 이처럼 살펴볼 수 있지만 이 책에 수록된 주자서의 방대한 분량과 그로 인한 다양한 논의 주제로 인하여, 『주자서절요』에서 주안점을 둔 구체적인 주제를 단순화시키기는 어렵다.79) 다만 앞서 살펴본 주자의 중화논변에 대한 퇴계의 주목에 한정하여 살펴보면, 『주자서절요』에서는 우선 중화논변의 내용이 담긴 서간을 중화구설의 내용을 담고 있는 편지 5통과 중화신설의 내용을

奪之害. 然則將使學者, 感發興起, 而從事於眞知實踐者, 舍是書, 何以哉? 夫子之言曰, '學者之不進, 由無入處而不知其味之可嗜. 其無入處, 由不肯虛心遜志, 耐煩理會.' 使今之讀是書者, 苟能虛心遜志, 耐煩理會, 如夫子之訓, 則自然知其入處, 得其入處, 然後知其味之可嗜, 不啻如芻豢之悅口, 而所謂'大規模嚴心法'者, 庶可以用力矣. 由是而旁通直上, 則泝伊·洛而達洙·泗, 無往而不可, 向之所云聖經賢傳, 果皆爲吾之學矣. 豈偏尙此一書云乎哉?"

79)『주자서절요』의 주제에 대해 기존 연구에서는 다양한 측면에서 검토한다. 유탁일은 "인간 주자를 이해"하는 것에 초점을 맞추며(「『朱子書節要』의 編纂 刊行과 그 後響」, 『退溪全書』23, 退溪學硏究院, 1989, 12쪽 참조), 강진석은 "도의 일상성"에 대한 관점을 가지고 도덕적인 훈계나 수양 공부에 대한 내용을 선호하는 경향을 띠었다고 본다.(「퇴계『朱子書節要』편집의 방법적 특징과 의의」, 『退溪學報』113, 退溪學硏究院, 2003, 90쪽 참조) 한편 井上厚史는 爲學, 독서, 일용공부에 관한 편지를 수록하여 퇴계가 敬, 主敬, 持敬을 중시하면서도 동시에 천과 관련된 언급은 의도적으로 삭제하였다고 보며(「이퇴계의『주자서절요(朱子書節要)에 관한 일고찰」, 『退溪學論集』4, 嶺南退溪學硏究院, 2009, 55쪽 참조), 이상하는 "단의 학설을 분변하여 배격하는 데 그 방점이 있다."라고 본다.(「『朱子書節要』가 조선조에 끼친 영향」, 『退溪學報』132, 退溪學硏究院, 2012, 20쪽 참조) 그리고 崔彩基는 성리학의 입문의 교재이자 경전으로서『주자서절요』의 편찬 의의를 평가한다.(「退溪 李滉의『朱子書節要』編纂과 그 刊行에 관한 硏究」, 박사학위논문, 성균관대학교 대학원, 2013, 193~199쪽 참조)

담고 있는 편지 2통으로 파악하고 있음을 알 수 있다. 이 지점에서 주자의 글을 정리한 퇴계의 작업에 대해 살펴볼 수 있는 문헌이 하나 더 있다. 바로『송계원명이학통록』이다.

1556년『주자서절요』를 완성한 이후 퇴계는『송계원명이학통록』의 편찬을 기획하였고, 주자와 주문제자(朱門諸子)에서부터 주자의 사숙제자(私淑諸子), 그리고 원명제자(元明諸子)로까지 확장하여 그들의 언행을 검토하였다.

> 저 황이 예전에 이상하게 여기기를, 주자는 정자 문하에서 드러내지 못했던 것을 드러냈지만 (주자의) 문인들이 득력한 것은 정자 문인에 미치지 못하여, 마치 맹자가 이전 성인이 드러내지 못했던 것을 드러냈지만 만장(萬章)과 공손추(公孫丑) 문도가 자유(子游)와 자하(子夏)에 미치지 못하였던 것과 같으니, 이것이 어떠한 이유인지 몰랐습니다. 비록 그러하지만 이것은 도의 전수라는 큰 사안의 측면에서 말한 것일 뿐입니다. 그들이 서로 사도(斯道)를 발명한 공의 성대함 역시 어찌 주자 한 사람의 힘이었겠습니까? 한 때에 급문한 선비들 가운데 재주에 따라 성취하여 우뚝하니 선 사람을 이루 다 헤아릴 수 없습니다. 전하여 서로 주고받으면서 원명 시대에까지 이르도록 이 문화를 도와 자리 잡도록 한 사람이 저처럼 끊이지 않았습니다. 이것 역시 몰라서는 안 되는 것입니다.[80]

퇴계는 주자에 의해 공맹의 전통이 전수되었고, 그러할 수 있었던 까닭은 주자와 주문제자(朱門諸子)가 함께 유학의 본령을 드러냈기 때문

---

[80] 『退溪先生文集』권24,「答鄭子中」(1556.12.7). "滉嘗竊怪朱子發程門所未發, 而門人得力不及於程門人, 亦如孟子發前聖所未發, 而萬章·公孫丑之徒不及於游·夏, 未知此何故也. 雖然, 此自傳道一大事言耳. 其相與發明斯道之功之盛, 亦豈獨朱子一身之力哉? 一時及門之士, 隨材成就, 傑然樹立者, 不可勝數. 傳相授受, 以至於元·明之世, 而扶植斯文者, 不絶如彼. 此又不可不知者也."

이라고 본다. 그리고 그 이후 지금까지 이 학문이 이어질 수 있었던 데에는 주자 이후 원명 시기 학자들의 역할이 컸기 때문이라는 생각을 밝힌다. 이러한 이유로 퇴계는 유학의 본령을 계승, 발전시켜온 주자와 주문제자, 그리고 원명제자(元明諸子)들의 언행에 대한 탐구의 필요성을 역설하였다. 그리고 이러한 탐구의 목적에 대해 다음과 같이 밝힌다.

저 황에게는 병중에 잊을 것에 대비해 찬술한 것이 한두 편(『이학통록』) 있습니다. 스스로 완성되었다고 생각하다가도 후에 보게 되면 스스로 잘못된 부분이 많다는 것을 알게 됩니다. 몸소 겪으면서 안 것이라 감히 이렇게 조언을 드립니다. 고정(考亭 : 주자) 이후의 여러 유학자들에 대해 상고하고 기록하여 스스로의 경계와 모범으로 삼고자 합니다만, 외진 산속에는 검토할 수 있는 책이 없습니다. 공이 중국에 들어가 송과 원의 역사서를 구하여, 실린 내용을 초록하고 (저에게) 부쳐오기를 기다린 후에 여러 책에 나오는 사람을 참고하여 일을 하고자 하는데, 과연 해낼 수 있을지 모르겠습니다.[81]

퇴계는 송원제자(宋元諸子)에 대한 책을 찬술하는 의의를 "스스로의 경계와 모범"으로 삼고자 하는 것이라고 밝히고 있으며, 1559년에도 다시 "고정 이후 여러 학자들의 학술이 어떠한지를 스스로 알고자 하는 것"[82]이라고 설명한다. 그리고 이후 1560년에는 보다 구체적으로 『이학통록』 편찬 의도를 전한다.

---

81) 『退溪先生文集』 권24, 「答鄭子中」(1557.12.2). "滉病中, 有少備忘所述一二編. 自謂已成, 後來看得, 自悟其病處甚多. 身所驗知, 故敢此獻愚耳. 考亭以後諸儒, 欲考錄以自警範, 窮山無書可檢. 欲俟公入漢, 求宋元史, 抄其所載, 寄來而後, 參以散出諸書之人而爲之, 未知其果能成未也."

82) 『退溪先生文集』 권20, 「答黃仲擧」(1559.12.9). "今所編錄, 非敢擬續前錄, 但欲自知考亭以下諸子之學術如何, 而病憊昏倦, 不能自强, 又欠考冊書, 終未就緖是慮耳."

또 일찍이 주문제자(朱門諸子)가 저렇게 많았는데 상고하여 논평할 수 있는 글이 있지 않아서, 망령되이 모아서 하나의 책으로 만들어 찾아보기 편하고자 하였고, 또 다시 송말, 원, 명 제자(諸子)의 학문에까지 이르러 몇 년 동안 공부를 하여 이미 초고가 완성되었습니다. … 저 황이 생각을 내어 이 일을 한 이유는 궁벽한 시골에서 견문도 없이 거의 헛되이 보내다가 만년에야 주자의 편지글을 읽다가 감발하는 바가 있어, 이 몸을 스스로 포기해서는 참으로 안 된다는 것을 비로소 알았기 때문입니다. 이 때문에 얼른 그 문인들의 위학(爲學) 차제가 어떠한지를 알아서 나 자신에게 만분의 일이나마 이루고자 하는 것이지, 후학들을 위한 계책이 되기를 바란 것은 아닙니다. 그러나 저 황은 이제 나이가 이미 육십이어서 침침하고 아프니, 무슨 힘이 있어서 이 일을 해낼 수 있겠습니까? 오랜 벗들이 나무라고 세속에서 비웃는 것도 당연합니다.[83]

이 서간에서 퇴계는 주자의 편지글로 인한 학문적 감발이 『이학통록』 편찬의 동력으로 작용하였음을 밝히고 있다. 나아가 주자 문인들의 위학(爲學) 차제(次第), 즉 공부 순서에 주목하게 되었다는 퇴계의 언급은 『이학통록』의 주문제자(朱門諸子) 부분을 구성함에 있어 주자서를 통해 주자 문인들의 공부 내용과 과정을 살펴보는 데 그 주요한 목표가 있음을 시사한다. 이러한 과정을 거쳐 『이학통록』은 1561년 완성의 단계에 이른다.[84]

---

83) 『退溪先生文集』 권10,「答盧伊齋【庚申】」(1560.8). "又嘗以朱門諸子如彼其盛, 而未有書可以尙論, 妄欲裒集爲一編書, 以便考閱, 亦因以再及於宋末元明諸子之學, 做得數年工夫, 見已抄成亂草. … 滉所以作意爲此者, 窮陋無聞, 幾成虛過, 晩讀朱書, 而有所感發, 始知此身誠不可自棄. 以是, 亟欲知其門人爲學次第之如何, 以自蘄於萬一焉耳, 非欲爲後學計也. 然滉今年已六十矣, 加之以沈痼, 有何精力可及於此? 交舊誚悶, 世俗嗤點, 其亦宜矣."

84) 『退溪先生文集』 권20,「答黃仲擧」(1561.10.26). "所纂『理學錄』, 今幾斷手, 但鄕間善書諸友, 各以事故星散, 不似往年寫『節要』之時."

　퇴계는 주자와 주문제자(朱門諸子)가 유학 본령의 사유를 계승하는 데 크게 기여한 것으로 파악하며, 이러한 공헌은 원명제자(元明諸子)들도 마찬가지라고 생각하였기 때문에 그들의 학술도 함께 정리하고자 하는 목표 아래 『이학통록』을 편찬하였다. 그리고 퇴계는 『이학통록』을 편찬하여 "고정 이후 여러 학자들의 학술"과 "주자 문인들의 위학 차제"를 확인함으로써 "스스로의 경계와 모범"으로 삼고자 하였고, 이를 위해 특히 주자서에 주목하였다. 이러한 측면에서 『이학통록』은 『주자서절요』를 편찬한 문제의식의 연장선상에서 이루어진 문헌이라고 볼 수 있다.85) 그리고 퇴계는 『주자어류』를 주자서와 마찬가지로 그 학술적 가치를 인정하여 『이학통록』을 편찬하는 데 주요한 문헌으로 사용한다.

　　『이학록』은 난초인데다 고쳐놓은 것이 많아 남의 손을 빌릴 수 없어서 모두 스스로 옮겨 적다보니, 빨리 진행하기가 어렵습니다. 또 요사이 『어류』를 다시 검토해보니, 빠트린 곳이 상당히 많아, 새로 작업하여 추가로 수록하거나 수정하는 작업에서 아직 벗어나지 못했습니다. 이러한 연유로 혼란이 생겨 일의 순서가 서로 바뀌다 보니 빨리 마무리하기는 어려운 형편입니다.86)

　퇴계는 여러 문헌에서 송계원명 시기 학자들의 언행과 학술에 관련된 기록을 발췌하여 『송계원명이학통록』에 수록하고, 이를 '이학(理學)'이라는 범주로 포괄하였다. 통행본인 도산서원 중간본에 준하여 살펴본다면, 『이학통록』에는 정학(正學)을 계승한 학자 515명과 이교(異敎)를 전공한

---

85) 錢穆 著, 李相殷 譯, 「朱子學의 韓國傳播考」(『退溪學報』 5, 退溪學研究院, 1975), 22~23쪽 참조.

86) 『退溪先生文集』 권20, 「答黃仲擧」(1562.7.22). "『理學錄』, 以其亂草多改易, 未可借手, 皆自寫已難趁速. 又近方再檢『語類』, 則遺漏頗多, 未免作爲新功, 追收竄錄, 緣此攪動, 前後互易, 勢未卒然了斷."

학자 44명이 본집 11권과 외집 1권으로 나뉘어 배치되어 있다. 또 본집은 다시 송계 시기의 학자 456명, 원 시기의 학자 41명, 명 시기의 학자 18명을 구분하여 싣고 있으며, 동시에 각 시기에 따라 상이한 형식으로 구성하고 있다.

퇴계는『이학통록』을 구성하는 데 있어 네 가지 방식을 채택하였다. ① 우선 주자에 대해서는 그의「행장」을 중심으로 하고, 구체적인 사실 정보와 강조할 만한 주자의 행적을 다른 문헌에서 보완함으로써, 시간의 흐름에 따라 주자의 전 생애를 조망할 수 있도록 하였다. ② 다음으로 주문제자(朱門諸子)에 대해서는 각 주문제자와 관련된 전기 혹은 인적사항을 제시하고,『주자어류』와 주자서를 통해 주자가 그들에게 전한 언설을 수록하였다. 그리고 이를 통해 각 주문제자에 대한 구체적인 정보를 알고, 나아가 해당 주문제자와 주자 사이에 있었던 논의의 내용을 파악할 수 있도록 하였다. 또한 주자와 동시대에 살면서 편지를 주고받았거나 대화에 참여하였던, 그러나 이교를 전공한 학자에 대해서도 같은 형식을 취하였다. ③ 한편 주자와 동시대를 살지 않았던 학자들에 대해서는 전기 자료만을 수록하였는데, 송계 시기 주장후사숙제자(朱張後私淑諸子), 원제자(元諸子)가 이에 해당한다. ④ 마지막으로 일부 학자에 대해서는 기존 문헌에 보인다는 언급만으로 대신한 경우가 있는데, 이에 해당하는 기존 문헌은『황조도학명신언행외록(皇朝道學名臣言行外錄)』과『황명리학명신언행록(皇明理學名臣言行錄)』이다.

『이학통록』이 이처럼 다양한 형태의 구성을 가지게 된 것은 해당 부분의 인물과 인용문헌이 가지는 특성에서 기인한다. 그리고 이는 각 부분의 편찬 목적에 따라 그에 알맞은 형태로 구성하고, 인용문헌을 배치한 것이다. 그런데 이 가운데서도 퇴계는 주자와 주문제자(朱門諸子) 부분에 대해서 자신의 의도를 보다 선명하게 드러내고 있으며, 더 다양한 문헌으로 해당 부분을 구성하고 있다. 그리고 퇴계는 주자와 주문제자

부분에 대해서만 해당 부분의 편찬 목적 등과 관련한 일종의 서문을
남긴다.

> 송 남도 이후 이학(理學)의 여러 학자들은 『언행록』에 보이므로 지금
> 수록하면서는 싣지 않고, (『언행록』에) 실려 있지 않은 사람들만을 수록하
> 였다. 그러나 (주자) 선생에 관한 글이 이미 『언행록』에 실려 있는데도
> 선생에 관한 글을 이 책의 맨 앞에 수록한 것은 송말에서부터 원, 명에
> 이르기까지 여러 학자들의 학문이 대체로 모두 고정에게 근원하기 때문에
> 여러 학자들을 수록하면서 선생에게 근본을 두지 않는다면 그 학문에
> 연원과 종통이 있다는 것을 참으로 보일 수가 없기 때문이다.[87]

퇴계는 주자의 정치행적과 사승관계, 학술활동, 그리고 저술 등에
주목하고, 이를 모두 시간의 흐름에 따라 구성하였다. 그리고 『이학통록』
에서 주목한 주자의 생애는 도통 의식에 기반을 둔 것으로 해석된다.
나아가 퇴계는 주자 이후 학술의 추이를 보이려는 『이학통록』 편찬의
전체 취지에 입각하여 주자의 생애를 첫머리에 수록함으로써, 주자학이
송계원명 시기 학문의 연원이라는 점과 이 책에서는 주자를 시작으로
이 시기 학자들을 계보화하고자 한다는 점을 드러내고자 하였다. 그리고
이 학문을 아울러 '이학(理學)'이라고 칭한 것이다.
「이학통록서(理學通錄序)」라는 이름으로 『퇴계선생문집』에 실린 글은
사실 『이학통록』의 「목록」에서 주문제자(朱門諸子) 항목에 대한 설명으로
수록되어있는 것이다. 여기서 퇴계는 『이학통록』 주문제자 부분을 편찬
하면서 자신이 전달하고자 하였던 내용을 선명하게 드러낸다.

---

87) 『宋季元明理學通錄』, 「目錄」. "南渡後理學諸子已見於 『言行錄』, 則今錄不載, 惟錄其
　　所不載之人. 然而先生已載於 『言行錄』矣, 乃以冠於篇首者, 誠以自宋末以及元·明諸子
　　之學, 大率皆原於考亭, 今錄諸子而不本於先生, 則無以見其學之有淵源宗統故爾."

어떤 사람이, 수록하면서 취한 것이 너무 많아서 정밀하게 선택한 것이 아닐 수 있겠다고 의심하는데, 이는 그러하지 않다. 대저 이 책을 편찬한 것은 그 사람을 알고자 하였을 뿐만이 아니라, 이를 통해서 도학(道學)의 요법을 밝히고자 하였던 것이다. 게다가 당시는 위학(僞學)의 금령이 한 시대를 뒤덮었는데, 여러 사람들이 능히 마음을 먹고 도를 향하면서 화복을 돌아보지 않고 문하에 들어와 수업을 받으면서 책을 들고 질의함으로써 스승이 전하려던 뜻을 드러낼 수 있었던 것이다. 비록 그 사람들이 의문을 가졌던 것이 조예와 식견에 따라 같지 않았지만, 선생이 답해주었던 것은 억양과 진퇴 하나하나가 지극한 가르침이 아님이 없었다. 이러하다면, 지극한 가르침이 드러난 것은 이 사람들을 통해 이루어진 것이고, 이것을 가지고 이 책을 지어 세상에 내놓게 된 것이니, 어찌 사도(斯道)에 도움이 됨으로 모두 귀착되지 않겠는가? 맹자는 "양주와 묵적을 배척할 것을 말할 수 있는 사람들은 성인의 문도이다."라고 하였으니, 나 또한 "고정(考亭)의 도를 높일 수 있는 사람들은 이 또한 고정의 문도이다."라고 하겠다. 훗날 상론할 사람들이 어떻게 생각할지는 모르겠다.[88]

퇴계는 『이학통록』에 수록하고 있는 학자의 수가 많고 그로 인해 책의 분량이 많아진 것에 대한 우려를 자각하고 있었는데, 『이학통록』의 수록기준과 편찬목적을 명확히 제시함으로써 이러한 문제를 해소하고자 하였다. 이 글에 따르면, 퇴계가 『이학통록』 주문제자(朱門諸子) 부분을 통해 드러내고자 한 것은 ① 해당 주문제자에 대해 아는 것이고, 이를

---

88) 『宋季元明理學通錄』, 「目錄」. "或疑錄之所取太多, 可而非精遴者, 是不然也. 大抵爲是錄者, 非但欲知其人, 欲因以明夫道學之要, 而況當是時, 僞學之禁, 懷襄一世, 諸人乃能奮志嚮道, 不顧禍福, 而登門請業, 捧書質疑, 以發其師傳之旨. 雖其人所疑所問, 隨所詣所見而不同, 若先生之所答, 一抑一揚一進一退, 無非爲至敎也. 是則至敎之發, 由斯人而得, 以之著錄而垂世, 寧不同歸於有裨斯道乎? 孟子曰, '能言距楊墨者, 聖人之徒也', 愚亦曰, '能尊考亭之道者, 是亦考亭之徒也'. 不知後之尙論者, 以爲何如耶."

통해 ② 도학의 요법에 대해 밝히는 것인데, 퇴계는 ③ 위학(僞學)의 금령이 당시의 시대적 배경이었다는 사실 역시 중시하였다. 즉 퇴계는 주문제자의 전기 및 인적사항을 실은 다음, 주자가 해당 주문제자에게 주었던 언설을 수록하는 구성방식을 통해 그 사람의 학행지업(學行志業)을 알 수 있다고 보았으며,[89] 나아가 이것이 궁극적으로 도학의 요법을 밝히는 방법이라고 보았다. 그리고 한편으로는 위학(僞學)의 금령이라는 상황에 주목함으로써, 각 주문제자와 주자 사이에 있었던 문답에 대해 "지극한 가르침[至敎]"을 드러내는 계기가 되었다는 측면에서 의미를 부여하였다. 여기에서 "지극한 가르침"이란 주자의 언설을 뜻하고, 그 주자의 언설은 주자서와 『주자어류』에서 인용되고 있으며, 이 인용된 주자의 언설을 통해 드러내고자 하는 것은 "도학의 요법"의 구체적인 내용이었을 것이다.[90] 나아가 퇴계는 양묵(楊墨)으로 대표되는 이단에 대한 비판을 통해 유학의 전통적 사유를 계승해나갈 수 있었던 것처럼, 주자의 언설에 담겨 있는 학문적 내용을 이해하고 추구함으로써 그러한 계승에 참여할 수 있을 것이라는 의지도 함께 드러냈다.

　이와 같은 수록기준과 편찬목적을 통해 『이학통록』 주문제자(朱門諸子) 부분의 구성을 다시 살펴보면, 『이학통록』에서는 주자서와 『주자어류』에서 발췌하여 수록한 주자의 언설을 통해 도학의 요법이 구체적으로

---

89) 『宋季元明理學通錄』, 「目錄」. "然則諸子之學行志業, 將何所徵而得見乎? 愚竊以爲孔·孟門人之於斯道, 其淺深高下, 有得有失, 或只因師門敎誨之言抑揚進退之間而得之, 故今於諸子, 亦當以是爲法. 其幸有史傳或誌銘之屬者, 旣據此以敍事實, 而兼摭『語類』『大全』, 則固爲完備."

90) 이와 관련하여 「朱子書節要序」(1558.4)에서 퇴계는 사서집주와 『주자대전』의 내용을 至敎 혹은 "敎"라고 표현하고 있으며, "要"에 대한 문제의식에 입각하여 『주자서절요』를 편찬하였음을 밝히고 있다. 『退溪先生文集』 권42, 「朱子書節要序」(1558.4). "蓋就其全書而論之, 如地負海涵, 雖無所不有, 而求之難得其要. … 故其告人也, 能使人感發而興起焉, 不獨於當時及門之士爲然, 雖百世之遠, 苟得聞敎者, 無異於提耳而面命也. 嗚呼至矣! … 滉之愚竊不自揆, 就求其尤關於學問而切於受用者, 索而出之, 不拘篇章, 惟務得要. … 或曰, '聖經賢傳, 誰非實學?' 又今『集註』諸說, 家傳而人誦者, 皆至敎也."

드러나고 있음을 알 수 있다. 그런데『이학통록』편찬이 시작되었다는
기록이 보이는 1557년 이전에 이미 퇴계는『주자서절요』의 편찬을 어느
정도 마무리하였고, 1558년 4월에는 이에 대한 서문도 작성하였다.[91)
그리고 퇴계는 주자서에 대해 "학문하는 사람들이 감발하고 흥기토록
하여 진지실천(眞知實踐)에 종사하게 하는" 측면에서 중시하였으며, 한편
으로는『논어』라는 책이 가지는 장점을 주자서에서도 발견하였다.[92)
하지만『이학통록』에 인용된 주자서와『주자서절요』의 주자서를 비교해
보면, 인용 편지 수, 인용한 편지 배열 방법 등에서 차이를 갖는다.[93)
퇴계가『주자서절요』를 편찬한 후 다시 주자서를 재구성한 것이라고
볼 수 있는데, 그 이유는『주자서절요』와『이학통록』이 갖는 구성방식의
차이로부터 밝혀낼 수 있다.『주자대전』의 편차를 따라 절략된『주자서절
요』와 달리『이학통록』에서는 편지 수신인을 주문제자로 한정하였으며,
동시에 각 주문제자별로 주자서를 재배열하였는데, 이를 통해 수신인으
로서의 각 주문제자의 특성을 염두에 두면서 주자서에 대한 이해가

---

91) 이와 관련하여『주자서절요』와『송계원명이학통록』을 표리 관계로 파악하는 시각
   을 참고할 수 있다.『南溪先生朴文純公文正集』권68,「跋理學通錄補集」, "是書之作,
   又與『節要』相爲表裡, 以接乎伊洛淵源之錄, 斯豈非所謂斯文不刊之大典也哉."
92)『退溪先生文集』권42,「朱子書節要序」(1558.4). "『論語』一書, 旣足以入道矣, 今人之於
   此, 亦但務誦說, 而不以求道爲心者, 爲利所誘奪也. 此書有『論語』之旨, 而無誘奪之害,
   然則將使學者, 感發興起, 而從事於眞知實踐者, 舍是書, 何以哉?"
93)『주자서절요』는『주자대전』의 편차에 따라 주자서를 절략한 것인데, 기존연구에
   따르면『주자대전』에는 465명에게 보내진 2,365통의 편지가 실려 있고, 이 가운데
   『주자서절요』에는 355명에게 보내진 1,234통의 편지가 실려 있다. 崔彩基,「退溪
   李滉의『朱子書節要』編纂과 그 刊行에 관한 硏究」(박사학위논문, 성균관대학교
   대학원, 2013, 59쪽 참조. 퇴계는『이학통록』의 朱門諸子 부분을 편찬하면서 모두
   207명의 주문제자 항목에서 해당 인물에게 보내진 520여 통의 편지를 인용한다.
   또한 퇴계는 다른 주문제자에게 보낸 편지 70여 통을 통해 해당 항목 인물의
   정보를 보완하기도 하며, 張南軒門人 부분과 외집에도 주자서를 인용한다. 이렇게
   되면『이학통록』에는 총 250여 명에게 보내진 700여 통의 주자서가 수록된다.
   이 가운데『이학통록』에 새롭게 수록된 편지는 40여 통이다. 한편 이미『주자서절
   요』에서 절략된 주자서를 다시 절략한 경우와 절략한 부분을 다시 수록한 경우도
   발견된다.

가능하게 된 것이다.

앞서 언급하였듯이『주자서절요』는 학자들의 학문적 감발이라는 지향을 갖고 편찬된 것인데, 그 양의 방대함과 내용의 다양함으로 인하여 여러 측면에서 조망되거나 구체적으로 다루어지지는 못하였다. 이는『이학통록』에 수록된 주자서 역시 마찬가지이다. 그리고 두 책에 인용된 주자서의 내용을 비교해보면,『주자서절요』와『이학통록』의 주자서 사이의 유의미한 차이점을 발견해내기 쉽지 않다. 그러므로『이학통록』에 실린 주자서의 내용을 파악함으로써 도학의 요법에 대한 내용을 파악해보고자 하는 시도는『주자서절요』의 경우와 마찬가지로 너무나 다양한 각도에서 조망될 수 있다는 난점을 갖고 있다. 그런데 이러한 어려움을 해소할 수 있는 단초를 제공해주는 자료가 바로 주문제자별로 주자서를 재배열하면서 함께 수록하고 있는『주자어류』이다.

앞서 살펴보았듯이 퇴계는『이학통록』편찬과정에서『주자어류』를 통한 보완작업을 진행하였는데, 주문제자(朱門諸子) 별로 주자서를 재편한 뒤『어류』의 기록을 포함시키는 방식을 택했던 것으로 보인다.『이학통록』의 주문제자 부분에는 모두 192명에 관한 601조목의『주자어류』내용이 인용되며, 이는『주자어류』전 권에 걸쳐있다. 이러한 작업이 갖는 의미를 이해하기 위하여『주자어류』의 특징적인 구성에 주목할 수 있는데, 바로 ‘주자어류문목(朱子語類門目)’에 따라 주제별로 구분되어 있다는 점이다.94) ‘주자어류문목’에 따르면『주자어류』는 크게 26개의 주제로

---

94) “朱子語類門目”은『주자어류』앞부분에 실려 있는데, ‘黃氏’가 작성한 것으로 되어 있다. 黎靖德에 따르면 이는 朱門諸子 黃士毅이다.『어류』에 대한 분류에 이견이 없었던 것은 아니지만, 黎靖德은 이에 대해 정밀하다는 평가를 내렸던 것으로 보인다. 黎靖德,「『朱子語類』卷目後識語及考訂」(『朱子全書』14, 上海 : 上海古籍出版社 ; 合肥 : 安徽教育出版社, 2002). “語之從類, 黃子洪士毅始爲之, 史廉叔公說刻之蜀, 近歲徽州又刻之. … 昔張宣公類洙泗言仁, 祖程子意也, 而朱子以滋學者入耳出口之弊疑之. 魏公了翁援是爲學者慮, 當矣. 蔡公乃曰,『論語』諸篇, 記亦以類, 則議者亦莫能破也. … 子洪所定門目頗精詳, 爲力厪矣.”

나뉘며, 다시 각 주제별 특징에 따라 세분화된다. 이에 근거하여 『이학통록』에 인용된 『주자어류』 조목의 출처를 정리하면 다음과 같다.

〈『송계원명이학통록』 인용 『주자어류』 조목 출처〉

권수(권명)/세부주제	인용조목 수	권수(권명)/세부주제	인용조목 수
3권(鬼神)	1	65권(易1)	1
4권(性理1)/人物之性氣質之性	5	66권(易2)	1
5권(性理2)/性情心意等名義	3	67권(易3)	2
6권(性理3)/仁義禮智等名義	3	68권(易4)	1
8권(學2)/總論爲學之方	9	69권(易5)	2
9권(學3)/論知行	4	73권(易9)	1
10권(學4)/讀書法上	2	75권(易10)	1
11권(學5)/讀書法下	2	76권(易12)	1
12권(學6)/持守	78	79권(尙書2)	1
13권(學7)/力行	21	91권(禮8)	1
14권(大學1)	4	94권(周子之書)	3
15권(大學2)	7	95권(程子之書1)	1
16권(大學3)	6	96권(程子之書2)	2
17권(大學4)	2	97권(程子之書3)	2
18권(大學5)	5	99권(張子之書2)	1
19권(論語1)	1	100권(邵子之書)	1
20권(論語2)	4	104권(朱子1)/自論爲學工夫	3
21권(論語3)	3	105권(朱子2)/論自注書	2
23권(論語5)	1	107권(朱子4)/內任	1
24권(論語6)	1	108권(朱子5)/論治道	1
26권(論語8)	2	111권(朱子8)/論民·論財	1
27권(論語9)	1	113권(朱子10)/訓門人1	30
30권(論語12)	1	114권(朱子11)/訓門人2	40
33권(論語15)	1	115권(朱子12)/訓門人3	37
35권(論語17)	1	116권(朱子13)/訓門人4	41
39권(論語21)	1	117권(朱子14)/訓門人5	32
41권(論語23)	5	118권(朱子15)/訓門人6	57
42권(論語24)	1	119권(朱子16)/訓門人7	26
49권(論語31)	1	120권(朱子17)/訓門人8	94
52권(孟子2)	2	121권(朱子18)/訓門人9	9
53권(孟子3)	1	122권(呂伯恭)	3
55권(孟子5)	1	124권(陸氏)	1
58권(孟子8)	1	125권(老氏)	2

59권(孟子9)	5	126권(釋氏)	1
60권(孟子10)	1	129권(本朝3)	1
62권(中庸1)	5	137권(戰國漢唐諸子)	1
64권(中庸3)	1	140권(論文下·拾遺·問遺書)	3
			601

여기서 우선 눈에 띄는 것은 「훈문인(訓門人)」 부분에서의 인용이다. 「훈문인」은 모두 9권인데, 『주자어류』 권113에서부터 권119까지, 즉 「훈문인」1에서부터 「훈문인」7까지는 60여 명의 문인에게 준 가르침을 실어 놓은 부분이고 그 외 「훈문인」8과 9는 해당 문인을 특정할 수 없거나 알 수 없는 등의 경우를 모아 편집한 부분이다. 그런데 「훈문인」 부분은 해당 구절 내용에 입각하여 분류된 것이라기보다는 특정 문인에게 준 주자의 가르침을 해당 문인 별로 정리해서 실어 놓은 부분이다. 이러한 이유로 주자서와 마찬가지로 그 중심내용을 한정하기가 쉽지 않다. 이 지점에서, 이 글은 『주자어류』의 주제별 분류에 근거하였을 때 「훈문인」 다음으로 가장 많은 구절이 인용된 「학(學)·지수(持守)」편에 주목하고자 한다.

『주자어류』 권12에 실린 「학·지수」편은 모두 160조목으로, 이 가운데 『이학통록』 주문제자 부분에는 78조목이 인용되어 있다. 「지수」편의 내용을 살펴보면, 여기에서는 공부에 관한 주자의 언급들을 주로 수록하고 있음을 알 수 있다. 특히 전반부에서는 『맹자』의 "구방심(求放心)"과 "존심양성(存心養性)"을 언급하면서 "수렴(收斂)", "제성(提省)", "지양(持養)" 등을 설명한 주자의 언설을 싣고 있다. 그리고 후반부는 "경(敬)"과 "정(靜)"-靜坐, 靜時-이 해당 부분 주자 언설의 주제로 제시되면서 『논어』의 "출문사민(出門使民)"과 "극기복례(克己復禮)", "충신독경(忠信篤敬)"을 인용한 주자의 언급도 싣고 있다. 이곳에서 공부, 경, 정(靜)이라는 개념과 함의에 대해서 자세히 논하지는 않겠지만, 「지수」편에 보이는 이상의 개념들은 모두 경 공부의 내용으로 다루어지는 것이므로, 사실상 「지수」
편의 내용은 경 공부에 집중되어 있다는 것을 확인할 수 있다.[95]

그런데 경 공부는 퇴계가 「이학통록서」에서 언급한 "도학의 요법"이라
는 말과 연관시켜 이해해볼 수 있다. 즉 퇴계는 『이학통록』의 주문제자
부분을 편찬하면서 형식적으로는 주문제자 전체를 망라하여 해당 주문제
자와 관련된 주자의 언설을 배치시키고, 내용적으로는 그것이 경(持守-공
부)을 주제로 하고 있는『주자어류』의 특정 편에 대한 경향성을 보이는데,
이 경향성이 "도학의 요법"의 구체적인 내용을 시사해 준다는 것이다.

이러한 해석의 가능성은 이와 유사한 표현이 담긴 퇴계의 다른 글에서
뒷받침된다.

> 사람이 학문을 함에 일이 있고 없고 뜻이 있고 없고를 막론하고 경을
> 중심으로 하여 움직일 때나 고요할 때나 잃지 않아야 하니, 사려가 싹트지
> 않았을 때는 심체가 허명하여 본령이 깊고 순수하게 될 것입니다. 그리고
> 사려가 이미 드러나게 되면 의리가 밝게 드러나고 물욕이 물러나 (마음이)
> 어지럽게 될 걱정이 점차 줄어들 것입니다. 이러한 것들이 점차 쌓여서
> 완성에 이르게 될 것이니, 이것이 학문의 요법입니다.[96]

사실 퇴계의 학문이 경에 주목하여 전개된다는 것은 『심경부주』의
중시와『성학십도』의 편찬 등을 통해 지속적으로 확인되어온 점이며,
『주자서절요』역시 이 지점에서 분석되기도 한다.[97] 하지만 이러한 측면

---

95) 이와 관련하여 모종삼은『주자어류』, 「持守」편을 "중화신설 이후 持守, 居敬, 主靜에
    관한 확정 이론"이 담긴 부분으로 파악하였다. 모종삼 지음, 황갑연 옮김, 『심체와
    성체』5(서울 : 소명출판, 2012), 459~488쪽 참조.

96) 『退溪先生文集』권28, 「答金惇敍」. "人之爲學, 勿論有事無事有意無意, 惟當敬以爲主,
    而動靜不失, 則當其思慮未萌也, 心體虛明, 本領深純, 及其思慮已發也, 義理昭著, 物欲退
    聽, 紛擾之患漸減, 分數積而至於有成, 此爲要法."

에서 퇴계 사유의 궤적을 추적하는 경우, 기존연구에서는 『이학통록』의 편찬에 대해 주목하지 않았던 것으로, 혹은 구체적으로 검토해보지 않았던 것으로 판단된다.98) 그런데 1560년을 전후로 편찬된 『이학통록』이라는 텍스트에서 퇴계가 인용한 『주자어류』 조목의 내용을 살펴보면, 퇴계가 주자의 언설을 재구성함에 있어 경 공부에 주목하는 경향이 발견된다. 즉 『송계원명이학통록』은 경 공부를 중심으로 주자의 학문을 해석하는 퇴계의 입장이 드러난 또 하나의 문헌이라고 판단할 수 있는 것이다. 이를 통해 본다면, 퇴계는 경을 공부의 근본으로 놓는 사유가 주자를 연원으로 하는 학문이자 송계원명 시기 학술 전반을 가리키는 '이학'의 실질 내용이라고 보았을 것으로 판단된다. 다만 경 공부가 학문의 근본이 된다고 여기면서 이를 심과 연결시켜 설명하고, 다시 리(理)에 대한 앎과 실천으로 확장시키는 것을 고려한다면,99) 퇴계가 경 공부를 중심으로 주자의 학문을 해석한 것의 함의는 퇴계 학문 내에서 경과 심, 리(理) 개념이 가지는 연관성을 살펴봄으로써 보다 명확해질 수 있을 것이다. 『송계원명이학통록』은 "경 공부를 중심으로 주자의 학문을 해석한 결과물"로서, 경 공부를 중심으로 올바른 학문을 정립하고자 한 퇴계의 사유 궤적 속에서 그 편찬 의의를 읽어낼 수 있는 문헌이라고 하겠다.

다시 말해 『송계원명이학통록』은 경 공부에 입각하여 주자의 언설을 재구성한 저술이라는 측면에서 검토될 수 있다. 나아가 퇴계 학문이

---

97) 최중석, 『나정암과 이퇴계의 철학사상』(서울 : 심산, 2002), 213~217쪽 참조.
98) 특히 『송계원명이학통록』에서 발견되는 퇴계의 『주자어류』에 대한 이해와 관련해서, 기존연구에서는 주자 문인 발굴의 측면에서만 논의되었던 것으로 보인다. 陳榮捷 著, 이규성 譯, 「退溪의 朱子理解」(『退溪學報』 32, 退溪學研究院, 1981), 63~64쪽 참조.
99) 퇴계가 경 공부를 궁리와 대비시키면서도 학문 전체의 입각처로 봄으로써, 理에 대한 인식과 실천의 전제라고 보았다는 해석은 기존 연구에 자세하다. 李光虎, 「李退溪 學問論의 體用的 構造에 관한 研究」(박사학위논문, 서울대학교 대학원, 1993), 74~75쪽 ; 140~143쪽 참조.

경 공부를 근본으로 하여 구축된 것이라는 이해를 지지해주는 문헌으로
서『송계원명이학통록』은 해석될 수 있다. 이는 퇴계가 주자 학문에
대해서 가지는 해석의 경향성을 읽어냄으로써 퇴계 학문의 특성이 어떠
한 맥락에서 형성된 것인지 해명하는 자료로서『송계원명이학통록』이
기능할 수 있다는 것을 뜻한다.

3. 경의 리(理) 철학적 의미

퇴계는 심에 대한 공부라는 의미에서 경(敬)을 이해하면서 주정(主靜),
혹은 이정위본(以靜爲本)이라는 언급 역시 빠트리지 않고 함께 덧붙인다.
이는 동시(動時)와 정시(靜時)를 관통하는 심에 대한 공부로서의 경 공부가
준거이자 근본으로 삼아야 하는 심의 특정 상태를 명확하게 한 것으로,
이는 그의 경 이해에서 주목해야 하는 부분이다. 이것은 성선론으로부터
기인한 것이며 퇴계의 리(理)에 대한 언급을 이해하는 데 하나의 기반이
된다.

또한 퇴계는 심에 대한 공부라는 의미에서 경을 이해하면서 대월상제
(對越上帝)로 대표되는 천인 관계 속에서 인간이 지녀야하는 자세에 대해
서도 언급한다. 이는 상제와 인간의 관계로 상징되는 인간의 조건에
대한 퇴계의 성찰로서, 이 역시 그의 경 이해에서 주목해야 하는 부분이다.
이것은 천명(天命) 개념으로부터 기인한 것이며 퇴계의 리(理)에 대한
언급을 이해하는 데 또 하나의 기반이 된다.

1) 이정위본(以靜爲本)으로서의 경

퇴계는 경이 주정(主靜), 이정위본(以靜爲本)의 뜻을 갖고 있다는 점에

주목하였다. 퇴계는 분명 정좌 공부가 초래하는 문제에 대해 숙지하고
있었고, 따라서 경으로 귀결되어야 함을 강조하였지만, 동시에 경이
곧 주정(主靜)를 함축하고 있다는, 그리고 나아가 이정위본(以靜爲本)의
뜻도 아울러 갖고 있다는 장남헌의 말에 대해서도 함께 검토했다.[100]
구체적으로 이에 대한 문제의식은 1553년에서 1556년 사이에 작성된
글을 통해 확인된다. 퇴계는 1556년, 3년 전에 동강(東岡) 남언경(南彦經)의
부탁으로 작성한 그의 재실 '정재(靜齋)'에 대한 기문을 다시 수정하여
보완하는데, 바로 이 「정재기(靜齋記)」라는 글에서 정(靜)에 대한 퇴계의
사유를 살펴볼 수 있다.

　퇴계에 의하면 정(靜)은 동(動)에 대해서 근본이라는 위상을 가지며
경(敬)과는 상호 보완적인 관계에 있다. 이를 설명하기 위해 퇴계는
태극, 성인 및 일반 사람에게 있어서 동정의 양상으로부터 논의를 시작한
다. 그리고 바로 이어서 인간의 심을 언급함으로써 앞서 거론한 동정을
심 차원의 개념으로 해석한다. 즉 경에 이정위본(以靜爲本)의 뜻이 담겨
있다는 말에서, 경은 심에 대한 공부를 의미하고, 정은 정시(靜時)의
심 상태를 가리킨다는 것이다. 또한 퇴계는 이를 다시 리(理)와 기를
통해 설명하는데, 성인과 일반 사람의 차이에 주목한다면, 정(靜)하여서
동(動)을 제어하고 기가 리(理)의 명령을 듣는 것은 성인이 리(理)에 순일하

---

100) 『退溪先生文集』권37,「答李平叔」(1569.5~7월). "眞西山謂'敬·靜爲一'. 敬·靜可以分動
靜看否? 不然. 敬自兼動·靜, 不當與靜對分動·靜. 靜則雖本是對動之名, 然今旣云與敬爲
一, 則亦不當對敬而分動·靜也. 且以敬相傳, 自古而然, 如堯之'欽明', 舜之'兢業', 湯之'聖
敬', 武之'敬勝', 孔子之'行篤敬'·'修己以敬', 是也. '敬'字工夫, 通貫動·靜, 不須言靜而自
足.【大『易』'寂然不動', 『孟子』'平朝夜氣', 說靜理, 而不說出'靜'字. 『大學』定·靜, 只言知止
之效, 非言主靜之學.】至濂溪先生, 有'主靜'之說, 亦只言聖人全動·靜之德, 而常本於靜
耳, 未說到爲學處. 程門始以學者多患紛擾, 故發靜坐之旨, 所以敎人藥其病也. 然其言少
差, 則易流於禪. 今南軒則不然, 知敬卽主靜之意, 又專意於敬, 而覺主靜之有味, 其不流於
禪, 而得周·程本旨, 可知. 故西山贊歎之如此, 學者當求南軒何以知敬卽主靜之意, 又當
求南軒所以能專力於'敬'字上者如何, 而覺主靜之有味, 以是勉勉加工, 可也. 恐不當任費
心於分動·靜也."

기 때문이며, 동(動)하여서 정(靜)을 혼란시키고 리(理)가 기에 휘둘리는 것은 일반 사람들이 기를 쫓기 때문이라고 한다.101) 여기서의 동정 개념이 심의 특정한 상태를 의미한다는 것을 감안하여 위의 내용을 달리 표현한다면, 정시(靜時)의 심 상태는 리(理)에 순일한 상태로, 그러한 정시(靜時)의 심 상태를 근본으로 하여 동시(動時)의 심 작용을 제어하고, 그럼으로써 형기 차원의 기가 도덕적 가치 차원의 리(理)의 명령을 듣도록 하는 것이 성인의 모습이다. 또한 일반 사람은 정시(靜時)의 심 상태를 근본으로 하지 못한 채 동시(動時)에 처함으로써 동시(動時)의 심의 작용이 올바르지 못할 뿐만이 아니라 그로 인해 정시(靜時)의 심 상태 역시 훼손되며, 결국 형기 차원의 기에 의해 도덕적 가치 차원의 리(理)가 실현되지 못한다. 즉 경 공부에서 정시(靜時)의 심 상태를 근본으로 삼아야 한다는 것이란, 경 공부의 목표가 정시(靜時)의 심 상태를 온전히 하여 동시(動時)의 심 작용, 즉 살아가면서 특정한 일을 처리해야 하는 순간에서의 심의 작용이 올바르게 하는 데 있다는 것이다. 그리고 이 올바른 심의 작용을 이기(理氣) 개념으로 표현한다면 "기가 리(理)의 명령을 듣는" 것으로, 온전한 정시(靜時)의 심 상태를 유지함으로써 리(理)에 입각하여 모든 일을 처리하는 것을 뜻한다.102) 퇴계는 이와 같은 사유가 유학의 전통적 개념들에 의해 이어져온 것이라고 보았다.103)

---

101) 『退溪先生文集』 권42, 「靜齋記」(1556.5). "太極有動·靜之妙, 而其動也本於靜, 全動·靜之德, 而其靜也主乎靜, 衆人具動·靜之理, 而靜之理常汨於動. 夫太極之在人心, 初非有間於聖·愚, 然而衆人之所以常汨於動者, 何也? 動·靜者, 氣也, 所以動·靜者, 理也. 聖人純於理, 故靜以御動, 而氣命於理, 衆人徇乎氣, 故動以鑿靜, 而理奪於氣. 是以, 聖人與天地合德, 而人極以立, 衆人違天自肆, 固不能立天下之本, 何以應天下之事哉?"

102) 『退溪先生文集』 권42, 「靜齋記」(1556.5). "夫山不止, 則不能以生物, 水不止, 則不能以鑑物, 人心不靜, 則又何以該萬理而宰萬事哉?"

103) 楊時, 羅從彦, 李侗으로 이어지는 靜 사상에 주목하고, 주희 역시 이러한 맥락에서 벗어나있지 않음을 주장한 연구가 있다. 구스모토 마사쓰구 지음, 김병화·이혜경 옮김, 『송명유학사상사』(서울 : 예문서원, 2005), 222~229쪽 ; 289~292쪽 참조. 이러한 주희의 靜 중시를 性·情 가운데 性을 중시하며 天理·人欲 가운데 天理를

이러한 이유로 옛 성현은 이에 대해 진심으로 하지 않음이 없었다. 공자는『역』을 찬술하면서 적연부동(寂然不動)·감이수통(感而遂通)에 관한 논의를 두었고, 자사는 도를 전수하면서 중화(中和)의 뜻을 드러냈으며,『대학』의 정(定)과 정(靜),「태극도설」의 주정(主靜)도 모두 이것이다. 이후로 주렴계로부터 이락(伊洛)으로, 이락에서부터 양귀산·나예장·이연평을 거쳐 회암에까지 이르렀는데, 그 주고받은 연원의 종지를 비록 한마디 말로 다할 수는 없지만 그것의 큰 근본이 있는 곳을 찾아보면 거의 여기에서 벗어나지 않는다. 아! 쉽게 말할 수 있겠는가![104]

퇴계는『주역』「계사」의 적연부동, 감이수통과『중용』의 중화,「태극도설」의 주정(主靜)이 유학의 전통적 사유에 해당하며,[105] 이정, 양귀산, 나예장, 이연평, 주자에게서도 이러한 사유가 면면히 이어진 것으로 판단하고 있다. 그런데 이러한 계보적 이해는 사실「초의려선생집부백사양명초후부서기말(抄醫閭先生集附白沙陽明抄後復書其末)」에서도 발견된다. 퇴계가『이락연원록신증(伊洛淵源錄新增)』을 읽은 것이 언제인지 확실치는 않지만, 이 책에 나오는 양렴(楊廉, 1452~1528)의 말을 인용하면서 퇴계는 이정-양귀산-나예장-이연평-주자로 이어지는 계보에서 '정(靜)'을 중시한 것이 결국 정좌 공부로 귀결됨을 말하고 있다.[106] 그렇다면 퇴계는

중시하는 것으로 파악하기도 한다. 오하마 아키라 지음, 이형성 옮김,『범주로 보는 주자학』(서울 : 예문서원, 1997), 395쪽 참조.

104)『退溪先生文集』권42,「靜齋記」(1556.5). "是故, 古昔聖賢, 莫不於是而拳拳焉. 夫子贊『易』, 而有'寂·感'之論, 子思傳道, 而發'中·和'之旨, 以至『大學』之'定·靜',『圖說』之'主靜', 皆是也. 自是以來, 濂溪而伊洛, 伊洛而龜山·豫章·延平, 以及於晦菴, 其授受淵源宗旨, 雖非一言之可盡, 而求其大本之所在, 則殆不外是. 嗚呼! 其可以易言也哉!"

105)『대학』에서의 定·靜 개념에 대해서는 퇴계는 훗날 主靜의 의미가 있지 않은 것으로 달리 생각하게 된 것으로 보인다. 대신 다음의 서간을 보면 여기에서는 언급되지 않은『맹자』의 夜氣 개념이 主靜 사유에 새롭게 포함되고 있음을 알 수 있다.『退溪先生文集』권37,「答李平叔」(1569.5~7월). "【大『易』'寂然不動',『孟子』'平朝夜氣', 說靜理, 而不說出'靜'字.『大學』定·靜, 只言知止之效, 非言主靜之學.】"

정좌 공부가 정시(靜時)의 심 상태를 유지하는 방법이라고 본 것이라고
볼 수 있다.

그런데 「정재기」로 다시 돌아오면, 퇴계는 주정(主靜)의 의미에 치우치
면 안 된다는 점을 명확하게 서술하고 있다.

또 성인의 주정(主靜)은 천하의 동(動)을 하나로 하는 것이지 용(用)이
완전히 없는 것을 말하는 것이 아니며, 학자가 정(靜)을 추구하는 것은
모든 용의 근본을 세우는 것이지 멍하니 응(應)하지 않기를 바라는 것이
아니다. 그러므로 주정(主靜)하면서 동(動)을 제어할 수 있는 것은 성현이
중화가 되는 까닭이고, 정(靜)에 빠져 사물(事物)을 끊어버리는 것은 불씨와
노씨가 편벽된 까닭이다. 중화의 지극한 공효는 하늘과 땅이 제 자리를
잡고 만물이 자라나는 것이며, 편벽의 극단은 천리(天理)를 없애고 인륜을
끊어버리는 것이다. 그러므로 정주 문하에서는 누누이 이것에 대해 학자
들을 경계시켰지만, 문인 가운데 뛰어난 사람도 왕왕 허무·적멸로 빠져들
어 스스로 돌아오지 못하였다. 어째서인가? 정(靜)이 동(動)에 어지럽혀지
는 것을 알아서 결국 동을 싫어하고 정을 구하게 되면, 거친 것은 빠트리고
정미한 것을 찾으며 그릇[器]를 버리고 도(道)를 찾음을 면치 못하여 저도
모르게 이 지경에 빠지게 되는 것이다. 털끝만한 작은 착오가 천 리만큼의
잘못을 가져온다는 것이니, 얼마나 두려운가.

남시보 그대는 차분하고 단정하여 위학(爲學)이 너저분하지 않고 절실
하여 이러한 근심이 없을 것임을 안다. 하지만 그 뜻이 정(靜)을 우선시하는

---

106) 『退溪先生文集』 권41, 「抄醫閭先生集附白沙陽明抄後復書其末」(1553). "按, 靜坐之說,
明道嘗擧以告上蔡, 而伊川每見人靜坐, 亦嘆其善學, 但伊川又謂才說靜, 便入於釋氏之
說, 不用'靜'字, 只用'敬'字, 則已慮靜之爲有偏矣, 惟明道他日復謂靜者可以爲學, 則夫
朱子獨言明道敎人靜坐者, 豈非靜在明道則屢言之, 在伊川則雖言之, 而復不以爲然乎.
要之, 明道言靜卽'敬'字之義, 伊川恐學者未悟, 故加別白焉. 其後如龜山, 如豫章, 如延平
一派, 皆於靜中, 觀喜·怒·哀·樂未發氣象, 而上蔡亦謂多著靜不妨, 此豈非明道之敎乎.
至和靖, 始終一箇'敬'字做去, 豈非伊川之敎乎."

데[以靜爲先] 힘쓰는 것이라면, 정미한 의리에서 누에의 실이나 소의 털을 변별해낸 것이 어떻게 오차가 없을 것이라고 확신할 수 있겠는가?107)

퇴계는 정좌 공부를 통해 정시(靜時)의 심 상태를 유지하는 것이 공부의 근본이 되지만, 이러한 공부 방법이 노불의 학문처럼 "허무"와 "적멸"로 빠져 "사물(事物)을 끊어버리는" 상태에 이르게 될 위험성을 간과해서는 안 된다고 한다. 즉 정시(靜時)의 심 상태를 중시하는 이유는 동시(動時)의 심 작용이 올바르게 되도록 하는 것까지 포함하며, 나아가 그러한 상태를 목표로 하는 것이지, 정시(靜時)의 심 상태만을 추구하는 것은 아니라는 것이다. 퇴계는 이러한 공부를 "정(靜)을 우선시하는 것[以靜爲先]"이라는 말로 비판한다.108) 그러나 퇴계는 다시 정(靜)의 중요성을 언급한다.

삼가 생각해보면, 정시(靜時)에 존양(存養)하고 동시(動時)에 성찰(省察)하는 것은 참으로 학자라면 누구나 아는 것이다. 내가 말하는 정(靜)은 저 허무·석멸과는 전혀 다르다. 이것은 사람마다 알 수 있는 것이 아니다. 그 때문에 공부하면서 매번 선적(禪寂)에 빠진다. 혹 이러할까 걱정하여 결국 정시(靜時)에 존양(存養)하는 것은 버리고자 하고 오로지 동시(動時)에

---

107) 『退溪先生文集』 권42, 「靜齋記」(1556.5). "且聖人之主靜, 所以一天下之動, 非謂其泯然無用也, 學者之求靜, 所以立萬用之本, 非欲其漠然不應也. 故主靜而能御動者, 聖賢之所以爲中·和也, 耽靜而絶事物者, 佛老之所以爲偏僻也. 中·和之極, 位天地而育萬物, 偏僻之極, 滅天理而殄人倫. 故程·朱門下, 屢以是警切於學者, 而門人之賢者, 往往亦流入於虛無寂滅而不自返, 何哉? 知靜之汨於動, 而遂乃厭動而求靜, 則未免遺粗而索精, 去器而探道, 不知不覺而陷溺至此, 所謂差之毫釐, 謬以千里者, 甚可畏也. 時甫之爲人, 恬靜端慤, 其爲學不枝蔓而能親切, 吾知其無是患也. 然其意豈豈乎以靜爲先, 則義理之微, 蠶絲牛毛之辨, 惡保其必能無差耶?"

108) 이러한 연장선상에서 퇴계의 主靜 사유에 대해, "主靜을 바탕으로 두면서 독서를 결부시키고, 세계를 氣가 아닌 理로 파악하면서 動의 영역을 포섭하는 것"이라고 평가하기도 한다. 안영상, 「백사학과 양명학의 비교를 통해 본 조선중기 성리학의 특징」(『東洋哲學硏究』 50, 동양철학연구회, 2007), 223쪽 참조.

성찰(省察)하는 것에만 힘을 쓴다면, 더는 (마음의) 체를 온전히 하고 그 쓰임을 크게 하는[全體大用] 학문이 아니게 된다.[109]

퇴계는 정(靜)을 우선으로 하는 것의 잘못을 방지하려는 목적으로 정시(靜時) 공부, 즉 정시의 심 상태를 보존하는 존양 공부를 완전히 폐기하는 것 역시 문제가 있음을 지적하고 있다. 정시 공부와 동시(動時) 공부를 함께 진행하여야 된다는 것이다. 그리고 그러한 학문을 '전체대용 (全體大用)의 학문'이라고 표현한다.[110] 이는 정시의 심 상태를 심의 체(體) 로, 동시의 심 작용을 심의 용(用)으로 봄으로써 심의 체를 온전하게 하고 용을 완전히 실현한다는 의미이다. 바로 이 지점에서 퇴계는 주자의 중화신설 서간을 인용한다.

그러므로 학문은 치우치지 않음을 귀하게 여긴다. 「하도」·「낙서」 이래 로 이 이치를 논한 것이 많은데, 주자가 장남헌에게 준 중화를 논한 편지보다 갖추어진 것은 없다. 그곳에서 다음과 같이 말하였다. "정(靜)을 말하면 허무에 빠지게 된다고 하였는데, 이것은 참으로 염려할 것이다. 만약 천리(天理)로 본다면, 동(動)에 정(靜)이 없을 수 없는 것은 정(靜)에 동(動)이 없을 수 없는 것과 같으며, 정(靜)에 기름[養]이 없을 수 없는 것은 동(動)에 살피지[察] 않을 수 없는 것과 같다. 그러나 한 번 움직이고 한 번 고요함이 서로 뿌리가 되어 끊김을 용납하지 않는다는 의미를 안다면, 비록 '정(靜)'자를 썼더라도 원래 죽은 것이라는 게 아니니, 지극히

---

109) 『退溪先生文集』 권42, 「靜齋記」(1556.5), "竊嘗思之, 以爲靜而存養, 動而省察, 固學者所 共知也, 而吾所謂靜, 與彼之虛無寂滅者絶不同. 此則非人人之所能知也, 故其用功也, 每淪於禪寂. 若或患是然也, 遂欲舍靜養, 而專用力於動察, 則又非所以爲全體大用之學."

110) 全體大用과 主靜에 주목하여 두 개념간의 연관성에 대해 서술하고 있는 연구도 있다. 구스모토 마사쓰구 지음, 김병화·이혜경 옮김, 『송명유학사상사』(서울 : 예 문서원, 2005), 377~382쪽 참조.

고요한 가운데 움직임의 단서가 있는 것이다. 본래 일을 멀리하고 외물을
끊어버려 눈을 감고 묵묵히 앉아 있으면서 정(靜)에 치우치는 것을 말하는
것이 아니다." 그리고 마치면서 다음과 같이 말하였다. "'경(敬)'자 공부는
동정을 관통하지만 반드시 정(靜)으로 근본을 삼아야 한다."111)

정시(靜時)의 공부가 존양이고, 동시(動時)의 공부가 성찰이라고 하는
것은 중화신설을 통해 정립된 것이지만, 삶을 영위하면서 정시와 동시는
하나의 심의 두 양상이기 때문에 사실 하나의 경 공부로 동시와 정시의
공부를 아우른다는 것이 주요 내용이었다. 퇴계는 그 가운데 정(靜)을
중시하여야 한다는 언급이 담긴 부분을 인용함으로써 경 공부에 있어
정(靜)이 근본이 된다는 것을 강조하였다. 물론 퇴계는 이렇게 정(靜)을
근본으로 한다는 것이 공부 차원의 경으로 귀결된다는 것으로 전체의
글을 마무리하고 있다.112) 다만 퇴계는 이 기문을 마무리한 뒤, 남시보와
주고받은 서간을 덧붙이면서 중요한 언급을 함께 남긴다.

　나 황이 「정재기」를 적어 남시보에게 부치면서 별도로 다음과 같이
　적었다. "전에 논한 '정시기미용사(靜時氣未用事), 고리득자재(故理得自在),'
　라는 것, 이것의 의미는 맹자의 성선론과 같으니, 본원까지 지극히 궁구하
　여 말한 것이다. 기가 움직여 악으로 흘러간다는 것에 이르러도, 리(理)가

<hr />

111) 『退溪先生文集』 권42, 「靜齋記」(1556.5), "故學以不偏爲貴, 「河」·「洛」以下, 論此理多
　矣, 而莫備於朱子與南軒論中·和之書. 其言有曰, '言靜則溺於虛無, 此固當慮. 若以天理
　觀之, 動之不能無靜, 猶靜之不能無動也. 靜之不能無養, 猶動之不可不察也. 但見得一動
　一靜, 互爲其根, 不容間斷之意, 則雖下靜字, 元非死物, 至靜之中, 自有動之端焉. 固非遠
　事絶物, 閉目兀坐而偏於靜之謂', 而終之曰, '敬字工夫, 通貫動靜, 而必以靜爲本.'"
112) 『退溪先生文集』 권42, 「靜齋記」(1556.5), "近世篁墩程氏論夜氣·主靜之旨, 而卒亦歸重
　於敬, 其示人之意, 皆可謂深且切矣. 惟時甫誠能因朱子之訓, 參以篁墩之書, 而日新其功,
　則靜·敬相須, 本·末兼擧, 主靜而不偏於靜, 豈惟時甫之庶幾有得? 深冀老夫之亦可預聞
　也."

어찌 한 순간이라도 쉬겠는가? 다만 기에 의해 가려졌기 때문에 리(理)가 환히 투철하고 주장하거나 발휘할 수 없을 뿐이다. 그러하다면 리(理)는 정(靜)에는 있고 동(動)에는 없는 것이 아니며, 기 역시 정(靜)에는 없고 동(動)에는 있는 것이 아님이 명백하다. …"113)

앞서 정(靜)을 정시(靜時)의 심 상태라고 해석하였는데, 퇴계는 여기에 대해 보다 구체적인 설명을 덧붙이고 있다. 바로 "정시기미용사(靜時氣未用事), 고리득자재(故理得自在)"이다. 이는 "정시에는 기가 주관하지 못하기 때문에 리(理)가 그 자체로 있을 수 있다."라고 해석할 수 있는데, 이것은 바로 정시의 심 상태를 리(理)와 기 개념으로 해명한 것이라고 볼 수 있다. 즉 기미용사(氣未用事)를 바로 리득자재(理得自在)로 이해함으로써 정시의 심 상태란 결국 리(理)가 본연의 모습 그대로 심에 갖추어져 있는 것을 뜻한다고 본 것이다. 그리고 이러한 해명을 맹자의 성선론과 동일한 의미라는 설명과 함께 하고 있기 때문에 여기서의 리(理)가 선한 성(性)을 가리킴을 쉽게 알 수 있다. 즉 정시의 심 상태란 리(理)가 본연의 모습 그대로 심에 갖추어져 있는 것인데, 리(理)가 본연의 모습 그대로 심에 갖추어져 있는 것은 곧 유학의 기본 명제인 성선, 즉 선한 성이 다른 요소(기, 형기)에 의해 방해받지 않고 그대로 유지되고 있는 상태를 의미하는 것이다.

그렇다면 경 공부가 정(靜)을 근본이자 기준으로 삼아야 한다는 말 역시 이러한 맥락에서 다시 해석해볼 수 있다. 경 공부는 선한 성이 자신의 모습을 그대로 유지하고 있는 심의 상태를 근본이자 기준으로

---

113) 『退溪先生文集』 권42, 「靜齋記」(1556.5). "滉既述「靜齋記」, 寄時甫, 別有小簡曰, '向所論靜時氣未用事, 故理得自在, 此意與孟子性善之論同, 乃亦是極本窮源而言也. 及夫氣動而流於惡也, 理亦何嘗有一刻停息? 但爲氣之所蔽, 故理不得昭融透徹, 主張發揮爾. 然則理非靜有而動無, 氣亦非靜無而動有, 明矣云云.'"

삼아야 한다는 것이다. 그렇게 할 수 있다면, 선한 성이 자신의 모습을 그대로 유지하고 있는 심의 상태를 근본이자 기준으로 삼아, 살아가면서 특정한 일을 처리해야하는 순간에 이에 따라 일을 처리하게 된다는 것이다.[114]

　나아가 퇴계는 이러한 정시(靜時)의 심 상태를 본원의 차원에서 이해하고자 하였으며, 이 상태를 다시 리(理)가 주장하거나 발휘하는 상황이라고 설명하였다. 이를 다시 선한 성이라는 가치 근원으로서의 측면에서 바라본다면, 가치 근원으로서의 선한 성이 주장하거나 발휘하는 상황을 정시의 심 상태로 보았다고 할 수 있다. 즉 퇴계는 경 공부를 중시하면서, "이정위본(以靜爲本)"이라는 말에 주목하였고, 이를 선한 성이 자신의 모습을 그대로 유지할 수 있는 심의 상태가 경 공부의 근본이자 기준이 된다는 것으로 이해하였다. 그리고 이를 본원의 차원에서 리(理)가 주장하거나 발휘하는 상황이라고 설명함으로써 앞서 언급한 천명(天命)으로서의 리(理)의 측면에서 경(敬)의 의미를 검토할 여지를 제공한다.

2) 외경(畏敬)으로서의 경

　주자학에서는 『맹자』에서 말한 성선의 성(性)과 『중용』에서 말한 천명(天命)으로서의 성을 동일한 것에 대한 다른 표현이라고 본다. 이 용어들의 표면적인 의미만 살펴보아도 성선의 성은 그 성이 선하다는 측면에서

---

114) 이에 대해 "남언경이 미발의 순선을 담적한 상태의 기의 순선으로 해명한다고 한다면, 퇴계는 어떤 경우든 기의 순선을 인정할 수 없는 입장에서 氣未用事 나아가 理의 주재를 통해 미발의 순선을 해명하고 있다고 하겠다."라고 분석하기도 한다. 문석윤, 「退溪의 '未發'論」(『退溪學報』114, 退溪學硏究院, 2003), 22쪽. 또한 이러한 측면에서 "인위적인 단속과 규율 공부를 거쳐 理와 온전하게 합일하는 마음의 어떤 상태를 퇴계가 미발과 관련해 상정했으리라는 점을 짐작할 수 있다."라는 평가가 내려지기도 한다. 백민정, 「퇴계와 근기남인의 학문적 연속성 문제 재검토」(『국학연구』21, 한국국학진흥원, 2012), 155쪽.

언급된 것이고, 천명으로서의 성은 그것이 성인 동시에 천의 명령이라는 맥락에서 말해진 것이다. 그리고 앞서 살펴본 것처럼 퇴계는 학자들의 학문에 있어 경 공부를 중시하였을 뿐만이 아니라, 나아가 선한 성이 자신의 모습을 그대로 유지할 수 있는 심의 상태가 경 공부의 근본이 되어야 한다고 이해하였다. 그렇다면 여기서 언급된 선한 성은 동시에 천명으로서의 성이기도 할 것이다. 이 지점에서 다시 「천명도(天命圖)」에 도상화된 천명과 경(敬) 개념 사이의 연관성을 고찰해볼 수 있다. 즉 인간에게 도덕적 가치를 완수하라는 명령을 내리는 상천(上天)과 그 도덕적 가치를 자신의 직분(職分)으로서 받아들여 완수하고자 노력해야만 하는 인간이라는 천인 관계에 주목하여 천명과 경을 살펴본다면, 천명은 도덕적 가치를 완수해내라는 상천·상제의 지엄한 명령이고, 경은 그 명령을 수행해야하는 인간이 지녀야하는 태도라는 측면에서 언급된 것이라고 할 수 있다.

> 받은 바의 직분이 있는 경우 수위(修爲)의 일이 없다면 천명은 행해지지 않습니다. 그러므로 자사가 천명을 말함에 솔성(率性), 수도(修道), 존양(存養), 성찰(省察)에서부터 중화의 지극한 공효에 이른 이후에야 그쳤으니, 곧 이 그림(「천명도」)이 근본 하는 바의 뜻입니다. 게다가 그림에서 품부 받은 것이 치우치거나 바름을 통하여 인간과 물(物)의 귀천을 밝혔으니, 만약 부여받은 것을 보존하기만 하고 수위(修爲)를 빠뜨린다면, 체(體)는 있으나 용(用)이 없으며 군주에게 명은 있으나 신하가 직분을 폐기하는 것입니다. 무엇으로 인간이 만물보다 귀함을 드러내겠습니까?[115]

---

115) 『退溪先生文集』 권38, 「答申啓叔沃○壬戌(1562)」. "有所受職分者, 苟無修爲之事, 則天命不行矣, 故子思之言天命, 自率性·修道·存養·省察, 以至於中·和之極功而後已, 卽此圖所本之意也. 況圖中因稟賦之偏正, 而明人物之貴賤, 若只存賦予而闕修爲, 是有體而無用, 君有命而臣廢職, 何以見人之貴於物乎?"

앞서 퇴계 공부론의 이론적 토대가 피력된 글로서 살펴보았던 이 인용문은 태극과 천명 개념이 가지는 강조점의 차이에서 발생하는 그 함의의 다름을 설명한 것이다. 이 글에서 퇴계는 수위(修爲), 즉 공부가 천명 개념으로 인해 필연적으로 도출되는 인간의 행위임을 역설한다. 즉 인간의 본질이 도덕적 가치 완수 명령의 수행에 있음으로 인하여 그 도덕적 가치를 현실 속에서 실현하는 것은 명령에 따르는 것인데, 그 명령을 수행하는 데에는 공부라는 인간의 도덕적 가치 실현에 대한 노력이 동반되어야만 한다는 것이다. 여기서 공부의 구체적인 내용으로 존양과 성찰을 들고 있으므로, 이것이 경 공부와 다르지 않다는 것은 쉽게 파악할 수 있다. 그렇다면 경 공부는 천명으로서의 도덕적 가치를 온전하게 실현하기 위한 인간의 노력이라는 의미를 가지게 된다.

그런데 존양과 성찰로 대표되는 경 공부의 이면에는 퇴계의 천명관이 자리하고 있다는 것을 염두에 둘 필요가 있다. 이러한 맥락에서 퇴계는 천명과 인간의 관계 속에서 공부의 의미를 읽어낸다.

김군(金而精)은 이미 태극이 있지 아니함이 없음을 알았으니, 어찌 인간과 물(物)이 생김에 일용의 사이에 가득 찬 것이 또한 천명의 유행이 아님이 없음을 모르겠습니까? 오직 물(物)은 미루어갈 수 없고 인간은 미루어갈 수 있을 뿐입니다. 그러므로 이윤이 "천이 준 이 밝은 명(命)을 돌아본다."라고 한 것은 이 명을 돌아보라는 것이며, 맹자가 "일찍 죽고 오래 사는 것을 의심하지 않고, 수신하며 죽음을 기다리는 것이 명(命)을 세우는 것이다."라고 한 것은 이 명을 세우라는 것이며, 공자가 "리(理)를 궁구하고 성(性)을 다하여 명(命)에 이른다."라고 한 것은 이 명에 이르라는 것입니다. 이러한 후에야 비로소 인간이 물(物)보다 귀한 이치를 폐기하지 않게 됩니다. 어찌 그림 가운데 (修爲를) 참여시키는 것을 마땅하지 않다고 하겠습니까? 김군이 이미 이 힐난을 가설하고 스스로 풀이한 설을 보니,

이미 내가 앞의 단락에서 말한 뜻을 스스로 안 것 같습니다. 그러나 그가 반드시 천명이라는 이름을 고치고자 한다면 오히려 뒤 단락에서 성현의 설을 인용한 뜻에 아직 환하지 못한 것이 있을 것입니다. 만약 이에 대해서 앎이 있다면 처음부터 끝까지 모두 이 명(命)이니, 어찌 그 이름에 의심할 것이 있겠습니까?[116]

태극과 천명의 결합을 통해 퇴계는 만물이 천명과의 관계 속에 놓여 있음을 읽어냈고, 그 가운데 인간만이 이 천명을 돌아보며[顧], 세워서[立], 이에 이를[至] 수 있는, 즉 미루어가는[推] 능력을 갖고 있다고 여겼다. 여기서 말하는 이 추(推)의 능력에 대한 해명의 단초는 「천명도설후서」의 설명에서 발견된다.

　인간과 물(物)이 이미 생겨난 후로부터 미루어 올라가[推而上之] 묘응처 (妙凝處)에 이르면 이미 지극히 이른 것이기 때문에 이를 그림(「천명도」)의 위에 해당시키고 천명과 맞닿아 있는 것으로 삼았다.[117]

인간이 도덕적 가치를 실현하는 데 필요한 능력으로서 언급되는 추(推) 는 다름이 아니라 인간 자신의 본질로서 주어진 도덕적 가치에 대한 지향이 명령으로서 주어져 있다는 것을 알아차리는 과정이다. 그리고

---

116) 『退溪先生文集』 권38, 「答申啓叔沃○壬戌(1562)」. "金君旣知太極之無不在矣, 寧不知 人物之生, 洋洋乎日用間者, 亦莫非天命之流行乎? 惟是物不能推而人能推耳. 故伊尹曰, '顧諟天之明命', 顧此命也, 孟子曰, '夭壽不貳, 修身以俟死, 所以立命也', 立此命也, 孔子 曰, '窮理盡性, 以至於命', 至此命也. 如此然後, 方不廢人貴於物之理, 烏可謂不當預於圖 中耶? 觀金君旣設此難, 而旋有自解之說, 則似已自見得愚說前段之意矣. 然其必欲改天 命之名, 則尙恐於後段所引聖賢之說之義, 有未洞然者. 苟能於此而有見, 則徹頭徹尾, 皆此命也, 何所疑於其名哉?"

117) 『退溪先生文集』 권41, 「天命圖說後叙」(1553.12.11). "從人物旣生後, 推而上之, 至於妙 凝處, 已爲極致, 故以是當圖之上, 而與天命之際接."

이는 앞서 퇴계의 천명관을 통해 살펴보았던 인간 내면으로의 시선을
따라 사유하는 것이다. 퇴계는 이러한 시선을 따라 사유하면, 리(理)와
기가 묘응(妙凝)된 상태를 발견하게 되며, 이 상태는 인간에게 명령으로
주어진 도덕적 가치의 근원, 즉 천명을 만나게 되는 지점이라고 보았다.
그리고 퇴계는 이러한 이미지를 바로 유학의 전통적 개념인 '상제(上帝)'를
통해 설명한다.

> 다만 무극(無極)인 진(眞 : 理)과 이기(二氣), 오행(五行)이 오묘하게 합하
> 고 응집하여 만물을 화생하는 곳에 나아가 보면 마치 주재(主宰)하고
> 운용(運用)하여 이와 같게 하는 것이 있는 듯하니, 곧 『서』에서 "훌륭하신
> 상제가 백성들에게 선한 마음[衷]을 내려주어"라고 한 것, 정자가 "주재하는
> 측면에서 제(帝)라고 한다."라고 한 것이 이것입니다. 생각건대 리(理)와
> 기가 합하여 물(物)에 명(命)함에 그 신묘한 작용이 자체로 이와 같을
> 뿐이니, 천명이 유행하는 곳에 또 별도로 하게 하는 것이 있다고 하면
> 안 됩니다. 이것은 리(理)가 지극히 존귀하고 짝할 것이 없으며, 물(物)에
> 명(命)하지만 물(物)에 명(命)받지 않기 때문입니다.118)

이 지점에서 추(推)의 능력으로 표현된 수위(修爲), 즉 공부가 경 공부를
지칭하는 것임을 상기할 필요가 있다. 퇴계의 경 공부는 기본적으로
도덕적 가치의 근원인 천명과 인간의 관계 위에 정립되어 있는 공부라고
해석할 수 있다. 이러한 측면에서 퇴계에게서 경은 상제에 대한 외경119)이

---

118) 『退溪先生文集』 권13, 「答李達李天機」(時期未詳). "但就無極二五妙合而凝, 化生萬物
　　處看, 若有主宰運用而使其如此者, 卽『書』所謂'惟皇上帝, 降衷于下民', 程子所謂'以主宰
　　謂之帝', 是也. 蓋理氣合而命物, 其神用自如此耳, 不可謂天命流行處亦別有使之者也.
　　此理極尊無對, 命物而不命於物故也."
119) 『退溪先生文集』 권36, 「答李宏仲問目」(1567). "是不論心之所發, 事之宜不宜, 上帝之臨
　　汝, 事事物物頭頭處處, 皆知所懼."

라는 측면이 강조된다고 해석될 수 있다.[120]

앞서 살펴보았듯이 여기서 언급된 충(衷)은 인·의·예·지로서의 성(性)을 일컫는다. 이는 성선으로서의 성, 천명으로서의 성과 동일한 것이다. 바로 이 성을 상제, 제의 이미지를 통해 인간에게 명령으로서 주어진 것으로 해석함으로써, 도덕적 가치의 근원에 대해 인간이 지녀야 하는 마음 자세의 핵심을 외경으로 이끌어갈 수 있게 되는 것이다. 이러한 외경을 통해 경 공부를 설명하는 것은 이미 주자의 『중용』 해석을 통해서도 그 일면을 발견할 수 있다.

도는 일용사물에 마땅히 행하여야 할 리(理)이니, 모두 성의 덕으로서 마음에 갖추어져 있어서 물(物)마다 있지 않음이 없고, 때마다 그러하지 않음이 없으니, 이 때문에 잠시도 떠날 수 없는 것이다. 만일 그 떠날 수 있다면 어찌 솔성이라 말할 수 있겠는가. 이러므로 군자의 마음은 항상 공경함과 두려워함을 두어, 비록 보고 듣지 않을 때라도 또한 감히 소홀히 하지 못하니, 이 때문에 천리(天理)의 본래 그러함을 보존하여 잠시의 시간이라도 (도를) 떠나지 않게 하는 것이다.[121]

어두운 상황이나 세미한 일은 자취가 비록 나타나지 않았으나 기미가 이미 움직였고, 남이 비록 알지 못하나 자기만은 알고 있으니, 이는 온

---

120) 퇴계의 敬 개념에서 외경을 특히 강조한 연구는 다음이 있다. 李相殷, 『退溪의 生涯와 學問』(서울 : 瑞文堂, 1973) ; 김형효, 「퇴계 성리학의 자연 신학적 해석」(『退溪의 사상과 그 현대적 의미』, 서울 : 韓光文化社, 1997) ; 김기현, 「퇴계의 敬사상 ; 畏敬의 삶의 정신」(『退溪學報』 122, 退溪學硏究院, 2007) ; 김형찬, 「내성외왕(內聖外王)을 향한 두 가지 길-퇴계(退溪)철학에서의 리(理)와 상제(上帝)를 중심으로-」(『철학연구』 34, 고려대학교 철학연구소, 2007) ; 최재목, 『퇴계 심학과 왕양명』(서울 : 새문사, 2009).

121) 『中庸章句』, 1장, 주자의 주석. "道者, 日用事物當行之理, 皆性之德而具於心, 無物不有, 無時不然, 所以不可須臾離也. 若其可離, 則豈率性之謂哉. 是以君子之心常存敬畏, 雖不見聞, 亦不敢忽., 所以存天理之本然, 而不使離於須臾之頃也."

세상의 일이 드러나 보이고 밝게 나타남이 이보다 더함이 없는 것이다. 이러므로 군자가 이미 항상 경계하고 두려워하며, 이에 더욱 삼감을 가하는 것이니, 인욕을 장차 싹틀 때에 막아서 은미한 가운데에 속으로 불어나고 자라서 도를 떠남이 멂에 이르지 않도록 하는 것이다.122)

비록 계신공구(戒愼恐懼) 공부가 신독(愼獨) 공부와 대비되었을 때에는 시간적 구분에 의한 미발시(未發時) 공부라고 해석되지만, 퇴계의 "이정위본(以靜爲本)" 사유, 그리고 천명과 인간의 관계 속에서의 경에 대한 이해를 고려한다면, 외경이라는 형태의 경 공부는 시간적 구분에 의해 특정 순간에만 행해야 하는 공부의 형태는 아닐 것으로 보인다. "군자의 마음은 항상 공경함과 두려워함을 두며", 군자는 "이미 항상 경계하고 두려워하는 것"이라는 설명은 이러한 이해 위에서 읽혀질 수 있다.

퇴계는 「천명도설후서」에서 「천명도」를 그린 목적을 다음과 같이 밝히고 있다.

학문하는 사람이 여기에서 진실로 능히 천명이 자기에게 갖추어졌음을 알아서 덕성을 높이고 치신순(致信順)123)한다면, 양귀(良貴)124)가 사라지

---

122) 『中庸章句』, 1장, 주자의 주석. "言幽暗之中, 細微之事, 跡雖未形而幾則已動, 人雖不知而己獨知之, 則是天下之事無有著見明顯而過於此者. 是以君子旣常戒懼, 而於此尤加謹焉, 所以遏人欲於將萌, 而不使其滋長於隱微之中, 以至離道之遠也."

123) 致信順에 대하여 『退溪先生文集攷證』 권7에서는 다음과 같이 설명한다. "致信順 : (『記』) 先王, 能修禮以達義, 體信以達順." 또한 이에 대한 주자의 설명에 따르면, 體信은 致中을 뜻하고 達順은 致和를 의미한다.(『朱子語類』 권44, 「論語二十六·子路問君子章」, 127조. "問'體信達順'. 曰, '信, 只是實理, 順, 只是和氣. 體信是致中底意思, 達順是致和底意思.") 그렇다면 致信順은 致中和와 같은 의미라고 할 수 있다.

124) 良貴는 『孟子集註』, 「公孫丑上」, 7장, 주자의 주석에 설명이 자세하다. 본 출처는 『孟子』, 「告子上」, 17장이다. 『孟子集註』, 「公孫丑上」, 7장, 주자의 주석. "仁·義·禮·智, 皆天所與之良貴." ; 『孟子』, 「告子上」, 17장. "人之所貴者, 非良貴也, 趙孟之所貴, 趙孟能賤之." 이러한 설명을 따른다면, 良貴는 仁·義·禮·智인 性을 가리킨다고 해석할 수 있다.

지 않고 인극(人極)이 여기에 있어 천지에 참여하고 화육을 돕는 공효가
모두 지극해질 수 있을 것이다.125)

퇴계가 구조화한 학문의 중심에는 천명(天命)이 자신에게 갖추어져
있음에 대한 앎이 놓여 있다. 그리고 천명에 대한 앎의 방법으로서
외경을 그 핵심으로 하는 경 공부가 제시되며, 이러한 문제의식은 1553년
「천명도설후서」가 작성되던 시기는 물론, 1568년『성학십도』가 완성되는
시기까지 일관된 것이었다.126) 이와 관련하여 1559년 퇴계는 고봉과의
서간을 통해 본원을 함양하는 것에 대한 자신의 이해를 드러낸다.

본원(本原)의 곳에서 공부를 한다는 것은 저도 현재 그것을 강구하고
있지만, 아직 그 가부를 알 수 없습니다. 그러나 지금 공의 물음을 받았으니,
감히 거론하여 시정을 받고자 합니다. 심은 모든 일의 근본이 되고, 성은
모든 선의 근원이 된다고 합니다. 그러므로 선유가 학문을 논하면서
반드시 흐트러진 마음을 거두고 덕성을 기르는 것을 최초의 하수처로
삼은 것은 바로 본원의 곳을 성취시켜 도를 모으고 사업을 넓히는 기초로
삼은 것이니, 공부에 착수하는 요체를 어찌 다른 데서 구하겠습니까?
역시 "주일무적(主一無適)"과 "계신공구(戒愼恐懼)"일 뿐입니다. 주일(主一)
의 공부는 동·정에 통하고, 계구(戒懼)의 경지는 오로지 미발(未發)에 있는
것이니, 두 가지 중에 하나도 빠뜨려서는 안 됩니다. 그러나 외적인 태도와
행동을 다스려서 마음을 기르는 방법이 더욱 요긴하고 절실합니다. 그러
므로 "삼성(三省)"·"삼귀(三貴)"·"사물(四勿)"과 같은 것은 모두 응대하고

<hr>

125) 『退溪先生文集』권41,「天命圖說後敍」(1553.12.11). "學者於此, 誠能知天命之備於己,
　　尊德性而致信順, 則良貴不喪, 人極在是, 而參天地贊化育之功, 皆可以至之矣."
126) 『聖學十圖』,「進聖學十圖箚」. "畏敬不離乎日用, 而中和位育之功可致. 德行不外乎彛倫,
　　而天人合一之妙斯得矣." ;「夙興夜寐箴圖」에 대한 退溪의 설명. "以上五圖, 原於心性,
　　而要在勉日用, 崇敬畏."

만나는 상황에서 말한 것인데, 이 역시 본원을 함양하는 뜻입니다. 만일 이렇게 하지 않고 한결같이 마음 터전 공부만 주로 한다면 석씨의 견해에 떨어지지 않는 경우가 드물 것입니다.[127)]

퇴계는 본원을 모든 일의 근본이 되는 심과 모든 선의 근원이 되는 성으로 이해한다. 물론 여기에서 심과 성의 차이를 드러내는 데 주안점이 있는 것은 아니다. 오히려 공부를 시작해나갈 수 있는 기반으로서 본원에 해당하는 심과 성이 갖는 의미를 설명한 것이라고 이해해야할 것이다. 즉 삶의 전 영역에서 인간 개인의 모든 일을 처리하는 기능을 담당하고 있는 심과 그러한 심의 기능의 결과가 선으로 귀결되게 하는 근원으로서의 능력인 성이 공부의 출발점이 된다는 설명이다. 이러한 공부의 구체적인 설명으로 퇴계는 주일무적과 계신공구를 언급한다. 그리고 여기서 더 나아가 삼성(三省), 삼귀(三貴), 사물(四勿)의 사례를 거론하며 이러한 방법이 본원을 함양하는 가장 긴절한 것이라 설명한다.[128)] 여기서 언급한 주일무적과 계신공구는 물론이고, 삼성, 삼귀, 사물은 모두 경 공부에

---

127) 『退溪先生文集』 권16, 「答奇明彦」(1559.10.24). "本原之地下功, 滉方此求之, 而未審其可否. 今承俯詢, 敢擧以取正焉. 聞之, 心爲萬事之本, 性是萬善之原. 故先儒論學, 必以收放心養德性, 爲最初下手處, 乃所以成就本原之地, 以爲凝道廣業之基, 而其下功之要, 何俟於他求哉? 亦曰‘主一無適'也, 曰‘戒愼恐懼'也. 主一之功, 通乎動‧靜, 戒懼之境, 專在未發, 二者不可闕一. 二者不可闕一, 而制於外以養其中, 尤爲緊切. 故‘三省'‧‘三貴'‧‘四勿'之類, 皆就應接處言之, 是亦涵養本原之意也. 苟不如是, 而一以心地工夫爲主, 則鮮不墮於釋氏之見矣."

128) 三省은 『論語』, 「學而」, 4장에 나오는 말로, "남과 일을 도모하며 진실하였는가, 친구와 사귀면서 믿음을 지켰는가, 스승에게서 배운 것을 잘 익혔는가?"(曾子曰, 吾日三省吾身, 爲人謀而不忠乎, 與朋友交而不信乎, 傳不習乎)를 가리키며, 三貴는 『論語』, 「泰伯」, 4장에 나오는 말로, "몸을 움직일 때는 사나움이나 거만함을 멀리하고, 안색을 바르게 할 때는 믿음직스럽게 하며, 말을 할 때는 이치에 맞지 않는 것을 멀리한다."(君子所貴乎道者三, 動容貌, 斯遠暴慢矣, 正顔色, 斯近信矣, 出辭氣, 斯遠鄙倍矣)를 가리키고, 四勿은 『論語』, 「顏淵」, 1장에 나오는 말로, "예가 아니면 보지 말고, 예가 아니면 듣지 말고, 예가 아니면 말하지 말고, 예가 아니면 움직이지 말라."(非禮勿視, 非禮勿聽, 非禮勿言, 非禮勿動)를 가리킨다.

해당하는 것이다. 그리고 퇴계는 이러한 경 공부의 여러 설명들에 대해 각각이 갖는 함의의 차이에 대해서 언급한다. "외적인 태도와 행동을 다스려서 마음을 기르는 방법"인 삼성, 삼귀, 사물은 가장 긴절한 경 공부의 방법으로 제시되며, 계신공구는 미발시(未發時)의 특정한 공부로서 제시된다. 그런데 주일무적 공부는 동시(動時)와 정시(靜時), 즉 삶의 전 영역에서 행해지는 공부라고 설명된다. 이는 다음의 설명과 연결시켜 해석해볼 수 있다.

> 미발(未發) 상태는 계신공구(戒愼恐懼)하는 자리이고, 이발(已發) 상태는 몸소 살피고 정밀하게 살피는 때이며, 이른바 불러 깨우는 것[喚醒]과 들어 올려 관조하는 노력은 미발과 이발 사이를 관통하여 끊어짐이 있어서는 안 되는 것이니, 경이라고 이르는 것입니다.129)

심의 미발 상태와 이발 상태는 개념적으로 구분할 수는 있는 것이지만, 인위적으로 그러한 상태를 만들 수도 없고, 실제 삶 속에서 각각의 상태를 선명하게 구분해낼 수도 없다. 퇴계는 이러한 측면에서 동시(動時)와 정시(靜時)를 관통하는 공부인 경의 구체적인 내용을 주일무적과 불러 깨우는 것[喚醒], 들어 올려 관조하는[提起照管] 노력이라고 설명한다. 퇴계의 천명관에 입각하여 이를 바라본다면, 이는 인간 자신의 본질로서 도덕적 가치 지향이 명령과도 같이 주어져 있다는 것을 아는 것이고, 인간 내면으로의 시선을 따라 그 도덕적 가치의 근원에 대해 집중하는 것이다. 달리 표현한다면, 선한 성을 자신이 갖추고 있고, 그 선한 성이 명령으로 주어져 있다는 것을 한순간도 쉬지 않고 자각하고 있는 것이다.

---

129) 『退溪先生文集』 권19, 「答黃仲擧」(1559.8~9월). "未發則爲戒愼恐懼之地, 已發則爲體察精察之時, 而所謂喚醒與提起照管之功, 則通貫乎未發·已發之間而不容間斷者, 卽所謂'敬'也."

즉 퇴계의 경 개념을 천명과 긴밀한 것으로 본다면, 경 공부의 핵심은 천명과 인간의 관계 안에서 인간이 취해야만 하는 외경의 자세이고, 이를 통해 그 천명의 내용인 선한 성에 주목하고 민감하게 반응할 수 있도록 하는 것이라고 해석할 수 있다. 나아가 천명이 상제, 제의 이미지로 묘사되지만, 실은 그것이 리(理)의 작용이라는 설명을 통해 이러한 퇴계의 천명과 경에 대한 이해가 그의 리(理) 개념을 구성하는 데 중요한 의미를 제공하고 있다는 것을 예상해볼 수 있다.

즉 퇴계 철학에서 외경이라는 인간의 자세가 상제 개념을 통해 특히 강조된 것이라는 그간의 평가는, 그러한 퇴계의 상제관 속에 천명 개념이 핵심으로 자리하고 있으며, 그 천명의 내용으로 도덕적 가치를 삶 속에서 실현하라는 명령이 제시되고 있다는 해석 속에서 보다 온전하게 이해될 수 있을 것으로 보인다.[130] 그리고 퇴계는 이러한 의미를 통해 리(理)의 도덕적 가치를 실현하라는 명령자로서의 위상을 정립하였고, 그에 따라 그에 대한 인간의 외경의 자세를 강조하였다고 하겠다.

---

130) 이러한 측면에서 이상은은 천명과 상제, 경외의 관계를 "도덕적 실천과 神의 문제" 속에서 언급하면서 다음과 같이 분석하였다. "성리학에 있어서 경의 공부는 인간으로 하여금 理와 氣와의 괴리를 될수록 줄여서 神의 경지에까지 이르도록 하려 함에 있다. 그러나 이러한 공부는 愼思·明辨으로써만 되는 것이 아니라 계구·신독·경외의 방법으로 자신을 物化·質化로부터 벗어나 '對越上帝'의 경지로 승화시킴에 있다고 퇴계는 생각했다. 그 결과는 퇴계로 하여금 格物·窮理에서 부정당했던 상제[神]를 다시 篤行면에서 긍정한 것이라고 보아도 좋을 것이다." 李相殷, 『退溪의 生涯와 學問』(서울 : 瑞文堂, 1973), 262~264쪽 참조.

IV. 퇴계 리(理) 철학의 지선(至善) 지향적 성격

천명(天命) 개념을 통해 퇴계의 사유는 도덕적 가치로 집중된다. 나아가 이 도덕 가치는 인간 내면에 집중하였을 때 자신의 본질로서 발견되며, 동시에 이를 실제 삶 속에서 실현해내라는 강력한 명령이 인간에게 전해진다. 그리고 퇴계는 경(敬) 공부를 이러한 천명 개념 위에서 자리매김하는데, 그의 경 개념은 천명과 인간의 관계 위에서 인간이 지녀야하는 외경(畏敬)의 자세라는 측면을 핵심으로 하면서, 선한 성(性)이 자신의 모습을 그대로 유지할 수 있는 심(心)의 상태를 근본으로 삼는다. 퇴계의 친명과 경은 모두 도덕적 가치에 입각한 '리(理)' 개념으로 귀결됨으로써, 그의 리(理)에 주요한 함의를 부여한다.

앞서 1553년에 발표된 「천명도설후서(天命圖說後叙)」와 이에 입각하여 「천명도(天命圖)」에 표출되어 있는 퇴계의 천명관을 살펴본 뒤, 이러한 천명관을 바탕으로 하여 1556년 작성된 「정재기(靜齋記)」와 1550년대 편찬 중이었던 『송계원명이학통록(宋季元明理學通錄)』을 통해 발견되는 퇴계의 경을 해석해보았다. 이제 1560년 이후 논의된 사단(四端)과 리발(理發), 물격(物格)과 리자도(理自到)를 살펴봄으로써, 구체적인 실제 삶 속에서 구현되는 도덕 가치에 대한 퇴계의 리(理) 철학적 해석을 살펴보도록 하겠다.

1. 지선 지향의 경전적 근거

퇴계의 리발(理發)과 리자도(理自到) 해석은 유학 경전의 사단(四端)과 지선(至善) 개념에 대해 리(理) 철학적 해석을 시도한 것이다. 사단이 선한 정(情)을 가리키고, 지선 역시 구체적인 실제 삶 속에서의 옳음을 의미한다는 점을 염두에 둔다면, 리발(理發)과 리자도(理自到)는 사단과 지선으로 대표되는 도덕적 가치의 실현과 관련된 맥락에서 해석되어야 함을 알 수 있다. 이에 우선 사단과 지선이 갖고 있는 의미에 대해 살펴보도록 하겠다.

1) 『맹자(孟子)』의 사단(四端)

불인인지심(不忍人之心) 장으로 알려진 『맹자』 「공손추 상」, 6장의 사단 개념은 인간이라면 누구나 특정한 상황에서는 공통된 반응을 보이기 마련이라는 측면에서 그 논의가 시작된다. 물론 『맹자』에서 이 논의는 일차적으로 선왕들의 올바른 정치의 근거로서의 "사람을 차마 해치지 못하는 마음"을 제시하기 위해 마련된 것이다.[1] 그러한 이유로 이 구절을 정치와 연결시켜 독해할 수 있다는 견해가 제안되며, 그 결론으로 "군주 개인의 도덕성을 더 계발할수록, 정치적 안녕이 확보된다."라는 함의를 가진 것으로 해석되기도 한다.[2] 그러나 전통적으로 이 구절은 "성선설을 입증하고자 한 맹자의 사고실험"으로 간주되어 왔다. 또한 유학의 인간 개념이 특정 계층만을 가리키는 것이 아니라는 점을 수용한다면, 이

---

1) 『孟子』, 「公孫丑上」, 6장. "孟子曰, '人皆有不忍人之心. 先王有不忍人之心, 斯有不忍人之政矣. 以不忍人之心, 行不忍人之政, 治天下可運之掌上.'"
2) 김영민, 「『맹자』의 「불인인지심장」 해석에 담긴 정치 사상」(『정치사상연구』 13-2, 한국정치사상학회, 2007 가을), 58~62쪽 참조. 인용문은 62쪽.

장을 인간이 특정한 상황에서 보편적으로 보이는 반응이라는 차원에서의 논의라고 해석할 수 있으며, 주자 역시 이러한 측면에서 사단을 이해했다.[3]

사람이 모두 차마 사람을 해치지 못하는 마음을 갖고 있다고 말하는 까닭은 다음과 같다. 지금 사람들이 어린아이가 우물로 들어가려는 것을 갑자기 보게 되면 모두 깜짝 놀라고 측은한 마음을 갖는다. 이는 아이의 부모와 교분을 맺으려는 것도 아니며, 향당과 붕우들에게 명예를 구해서도 아니며, (잔인하다는) 명성을 싫어해서 그러한 것도 아니다. 이를 통해 보면 측은지심이 없으면 사람이 아니며, 수오지심이 없으면 사람이 아니며, 사양지심이 없으면 사람이 아니며, 시비지심이 없으면 사람이 아니다.[4]

『맹자』에서는 이 구절을 통해 인간이라면 누구나 특정한 상황에서 보이는 공통된 반응을 이야기한다. 바로 생명이 위험한 상황에 처한 어린아이를 본 사람이라면, 누구나 "깜짝 놀라고 측은한 마음"을 갖게 된다는 것이다. 그리고 이러한 반응을 보이는 이유가 그 상황 속에서 어떤 이해관계를 고려하기 때문이 아니라, 순전히 위험한 상황에 처한 어린아이를 보았기 때문에 보이게 되는 것이라고 말한다. 이러한 가설적 상황을 제시하면서 『맹자』에서는 이를 "사람을 차마 해치지 못하는 마음"이라고 총체적으로 포괄하며, 다시 측은, 수오, 사양, 시비라는 네 가지의

---

3) 『孟子集註』, 「公孫丑上」, 6장에 대한 주자의 주석. "言人若無此, 則不得謂之人, 所以明其必有也."
4) 『孟子』, 「公孫丑上」, 6장. "所以謂人皆有不忍人之心者, 今人乍見孺子將入於井, 皆有怵惕惻隱之心, 非所以內交於孺子之父母也, 非所以要譽於鄉黨朋友也, 非惡其聲而然也. 由是觀之, 無惻隱之心, 非人也, 無羞惡之心, 非人也, 無辭讓之心, 非人也, 無是非之心, 非人也."

반응으로 범주화한다. 바로 인간이 특정한 상황에서 이 네 가지 마음으로 대표되는 공통된 반응을 보이지 않는다면 인간이라고 규정할 수 있는 요소를 갖추고 있지 않은 것이라 판단할 수 있다는 것이다. 이러한 설명을 통해『맹자』에서는 사단이 인간이라면 누구나 지니고 있는 보편적인 반응이며, 그 내용은 측은지심으로 대표되는 "다른 사람을 차마 해치지 못하는 마음"임을 주장한다.

　　측은지심은 인(仁)의 단서이고, 수오지심은 의(義)의 단서이며, 사양지심은 예(禮)의 단서이고, 시비지심은 지(智)의 단서이다. 사람이 이 사단을 갖고 있는 것은 사체(四體 : 팔다리)를 갖고 있는 것과 같다. 이 사단을 갖고 있으면서도 스스로 할 수 없다고 말하는 사람은 자신을 해치는 사람이고, 자신의 군주가 할 수 없다고 말하는 사람은 군주를 해치는 사람이다.[5]

이어서『맹자』에서는 이 네 가지 마음이 각각 인·의·예·지의 단(端)이라고 설명한다. 여기서의 단(端)에 대해 주자는 이 네 가지 마음이 인·의·예·지가 인간에게 있음을 증명해주는 단서(端緖)라고 해석함으로써 인간의 마음에 있는 인·의·예·지가 특정한 상황에서 각각 네 가지의 마음으로 발현되기 마련이며, 동시에 이 사단을 통해 확인되는 인·의·예·지가 인간 모두에게 갖추어져 있다는 해석을 덧붙인다.[6] 즉 인간이라면 누구나 특정한 상황에서 사단이라는 공통된 반응을 보이며, 이 사단은 인간이

---

5)『孟子』,「公孫丑上」, 6장. "惻隱之心, 仁之端也, 羞惡之心, 義之端也, 辭讓之心, 禮之端也, 是非之心, 智之端也. 人之有是四端也, 猶其有四體也. 有是四端而自謂不能者, 自賊者也, 謂其君不能者, 賊其君者也."
6)『孟子集註』,「公孫丑上」, 6장에 대한 주자의 주석. "惻隱·羞惡·辭讓·是非, 情也. 仁·義·禮·智, 性也. 心, 統性情者也. 端, 緖也. 因其情之發, 而性之本然可得而見, 猶有物在中而緖見於外也."

라면 누구나 인·의·예·지를 갖고 있다는 주장의 명확한 근거가 된다는
것이다. 사단은 인간 누구에게나 갖추어져 있는 도덕적 가치를 확인시켜
주는 주요한 단서인 것이다. 이러한 설명 속에서 사단은 인간이라면
누구나 특정한 상황에서 보이는 공통된 반응인 사단이 실제로 있다는
측면이 강조되어 사용되고 있다는 것을 알 수 있다. 측은지심이 실제로
있다는 것은 증명의 대상이 아닌, 인간 스스로가 자신에게서 발견하는
것이다. 그리고 바로 이 실제로 있다고 여겨지는 사단이 사덕이 있다는
것의 근거라는 것이다.

　　무릇 사단이 나에게 있는 것을 다 넓혀서 채울 줄 알면, 마치 불이
　　처음 타오르며 샘물이 처음 나오는 것과 같을 것이다. 만일 이것을 채운다
　　면 사해를 보호하기에 충분하겠지만, 만일 채우지 못한다면 부모도 섬길
　　수 없을 것이다.[7]

한편『맹자』에서는 앞 내용에 이어 인간 누구에게나 갖추어져 있는
도덕적 가치를 확인시켜주는 주요한 단서로서의 사단이 도덕적 행위의
출발점이라는 의미 역시 갖고 있다고 설명한다. 이에 대한 주자의 해석은
다음과 같다.

　　사단은 나에게 있어 상황에 따라 발현된다. 모두 여기에 나아가 미루어
　　넓혀서 그 본연의 능력을 가득 채울 줄 안다면, 날로 새롭게 하고 또
　　새롭게 함이 장차 스스로 그만두지 못할 것이다. 이를 통해 마침내 채울
　　수 있게 된다면 사해가 비록 멀더라도 나의 범위 안이어서 보전하기
　　어려움이 없을 것이고, 채우지 못한다면 비록 지극히 가까운 일이더라도

　7)『孟子』,「公孫丑上」, 6장. "凡有四端於我者, 知皆擴而充之矣, 若火之始然, 泉之始達.
　　苟能充之, 足以保四海. 苟不充之, 不足以事父母."

해내지 못할 것이다.[8]

주자의 해석에 따른다면, 『맹자』에서는 특정한 상황에서 인간이라면 누구나 보이는 선한 반응이 자기 자신에게 있고, 그러한 능력이 자신에게 있음을 알아 그 능력을 향상시킨다면, 삶의 모든 상황에서 그 상황의 경중을 떠나 도덕적 가치에 입각한 행위를 수행할 수 있게 된다는 의미까지 사단에 포함된다. 사단은 선한 성으로서의 인·의·예·지가 특정한 상황에서 발현된 것임과 동시에 인간의 행위를 모두 도덕적 행위로 실현하는 데 있어서의 출발점이기도 한 것이다. 『맹자』의 구절에 대한 이러한 해석은 『맹자』에서의 사단 개념이 성선론에 기반하고 있으며, 동시에 사단이 구체적인 도덕적 행위를 완성하는 데 필수적인 인간의 보편적인 반응이라는 것을 의미한다. 이는 이 장에 대한 주자의 총괄적 설명에서도 발견된다.

　　이 장에서 논한 사람의 성(性)·정(情)과 심의 체(體)·용(用)이라는 것은 본래 그렇게 완전히 갖추어져 있고 각기 조리(條理)가 있음이 이와 같다. 배우는 사람이 이것에 대하여 돌이켜 찾고 묵묵히 알아서 이것을 확충한다 면 천(天)이 나에게 준 것을 다하지 않음이 없을 것이다.[9]

주자는 『맹자』의 이 장이, 사단이라는 특정 상황에서의 인간 공통의 선한 반응은 인·의·예·지에 입각하여 그 상황에 맞게 반응한 것인데,

---

8) 『孟子集註』, 「公孫丑上」, 6장에 대한 주자의 주석. "四端在我, 隨處發見. 知皆卽此推廣 而充滿其本然之量, 則其日新又新, 將有不能自已者矣. 能由此而遂充之, 則四海雖遠, 亦吾度內, 無難保者, 不能充之, 則雖事之至近而不能矣."
9) 『孟子集註』, 「公孫丑上」, 6장에 대한 주자의 주석. "此章所論人之性情, 心之體用, 本然全具, 而各有條理如此. 學者於此, 反求默識而擴充之, 則天之所以與我者, 可以無不 盡矣."

이 인·의·예·지는 성이자 심의 체이고, 사단은 정이자 심의 용이라는 것을 설명한 것이라고 보았다. 그리고 이러한 체용을 갖춘 심의 능력을 실현하고 확충함으로써 인·의·예·지를 온전히 발휘해낼 수 있다는 의미도 함께 전달하고자 하였다. 그런데 여기서 주목할 것은 주자가 이러한 인·의·예·지를 "천이 나에게 준 것"이라고 설명하고 있다는 점이다. 앞서의 설명과 함께 살펴본다면, 천이 나에게 준 인·의·예·지가 전개된 것이 바로 사단이라고 할 수 있다. 주자에 의해서 이와 같이 설명된 천은 선한 성의 근원이며, 인·의·예·지가 선한 성이고, 사단은 선한 성이 발현한 것이다. 이와 같은 천-사덕-사단 구조는 『맹자』의 다른 장에서도 확인된다. 사단에 대한 또 다른 『맹자』에서의 설명을 살펴보자.

> 측은지심을 사람마다 다 갖고 있고, 수오지심을 사람마다 다 갖고 있고, 공경지심을 사람마다 다 갖고 있고, 시비지심을 사람마다 다 갖고 있다. 측은지심은 인(仁)이고, 수오지심은 의(義)며, 공경지심은 예(禮)고, 시비지심은 지(智)다. 인·의·예·지는 밖으로부터 나를 녹여서 들이오는 것이 아니고 나에게 고유한 것이지만, 사람들이 생각하지 못할 뿐이다. 그러므로 "구하면 얻고 버리면 잃는다."라고 한다. 혹 (선악의 거리가) 서로 배가 되고 다섯 배가 되어 계산할 수 없는 것은 그 재질을 다하지 못했기 때문이다.[10]

『맹자』의 위의 구절은 맹자 당시 성에 대한 여러 입장들, 즉 고자(告子)의 "성은 선함도 없고 불선함도 없다."라는 주장을 비롯하여 "성은 선을

---

10) 『孟子』, 「告子上」, 6장. "惻隱之心, 人皆有之, 羞惡之心, 人皆有之, 恭敬之心, 人皆有之, 是非之心, 人皆有之. 惻隱之心, 仁也, 羞惡之心, 義也, 恭敬之心, 禮也, 是非之心, 智也, 仁·義·禮·智, 非由外鑠我也, 我固有之也, 弗思耳矣. 故曰, '求則得之, 舍則失之'. 或相倍蓰而無算者, 不能盡其才者也."

할 수도 있으며, 불선을 할 수도 있다."라는 주장, "성이 선한 사람도
있고, 성이 불선한 사람도 있다."라는 주장에 대한 비판의 맥락에서
나온 것이다. 맹자는 이들의 입장과는 달리 성선을 주장하였고, 선한
성의 특정한 상황에서의 반응인 정의 선함, 재질의 선함을 이야기하면서
이를 성선의 근거로 사용하였다.11) 다시 말해 앞서의 인용문이, 인간이라
면 누구나 특정한 상황에서 사단이라는 반응을 보이고, 그 반응을 통해
선한 성인 인·의·예·지가 있다는 것을 확인할 수 있으며, 이 사단이
다시 선한 행위의 출발점이 된다는 사실에 초점을 맞추었다면, 이 인용문
에서는 그와 더불어 인간의 성이 선하다는 주장을 뒷받침하는 것에
초점이 맞추어져 있는 것이다. 이와 관련하여 앞서 인·의·예·지의 단서로
서의 네 가지의 마음을 언급한 것과 달리 이 네 가지의 마음이 곧바로
인·의·예·지라고 말한 점에 주목해볼 수 있다. 주자는 이에 대해 다음과
같이 해명한다.

> 전편에서는 이 네 가지가 인·의·예·지의 단서가 된다고 말하였지만
> 여기서는 단서라고 말하지 않은 것은, 그곳에서는 그것을 확충하고자
> 하였고 여기에서는 단지 용(用)을 인하여 본체(本體)를 드러냈기 때문에
> 말에 같지 않음이 있을 뿐이다.12)

주자의 해석에 따르면 맹자가 네 가지의 마음을 인·의·예·지의 단서라
고 말하지 않고, 인·의·예·지 그 자체라고 말한 이유는 "용을 인하여

---

11) 『孟子』, 「告子上」, 6장. "公都子曰, '告子曰, 性無善無不善也, 或曰, 性可以爲善, 可以爲不
   善, 是故文武興, 則民好善. 幽厲興, 則民好暴. 或曰, 有性善, 有性不善, 是故以堯爲君而有
   象, 以瞽瞍爲父而有舜. 以紂爲兄之子且以爲君, 而有微子啓·王子比干. 今曰性善, 然則
   彼皆非與?' 孟子曰, '乃若其情, 則可以爲善矣, 乃所謂善也. 若夫爲不善, 非才之罪也.'"
12) 『孟子集註』, 「告子上」, 6장에 대한 주자의 주석. "前篇言是四者爲仁·義·禮·智之端,
   而此不言端者, 彼欲其擴而充之, 此直因用以著其本體, 故言有不同耳."

본체를 드러"내기 위해서이다. 『맹자』의 앞선 인용문에 대한 주자의
설명을 참고한다면, 여기서의 용과 본체가 심의 용, 심의 체를 가리키는
것임을 확인할 수 있다. 즉 심의 용으로서의 네 가지의 마음을 통해서
심의 체로서의 인·의·예·지를 드러낸 것이라는 것이다. 이어지는 맹자의
설명을 보면, 결국 이 인·의·예·지가 인간 자신에게 갖추어져 있음을
설명하고자 한 것임을 알 수 있다. 바로 이 인·의·예·지가 인간에게
성으로서 갖추어져 있는 것을 가리켜 인간의 성이 선하다고 하는 것이며,
그러한 근거로서 인간이라면 누구에게나 사단이라는 네 가지의 마음이
있다는 점을 제시하고 있는 것이다. 즉 사단은 사덕을 확인할 수 있는
단서라는 의미도 갖고 있지만, 사덕의 용으로서 사실상 사덕과 분리되어
이해될 수 있는 개념이 아니라는 것이다. 그리고 『맹자』에서는 이러한
설명에 이어 이 선한 성이 천으로부터 기원한 것임을 언급한다.

> 『시경』에서 "천(天)이 뭇 백성을 낳았으니, 물(物)이 있으면 법칙이 있다.
> 백성들이 지니고 있는 떳떳한 성[秉夷]은 아름다운 덕을 좋아한다."라고
> 하였고, 공자는 "이 시를 지은 사람은 그 도를 알 것이다. 그러므로 물(物)이
> 있으면 반드시 법칙이 있어서, 백성들이 떳떳한 성을 갖고 있기 때문에
> 아름다운 덕을 좋아한다고 하였다."라고 하였다.[13]

『시경』의 구절을 인용함으로써 『맹자』에서는 인간이 갖고 있는 보편적
인 측면을 다시 언급한다. 주자에 따르면, "아름다운 덕"을 좋아하는
것은 사람이라면 누구나 그러하며, 그것의 근거로서 병이(秉夷 : 秉彝),
즉 사람들이 갖고 있는 떳떳한 성(性)이 제시된 것이다.[14] 그런데 바로

---

13) 『孟子』,「告子上」, 6장. "『詩』曰, '天生蒸民, 有物有則. 民之秉夷, 好是懿德'. 孔子曰,
   '爲此詩者, 其知道乎! 故有物必有則, 民之秉夷也, 故好是懿德.'"
14) 『孟子集註』,「告子上」, 6장에 대한 주자의 주석. "有物必有法. 如有耳目, 則有聰明之德.

이 성을 부여한 근원으로서 이 구절에서도 역시 천이 언급되고 있다. 그렇다면 이 장에서는 선한 성을 갖고 있는 인간이 보이는 보편적인 모습에 대해서 "아름다운 덕"을 좋아하는 것과 사단으로 설명하면서, 그 선한 성의 기원으로서 천을 언급하고 있다고 이해할 수 있다.

사단은 인간이 특정한 상황에서 보이는 보편적인 반응이며, 그것은 선한 인·의·예·지의 성이 있음을 보여주는 것이고, 모든 도덕적 행위의 출발점이다. 그리고 이러한 설명의 이면에는 천–인·의·예·지–사단의 구조가 자리하고 있다고 할 수 있다.[15] 물론 여기서의 천이 가질 수 있는 다양한 함의에 대해서는 앞서 살펴보았다.[16] 다만 분명한 것은 인·의·예·지와 사단을 천과의 긴밀한 관계 속에서 파악하는 사유가 발견된다는 것이며, 사단과 사덕을 인간이라면 누구나 갖고 있다는 설명, 즉 사단과 사덕을 인간의 보편적 층위에서 해명하고자 하는 목적 아래 천이 언급되고 있다는 사실이다. 천을 통해 확보된 이러한 보편적 층위 위에서 사덕과 사단을 이해한다면, 그리고 그것이 인간의 성정으로 해석되고, 나아가 심의 차원의 논의임을 상기한다면, 도덕적 행위의 출발점으로서의 사단은 곧 인간이라면 누구나 도덕적 행위를 하게 된다는 의미의 근거로서 제시된 것이라고 해석할 수 있을 것으로 보인다.

有父子, 則有慈孝之心, 是民所秉執之常性也, 故人之情無不好此懿德者. 以此觀之, 則人性之善可見."

15) 이는 『孟子』, 「盡心上」, 1장의 "孟子曰, '盡其心者, 知其性也. 知其性, 則知天矣.'" 구절에 대한 분석을 통해서도 지지받을 수 있다. 주자는 이를 天-性-心 구조로 해석하고 있다. 『孟子集註』, 「盡心上」, 1장에 대한 주자의 주석. "心者, 人之神明, 所以具衆理而應萬事者也. 性則心之所具之理, 而天又理之所從以出者也. 人有是心, 莫非全體, 然不窮理, 則有所蔽而無以盡乎此心之量. 故能極其心之全體而無不盡者, 必其能窮夫理而無不知者也. 既知其理, 則其所從出. 亦不外是矣. 以大學之序言之, 知性則物格之謂, 盡心則知至之謂也."

16) 인격신으로서의 天, 초월과 내재로서의 天, 필연성으로서의 天 등의 의미를 갖고 있음을 앞서 Ⅱ-2-(1)에서 살펴보았다.

2) 『대학(大學)』의 지선

『대학』은 본래『예기(禮記)』의 한 편으로서 학문과 위정(爲政)의 관계에 주목하여 해석되었으며, 그 학문의 내용 역시 성의(誠意)를 중심으로 해명되었다.[17] 일반적으로『대학』은 정주(程朱)의 해석을 거치면서『논어』,『맹자』,『중용』과 함께 사서(四書)라고 병칭되었으며 이러한 흐름 위에서 유학의 경전으로서 그 지위를 갖게 되었다.[18] 『대학』에 대한 정주의 해석, 특히 주자 해석의 특징은 격물(格物) 개념에 입각하여『대학』은 물론 유학의 학문 체계 전반에 새로운 의미를 부여했다는 측면에서 찾아진다.[19] 그리고『대학』에서 제시된 학문 방법으로서의 팔조목 가운데 첫 단계인 격물에 주목하는 것은 우선『대학』에 대한 주자의 주석 가운데 보망장(補亡章)이 주자가 진행한 경전 원문에 대한 재구성 작업 가운데 핵심에 있기 때문이라고 볼 수 있다.『대학』에 대한 이러한 방향에서의 접근은 주자를 통해 새롭게 구축된 '신유학(新儒學)'의 사상사적 특징을 간파해낼 수 있는 시야라고 할 수 있으며, 이렇게 주자학을 통해 새롭게 구축된 유학의 면모에 대해서는 그간 다각도로 검토되어 왔다.[20]

---

17) 『禮記正義』,「大學」. "陸曰, '鄭云,「大學」者以其記博學可以爲政也.'【疏】正義曰, '案鄭『目錄』云, 名曰大學者以其記博學可以爲政也. 此於『別錄』屬「通論」. 此「大學」之篇論學成之事, 能治其國, 章明其德於天下卻本明德所由, 先從誠意爲始.'"

18) 朱漢民·肖永明 著,『宋代《四書》學與理學』(北京 : 中華書局, 2009), 19~20쪽 참조.

19) 陳來 지음, 이종란 외 옮김,『주희의 철학』(서울 : 예문서원, 2002), 315~316쪽 참조 ; 모종삼 지음, 김기주 옮김,『심체와 성체』1(서울 : 소명출판, 2012), 110쪽 참조.

20) 주자학을 통해 구축된 유학의 새로운 내용에 대한 평가는 크게 다음의 상반된 견해 속에서 이해할 수 있다. "주희의『대학』학설과 주희 이전 및 이후의『대학』에 대한 각종 견해들을 비교해 보면, 주희의「보망장」및 거기에 담긴 사상은 理學의 필요성을 촉진시켰을 뿐만 아니라 정주 理學派의 색채를 한층 선명하고 확실하게 해주었다고 할 수 있다. 주희의 격물치지 사상은 理學의 … 학문하는 방법에 직접적으로 영향을 주었고 모든 理學 체계의 최종적인 귀결처가 되었다." 陳來 지음, 이종란 외 옮김,『주희의 철학』(서울 : 예문서원, 2002), 316쪽 참조 ; "정이와

이 글에서는 이러한 시야 이면에 흐르고 있는 기존 유학과『대학장구』 사유의 유사성을 명덕(明德)과 지선(至善)에 대한 주자의 해석을 통해 제시해보고자 한다. 이는 인·의·예·지와 사단에 대해 주목함으로써『맹 자』의 천-인·의·예·지-사단 구조를 읽어낼 수 있는 가능성을 검토해보 았던 앞선 논의와 함께『대학』에서 제시되고 있는 천, 명덕, 지선 관계를 파악할 수 있도록 할 것이다. 다음으로, 주자를 통해 강조된 격물 공부가 명선(明善)을 목표로 한 것임을 선명히 함으로써, 유학의 지선은 구체적인 삶 속에서 실현되는 것이라는 측면이 격물 공부의 내용을 통해 이론적으 로 체계화되었다는 점을 보이도록 하겠다.

> 대학의 도는 명덕을 밝힘에 있으며, 백성을 새롭게 함에 있으며, 지선에 머무름에 있다.21)

주자는『대학』의 첫 구절에서 제시된 명명덕, 신민, 지어지선을『대학』 의 삼강령이라고 파악함으로써 대학이라는 "옛날 태학에서 사람을 가르 치던 법"22)이 위의 세 가지 목표를 지향하고 있었으며 이에 기반을 두고 유학의 학문이 정립된 것이라고 설명한다. 이 삼강령 가운데 첫 번째에 자리한 명명덕의 의미에 대해 주자는 다음과 같이 해석한다.

주희의 관점은 그 중점을『대학』에 두고 있으며, 그들이 이해한『대학』을 기준으로 삼음으로써 선진유가의 본래 뜻으로부터 벗어나 기본적인 토대의 차이를 보이는 방향 전환이 이루어져 또 다른 하나의 계통을 형성하였다. …『대학』을 중심에 둔 정이와 주희 계통은 송명유학의 곁가지로 선진유가의 본질에서 본다면 갈라진 새로운 길이다." 모종삼 지음, 김기주 옮김,『심체와 성체』1(서울 : 소명출판, 2012), 52쪽 참조.

21)『大學章句』, 경1장. "大學之道, 在明明德, 在親民, 在止於至善." ; 이에 대한 주자의 주석. "程子曰, '親, 當作新.'"

22)『大學章句』, 「序」. "大學之書, 古之大學所以敎人之法也."

　　명덕은 사람이 천(天)에게 얻은 것으로 텅 비고 영묘하며 어둡지 않아
온갖 리(理)를 갖추고서 모든 일에 응하는 것이다. 다만 품부 받은 기질에
얽매이고 인욕에 가리면 때때로 어두워진다. 그러나 그 본체의 밝음은
쉰 적이 없다. 그러므로 배우는 사람은 그 드러난 것을 따라 마침내
그것을 밝혀 처음 상태를 회복해야 한다.[23)]

　　명덕이 심에 해당하는 개념인지, 성에 해당하는 개념인지 등에 대해서
논란이 있어왔듯이, 명덕에 대한 "사람이 천에게 얻은 것"이고 "온갖
리(理)를 갖추고 온갖 일에 응하"는 것이라는 설명을 통해서는, 명덕이
천명지성의 사유와 심의 체용 사유가 중첩되어 있는 개념임을 알 수
있다. 여기서 말하는 천명지성 사유란, 도덕적 가치 근원으로서의 천으로
부터 인간이 도덕적 가치인 인·의·예·지의 성을 명령으로서 부여받았다
는 것이고, 심의 체용 사유란 인·의·예·지의 성을 근거로 인간이 자신의
삶 전 영역에서 그에 입각한 감응(感應) 작용을 해나간다는 것이다. 그런데
이러한 사유 위에서 명덕 개념을 통해 특히 강화되는 의미는 "본체의
밝음은 쉰 적이 없다"는 점이다. 즉 비록 기질과 인욕에 의한 가림의
가능성을 항상 갖고 있기는 하지만, 천으로부터 얻은 밝은 덕은 공부의
근거로서 항상 자신의 밝음을 내비치고 있다는 것이다. 이러한 이유로
기질과 인욕에 의한 가림이 없는 상태인 그 밝음, 즉 "처음 상태를 회복"하
는 것이 공부의 목표가 된다. 도덕적 가치 근원으로서의 천으로부터
부여받은 밝은 덕이 그 자체로 내비치는 밝음에 입각하여, 모든 일에
응할 수 있는 본연의 상태를 회복하는 것이 목표가 된다는 것이다.
결국 명명덕은 실제 삶의 영역에서 지선의 상태가 유지되는 것으로

---

23) 『大學章句』, 경1장에 대한 주자의 주석. "明德者, 人之所得乎天, 而虛靈不昧, 以具衆理
　　而應萬事者也. 但爲氣稟所拘, 人欲所蔽, 則有時而昏. 然其本體之明, 則有未嘗息者.
　　故學者當因其所發而遂明之, 以復其初也."

실현된다. 이러한 측면에서 주자는 삼강령 간의 관계를 다음과 같이
설명한다.

> 지선은 사리(事理)의 당연함의 극(極)이다. "명덕을 밝힘", "백성을 새롭
> 게 함"이 모두 지선의 경지에 머물러 옮겨가지 않게 해야 함을 말한
> 것이다. 생각건대 (이는) 반드시 저 천리(天理)의 지극함을 다하고 한
> 터럭만큼의 사사로운 인욕이 없어야 한다.[24)]

여기서 주자는 지선에 대해서 사리(事理)의 당연함의 극치[極]라고 해석
한다. 그리고 명명덕과 신민[25)]은 지선에 머묾으로써 완성되며, 이러한
지선은 천리를 실현하는 문제라는 설명을 덧붙인다. 명덕과 신민, 지선의
관계에 대한 주자의 보다 자세한 해명은 다음과 같다.

> 명덕은 내가 천에서 얻어 마음 가운데에서 빛나는 밝은 것이다. 통합하
> 여 말하면 인·의·예·지이다. 그것이 발현한 것으로 말한다면 측은·수오와
> 같은 류이고, 그것이 실제 쓰임에서 드러난 것으로 말한다면 부모를
> 섬기고 형을 따르는 것과 같은 것이 이것이다. 이와 같은 덕은 본래
> 내가 그것을 밝히기를 기다리지 않는다. 다만 이전에 기품에 얽매이고
> 물욕에 가려져서 줄곧 혼미하고 어두워 다시는 밝게 빛나지 않는다.
> 지금 끄집어내어 갈고 닦아 전에 천에서 얻은 것을 회복하는 것, 이것이
> 곧 "명명덕"이다.

---

24) 『大學章句』, 경1장에 대한 주자의 주석. "至善, 則事理當然之極也. 言'明明德'·'新民',
   皆當止於至善之地而不遷. 蓋必其有以盡夫天理之極, 而無一毫人欲之私也."

25) 참고로, 신민은 군주가 명명덕하는 모습을 보임으로써 모든 사람들이 이를 보고
   각자 자신의 명덕을 밝히게끔 한다는 의미이다. 즉 군주가 솔선수범하여 명명덕함
   으로써 모든 사람들이 자신의 명덕을 밝히도록 하는 것이다. 『大學章句』, 경1장에
   대한 주자의 주석. "新者, 革其舊之謂也, 言旣自明其明德, 又當推以及人, 使之亦有以去
   其舊染之汚也."

내가 이미 명덕을 밝혔는데 다른 사람이 기품과 물욕에 어두워진 것을 보게 되면, 어찌 스스로 안쓰러워하면서 새롭게 함이 있기를 바라지 않겠는가? 그들 역시 나처럼 끄집어내어 갈고 닦아 그들이 이전에 기품과 물욕에 의해 어두워졌던 것을 고쳐서 그들이 천에서 얻은 것을 회복하도록 하는 것, 이것이 곧 "신민"이다.

그러나 명덕·신민은 애초에 사람의 힘과 사사로운 뜻으로 행하는 것이 아니고, 본래 당연의 준칙이 있는 것이어서, 지나치는 것도 옳지 않고, 미치지 못하는 것도 옳지 못하다. 효로 말하면 효는 명덕이지만 자체로 당연의 준칙 역시 있다. 미치지 못하면 진실로 옳지 못하고, 만약 그 준칙을 지나치면 반드시 넓적다리를 잘라서 부모님에게 먹이는 일이 있게 된다. 모름지기 당연의 준칙의 터전에 이르러서 옮기지 않아야만 하니, 이것이어야 "지어지선"이다.[26]

명덕과 관련해서는 앞서 살펴본 내용과 마찬가지로 도덕가치 근원으로서의 천과의 관련성 속에서 그 위상을 세우고 있다. 또한 그것이 인·의·예·지와 다름이 없고, 사단으로 발현되며, 부모를 섬기고 형을 따르는 행위로 드러난다는 구체적인 설명이 덧붙여져 있다. 나아가 천과 명덕의 관계를 통해서 명덕으로서의 인·의·예·지가 발현한 사단과 그것이 행위로까지 드러난 효제(孝弟)가 인간의 본래적 모습임을 언급하고 있다. 이어서

---

26) 『朱子語類』 권14, 「大學一」, 115條. "明德, 是我得之於天, 而方寸中光明底物事. 統而言之, 仁·義·禮·智. 以其發見而言之, 如惻隱·羞惡之類, 以其見於實用言之, 如事親·從兄是也. 如此等德, 本不待自家明之. 但從來爲氣稟所拘, 物欲所蔽, 一向昏昧, 更不光明. 而今卻在挑剔揩磨出來, 以復向來得之於天者, 此便是'明明德'. 我旣是明得个明德, 見他人爲氣稟·物欲所昏, 自家豈不惻然欲有以新之, 使之亦如我挑剔揩磨, 以革其向來氣稟·物欲之昏而復其得之於天者. 此便是'新民'. 然明德·新民, 初非是人力·私意所爲, 本自有一箇當然之則, 過之不可, 不及亦不可. 且以孝言之, 孝是明德, 然亦自有當然之則. 不及則固不是, 若是過其則, 必有刲股之事. 須是要到當然之則田地而不遷, 此方是'止於至善'."

신민과 관련해서는 다른 사람들이 자신의 덕을 밝히고 자신의 본래 상태를 회복하도록 하는 것이라고 설명한다.

그런데 이러한 명덕과 신민을 통해 드러나게 되는 행동에는 구체적인 각 상황에서의 가장 좋음, 적합함, 옳음이 있으며, 이것은 사람의 사사로운 생각이나 의도와 관련된 것이 아니라고 한다. 이것이 바로 지선이라는 것이다. 명덕으로서의 효가 구체적인 상황에서 특정한 행위로 드러나야 하며, 과불급의 어긋남이 있지 않은 당연의 준칙으로서의 지선과 부합해야 한다는 것이다. 그렇다면 앞서『대학장구』에서 주자가 지선에 대해 해석한 "사리(事理)의 당연함의 극(極)"의 의미에는 구체적인 상황에서 리(理)에 입각하였을 때 당연히 그러한 옳음의 극치라는 뜻이 담겨 있음을 알 수 있다. 이와 관련된 해석을『대학혹문』에서 발견할 수 있다.

나에게 있는 덕을 마땅히 밝혀야 한다는 것과 백성에게 있는 것을 마땅히 새롭게 해야 한다는 것은 또한 모두 사람의 힘으로 하는 바가 아니며, 내가 그로써 밝히고 새롭게 하는 것 또한 사사로운 뜻으로 구차하게 행하는 것이 아니다. 이는 천에서 얻어 일상생활 가운데 나타나는 것으로 본래 이미 각각 본연의 일정한 준칙이 있지 않음이 없다. 정자가 의리 가운데 정미한 극치에는 붙일 수 있는 이름이 없다는 것 때문에 우선 지선(至善)이라고 지목하였다고 한 것으로, 전(3장)에서 군주의 어짊, 신하의 공경, 자식의 효성, 어버이의 자애, 사람과의 사귐에서의 미더움이 바로 그 조목 가운데 큰 것이다.[27]

---

27)『大學或問』, 經文에 대한 설명. "德之在己而當明, 與其在民而當新者, 則又皆非人力之所爲, 而吾之所以明而新之者, 又非可以私意苟且而爲也. 是其所以得之於天而見於日用之間者, 固已莫不各有本然一定之則. 程子所謂以其義理精微之極, 有不可得而名者, 故姑以至善目之, 而傳所謂君之仁·臣之敬·子之孝·父之慈·與人交之信, 乃其目之大者也."

지선의 내용은 군주의 어짊, 신하의 공경, 자식의 효성, 어버이의
자애, 사람과의 사귐에서의 미더움으로 대표되는데, 이것은 천으로부터
얻은 명덕이 일상생활 가운데 나타난 것으로, 이는 당연지칙(當然之則),
본연일정지칙(本然一定之則)이라 설명된다. 그렇다면 앞서 『대학장구』에
서 주자가 천리의 지극함을 다함으로써 지선에 머물 수 있다고 한 것에는
사실 천으로부터 얻은 명덕을 밝힌 것이 곧 지선과 다르지 않다는 의미가
담겨 있음을 알 수 있다. 즉 『대학』의 기본 구도 역시 천-명덕-지선으로
구성되어 있는 것이다. 『대학혹문』에서는 다음과 같은 설명이 위의 내용
에 이어진다.

　　뭇 사람의 마음에는 이러한 것들이 있지 않음이 없지만 간혹 이것을
　알지 못하고, 배우는 사람들은 간혹 이것을 알더라도 반드시 여기에
　이르러 벗어나지 않을 수 있는 사람이 매우 드물다. 이것이 대학을 가르치
　는 사람이 리(理)를 조금이나마 회복했다 할지라도 순수하지 않거나,
　다소 (자신을) 극복했을지라도 지극하지 못하여, 자신을 닦아 다른 사람을
　다스리는 도를 다할 수 없을까를 염려한 까닭이다. 그 때문에 반드시
　이를 지목하여 말하여 명덕과 신민의 표준으로 삼았다. 덕을 밝혀 백성을
　새롭게 하려는 사람이 참으로 반드시 여기에 이를 것을 구하여, 조금이라
　도 지나치거나 미치지 못하는 착오를 용납하지 않을 수 있다면, 인욕을
　버리고 천리를 회복하는 데 털끝만큼도 여한이 없을 것이다.
　　대저 『대학』 전체의 뜻을 종합하여 말하면 여덟 가지 일에서 벗어나지
　않으며, 여덟 가지 일의 요체를 종합하여 말하면 또 이 세 가지를 벗어나지
　않는다. 이것이 내가 단연코 『대학』의 강령이라고 여기면서 의심하지
　않는 까닭이다.28)

28) 『大學或問』, 經文에 대한 설명. "衆人之心, 固莫不有是, 而或不能知, 學者雖或知之,
　　而亦鮮能必至於是而不去. 此爲大學之敎者, 所以慮其理雖粗復而有不純, 已雖粗克而有

『대학』에서는 인간이라면 자신이 천으로부터 부여받은 명덕을 밝힘으로써, 모든 일에 응하는 것이 해당 사안에서 가장 옳은 상태가 되도록 추구할 것을 말한다. 그리고 구체적인 상황에서의 옳음을 추구하는 것은 기본적으로 인간에게 이미 갖추어져 있는 명덕을 밝혀내는 일이다. 그런데 주자학에서는 이러한 명덕의 실현이 쉽게 이루어지지 않는다고 본다. 본 인용문에서는 이에 대해 지선을 알지 못하기 때문에, 혹은 알더라도 지속적으로 그 앎을 유지하지 못하기 때문이라고 설명한다. 이것이 바로 『대학』 팔조목과 삼강령이 공부로서 제시된 이유라는 것이다. 그리고 격물 공부가 바로 이 팔조목의 첫 단계로서 제시되며,[29] 주자는 그에 주목한다.

팔조목의 첫 단계로서의 격물 공부는 기본적으로 선을 알기 위한 공부이다.[30] 여기서의 선은 앞서 삼강령에서 제시된 지선을 의미할 것이다. 이처럼 격물 공부의 목표가 지선에 대한 앎이라고 한정될 수 있기 때문에, 격물에 대한 이해는 도덕 가치에 대한 앎으로서 윤리의 층위에서부터 해석되어야할 것이다.

물론 이와 같이 주자의 격물 공부를 도덕적 수양 방법으로 귀결시켜 파악하는 것을 넘어서서 인식론적 의의가 담겨 있는 측면 역시 함께 강조될 수 있다. 이러한 이유로 이 두 측면을 종합하여 주자 격물 공부의 최종 목적이 리(理)를 파악하는 것이지만, 궁리의 직접적인 대상은 광범위

不盡, 且將無以盡夫修己治人之道. 故必指是而言, 以爲明德·新民之標的也. 欲明德而新民者, 誠能求必至是而不容其少有過不及之差焉, 則其所以去人欲而復天理者, 無毫髮之遺恨矣. 大抵『大學』一篇之指, 總而言之, 不出乎八事, 而八事之要, 總而言之, 又不出乎此三者. 此愚所以斷然以爲『大學』之綱領而無疑也."

29) 『大學章句』, 경1장. "古之欲明明德於天下者, 先治其國. 欲治其國者, 先齊其家. 欲齊其家者, 先脩其身. 欲脩其身者, 先正其心. 欲正其心者, 先誠其意. 欲誠其意者, 先致其知, 致知在格物."

30) 『大學章句』, 전10장에 대한 주자의 장하주. "凡傳十章. 前四章統論綱領指趣, 後六章細論條目功夫. 其第五章乃明善之要, 第六章乃誠身之本, 在初學尤爲當務之急, 讀者不可以其近而忽之也."

하게 접하는 구체 사물의 성질과 법칙으로, 모든 인식은 구체 사물로부터 시작되는 것이라고 주장되기도 한다.31) 즉 구체적인 상황 속에서의 인식을 강조한 이론으로서 격물 공부가 이해될 수 있다는 것이다. 이러한 측면에서 주목할 수 있는 격물 공부의 내용이 바로 '즉물(卽物)'이다. 이는 보망장의 내용을 통해 알 수 있다.

> "앎을 극진하게 함이 사물에 대한 도리를 궁구함에 있다."라는 것은 나의 앎을 극진하게 하고자 함이 사물에 나아가 그 도리를 궁구하는 데에 달려있음을 말한 것이다.32)

이러한 주자의 설명에 대해 '즉물(卽物)', '궁리(窮理)', '지극(至極)'이라는 구도33)로 그 함의를 파악해볼 수 있다. 이에 근거하여 이 글에서는 다음의 측면에 주목하고자 한다. 우선 격물 공부의 목표가 무엇인지 특정하지 않고서도 발견되는 '즉물'의 의의, 즉 구체 사물, 구체적인 상황 속에서의 인식을 강조한 측면이다. 이러한 의미를 갖고 있는 격물 공부를 통해 주자학은 구체적 현실로서의 일상을 벗어나지 않는 학문으로 체계화된다. 한편 격물 공부는 그러한 구체적 현실 속에서 리(理)를 궁구하는 것인데, '극(極)'에 이를 것을 추구한다. 여기서의 극은 "사리(事理)의 당연함의 극(極)"이고, "당연의 칙(則)"이며, "본연일정의 칙(則)"이자, "의리 가운데 정미한 극치(極致)", 즉 지선을 의미할 것이다. 그렇다면 격물 공부에 대한 이와 같은 해석을 통해 유학의 지선 개념은, 구체적인 상황에서의 옳음이라는 의미를 선명하게 가지게 되었다고 볼 수 있다.

---

31) 陳來 지음, 이종란 외 옮김, 『주희의 철학』(서울 : 예문서원, 2002), 345쪽 참조.
32) 『大學章句』, 전5장에 대한 주자의 장하주. "所謂致知在格物'者, 言欲致吾之知, 在卽物而窮其理也."
33) 陳來 지음, 이종란 외 옮김, 『주희의 철학』(서울 : 예문서원, 2002), 317쪽 참조.

이러한 이해는 결국 격물치지를 외물과의 관계 속에서 지선이 무엇인지 궁구함을 통해 본성의 체를 밝히는 것이라고 파악함으로써, 성의·정심·수신을 통한 본성의 용을 실현하는 공부와 함께 인간 자신의 삶을 지선에 머물게 하는 차원에서 『대학』의 팔조목 공부를 바라보는 것으로 귀결된다. 즉 『대학』을 통해 드러나는 "유학의 일차적 과제는 지선의 인식과 실천을 통한 도의 확립"이다.[34]

앞서 사단에 대해 살펴보면서, 사단이 갖고 있는 도덕적 행위의 출발점으로서의 의미 역시 언급하였다. 여기서 말하는 도덕적 행위란, 측은지심을 인간의 감정 차원에서 이해하는 것이 아니라, 이 측은지심을 기반으로 하여 구체적인 행위, 예를 들어 우물에 들어가려는 어린아이를 직접 구하는 행위로까지 완성됨을 의미하는 것이라고 할 수 있다. 또한 격물 공부를 통해 파악되는 구체적인 상황에서의 옳음으로서의 지선 역시 구체적인 상황에서의 옳은 행위를 의미한다고 하겠다. 이러한 측면에서 사단을 통해 확인되는 사덕과 천으로부터 부여받은 명덕은 지선으로의 전개를 지향한다고 해석할 수 있다.[35]

---

34) 이러한 실천인식론으로서의 유학은 『주역』의 極深硏幾, 『대학』의 八條目, 『중용』의 戒愼恐懼·愼獨과 致中和에서 피력되며 주자에게서는 居敬과 窮理, 퇴계에게서는 聖學과 心法의 학문론으로 정립된다고 평가된다. 李光虎, 「"極深硏幾"를 통해서 본 儒學의 實踐認識論」(『東洋哲學』33, 韓國東洋哲學會, 2010), 125~126쪽, 130~133쪽 참조.

35) 물론 『맹자』에서는 사해를 보호하고 부모 섬기는 것을 대표적인 사례로 제시하고 있다. 이는 유학의 도덕적 행위가 인륜을 벗어나 실현되는 것이 아님을 암시한다고 하겠다. 『맹자』에 따르면 인륜을 밝히는 것이 교육의 목표이며, 그 내용은 父子有親, 君臣有義, 夫婦有別, 長幼有序, 朋友有信이다.(『孟子』, 「滕文公上」, 4장, "聖人有憂之, 使契爲司徒, 敎以人倫. 父子有親, 君臣有義, 夫婦有別, 長幼有序, 朋友有信.") 이는 지선의 대표적인 사례로 제시된 『대학』에서의 仁·敬·孝·慈·信이 君臣, 父子, 國人의 관계 속에서 언급되는 것에서도 확인된다.

2. 리(理)의 지선 지향 : 리발(理發)

사단과 칠정을 리기(理氣) 개념으로 이론화하는 것과 관련하여, 퇴계와 고봉 사이에 있었던 서간 왕복은 사칠논변 혹은 사칠논쟁 등의 이름으로 불리며 조선 유학사에서 주요한 철학적 논변으로 평가되어 왔다. 사칠논변은 1558년 10월 고봉이 추만으로부터 「천명도」를 받아본 뒤, 그 그림에 적혀있던 "사단발어리(四端發於理), 칠정발어기(七情發於氣)"라는 구절에 대해 의문을 제기하였던 것에서 시작한다. 그렇다면 사단과 칠정에 대한 퇴계의 견해는 당초 「천명도」의 사유에 입각해서 제시된 것임을 알 수 있다. 여기서 말하는 「천명도」의 사유는 곧 앞서 살펴본 퇴계의 천명관을 핵심으로 하는 것은 물론이다. 한편 퇴계 스스로 자신의 전체 학문 체계에서 주안점을 두었던 경(敬) 개념 역시 사단과 칠정에 대한 그의 입장에 적지 않은 영향을 주었다.

퇴계의 리발(理發) 개념이 그의 「천명도」에서 표현된 언설이라는 것을 전제한다면, 이 표현에는 사단이 천명으로서의 리(理)가 발현된 것이라는 의미가 담겨 있다고 해석할 수 있다. 물론 사단이 리발(理發)이라는 표현의 일차적인 의미는, 선한 성(性)이 특정한 상황 속에서 구체적으로 발현된 선한 정(情)이라는 것이다.

1) 리발(理發)로서의 사단

1553년 「천명도설후서」를 발표한 퇴계는 1543년 이후 진행해오던 『주자대전』에 대한 독서의 결과로 1556년 『주자서절요』를 완성한다. 그리고 이러한 작업은 「주자행장」과 『주자어류』에 대한 검토는 물론 송계원명 시기 학자들에 대한 관심으로 이어져, 그 결과 1560년을 전후로 『송계원명 이학통록』의 일부가 완성된다. 한편으로는 1550년 초반부터 이어진 새로

운 문헌에 대한 독서를 통해 주자학에 대한 당대의 상이한 이해에 대해
비판적으로 검토하기도 한다. 이와 같은 퇴계의 학문 여정과 관련하여,
이 글에서는 앞서 '천명'과 '경' 개념에 주목하여 살펴보았다.

　1558년 "사단발어리(四端發於理)", "칠정발어기(七情發於氣)"라는 구절
이 담긴 「천명도」를 접한 고봉 기대승36)은 이 구절에 대해 의문을 가지게
된다.37) 이에 대한 퇴계의 대답은 "사단지발순리(四端之發純理), 고무불선
(故無不善)", "칠정지발겸기(七情之發兼氣), 고유선악(故有善惡)"으로 수정
하는 것이었다.38) 그러나 고봉은 이에 대해서도 여전히 비판적 시각을
갖고 있었으며,39) 이로 인해 퇴계는 자신의 사단과 칠정에 대한 입장을
체계적으로 정리한 첫 편지40)를 작성한다. 그런데 고봉은 이에 대해서도
지속적으로 문제점을 제기하는데,41) 퇴계는 결국 첫 번째 편지에 대한

---

36) 사칠논변이 시작되기 이전 고봉의 학문적 행보 역시 주목해볼 수 있다. 고봉은
　　31세, 즉 1557년에 『朱子文錄』이라는 『주자대전』 독서의 결과물을 내놓는다. 이동
　　희, 「高峯 奇大升의 『朱子文錄』 編纂과 당시 그의 思想의 一斷面」(『儒敎思想硏究』
　　36, 한국유교학회, 2009) 참조.
37) 『兩先生四七理氣往復書』 상편, 「高峯上退溪四端七情說」(1559.3.5). "今若以謂四端,
　　發於理而無不善, 七情, 發於氣而有善惡, 則是理與氣判而爲兩物也. 是七情不出於性,
　　而四端不乘於氣也, 此語意之不能無病, 而後學之不能無疑也. 若又以四端之發純理, 故
　　無不善, 七情之發兼氣, 故有善惡者而改之, 則雖似稍勝於前說, 而愚意亦恐未安.";『兩
　　先生四七理氣往復書』 상편, 「高峯答退溪論四端七情書」(1560.8.8). "但其謂四端發於
　　理, 而無不善, 七情發於氣, 而有善惡者, 大升曾見「天命圖」, 不能詳細記得, 只據大意,
　　以爲如是, 而著之於說. 今而再檢之, 則只有四端發於理, 七情發於氣, 二句, 而無不善有善
　　惡等語, 則無之."
38) 『退溪先生文集』 권16, 「答奇明彦」(1559.1.5). "頃者, 雖遂旣見之願, 倏如一夢, 未暇深
　　扣, 而猶有契合欣然處. 又因士友間, 傳聞所論四端·七情之說, 鄙意於此, 亦嘗自病其下
　　語之未穩, 逮得砭駁, 益知疎繆, 卽改之云. 四端之發, 純理故無不善, 七情之發, 兼氣故有
　　善惡, 未知如此下語無病否."
39) 『兩先生四七理氣往復書』 상편·「高峯上退溪四端七情說」(1559.3.5). "今若以謂四端,
　　發於理而無不善, 七情, 發於氣而有善惡, 則是理與氣判而爲兩物也. 是七情不出於性,
　　而四端不乘於氣也, 此語意之不能無病, 而後學之不能無疑也. 若又以四端之發純理, 故
　　無不善, 七情之發兼氣, 故有善惡者而改之, 則雖似稍勝於前說, 而愚意亦恐未安."
40) 『退溪先生文集』 권16, 「答奇明彦【論四端七情第一書】」(1559.10.24).
41) 『兩先生四七理氣往復書』 상편, 「高峯答退溪論四端七情書」(1560.8.8).

개본과 고봉의 문제제기에 대한 답변이 담긴 두 번째 편지[42]을 지음으로써 그에 대한 보다 엄밀한 논변을 이어간다. 이후 고봉의 답변[43]과 퇴계의 재답변[44]이 이어지며, 1566년에 이르러 고봉이 사단칠정 논변에 대한 후설과 총론을 서간과 함께 보내고,[45] 이에 대한 퇴계의 두 번의 답변[46]이 이루어지면서 논변이 마무리된다.[47]

사실 퇴계의 "리발(理發)" 개념은 제1서(「答奇明彦【論四端七情第一書】」)에서 주자의 말을 인용함으로써 처음 등장하며, 이후 제2서(「答奇明彦【論四端七情第二書】」)를 통해 그 함의가 다시 설명된다. 또한 제2서에는 제1서에 대한 수정사항이 반영된 개본이 함께 실려 있기 때문에, 실질적으로 제2서를 통해 퇴계의 "리발(理發)"을 살펴봄으로써 그 원의에 접근할 수 있다. 이제 제2서(「答奇明彦【論四端七情第二書】」)와 그 안에 실린 제1서 (「答奇明彦【論四端七情第一書】」)에 대한 개본을 검토함으로써 퇴계 "리발 (理發)"의 원 함의를 살펴보도록 하겠다.

우선 고봉의 문제제기는 다음으로부터 시작한다.

지금 만약 "사단은 리(理)에서 발하기 때문에 선하지 않음이 없고, 칠정은 기에서 발하기 때문에 선악이 있다."라고 한다면, 이는 리(理)와

---

42) 『退溪先生文集』 권16, 「答奇明彦【論四端七情第二書】」(1560.11.5).

43) 『兩先生四七理氣往復書』 하편, 「高峯答退溪再論四端七情書」(1561.1.16).

44) 『退溪先生文集』 권17, 「與奇明彦【壬戌】」(1562.10.16) ; 『退溪先生文集』 권17, 「答奇明彦【論四端七情第三書】」(1562이후). 이 가운데 論四端七情第三書는 발송되지 않은 편지이다.

45) 『兩先生四七理氣往復書』 하편, 「高峯答退溪書」 ; 「四端七情後說」 ; 「四端七情總論」 (1566.7.15).

46) 『退溪先生文集』 권17, 「答奇明彦」(1566.閏10.26) ; 『退溪先生文集』 권17, 「重答奇明 彦」(1566.11.6).

47) 사칠논변의 구체적인 전개 과정은 황준연 외 역주, 『(역주)사단칠정논쟁』 1, 「해제」 (서울 : 학고방, 2009) ; 리기용, 「'사칠리기논변'논고」『동서철학연구』 53, 한국동 서철학회, 2009) 참조.

기가 갈라져서 두 가지 물건이 되는 것이고, 칠정은 성에서 나오지 않으며 사단은 기를 타지 않는 것이 됩니다. 이는 말의 뜻에 잘못이 없을 수 없어 후학인 저에게 의심이 없을 수 없습니다. 그렇다고 또 "사단이 발하는 것은 순전한 리(理)이기 때문에 선하지 않음이 없고, 칠정이 발하는 것은 기를 겸하기 때문에 선악이 있다."라는 말로 고친다면 비록 이전의 설명보다는 약간 나은 듯하지만, 저의 생각에는 역시 타당치 않은 듯합니다.[48]

사단과 칠정에 대한 퇴계의 입장인 "사단발어리이무불선(四端發於理而無不善)"과 "칠정발어기이유선악(七情發於氣而有善惡)"[49]에 대해 고봉은 "리(理)와 기가 갈라져서 두 가지 물건"이 되고 "칠정은 성에서 나오지 않으며 사단은 기를 타지 않는 것"이 된다는 혐의를 들어 문제가 있다고 말한다. 그리고 이에 대한 "사단지발순리(四端之發純理), 고무불선(故無不善)"과 "칠정지발겸기(七情之發兼氣), 고유선악(故有善惡)"으로의 수정 역시 동일한 이유로 타당하지 않다고 여긴다. 고봉이 이러한 주장을 한 것에는 다음의 두 입장이 전제되어 있다. 하나는 "사람의 마음이 아직 발하기 전에는 그것을 성이라 하고 이미 발한 뒤에는 그것을 정"이라고 한다는 것이다. 이는 사단과 칠정이 모두 "이미 발한 뒤의 정"이라는 것으로, 이 위에서 고봉은 "칠정 밖에 다시 사단이 있는 것"이 아니라는 점을 강조하게 된다.[50] 다른 하나는 "리(理)와 기가 사물(事物)에 있어서는

---

48) 『兩先生四七理氣往復書』 상편, 「高峯上退溪四端七情說」(1559.3.5). "今若以謂'四端發於理而無不善, 七情發於氣而有善惡', 則是理與氣判而爲兩物也, 是七情不出於性, 而四端不乘於氣也. 此語意之不能無病, 而後學之不能無疑也. 若又以'四端之發純理, 故無不善, 七情之發兼氣, 故有善惡'者而改之, 則雖似稍勝於前說, 而愚意亦恐未安."

49) 앞서 언급한 것처럼 이는 "四端發於理"와 "七情發於氣"에 대한 고봉의 착오이고, 후에 고봉 스스로 이를 수정한다. 그러나 일반적으로 문제제기의 요지에는 큰 차이가 없다고 여겨진다.

50) 『兩先生四七理氣往復書』 상편, 「高峯上退溪四端七情說」(1559.3.5). "蓋人心未發則謂

혼륜하여 나누어 놓을 수가 없다."라는 것이다. 이는 사단과 칠정이
모두 이미 발한 뒤의 동일한 정인데, 그 정은 리(理)와 기가 혼륜한
것이어서 사단과 칠정을 순전한 리[純理]와 기를 겸한 것[兼氣]이라고
구분할 수 없다는 것이다. 이 위에서 고봉은 "선한 것은 바로 천명의
본연이고 악한 것은 바로 기품의 과불급이니, 사단과 칠정이라는 것이
애당초 두 가지 뜻이 있는 것은 아니다."라는 주장을 하게 된다.[51] 이러한
측면에서 고봉은 사단과 칠정의 관계를 다음과 같이 설명한다.

　　생각건대 성이 막 발할 때에는 기가 용사(用事)하지 않으므로 본연의
　　선이 그대로 이루어질 수 있는 것이니, 이것이 바로 맹자가 말한 사단이라
　　는 것입니다. 이것은 진실로 순일하게 천리(天理)가 발하는 것이지만
　　그렇다고 칠정 밖에서 나올 수 있는 것이 아니고 바로 칠정 가운데 발하여
　　절도에 맞는 것의 묘맥입니다. 그렇다면 사단과 칠정을 서로 대비하며
　　논하여 순전한 리[純理]와 기를 겸한 것[兼氣]이라고 하는 것이 가능하겠습
　　니까?[52]

　　고봉의 사단칠정 견해에 대해서 퇴계와의 논의를 통해 수정되고 개정
되어간 측면 역시 검토하여야 하지만[53] 고봉의 첫 문제제기는 이러한

　　之性, 已發則謂之情, 而性則無不善, 情則有善惡, 此乃固然之理也. 但子思·孟子所就以
　　言之者不同, 故有四端·七情之別耳. 非七情之外復有四端也."

51) 『兩先生四七理氣往復書』 상편, 「高峯上退溪四端七情說」(1559.3.5), "夫理, 氣之主宰
　　也. 氣, 理之材料也. 二者固有分矣, 而其在事物也. 則固混淪而不可分開, 但理弱氣强,
　　理無朕而氣有跡, 故其流行發見之際, 不能無過不及之差. 此所以七情之發, 或善或惡,
　　而性之本體, 或有所不能全也. 然其善者, 乃天命之本然, 惡者, 乃氣稟之過不及也. 則所
　　謂四端·七情者, 初非有二義也."

52) 『兩先生四七理氣往復書』 상편, 「高峯上退溪四端七情說」(1559.3.5), "蓋性之乍發, 氣不
　　用事, 本然之善, 得以直遂者, 正孟子所謂四端者也. 此固純是天理所發, 然非能出於七情
　　之外也, 乃七情中發而中節者之苗脈也. 然則以四端·七情對擧互言, 而謂之純理兼氣, 可
　　乎?"

측면에서 시작된다. 고봉의 문제제기는 퇴계가 사단과 칠정을 리(理)와 기에 각각 분속하여 구별한 것에 초점이 맞추어지며, 이는 사단이 칠정 가운데 선한 측면을 의미하는 것으로 이해하여야 한다는 자신의 입장과 함께 제시된다.

이에 대한 퇴계의 대답이 바로 「답기명언【논사단칠정제1서】」이다.[54] 퇴계의 대답은 리(理) 없는 기가 없고 기 없는 리(理)가 없는 것은 맞지만, 전통적으로 성(性)의 층위에서 천명지성·성선지성을 기질지성과 구분하여 말한 것은 리(理)와 기를 구분하여 말할 수 있는 사유가 표출된 것이라는 설명으로 시작된다. 그리고 이러한 구분은 정(情)의 층위에서도 마찬가지로 적용될 수 있기 때문에 사단과 칠정을 리(理)와 기로 나누어 개념화할 수 있다는 것으로 나아간다. 여기서 주목할 수 있는 것은, ① 퇴계가 리(理) 없는 기, 기 없는 리(理)를 상정하여 사칠 개념을 정립한 것이 아니라는 점, ② 퇴계가 성의 층위에서 리(理)와 기를 구분하여 논하는 것이 유학의 전통적 사유라고 보았다는 점, ③ 이러한 유학의 전통적 사유를 정의 층위에 적용하는 것을 퇴계가 스스로 자신의 창견이기는 하지만 성의 층위에서 리(理)와 기를 구분하여 논하는 것과 동일한 유형의 사유라고 해명하고 있다는 점이다.

퇴계는 우선 자신이 리(理) 없는 기, 기 없는 리(理)를 상정하여 사칠 개념을 정립한 것이 아니라는 점을 다음과 같이 표명한다.

대저 사단도 정이고 칠정도 정이어서 똑같은 정인데, 어찌하여 사단과 칠정이라는 다른 이름이 있는 것입니까? 보내온 편지에서 "나아가 말한

---

53) 이와 관련하여 남지만, 「高峰 奇大升의 性理說 硏究」(박사학위논문, 고려대학교 대학원, 2009) 참조. 여기서는 고봉의 성리설을 전기와 후기로 나누어, 후기에는 퇴계의 호발설을 승인한 것으로 분석하고 있다.

54) 이 글에서는 「答奇明彦【論四端七情第二書】」에 실린 「論四端七情第一書」의 개본을 분석 대상으로 한다.

것이 같지 않다.[所就而言之者不同.]"라고 한 것이 이것입니다. 생각건대
리(理)는 기와 본래 서로 필요로 하며[相須] 체가 되고 서로 지탱하며
[相待] 용이 되니, 진실로 리(理)가 없는 기가 없고 또한 기가 없는 리(理)도
없습니다. 그러나 나아가 말한 바가 다르면 구별이 없을 수 없습니다.
예로부터 성현들이 이 두 가지를 논할 때 언제 이 두 가지를 혼합하여
한 물건으로 만들고 분별하여 말하지 않은 적이 있었던가요?[55]

퇴계는 "리(理)와 기가 서로 따르고[相循] 떨어지지 않는다는 것"에
초점을 맞추어 사칠 개념을 제시하고자 하였던 고봉의 견해[56]에 대해서
자신도 역시 그러한 측면을 간과하고 있는 것은 아님을 먼저 밝힌다.
그러나 바로 자신이 사단과 칠정에 대하여 리(理)와 기로 나누어 이해한
것은 사단과 칠정이라는 서로 다른 이름이 있는 것과 마찬가지로 그
이름 안에는 서로 다른 함의가 있기 때문이라는 설명을 덧붙인다. 퇴계는
이를 "나아가 말한 것이 같지 않다.[所就而言之者不同.]"라는 고봉의 말을
인용하여 표현한다. 그리고 퇴계는 이어서 성의 층위에서 리(理)와 기를
구분하여 논한 이유에 대해 설명함으로써 이러한 자신의 견해를 뒷받침
한다.

또 '성' 한 글자를 가지고 말하더라도 자사는 이른바 천명의 성을 말하였

---

55) 『退溪先生文集』 권16, 「答奇明彦【論四端七情第二書·改本】」(1560.11.5). "夫四端, 情
也, 七情, 亦情也, 均是情也, 何以有四·七之異名耶? 來喩所謂'所就以言之者不同', 是也.
蓋理之與氣本相須以爲體, 相待以爲用, 固未有無理之氣, 亦未有無氣之理. 然而所就而
言之不同, 則亦不容無別. 從古聖賢有論及二者, 何嘗必滾合爲一說, 而不分別言之耶?"
이 글은 論四端七情第二書에 함께 실린 論四端七情第一書에 대한 개본이다. 이후
「答奇明彦【改本】」이라 표기한다.

56) 『退溪先生文集』 권16, 「答奇明彦【改本】」(1560.11.5). "竊詳來喩之意, 深有見於理氣之
相循不離, 而主張其說甚力, 故以爲未有無理之氣, 亦未有無氣之理, 而謂四端·七情非有
異義. 此雖近是, 而揆以聖賢之旨, 恐有所未合也."

고, 맹자는 이른바 성선의 성을 말하였는데, 이 두 '성'자가 가리켜 말한 것은 어디에 있습니까? 아마도 리(理)와 기가 부여된 가운데 이 리(理)의 원두본연처(源頭本然處)를 가리켜 말한 것이 아니겠습니까? 그 가리킨 바가 리(理)에 있고 기에 있지 않기 때문에 순전히 선하고 악은 없다고 할 수 있는 것입니다. 만약 리(理)와 기가 서로 떨어질 수 없는 것이기 때문에 기를 겸하여 (성을) 말하려 한다면 이미 성의 본연이 아닙니다. 저 자사와 맹자가 도체(道體)의 전체를 분명히 보고도 이와 같이 입언했던 것은 하나만 알고 둘을 몰라서가 아니라 진실로 기를 섞어서 성을 설명한다면 성이 본래 선하다는 것을 나타낼 수 없다고 여겼기 때문입니다.57)

퇴계는 앞서 언급한 "나아가 말한 것"에 대해서 보다 구체적으로 설명한다. 성의 층위에서 "나아가 말한 것[所就而言之者]"에 따라 제시되는 개념이 바로 『중용』의 천명으로서의 성과 『맹자』의 성선으로서의 성이라는 것이다. 여기서 퇴계는 "소지자(所指者)"라는 용어를 사용하면서, 성의 층위에서 리(理)를 가리켜 말한 것이 바로 천명으로서의 성과 성선으로서의 성이며, 이것은 "리(理)의 원두본연처(源頭本然處)"를 말한 것임을 밝힌다. 그리고 바로 이러한 방식으로 드러나는 유학의 전통적 사유가 바로 성선이라는 것을 명확히 한다. 이와 동일한 방식으로 퇴계는 성의 층위에서 기를 가리켜 말한 것이 기질지성이며, 이것은 품부 받아 생겨난 후를 가리켜 말한 것이라고 설명한다.58) 결국 퇴계는 리(理)와 기를 구분하여

---

57) 『退溪先生文集』 권16, 「答奇明彦【改本】」(1560.11.5). "且以'性'之一字言之, 子思所謂天命之性, 孟子所謂性善之性, 此二'性'字所指而言者, 何在乎? 將非就理氣賦與之中, 而指此理源頭本然處言之乎? 由其所指者在理不在氣, 故可謂之純善無惡耳. 若以理氣不相離之故, 而欲兼氣爲說, 則已不是性之本然矣. 夫以子思·孟子洞見道體之全, 而立言如此者, 非知其一不知其二也, 誠以爲雜氣而言性, 則無以見性之本善故也."

58) 『退溪先生文集』 권16, 「答奇明彦【改本】」(1560.11.5). "至於後世程·張諸子之出, 然後不得已而有氣質之性之論, 亦非求多而立異也. 所指而言者在乎稟生之後, 則又不得純以本然之性稱之也. 故愚嘗妄以爲情之有四端·七情之分, 猶性之有本性·氣稟之異也."

논하는 대표적인 사례로서 성의 층위에서 리(理)와 기를 구분하여 논한
것을 제시하며, 유학에서 이러한 방식의 논의가 있어 왔던 이유는 성선의
사유를 전달하고자 했던 것임을 밝히고 있는 것이다.

성의 층위에서 리(理)와 기를 분별하여 말하는 이유를 성선을 말하기
위한 것이라 이해한 퇴계는 이러한 구분이 정(情)의 층위에서도 가능하다
는 것으로 논의를 전개시킨다.[59] 그렇다면 이 지점에서 정의 층위에서
리(理)와 기를 분별하여 말하는 것, 즉 사단을 리(理)에, 칠정을 기에
배속시켜 개념화하는 것 역시 선한 성과 동일한 위상을 가진 선한 정인
사단을 말하기 위한 것임을 예상해볼 수 있다. 퇴계는 사단과 칠정에
대해 다음과 같이 설명한다.

측은·수오·사양·시비가 어디로부터 발합니까? 인·의·예·지의 성에서
발합니다. 희·노·애·구·애·오·욕이 어디에서 발합니까? 외물이 (사람의)
형기에 접촉하여 중(中 : 마음)을 움직여 상황에 따라 나옵니다. 사단이
발하는 것을 맹자는 심이라고 하였으니, 심은 진실로 리(理)와 기가 섞합된
것[理氣之合]입니다. 그러나 가리켜 말한 바가 리(理)를 주로 한 것은 어째서
입니까? 인·의·예·지의 성이 순수하게 속에 있고, 네 가지는 그 단서가
되기 때문입니다. 칠정이 발하는 것을 정자는 "마음[中]을 움직인다."라고
하였고, 주자는 "각각 마땅한 바가 있다."라고 하였으니, 또한 진실로
리(理)와 기를 겸한 것입니다. 그러나 가리켜 말한 바가 기에 있는 것은
어째서입니까? 외물이 오면 쉽게 감응되어 먼저 움직이는 것이 형기만
한 것이 없는데, 이 일곱 가지가 바로 그 묘맥이기 때문입니다. 어찌
속에 있으면 순수한 리(理)인데, 발하자마자 기와 뒤섞이며, 외물에 감응되
었다면 형기인데 그 발하는 것이 도리어 리(理)가 되고 기가 되지 않을

<hr>

59) 『退溪先生文集』 권16, 「答奇明彦【改本】」(1560.11.5). "然則其於性也. 旣可以理氣分言
之, 至於情, 獨不可以理氣分言之乎?"

수 있겠습니까?

사단은 모두 선합니다. 그 때문에 (맹자는) 이 네 가지(四端)가 없으면 사람이 아니라고 하였고, 또 "그 정으로써 말하면 선하다고 할 수 있다."라고 하였습니다. 칠정이 본래는 선하지만 악으로 흐르기가 쉬운 것이므로 발하여 절도에 맞는 것을 화(和)라고 하고, 하나라도 두어 잘 살피지 않으면 마음이 바름을 얻지 못한다고 하였습니다. 이로써 보면 두 가지가 모두 리(理)와 기에서 벗어난 것은 아니지만, 그 기원[所從來]을 인하여 각각 그 주로 하는 배[所主]를 가리켜 말한다면 어떤 것을 리(理)라고 하고 어떤 것을 기라고 하는 것에 어찌 안 될 것이 있겠습니까?[60]

퇴계는 다시 "가리켜 말한 배[所指而言者]"의 차이에 주목함으로써, 사단은 "리(理)를 주로 하며[主於理]", 칠정은 "기에 있음[在乎氣]"을 밝힌다. 물론 맹자의 심, 즉 사단이 "리(理)와 기가 결합된 것"이고, 칠정이 "리(理)와 기를 겸한 것"이라는 것에 대해서도 빠트리지 않고 덧붙인다. 그러나 퇴계가 실제로 주안점을 둔 부분은 사단과 칠정에 대한 "가리켜 말한 바"가 각각 리(理)와 기라는 점이다. 이러한 이유로 퇴계는, 사단이란 그것이 인·의·예·지의 성에서 발한 것이고, 그것이 인·의·예·지의 단서라는 점을 드러내기 위해 리(理)에 주목하여 설명한 개념이고, 칠정이란 형기를 통해 외물과 심의 감응이 이루어진다는 것을 설명하기 위해

---

60) 『退溪先生文集』 권16, 「答奇明彦【改本】」(1560.11.5). "惻隱·羞惡·辭讓·是非, 何從而發乎? 發於仁·義·禮·智之性焉爾. 喜·怒·哀·懼·愛·惡·欲, 何從而發乎? 外物觸其形而動於中, 緣境而出焉爾. 四端之發, 孟子旣謂之心, 則心固理氣之合也. 然而所指而言者則主於理, 何也? 仁·義·禮·智之性粹然在中, 而四者其端緒也. 七情之發, 程子謂之動於中, 朱子謂之各有攸當, 則固亦兼理氣也. 然而所指而言者則在乎氣, 何也? 外物之來, 易感而先動者莫如形氣, 而七者其苗脈也. 安有在中爲純理, 而才發爲雜氣, 外感則形氣, 而其發顧爲理不爲氣耶? 四端皆善也. 故曰, 無四者之心, 非人也, 而曰, '乃若其情則可以爲善矣.' 七情本善, 而易流於惡, 故其發而中節者, 乃謂之和, 一有之而不能察, 則心已不得其正矣. 由是觀之, 二者雖曰皆不外乎理氣, 而因其所從來, 各指其所主而言之, 則謂之某爲理, 某爲氣, 何不可之有乎?"

기에 주목하여 설명한 개념임을 이어서 밝힌다. 즉 사단은 선한 사덕의 단서이자 그것이 선하면서도 인간이라면 누구나 갖추었다는 의미를 모두 갖고 있으므로 리(理)에 입각하여 표현할 수 있으며, 칠정은 형기를 통해 감응한 것이며 그것이 중절하여야 화라는 것, 그리고 그것은 항상 악으로 흐를 가능성을 갖고 있는 것이기에 잘 살펴야 한다는 의미를 함께 갖고 있어 기에 입각하여 표현할 수 있다는 것이다. 결국 퇴계는 사단과 칠정에 대해 "각각 그 주로 하는 바를 가리켜 말"하였기 때문에 리(理)와 기에 분속해서 표현하였고, 그렇게 표현한 이유는 각각의 "기원 [所從來]"이 리(理)와 기로 구분되기 때문이라고 설명한다.

　이러한 퇴계의 설명은 다시 유학의 전통적 사유 가운데 성정을 리(理)와 기로 해명하는 두 가지 시각을 제시하는 것으로 정리된다.[61]

　　옛날 공자에게는 계선(繼善)·성성(成性)의 의론이 있었고 주자(周子)에게는 무극(無極)·태극(太極)의 설이 있었는데, 이는 모두 리(理)와 기가 서로 따르는[相循] 가운데 떼어내어 리(理)만을 말한 것입니다. 공자가 상근(相近)·상원(相遠)의 성을 말하고 맹자가 이목구비의 성을 말하였는데, 이것은 모두 리(理)와 기가 서로 이루어주는[相成] 가운데 겸하여 가리켰으나 기를 주로 하여 말한 것입니다. 이 네 가지가 어찌 같은 가운데 다름이 있음을 아는 것이 아니겠습니까? 자사는 중화(中和)를 논하면서 희·노·애·락을 말하고 사단을 언급하지 않았으며, 정자는 호학(好學)을 논하면서 희·노·애·구·애·오·욕을 말하고 사단을 언급하지 않았는데, 이는 리(理)와 기가 서로 필요로 하는[相須] 가운데 (理와 기를) 혼륜하여 말한 것입니다. 이 두 가지가 어찌 다른 가운데 같음이 있음을 아는 것이 아니겠습니까?[62]

---

61) 趙峰 著, 이상돈 번역, 「궁극적 가치 실현의 관점에서 본 퇴계와 고봉의 理發氣發 논변」(『한국학연구』 22, 인하대학교 한국학연구소, 2010), 359~360쪽 참조.

62) 『退溪先生文集』 권16, 「答奇明彦【改本】」(1560.11.5). "昔者, 孔子有繼善·成性之論, 周

우선 퇴계는 성에 대해서 "같은 가운데 다름이 있음"을 말하는 경우와
정에 대해서 "다른 가운데 같음이 있음"을 말하는 경우가 있다고 말한다.
여기서 말한 같음이란, 리(理)와 기가 서로 따르괴相循], 서로 이루어주며
[相成], 서로 필요로 함[相須]을 뜻하고, 다름이란 리(理) 혹은 기의 함의에
주목함으로써 구분되는 지점을 말한다. 즉 "다른 가운데 같음이 있음"을
말하는 경우란, "리(理)와 기가 서로 따르는[相循] 가운데 떼어내어 리(理)
만을 말한 것"과 "리(理)와 기가 서로 이루어주는[相成] 가운데 겸하여
가리켰으나 기를 주로 하여 말한 것"을 뜻하며, "같은 가운데 다름이
있음"을 말하는 경우란, "리(理)와 기가 서로 필요로 하는[相須] 가운데
혼륜하여 말한 것"을 의미한다. 이러한 구도에 퇴계가 제시한 유학 경전의
사례들을 포함시켜 다시 해석해 본다면, 『중용』의 희·노·애·락과 정자
「호학론」에서의 희·노·애·구·애·오·욕은 리(理)와 기를 혼륜하여 말함으
로써 리(理)와 기 각각이 갖는 고유의 함의에 주목하지 않고 서술한
것이다. 한편 공자의 계선(繼善)·성성(成性)의 의론과 주자(周子)의 무극
(無極)과 태극(太極)의 설은 리(理)가 가지는 함의에 주목하여 말한 것이고,
공자의 상근(相近)·상원(相遠)의 성과 맹자의 이목구비의 성은 기가 가지
는 함의에 주목하여 말한 것이다. 그렇다면 퇴계가 해명하고 있는 자신의
사단과 칠정에 대한 서술은 바로 이 리(理)와 기가 갖는 함의에 주목하여
각각을 리(理)와 기에 배속하여 표현함으로써 사단과 리(理)의 관계,
칠정과 기의 관계를 선명하게 제시하기 위한 것이라고 볼 수 있다.
바로 여기서의 관계에 대해서 퇴계는 앞서 살펴보았듯이 소종래(所從來 :
기원)와 소주(所主 : 주로 하는 바)라는 용어로써 해명한 것이며, 그 소종

子有無極·太極之說, 此皆就理氣相循之中, 剔撥而獨言理也. 孔子言相近·相遠之性, 孟
子言耳目口鼻之性, 此皆就理氣相成之中, 兼指而主言氣也. 斯四者豈非就同中而知其有
異乎? 子思之論中和, 言喜·怒·哀·樂, 而不及於四端, 程子之論好學, 言喜·怒·哀·懼·愛·
惡·欲, 而亦不言四端, 是則就理氣相須之中, 而渾淪言之也. 斯二者豈非就異中而見其有
同乎?"

래(所從來)의 다름으로 인해 발생한 소주(所主)의 차이를 드러내 언명함으로써 전달하고자 했던 사유는 다름이 아니라 리(理)-사덕-사단이 모두 선하다는 측면에서 동일한 함의를 갖고 있다는 것이다.

퇴계는 이 서간의 끝부분에서 『주자어류』의 "사단시리지발(四端是理之發), 칠정시기지발(七情是氣之發)" 구절을 제시하면서 이러한 자신의 논의의 연원을 보인다. 그러나 고봉은 여전히 퇴계의 입장에 동의하지 못하는 부분이 있었으며, 이로 인해 사칠논변은 지속된다.

퇴계의 「논사단칠정제1서(論四端七情第一書)」에 대해 이어진 고봉의 문제제기는 「논사단칠정제1서」를 12부분으로 구분하여 진행되는데, 여기서는 퇴계의 답변에만 주목할 것이다. 이러한 이유로 앞서도 이미 「논사단칠정제1서」 개본, 즉 고봉의 문제제기에 의한 퇴계의 수정이 반영된 글에 기반을 하여 살펴보았던 것이다. 퇴계는 고봉의 문제제기를 35조항으로 구분한 뒤, 퇴계 자신이 고봉의 견해를 오해한 부분 1조항을 제외한 34조항을 크게 네 부분으로 묶으며, 다시 이를 두 측면으로 정리한다.[63]

1. 고봉의 비판에 대해 퇴계가 오류를 인정한 부분(4조항)
2. 고봉의 비판이 퇴계 자신의 생각과 다르지 않다고 여겨지는 부분(13조항)
3. 고봉의 비판과 근본하고 있는 의미는 같지만 그 취지가 다른 부분(8조항)
4. 고봉의 비판과 의견이 달라 끝내 따를 수 없는 부분(9조항)

퇴계는 1번의 내용은 「논사단칠정제1서」에 반영하였고, 2번의 내용은

63) 『退溪先生文集』 권16, 「答奇明彦【論四端七情第二書】」(1560.11.5). "來喩雖縱橫變化, 往復百折, 約而言之, 除其錯看一條外, 類成四截, 而四截之中, 又約而言之, 不過爲二截而已. 何者? 承誨而覺失稱停者, 固皆本同之類也. 本同而趣異者, 辛亦同歸於終不能從者矣."

고봉의 의견과 자신의 의견이 다르지 않은 부분이라 받아들이고 다시
논의하지 않는다. 그러나 3번과 4번의 내용은 모두 사실상 의견이 대립되
는 부분이라고 이해한다. 그 때문에 「논사단칠정제2서」의 내용은 뒤의
17조항에 대한 퇴계의 답변을 중심으로 구성된다. 다만 논의를 시작하면
서 퇴계는 2번에 해당하는 내용에 대해서 간략한 설명을 덧붙인다.

> 대저 리(理)와 기가 서로 떨어지지 않고 칠정이 리(理)와 기를 겸하였다
> 는 것은 나도 일찍이 선유의 설에서 보았습니다. 그러므로 이전의 변론에
> 서 누누이 말하여, 성정을 통론하면서는 리(理) 없는 기가 없고 또한
> 기 없는 리(理)도 없다고 하였고, 사단을 논하면서는 심은 진실로 리(理)와
> 기가 결합된 것[理氣之合]이라고 하였으며, 칠정을 논하면서는 리(理)가
> 없지 않다고 하였습니다. 이와 같이 말한 종류가 한두 곳이 아니었으니
> 나의 소견이 제2절의 13조에서 말한 공의 변론과 무엇이 다릅니까?[64]

퇴계는 「제1서」와 마찬가지로 자신이 리(理) 없는 기와 기 없는 리(理)를
상정하여 사단과 칠정을 이해한 것이 아님을 우선적으로 재차 밝힌다.
다만 이것이 퇴계가 사단과 칠정 개념을 리(理)와 기에 분속함으로써
드러내고자 한 사유에 해당하는 것이 아니기 때문에 퇴계는 바로 다음의
논의로 끌고 간다.

> 공의 뜻은 사단과 칠정이 모두 리(理)와 기를 겸하였으므로 실상은
> 같으면서 이름만 다른 것이니 리(理)와 기에 분속해서는 안 된다고 여기는

---

64) 『退溪先生文集』 권16, 「答奇明彦【論四端七情第二書】」(1560.11.5). "夫理氣之不相離,
七情之兼理氣, 滉亦嘗與聞於先儒之說矣. 故前辯之中, 累累言之, 如統論性情則曰, 未有
無理之氣, 亦未有無氣之理, 如論四端則曰, 心固理氣之合, 論七情則曰, 非無理也. 如此之
類, 不一而足, 是鄙人所見, 何以異於第二截十三條之所論乎?"

것입니다. 나의 생각은 다음과 같습니다. 다름에 나아가서 같음이 있음을 볼 수 있기 때문에 두 가지를 진실로 혼륜하여 말한 것이 많지만, 같음에 나아가서 다름이 있음을 안다면 두 가지에 대해 나아가 말하는 바에는 본래 주리(主理)와 주기(主氣)의 같지 않음이 있으니, (사단과 칠정을 理와 기로) 분속하는 것에 어찌 안 될 것이 있겠습니까?[65]

퇴계는 여기서 바로 「논사단칠정제1서」에서 주안점을 두어 피력한 사단과 칠정의 소종래(所從來 : 기원)가 다름으로 인해 발생한 소주(所 主 : 주로 하는 바)의 차이를 드러내는 것을 주리(主理)와 주기(主氣)라는 용어로 다시 정리한다. 결국 퇴계에 의하면, 고봉의 문제제기는 사단을 논하면서 기를 언급하지 않고 칠정을 논하면서 리(理)를 언급하지 않음으로써 발생하는 "리기불상리(理氣不相離)" 원칙과의 어긋남에 입각하여 이루어진 것인 반면, 퇴계 자신이 전달하고자 하는 내용은 사단을 논하면서 리(理)에 주목하고 칠정을 논하면서 기에 주목함으로써 드러나게 되는 특정한 의미에 있다. 「논사단칠정제2시」 후반부 17조항에 대한 퇴계의 답변을 중심으로 하여, 사단과 칠정을 각각 리(理)와 기에 주목하여 파악하였을 때 드러나게 되는 특정한 의미가 구체적으로 무엇인지 살펴보도록 하겠다.

나의 생각에는 천지지성은 본디 리(理)만을 가리킨 것인데, 모르겠습니다만 이 경우 단지 리(理)만 있고 기는 없는 것입니까? 천하에 기 없는 리(理)가 없으니 리(理)만 있는 것이 아닙니다. 그런데도 오로지 리(理)만을

---

65) 『退溪先生文集』 권16, 「答奇明彦【論四端七情第二書】」(1560.11.5). "公意以謂四端·七情, 皆兼理氣, 同實異名, 不可以分屬理氣. 滉意以謂就異中而見其有同, 故二者固多有渾淪言之, 就同中而知其有異, 則二者所就而言, 本自有主理·主氣之不同, 分屬何不可之有."

가리켜 말할 수 있다면 기질지성이 비록 리와 기가 섞인 것이지만 어찌 기를 가리켜 말할 수 없겠습니까? 하나는 리(理)가 주가 되기 때문에 리(理)에 나아가 말하였고, 하나는 기가 주가 되기 때문에 기에 나아가 말한 것뿐입니다. 사단에 기가 없지 않지만 리지발(理之發)이라고만 말하고, 칠정에 리(理)가 없지 않지만 기지발(氣之發)이라고만 말하는 것, 그 뜻 역시 이와 같습니다.[66)

퇴계는 고봉이 주자의 말을 인용하면서 천지지성과 기질지성을 각각 "리(理)만을 가리킨 것"과 "리(理)와 기를 섞어서 말한 것"으로 설명한 데에 대해, 천지지성 역시 기 없는 리(理)를 말한 것이 아니라고 답한다. 또한 기질지성 역시 천지지성이 리(理)와 기가 함께 있는 가운데 리(理)만을 가리켜 말한 것인 것처럼 리(理)와 기가 섞여 있는 가운데 기만을 가리켜 말한 것으로 볼 수 있다고 답한다. 이는 결국 앞서 살펴본 소주(所主 : 주로 하는 바)에 입각한 대응이라고 할 수 있다. 그 때문에 이에 대한 퇴계의 대답은 사단은 리(理)가 주(主)가 되기 때문에 리(理)에 나아가 리지발(理之發 : 리가 드러난 것)이라 말할 수 있으며, 칠정은 기가 주(主)가 되기 때문에 기에 나아가 기지발(氣之發 : 기가 드러난 것)이라 말할 수 있다는 것으로 마무리된다. 이는 「제1서」에서 언급된 점이 재차 강조된 것인데, 성에 대해서 리(理)와 기 각각에 주안점을 두어 볼 수 있는 것처럼 정에 대해서도 동일한 방식으로 설명할 수 있다는 해명으로 이어진다. 이 역시 「제1서」에서의 논의와 마찬가지이다.

---

66) 『退溪先生文集』권16, 「答奇明彦【論四端七情第二書】」(1560.11.5). "滉謂天地之性, 固專指理, 不知此際只有理, 還無氣乎? 天下未有無氣之理, 則非只有理. 然猶可以專指理言, 則氣質之性, 雖雜理氣, 寧不可指氣而言之乎? 一則理爲主, 故就理言, 一則氣爲主, 故就氣言耳. 四端非無氣, 而但云理之發, 七情非無理, 而但云氣之發, 其義亦猶是也."

성을 논하면 리(理)가 기 속에 있는 것인데도 자사와 맹자는 본연지성을 지적했고 정자와 장자는 오히려 기질지성을 논했습니다. 정을 논한다면 성이 기질에 있는 것이지만 유독 각각 발한 바에 나아가 사단과 칠정의 소종래(所從來 : 기원)를 분별할 수 없겠습니까?[67)

본연지성과 기질지성으로 표현된 성의 두 측면은 정을 사단과 칠정이라는 두 측면으로 구분할 수 있는 근거가 된다. 그리고 이 역시 「제1서」에서 언급되었던 소종래의 차이를 드러내기 위한 것이라고 설명된다. 즉 본연지성-사단, 기질지성-칠정이라는 구도 속에서 사단의 소종래는 본연지성이고 칠정의 소종래는 기질지성이라는 것이다. 이러한 설명에 따른다면, 퇴계는 「제1서」에서와 마찬가지로 「제2서」에서도 사단과 칠정의 소종래의 차이로 인하여 소주(所主 : 주로 하는 바)가 다르게 되며, 이로 인해 사단과 칠정을 각각 분별하여 말할 수 있다는 입장을 지속적으로 견지하고 있었던 것으로 보인다. 그리고 이러한 구도가 본연지성-사단, 기질지성-칠정인 것이다.

생각건대 혼륜하여 말한다면 칠정이 리(理)와 기를 겸하였다는 것은 많은 말을 기다리지 않아도 분명하지만, 칠정을 사단과 대비하여 각각 구분하여 말한다면 칠정과 기의 관계는 마치 사단과 리(理)의 관계와 같습니다. 그 발하는 데 각각 혈맥이 있고 그 이름에 모두 가리키는 바가 있기 때문에 그 주된 바에 따라 (理와 기에) 분속할 수 있습니다. 나도 칠정이 리(理)와 관계없이 외물이 우연히 서로 모여 감동하는 것이라고는 생각지 않습니다. 그리고 사단이 외물에 감응하여 움직이는 것은

---

67) 『退溪先生文集』 권16, 「答奇明彦【論四端七情第二書】」(1560.11.5). "論性而理在氣中, 思·孟猶指出本然之性, 程·張猶指論氣質之性. 論情而性在氣質, 獨不可各就所發而分四端·七情之所從來乎?"

진실로 칠정과 다르지 않지만, 사단은 리(理)가 발하여 기가 따르고 칠정은 기가 발하여 리(理)가 타는 것입니다.[68]

다만 퇴계는 사단과 칠정에 대해 각각 리(理)와 기로만 설명하였던 것을 수정하여 "사단은 리(理)가 발하여 기가 따르고 칠정은 기가 발하여 리(理)가 타는 것"이라고 표현한다. 퇴계가 이러한 해명으로 나아가게 된 이유는 "칠정이 리(理)와 관계없이 외물이 우연히 서로 모여 감동하는 것"이라고 생각하지 않기 때문이고, "사단이 외물에 감응하여 움직이는 것은 진실로 칠정과 다르지 않"기 때문이다. 즉 사단을 리발(理發)로, 칠정을 기발(氣發)로 표현함으로써 드러내고자 했던 소종래의 차이는 물론 고봉의 비판의 핵심인 기 없는 사단, 리(理) 없는 칠정으로의 오해 가능성을 차단하기 위해 이러한 수정이 있었던 것이다. 하지만 퇴계의 주안점은 여전히 사단과 칠정의 리(理)와 기로의 분속에 있었다. 이것이 바로 소종래(所從來)와 소지(所指)의 차이로 인한 구분이다.[69]

그렇다면 공은 맹자가 사단을 말한 것에 대해 기의 드러남[氣之發]으로 보는 것입니까? 만약 기가 드러난 것으로 본다면, "인의 단서[仁之端]", "의의 단서[義之端]"라고 한 것에서의 인·의·예·지 네 글자를 어떻게 보아야 하겠습니까? 가령 약간의 기가 섞인 것으로 본다면 순수한 천리(天理)의 본연이 아니라는 것이며, 순수한 천리로 본다면 그 발하는 단서는 확실히 진흙을 탄 물처럼 혼잡한 것이 아닐 것입니다. 공은 인·의·예·지를 미발(未

---

68) 『退溪先生文集』 권16, 「答奇明彦【論四端七情第二書】」(1560.11.5). "蓋渾淪而言, 則七情兼理氣, 不待多言而明矣, 若以七情對四端, 而各以其分言之, 七情之於氣, 猶四端之於理也. 其發各有血脈, 其名皆有所指, 故可隨其所主而分屬之耳. 雖滉亦非謂七情不干於理, 外物偶相湊著而感動也. 且四端感物而動, 固不異於七情, 但四則理發而氣隨之, 七則氣發而理乘之耳."

69) 윤사순, 「사단칠정론의 윤리적 성격에 대한 성찰」(『退溪學報』 133, 退溪學硏究院, 2013), 20쪽 참조.

發) 때의 명칭으로 생각했기 때문에 순전한 리(理)라 하고, 사단은 이발(已
發) 이후의 명칭이므로 기가 아니면 행해질 수 없다고 생각했기 때문에
사단 역시 기라고 한 것입니다. 나의 생각에는 사단도 비록 기를 탄다고는
하겠으나, 맹자가 가리킨 바는 기를 타는 데 있지 않고 오직 순수한
리(理)가 발하는 데에만 있었기 때문에 "인의 단서", "의의 단서"라고 하였습
니다. 그리고 후현들도 (理와 기가 혼륜한 가운데서 理만) 떼어내어 선
한쪽만을 말한 것뿐이라고 하였습니다. 만약 기를 겸하여 말하였다면
이미 흙탕물에 가까우니 이런 말을 모두 붙일 수 없었을 것입니다.70)

　　사단을 "리발이기수지(理發而氣隨之)"라고 표현하기는 하였지만, 퇴계
가 사단에서 강조하려는 지점은 사단이 리지발(理之發), 즉 순수한 천리의
본연으로서의 인·의·예·지가 발한 것이라는 점에 있었다. 지속적으로
퇴계는 사단 역시 기의 작용이 개입하는 인간의 정임을 인정한다. 그러나
그와 마찬가지로 지속적으로 퇴계는 이러한 사단이 인·의·예·지와 리(理)
의 측면에서 동질적이라는 점, 즉 선함에 주목하여야 힌다고 말힌다.
앞서 소종래의 측면에서 강조되었던 본연지성과 사단의 연결고리가,
여기서는 다시 선의 측면에서 강조되는 것이다. 결국 사덕-사단이 모두
순수한 천리의 본연이고, 그것은 모두 선함을 피력하기 위해 강조된
개념들이라는 것이다.

　　만약 두 가지를 대거하여 그 근원을 미루어 본다면 실로 리(理)와 기의

---

70) 『退溪先生集』 권16, 「答奇明彦【論四端七情第二書】」(1560,11,5), "然則公於孟子說四
端處, 亦作氣之發看耶? 如作氣之發看, 則所謂'仁之端'·'義之端', 仁·義·禮·智四字, 當如
何看耶? 如以些兒氣參看, 則非純天理之本然, 若作純天理看, 則其所發之端, 定非和泥帶
水底物事. 公意以仁·義·禮·智是未發時名, 故爲純理, 四端是已發後名, 非氣不行, 故亦
爲氣耳. 愚謂四端雖云乘氣, 然孟子所指, 不在乘氣處, 只在純理發處, 故曰'仁之端'·'義之
端', 而後賢亦曰, 剔撥而言善一邊爾. 必若道兼氣言時, 已涉於泥水, 此等語言, 皆著不得
矣."

구분이 있는데, 어찌 다른 의미가 없다고 하겠습니까?71)

　　내 생각에는 (사단칠정이) 비록 같은 정이지만 소종래의 다름이 없지 않기 때문에 옛 (성현들의 사단칠정에 대한) 말에 같지 않음이 있다고 여겨집니다. 만약 (사단칠정의) 소종래가 본래 다름이 없다면 말하는 데 무엇을 취하여 같지 않음이 있겠습니까? 공자 문하에서는 (사단칠정에 대해) 갖추어 말하지 않았고 자사는 그 전체를 말하였으니 이때에는 진실로 소종래의 설을 쓰지 않았지만, 맹자가 (한편을) 떼어내어 사단을 설명한 때에 이르러서는 어찌 리발(理發) 한편만을 가리켜 말한 것이라 하지 않을 수 있겠습니까? 사단의 소종래가 리(理)라면 칠정의 소종래는 기가 아니고 무엇이겠습니까?72)

　　이러한 퇴계의 답변은 결국 사단과 칠정의 소종래가 각각 리(理)와 기라는 것에까지 나아간다. 그렇다면 퇴계는 리(理)-본연지성-사단, 기-기질지성-칠정이라는 구도 속에서 본연지성과 기질지성을 리(理)와 기로 나누어 볼 수 있는 것처럼 사단과 칠정 역시 리(理)와 기로 나눌 수 있으며, 그 까닭은 각각의 소종래가 리(理)와 기로 대비되기 때문이라고 생각한 것으로 볼 수 있다. 그리고 이 소종래의 차이는 리(理)-본연지성-사단의 선함과 기-기질지성-칠정의 악으로 흐를 가능성이 높음으로도 대비된다.

---

71) 『退溪先生文集』 권16, 「答奇明彦【論四端七情第二書】」(1560.11.5). "若二者對擧, 而推其向上根源, 則實有理氣之分, 安得謂非有異義耶?"

72) 『退溪先生文集』 권16, 「答奇明彦【論四端七情第二書】」(1560.11.5). "滉謂雖同是情, 而不無所從來之異, 故昔之言之者有不同矣. 若所從來本無異, 則言之者何取而有不同耶? 孔門未備言, 子思道其全, 於此固不用所從來之說, 至孟子剔撥而說四端時, 何可不謂指理發一邊而言之乎? 四之所從來, 旣是理, 七之所從來, 非氣而何?"

2) 사단의 지선 지향

앞서 「논사단칠정제1서」 개본과 「논사단칠정제2서」를 통해 퇴계의 리발(理發) 개념이 사단(四端)의 소종래(所從來)에 주목함으로써 그 기원에 해당하는 리(理)를 위주로 하여 사단과 리(理)의 관계를 표현한 것임을 보았다. 선한 정(情)인 사단과 인·의·예·지의 성, 천명으로서의 성, 선으로서의 성은 모두 선하다는 차원에서 모두 리(理)에 입각하여 표현될 수 있었다. 그리고 이를 통해 퇴계는 사단이라는 선한 정이 인·의·예·지의 성, 천명으로서의 성, 선으로서의 성을 근원으로 한다는 점에 주목하여 이러한 의미를 리발(理發)이라고 표현하였다.

그런데 소종래로서의 리(理)의 의미를 이해함으로써 사단을 리발(理發)이라 표현한 것의 함의에 접근하기에 앞서 확인할 것이 하나 있다. 바로 퇴계가 사단의 소종래로서 이해한 리(理)에 대한 주자학에서의 설명이다. 사단과 리(理)의 관계에 대해 주목했던 것은 퇴계에게서 처음 발견되는 것이 아니다. 주자는 문인 진안경(陳安卿)과의 서간에서 다음과 같은 그의 서술에 적극 동의를 표하였다. 비록 사단칠정 논변에서 이 서간을 인용하고 있지는 않지만, 퇴계 역시 당연(當然)에 대한 이해를 논하면서 이 글을 주된 근거로 인용하고 있다.[73]

> 리(理)에는 능연(能然)이 있고 필연(必然)이 있고 당연(當然)이 있고 자연(自然)이 있으니, 이 모두를 포괄해야 비로소 '리(理)'자의 뜻이 완비되지 않겠습니까?[74]

---

73) 『退溪先生文集』 권25, 「鄭子中與奇明彦論學, 有不合, 以書來問, 考訂前言, 以答如左」 (1560.2) 참조. 이곳에서 퇴계는 이 서간을 근거로 當然을 事는 물론 理에 입각하여 이해하여야 함을 밝히고 있다. 한편 이 서간은 『朱子書節要』 권15에도 인용되어 있다.

74) 『朱子大全』 권57, 「答陳安卿」, "理有能然, 有必然, 有當然, 有自然處, 皆須兼之, 方於理'

진안경은 주자에게 리(理)의 함의를 능연, 필연, 당연, 자연이라는 개념으로 설명함으로써 리(理)의 전체 뜻을 포괄할 수 있을 것이라는 견해를 전달하였다. 그리고 각각의 의미를 특정한 하나의 사례를 들어 구체화시키는데, 바로 측은지심과 리(理)의 관계이다.

예컨대 측은해하는 것은 기이고 측은할 수 있는 것은 리(理)입니다. 생각건대 안에 이 리(理)가 있은 후에 밖으로 드러나 이 사(事)가 될 수 있습니다. 밖에서 이 사(事)가 될 수 없다면 이는 그 안에 이 리(理)가 없는 것입니다. 이것이 능연의 측면입니다.[75]

우선 리(理)의 능연의 측면을 측은지심과 리(理)의 관계로 설명한다면, 측은지심이 물론 기 차원에서의 심의 감응(感應)을 전제로 하기는 하지만, 리(理)가 있어야만 측은지심으로의 응(應)이 가능하다는 것이다. 바로 이 점이 리(理)의 능연의 측면이다. 이에 대해 "어떤 사태가 일어나기 위해서는 그렇게 될 수 있는 가능성의 원리가 안에 존재해 있다고 볼 수 있다. 능연은 소이연의 실현될 가능성을 나타내는 개념"이라고 해석된다.[76]

또 어린아이가 우물에 들어가려 할 때 그것을 본 사람은 반드시 측은할 것입니다. 생각건대 사람의 심은 살아 움직이는 것이지만 그 감응의 리(理)가 반드시 이와 같아서 참으려 해도 그 안에서 뭉클하여 절로 그만둘 수 없는 바가 있습니다. 그렇지 않다면 이는 마른 나무나 식은 재여서,

---

字訓義爲備否?"
75) 『朱子大全』 권57, 「答陳安卿」. "如惻隱者, 氣也, 其所以能是惻隱者, 理也. 蓋在中有是理, 然後能形諸外, 爲是事. 外不能爲是事, 則是其中無是理矣. 此能然處也."
76) 김우형, 『주희철학의 인식론』(서울 : 심산, 2005), 170~175쪽 참조. 이후 진안경의 진술에 대한 분석으로 인용한 언급은 모두 이를 참조하였다.

리(理)가 때로 사그라지게 됩니다. 이것이 필연의 측면입니다.[77]

다음으로 리(理)의 필연의 측면을 측은지심과 리(理)의 관계로 설명한다면, 어린아이가 우물에 들어가려는 광경을 목격한 사람의 마음에는 반드시 그 아이를 측은해하는 마음이 생기며, 이는 사람의 마음에 있는 리(理)가 필연적으로 측은지심으로 드러난 것이라는 설명이다. 이에 대해 "필연은 사물의 본질이나 본성으로서 소이연의 필연성을 나타내는 개념"이라고 해석된다.

　　또 어린아이가 우물에 들어가려 하면 측은하여야 합니다. 생각건대 사람은 사람과 동류여서 (서로) 대하는 리(理)가 마땅히 이와 같아야지 이와 같지 않을 수 없습니다. 그렇지 않다면 이는 천리를 거슬러 사람의 무리가 아닙니다. 이것이 당연의 측면입니다.[78]

리(理)의 당연의 측변은 사람이라면 낭연히 측은해할 상황에서 측은해하여야 한다는 점을 가리킨다. "이것은 인간의 본성을 규범적으로 규정한 것이다. 즉 당연은 소이연의 규범적 측면을 나타내는 개념"인 것이다.
　　마지막으로 리(理)의 자연의 측면은 인간의 개입과는 무관하게 리(理)가 측은지심으로 드러나게 된다는 점을 드러내주는데, 이는 "소이연의 인위적이지 않은, 자연성의 의미"를 가진 것으로 해석된다.

　　또 어린아이가 우물에 들어가려고 하면 측은해 하는 소이는 모두 천리의

<hr>

77) 『朱子大全』 권57, 「答陳安卿」. "又如赤子之入井, 見之者必側隱. 蓋人心是箇活底, 然其感應之理必如是, 雖欲忍之, 而其中惕然, 自有所不能以已也. 不然, 則是槁木死灰, 理爲有時而息矣. 此必然處也."
78) 『朱子大全』 권57, 「答陳安卿」. "又如赤子入井, 則合當爲之側隱. 蓋人與人類, 其待之理當如此, 而不容以不如此也. 不然, 則是爲悖天理而非人類矣. 此當然處也."

참[眞]이 유행하고 발현하여 자연히 그러한 것이어서, 조금의 인위도 그 사이에 끼어들지 못합니다. 이것이 자연의 측면입니다.[79]

이러한 진안경의 설명에 대해 주자는 "이 뜻이 매우 완비되었습니다." 는 답변을 한다.[80] 이상의 내용을 보았을 때, 퇴계의 리발(理發) 개념에는 우선적으로 리(理)에 능연, 필연, 당연, 자연이라는 함의가 함께 있는 것이라고 해석해볼 수 있다. 측은지심은 리(理)에 의해서[能然] 필연적으로[必然] 인간에게서 발현되는 반응이고, 인간은 이러한 반응을 당연히 보이기 마련인데[當然], 이와 같은 전 과정은 리(理)의 자연스러운, 즉 인간의 의도가 개입되지 않은 상황[自然]인 것이다.

바로 여기서 사단에 대한 퇴계의 견해가 자신의 「천명도(天命圖)」에서 피력된 것임을 상기해볼 필요가 있다. 고봉과의 논의로 인해 사단에 대한 퇴계의 입장이 수정된 측면이 없지 않지만, 그 사단의 소종래가 리(理)이고 그 사단과 소종래의 선함을 강조하려는 핵심 사항은 변동이 없다는 것을 전제한다면, 퇴계가 사단과 리(理)의 관계에 주목한 것은 그것이 어떠한 형태의 언설로 표현되었는지와는 별개로[81] 「천명도」에 담긴 사유를 기반으로 하여 표출되었을 것이기 때문이다. 또한 퇴계가 강조한 사단의 소종래로서의 리(理)는 천명지성이라고 볼 수 있다. 결국

---

79) 『朱子大全』권57, 「答陳安卿」. "又如所以入井而惻隱者, 皆天理之眞流行發見, 自然而然, 非有一毫人爲預乎其間. 此自然處也."

80) 『朱子大全』권57, 「答陳安卿」. "此意甚備. 『大學』本亦更有所以然一句, 後來看得且要見得所當然是要切處, 若果得不容已處, 卽自可默會矣."

81) 이와 관련하여 趙峰은 "四端發於理, 七情發於氣"를 "四端理之發, 七情氣之發"로 고친 것은 發字의 조작 흔적을 감소시키려 한 것이고, "四端之發純理, 故無不善, 七情之發兼氣, 故有善惡"으로 고친 것은 존재론적 논술로 오해되는 것을 방지하기 위한 것이었으며, "四者理發而氣隨之, 七則氣發而理乘之"로 확정한 것은 선명한 가치적 의미를 남기면서도 동시에 혼륜한 情의 발동의 보편 기제를 암시한 것이라고 분석한다. 趙峰 著, 이상돈 번역, 「궁극적 가치 실현의 관점에서 본 퇴계와 고봉의 理發氣發 논변」(『한국학연구』 22, 인하대학교 한국학연구소, 2010), 397~398쪽 참조.

퇴계의 사단과 리(理)의 관계에 대한 주목의 배경에는 「천명도」를 통해 피력된 그의 천명 개념이 자리하고 있음을 예상해볼 수 있다.[82]

　퇴계의 천명 개념은 존재 본질로서의 도덕적 가치 근원이며, 이는 상천·상제의 명령과도 같이 그 도덕적 가치의 완수가 인간에게 요구된다는 의미를 갖고 있다. 아울러 도덕적 가치 완수가 명령으로서 인간에게 주어져있다는 점은 인간 자신의 내면으로의 시선을 통해 파악되며, 이러한 자신 내면에서 파악되는 도덕적 가치 완수의 명령에 주목함으로써 그 명령에 대해 외경하는 경 공부로 이어진다. 이와 같은 구도 속에서 사단은 도덕적 가치가 인간의 감정 층위로 전개된 것인데, 이는 결국 도덕 가치를 완수하라는 상천·상제의 명령이 인간의 감정 층위에서 드러난 것이라고 해석될 수 있다. 즉 리(理)라고 표현되었던 사단의 소종래를 퇴계의 천명 개념에 입각하여 독해할 수 있다는 것이다.

　「천명도」는 인간의 시선에 의해 자신의 존재 근원에 대해 사유해보았을 때, 리기묘응(理氣妙凝)이라는 특정한 상태가 발견되며, 그 상태에 대한 사유가 인간이 미루어 올라갈 수 있는 극치(極致)라는 측면에서 천명을 도상화하고 있다. 바로 묘응권(妙凝圈)과 결합된 천명권(天命圈)에 담긴 의미이다. 그리고 「천명도」는 사단의 근원으로서 인·의·예·지의 성은 물론 이 인·의·예·지의 성의 근원에 해당하는 묘응권으로서의 천명권을 도상화하고 있다. 바로 그림 상단에 위치한 묘응권으로서의 천명권이, 명령으로서 인·의·예·지의 성을 인간에게 부여하는 상천·상제의 위상에 자리하고 있는 것을 표현한 것이다. 결국 퇴계가 사단의 소종래로서

---

82) 「천명도」를 통해 피력된 퇴계의 천명관이 사단을 理發이라 설명하는 그의 주장에서 토대에 자리하고 있다고 간주할 수 있다면, 즉 理發의 理를 天命으로서의 理로 해석할 수 있다면, 그의 천명관에서 발견되는 인간 본질로서의 천명을 바라보는 성찰 역시 理發이라는 표현에 포함되어 있다고 해야 할 것이다. 이는 곧 사단이 인간의 도덕 성향이라는 층위에서 논의되고 있는 것임은 물론, 그것이 인간 본질의 층위에서 사유되고 있는 것임을 뜻한다.

염두에 두었던 리(理)는 사단의 근원으로서의 인·의·예·지의 성은 물론 이 인·의·예·지의 성의 근원인 묘응권으로서의 천명권까지 포함한다고 해석해볼 수 있다.

그렇다면 인간의 본질로서의 도덕적 가치인 인·의·예·지는 상천·상제의 명령으로서 인간에게 주어지며, 이 인·의·예·지가 발현되는 것은 그 명령을 완수하는 것인데, 바로 이 인·의·예·지가 발현된 것이 사단인 것이다. 여기서 발현되었다는 것은 물론 특정한 상황에서 인간이라면 누구나 보이는 선한 반응을 실제로 보였다는 의미이다. 즉 구체적인 상황 속에서 정으로서 드러난 사단은 그 구체적인 상황을 그 상황에 처한 인간이 직접 겪어내는 와중에 보이는 반응임에는 틀림없다. 이러한 측면에서 퇴계가 사단에 대해 리기지합(理氣之合), 즉 실제로 있음이라는 사유를 전제하고 있다는 점은 앞에서 살펴보았다. 이는 사단이 인간의 정으로서 실제로 있으며, 인간 자신에게 파악되는 정이라는 의미를 갖고 있다는 것을 뜻한다. 그러나 퇴계가 사단에 대해 리발(理發)이라고 설명하고자 하였던 이유가 사단의 소종래를 드러내 밝히고자 한 것이었다는 점을 고려한다면, 사단을 인간의 심 차원에서 하나의 선한 반응이라고만 해석하려고 하였던 것이 아님을 알 수 있다. 그리고 그 소종래가 퇴계의 천명 개념에 해당하는 리(理)라면, 인간의 정으로서 드러난 사단은 상천·상제와도 같은 리(理)의 명령이 구체적인 상황 속에서 강력하게 표출된 것이라고 할 수 있다. 다시 말해, 사단은 인·의·예·지가 인간의 심을 통해 특정한 상황에서 발현된 것이며, 이는 상천·상제와도 같이 명령자로서의 위상을 가진 리(理)의 자기전개라고 할 수 있다. 천명으로서의 리(理)가 구체적인 상황에서 측은지심이라는 인간이 개입할 수 없는 선한 정의 형태로 자신을 드러냄으로써 선의 구체적인 내용을 명령의 형식으로 전달하고 있는 상황인 것이다.

퇴계의 천명관에 기반을 두고서 사단을 리발(理發)이라고 설명한 의미를 살펴본다면, 도덕적 가치의 근원(天命)이 지니고 있는 가치 지향적 역량에 따라 도덕적 가치(仁義禮智)가 발현된 것으로서 사단을 이해할 수 있다. 그리고 그 도덕적 가치는 인간의 본질에 해당하는 것이며, 사단으로 발현된 도덕적 가치 역시 인간의 본질에 해당한다. 즉 인간 본질로서의 도덕적 가치는 그 도덕적 가치의 근원이 지니고 있는 가치 지향적 역량에 의해 발현된다. 바로 이 도덕적 가치의 근원이 지니고 있는 가치 지향적 역량이라는 것은 퇴계의 천명 개념에 담겨 있는 도덕적 가치를 실현하라는 명령을 내리는 상천·상제 이미지로 표출된 사유이며, 이 역량에 입각하여 사단을 '천명으로서의 리(理)'와의 관계 속에서 해명한 것이 리발(理發)이라고 볼 수 있는 것이다.

　어린 아이가 우물에 들어가려고 하는 것과 같은 특정한 상황 속에서 인간이 그 아이에 대한 측은한 마음을 가지는 것은 마음에 있는 능력으로서의 인(仁)인 성(性)에 의한 것이며, 이러한 인이 측은지심이라는 인간의 구체적인 감정으로 드러나게 되는 것은 필연적이면서도 인간이라면 누구나 그러하게 되는 당연한 반응이다. 나아가 이는 인간의 의도가 개입됨으로써 가능한 반응이 아니라, 리(理)의 능력으로 스스로 그러하게 진행되는 일련의 과정이다. 그렇다면 이러한 일련의 과정 속에서 발생한 측은지심이 인간 자신의 내부에서 자신의 의도와는 무관하게 발생한 것임을 인간은 알게 된다. 바로 리(理)가 측은지심이 되는 이 필연적이고 당연한, 나아가 스스로 그러한 반응에 대해서 인간은 자신의 개체성과는 무관한 어떠한 힘을 느끼게 될 것이다. 이 필연적이고 당연한 반응은 인간의 입장에서 자신의 의도와는 무관하게 사단이라는 감정이 특정 상황에서 발출됨을 의미하고, 아마도 퇴계는 이러한 감정의 발출 역시 인간에게서 명령처럼 받아들여진다고 본 것으로 보인다. 이것이, 리(理)가 사단이 됨은 인간의 개입과는 무관한 리(理)의 능력에서 기인하고, 이는 인간에게 명령처럼 파악된다는 것의 의미이다.[83] 이 지점에서 천명

과 리발(理發)을 통해 표출된 리(理)의 의미가 선명해진다. 퇴계는 바로
이 능력에 대해 상천·상제의 명령이라는 이미지를 부여하였고, 그 명령의
강력한 발현을 측은지심으로 대표되는 사단이라는 인간의 선한 정이라고
하였던 것이다. 이 지점에서 측은지심이 도덕 행위의 출발점이라는 것을
상기한다면, 천명의 구체적인 내용은 측은지심을 통해 도덕 행위를 완수
하라는 것이라고 해석될 수 있다.

  이러한 맥락에서 사칠논변에서 퇴계의 리발(理發)이 지닌 함의와 관련
하여, 리(理)가 갖고 있는 어떠한 능력, 힘에 주목한 연구를 참조할 수
있다. 우선 퇴계가 사단과 칠정을 "근원적으로 구별하려 한 것은 인간의
도덕적 본질을 확실하게 천명하려는 의도"였으며, 리발(理發)의 주장은
"인간존재의 심층에 내재하는, 마치 활화산과도 같은 활성적인 실재로,
따라서 당연히 발동력을 갖는 것으로 여"기면서 "그것을 확인시켜주는
경험적 단서"로서의 사단을 설명한 것이라는 분석이 있다.84) 또한 "호발
설은 일차적으로 리(理)와 기가 각각 자기원인적 힘을 행사할 때, 그들
사이의 상호 연관이 필연적이라는 전제에서 양자의 상호 연관은 구체적
으로 어떤 것인가에 대한 이론화"로서, 리발설(理發說)은 "도덕적 사태의
가치를 실체화하고, 그것을 도덕성의 근원으로 자리매김하려는 철학적
의도에서 나온 이론 체계"인 동시에 "단순히 자기원인적 힘을 갖는 리(理)
라는 개념에 멈추지 않고, 최고의 자기원인적 힘을 갖는 인격적 존재로서
상제 개념으로까지 확장될 수 있다"85)는 의미를 갖고 있다는 분석도
내려진다.

---

83) 이와 관련하여 사태, 당위, 필연에 주목하여 이 세 개념이 주자 철학에서 하나로
   연결되어 있다는 점에 대해서는 다음의 연구를 참조할 수 있다. 이승종, 「주희와
   율곡의 사유에 대한 현대적 접근」(『동서사상』 12, 동서사상연구소, 2012), 70~74쪽.
84) 김기현, 「退溪의 〈理〉철학에 내재된 세계관적 함의」(『退溪學報』 116, 退溪學研究院,
   2004), 55~56쪽.
85) 이향준, 「理發說의 은유적 해명」(『철학』 91, 한국철학회, 2007), 41쪽 ; 24쪽.

이러한 "활화산과도 같은 활성적인 실재", "최고의 자기원인적 힘을 갖는 인격적 존재로서의 상제 개념"이 바로 퇴계가 표명하고자 했던 사단의 소종래로서의 리(理)가 가진 능력을 설명한 것이라고 할 수 있다. 퇴계 천명관이 그 중심에 놓여 있다는 점을 고려하였을 때, 이 힘과 능력의 구체적인 내용은 측은지심이라는 선한 정이 리(理)의 역량에 의해 필연적이고 당연하게 발현되는 것이고, 궁극적으로는 인간이 그 필연적이고 당연하게 발현된 측은지심을 따라 실제 삶 속에서 그에 입각한 도덕 행위를 실천하도록 하는 것임을 알 수 있다. 즉 측은지심은 도덕 행위의 실천이라는 상천·상제의 명령 완수라는 궁극적인 목표를 위해서 인간의 감정 층위에서 드러난 가치 실현의 지향성을 가진 리(理)인 것이다. 그렇다면 인간은 자신의 내부에서 측은지심이 자신의 의도와는 무관하게 드러나는 과정에 대해, 상천·상제의 명령이라고 받아들이게 된다. 달리 말해, 인간의 도덕 행위 출발점으로서의 사단은 도덕 행위 실천의 명령이라는 맥락 속에서 인간에게 주어지는 것이며, 인간이 그것을 명령과도 같이 받아들이게 되는 것은 자신의 의도와는 무관하게 자신에게서 발견되는 선한 반응을 바라보면서 가지게 되는 수용적 자세인 것이다. 그렇다면 퇴계가 표현한 리발(理發)에서는 리(理)가 지니고 있는 자체의 능력으로 인하여 인간이 도덕적 행위를 완수할 수 있는 출발점으로서의 사단이 명령과도 같이 주어진다는 함의를 읽어낼 수 있을 것으로 보인다.86) 바로 퇴계의 리발(理發)에서 표명되는 리(理)의 능력은 '천명으로서의 리(理)'를 통해서 해명되며, 이는 인간이 구체적인

---

86) 이와 관련하여 이향준의 다음과 같은 분석을 참조할 수 있다. "이황의 이발설이란 사실 양심의 가치와 의미들을 우리에게 호소하려는 이론 체계라고 해석해야 한다. 다시 말해 이발설이란 우리의 심적 사태 가운데 양심으로 범주화되는 어떤 사태를 실체시하고, 그 실체성에 의해 도덕성의 근거를 발견하고, 그 실체의 활동에 의해 도덕적 행위를 설명하려는 이론인 것이다." 이향준, 「理發說의 은유적 해명」(『철학』 91, 한국철학회, 2007), 45~46쪽.

삶에서 사단을 따라 도덕 행위를 실천할 것을 요구하는 것까지 포함한다. 구체적인 삶에서의 도덕 행위가 곧 지선을 실천하는 의미이라는 것을 감안한다면, 사단은 곧 지선 실천의 지향성을 지닌 리(理)가 인간 감정의 층위에서 드러난 것이라고 할 수 있다.

　이러한 해석의 시야는 비단 사단에 대한 리발(理發) 개념에서만 발견되는 것이 아니다. 물격(物格)에 대한 논의에서 촉발된 리자도(理自到) 개념 역시 이러한 측면에서 해석될 수 있으며, 이를 통해 결국 구체적인 삶 속에서의 옳음을 뜻하는 지선과 보다 유기적으로 연결된다. 그리고 이는 궁극적으로 지선을 실천하게 되는 도덕적 인간의 근거로서 리발(理發)과 리자도(理自到)가 마련된 것임을 알 수 있도록 한다.

3. 지선의 현현(顯現) : 리자도(理自到)

　명선(明善), 즉 구체적인 상황 속에서의 선이 무엇인지 아는 것을 목표로 하는 격물(格物) 공부는 그 격물의 공효로서 물격(物格)이라는 상태가 함께 제시된다. 결론적으로 퇴계는 구체적인 상황 속에서의 선을 리(理) 자체의 작용으로 파악한다. 즉 구체적인 상황 속에서의 선을 그것의 근원으로서의 리(理)의 작용이라고 보는 것이다. 여기에서 퇴계는 리(理)의 작용으로서의 선이 인간의 격물을 통해 구성되는 것이 아닌, 리(理) 자체의 작용임을 물격에 대한 '기도(己到)'에서 '리자도(理自到)'로의 해석의 전환을 통해 표명한다. 이는 만년에 고봉을 통해 수정하게 된 의견이라고 퇴계가 밝히고 있지만, 그의 천명(天命) 개념을 염두에 두고 본다면 이는 그의 사유에 있어 근본적인 변화가 발생한 것이라고 해석할 여지는 적은 것으로 보인다.

1) 구현된 리(理)로서의 지선

1566년 문봉(文峯) 정유일(鄭惟一, 1533~1576)은 퇴계에게 『대학』의 격물과 물격 구절 및 그에 대한 주자의 주석의 번역과 관련하여 질문한다. 번역에는 해당 구절에 대한 해석이 반영되기 때문에 결국 격물과 물격 구절에 대한 해석을 질문한 것이라고 할 수 있다. 그 질문의 내용은 크게 다음의 네 가지이다.[87)]

1. "격물"과 "물격" 구절의 해석
2. 이에 대한 주자의 『대학장구』에서의 주석인 "욕기극처무부도야(欲其極處無不到也)"와 "물리지극처무부도야(物理之極處無不到也)" 및 보망장 구절인 "중물지표리정조무부도(衆物之表裏精粗無不到)"에 대한 해석
3. 이와 관련된 주자 『대학혹문』의 구절인 "물격자(物格者), 사물지리(事物之理), 각유이예기극(各有以詣其極), 이무여지위야(而無餘之謂也)."에 대한 해석
4. 주자 『대학장구』의 주석 "욕기극처무부도야(欲其極處無不到也)"와 앞 구절인 "궁지사물지리(窮至事物之理)"의 관계

퇴계는 이 질문에 대해 우선 격물 구절과 그에 대한 주석, 물격 구절과 그에 대한 주석의 순서로 답한다.

"격물【물을 격호매[物乙格乎㢱是]】"의 주석에 "그 극처에[㢱] 이르지 않음

---

87) 『文峯先生文集』권4, 「上退溪先生問目【丙寅(1566)】」. 이와 관련하여 다음의 논문을 참조할 수 있다. 최석기, 「退溪의 『大學』 解釋과 그 意味」(『退溪學과 韓國文化』 36, 慶北大學校 退溪硏究所, 2005), 135~142쪽. 이 글에서는 1, 2와 관련된 논의로 한정하여 검토할 것이다.

234 IV. 퇴계 리(理) 철학의 지선(至善) 지향적 성격

이 없게 하고자 한다."라고 하였고, "물격[물에 격한(物匡格爲隱)]"의 주석에 "물리의 극처에[匡是] 이르지 않음이 없다."라고 하였습니다. '격(格)'자는 끝까지 캐어 이른다는 뜻을 가졌는데, 격물은 중점이 '궁(窮)'자에 있기 때문에 "물을 격호매[物乙格乎麻是]"라고 하고, 물격은 중점이 '지(至)'자에 있기 때문에 "물에 격한[物匡格爲隱]"이라고 한 것입니다. 일설에는, "물리의 극처개是]"라고 하는데, 이것도 통합니다.[88]

퇴계는 『대학장구』 경문에 등장하는 "격물"은 "물을 격하는 것에"라고, 그에 대한 주자의 주석인 "욕기극처무부도야(欲其極處無不到也)"는 "그 극처에[匡] 이르지 않음이 없게 하고자 한다."라고 보았다. 또한 "물격"은 "물에 격한"이라고, 그에 대한 주자의 주석인 "물리지극처무부도야(物理之極處無不到也)"는 "물리의 극처에[匡是] 이르지 않음이 없다."라고 이해하였다. 이렇게 번역을 하는 이유로 퇴계는 우선 '격(格)'자가 갖고 있는 '궁(窮)'이라는 뜻과 '지(至)'라는 뜻의 차이에 주목한다. 두 글자가 각각 '궁구하다'와 '이르다'로 번역되는 것을 감안한다면, 격물의 격은 궁의 의미로 목적격조사를 필요로 하고, 물격의 격은 지의 의미로 처소격조사를 필요로 한다는 것이 퇴계의 입장임을 알 수 있다. 다만 "물리지극처무부도야(物理之極處無不到也)"에 대해서는 "물리의 극처개是]"라고 해석해도 무방하다고 밝히고 있다. 이러한 퇴계의 대답은 이어지는 논의에서 그 의미가 명확해진다.

　살펴보건대 요즘 사람들이 '에[匡是][89]라는 말에 대하여 의심을 하는

---

88) 『退溪先生文集』 권26, 「格物物格俗說辯疑. 答鄭子中」(1566.12). "'格物【物乙格乎麻是】' 註, '欲其極處匡無不到也', '物格【物匡格爲隱】'註, '物理之極處匡是無不到也'. '格'字有窮 而至之義, 格物, 重在'窮'字, 故云'物乙格乎麻是', 物格, 重在'至'字, 故云'物匡格爲隱'. 一說, '物理之極處是'亦通."

89) 이상은은 에[匡是]와 에[匡]를 동일한 것으로 간주하였으며, 유정동은 에[匡]와

이유는 두 가지가 있습니다. 하나는, 리(理)가 원래 나의 심에 있어 피차의 구분이 있는 것이 아닌데 '에[厓是]'라고 토를 단다면, 이것은 리(理)와 내가 둘이 되어 피차로 나누어지는 것이기 때문에 불가하다는 것입니다. 다른 하나는, 공효를 말하였는데 '에[厓是]'라고 토를 단다면 이것은 공부하여 노력하는 데 속하므로 불가하다는 것입니다.[90]

퇴계는 물격에 대한 주석인 "물리지극처무부도야(物理之極處無不到也)"에 대한 번역을 "물리의 극처에[厓是] 이르지 않음이 없다."라고 한 것의 의미에 대해 해명한다. 이는 아마도 "물리의 극처에[厓是] 이르지 않음이 없다."가 아니라 "물리의 극처개[是] 이르지 않음이 없다."라고 번역해야 한다고 하는 당대의 주장에 대한 대답인 것으로 보인다. 퇴계는 이와 같은 당대의 주장, 즉 "물리지극처무부도야(物理之極處無不到也)"를 "물리의 극처에[厓是] 이르지 않음이 없다."라고 번역하면 안 된다는 주장이 제기되는 이유에 대해 두 측면에서 검토한다. 하나는 리(理)와 아(我), 즉 오심(吾心 : 나의 마음)을 둘로 나누는 번역이라는 문제제기이고, 하나는 "물리지극처무부도야(物理之極處無不到也)", 즉 물격 구절이 격물 공부의 공효를 설명하는 부분이라는 문제제기이다. 이러한 문제제기에 대한 분석을 통해 퇴계는 물격을 "물에 격한"이라고 번역하는 것에 대해 해명한다. 우선 퇴계는 리(理)와 나의 심을 둘로 나누게 된다는 주장의 의미를 검토한다.

이[是] 두 가지로 보았다. 李相殷, 「退溪의 「格物·物格說 辯疑」譯解」(『退溪學報』 3, 退溪學研究院, 1974), 51쪽 ; 柳正東, 「退溪의 格物物格考」(『東洋哲學의 基礎的 研究』, 서울 : 成均館大學校出版部, 1986), 554쪽.

90) 『退溪先生文集』 권26, 「格物物格俗說辯疑. 答鄭子中」(1566.12). "按今人, 以'厓是'辭爲疑者有二焉. 一謂理本在吾心, 非有彼此, 若云'厓是', 則是理與我爲二而分彼此, 故不可也. 一謂功效, 註若云'厓是', 則是涉工夫著力, 故不可也."

그러나 내가 일찍이 선유들의 여러 설을 상고하여 보니, 정자는 "격은 이르는 것이니 궁구하여 그 극(極)에 이르는 것이다."라고 하였으며, 주자는 "물(物)에 있는 리(理)에 대해 이미 그 극에까지 나아가서 여지가 없는 것이다."라고 하였고, 또 "모름지기 사물(事物)의 리(理)를 궁구하고 지극히 하여 극진한 데에 이르는 것이다."라고 하였습니다. 연평은 "무릇 한 가지 일을 만나 그 일에 나아가 반복해서 미루어 찾아 그 리(理)를 궁구하라."라고 하였으며, 서산은 "천하 사물의 리(理)에 대해 궁구하여 극처(極處)에 이르는 것이다."라고 하였습니다.[91]

·

퇴계는 정자의 말을 통해 격이라는 글자의 의미가 일차적으로 지(至), 즉 '이르다'로서, 격물의 뜻은 '궁구하여 그것의 극에 이른다'라는 것을 밝힌다. 그런데 다음으로 인용하는 주자의 두 말 가운데 앞의 것은 『대학혹문』에서 물격의 의미를 풀이한 것이고, 뒤의 것은 『주자어류』에서 격물의 의미를 풀이한 것이다. 일단 출전에 입각하여 보완해본다면, 물격은 물에 있는 리(理)에 대해 그 극에까지 나아간다는 뜻이고, 격물은 사물의 리(理)를 궁구하고 지극히 하여 극진한 데에 이른다는 의미이다. 다음으로 인용된 연평의 말은 위학지초(爲學之初), 즉 학문을 하는 기초적인 방법에 대해 설명하는 맥락에서 언급된 것이므로 역시 격물에 대한 설명이라고 이해할 수 있는데, 직접 당면한 하나의 일에서 그 사안의 리(理)를 궁구한다는 의미라고 할 수 있다. 또한 서산의 말 역시 사물의 리(理)에 대해 궁구하여 극처에 이른다는 것으로 격물을 풀이한 것이라고 볼 수 있다. 퇴계는 자신이 인용한 이상의 언설들에 대해 다음과 같이

---

91) 『退溪先生文集』 권26, 「格物物格俗說辨疑. 答鄭子中」(1566.12). "然愚嘗歷考先儒諸說矣, 程子曰, '格至也, 窮之而至其極', 朱子曰, '理之在物者, 旣以以詣其極而無餘', 又曰, '須窮極事物之理到盡處', 延平曰, '凡遇一事, 且當此事, 反覆推尋, 以究其理', 西山曰, '於天下事物之理, 窮究到極處.'"

설명한다.

> 이것은 모두 리(理)가 사물(事物)에 있기 때문에 사물에 나아가서 그
> 리(理)를 궁구하여 극처에 이름을 말하는 것입니다. 왜냐하면 리(理)의
> 측면에서 말하자면 원래 물아(物我)의 간격이나 내외와 정조(精粗)의 구분
> 이 없지만, 사물의 측면에서 말한다면 모든 천하 사물이 실제로 모두
> 내 밖에 있는 것이니 어찌 리(理)가 하나라는 이유로 마침내 천하의 사물이
> 모두 나의 안이라고 하겠습니까?92)

퇴계는 자신이 인용한 구절들이 리(理)가 사물(事物)에 있다는 측면에서
언급된 것이라고 파악한다. 그러한 이유에서 퇴계는 이 인용문들을 통해
리(理)에 대해서 물아, 내외, 정조의 구분이 없다고 할 수 있지만, 사물의
리(理)라는 측면에서 본다면 그 리(理)는 일단 사물에 있다고 말할 수밖에
없음을 말한다. 이러한 퇴계의 발언을 이해하기 위해서는 이것이 격물,
혹은 물격에 대한 번역과 해석을 설명하는 맥락에서 진행된 것이며,
나아가 물격을 "물에 격한"이라고 번역을 하게 되면 리(理)와 나의 심(吾心)
을 둘로 나누게 된다는 주장에 대한 답변이라는 것을 기억해야 한다.
우선 격물이 명선의 방법이고, 그것이 사물지리(事物之理)를 궁구하는
것이며, 그 사물지리가 사리당연지극(事理當然之極)으로서의 지선임을
고려한다면, 여기서 말하고 있는 리(理)는 지선을 뜻한다고 할 수 있다.
이는 앞서 퇴계가 인용한 구절들이 극(極)이라는 단어와 함께 리(理)
개념을 언급하고 있다는 것에서도 확인된다. 그렇다면 퇴계는 리(理)와
나의 심을 둘로 나누게 된다는 주장에 대해서 지선과 나의 심을 둘로

---

92) 『退溪先生文集』 권26, 「格物物格俗說辯疑. 答鄭子中」(1566.12). "此皆謂理在事物, 故
就事物而窮究其理, 到極處也. 何者, 以理言之, 固無物我之間, 內外精粗之分, 若以事物言
之, 凡天下事物, 實皆在吾之外, 何可以理一之故, 遂謂天下事物皆吾之內耶?"

나누게 된다는 의미라고 파악한 것으로 볼 수 있다. 따라서 이에 대한 대답으로 퇴계는 격물과 물격 구절을 이해하는 경우 리(理), 즉 지선과 나의 심 사이의 관계가 아니라 물(物)과 나의 심 사이의 관계에 입각해야 한다고 말하고 있는 것임을 읽어낼 수 있다. 즉 물(物)과 나의 심 사이의 관계로 논한다면, 물(物)은 나의 심 밖에 있는 것이어서 나의 심 안에 있다고 말할 수 없기 때문에,[93] 우선은 격물과 물격이 모두 나의 심 밖에 있는 물(物)과의 관계 속에서 진행되는 것으로 보아야 한다는 것이다. 즉 "물에 격한"이라고 번역함으로써 발생하는 분리는 리(理)와 나의 심의 분리가 아니라 물(物)과 나의 심 사이의 분리인 것이다. 그런데 퇴계는 이어서 다음과 같이 설명한다.

> 오직 그 사사물물(事事物物)의 리(理)는 곧 내 심에 갖추어져 있는 리(理)이니, 물(物)이 밖에 있다고 해서 (사사물물의 理를) 밖이라 할 수는 없으며, 또한 이것(내 심에 갖추어져 있는 理)이 안이라고 해서 (물을) 안이라 할 수는 없습니다. 그 때문에 선유들이 리(理)가 사물(事物)에 있다고 하였지만 이것(내 심에 갖추어져 있는 理)은 버려두고 저것(사사물물의 理)을 말한 것은 아니며, 사(事)에 나아가고 물(物)에 나아간다고 하였지만 나를 버리고 거기로 나아간다는 것은 아니고, 비록 "그 극(極)에 나아간다", "극처(極處)에 이른다", "진처(盡處)에 이른다"라고 하였지만 이 또한 심이 몸을 떠나 여기서 저기로 간다는 것을 말함은 아닙니다. 그렇다면 '예[匣분]' 토를 단다고 해서 (나의 심이) 리(理)와 둘이 된다는 혐의는 없으니 무슨 의심할 것이 있겠습니까?[94]

---

93) 『退溪先生文集』 권26, 「格物物格俗說辯疑. 答鄭子中」(1566.12). "羅整菴有一說可取. 曰, '近時格物之說, 要將物字牽拽向裏來, 然畢竟牽拽不得, 分定故也.'"

94) 『退溪先生文集』 권26, 「格物物格俗說辯疑. 答鄭子中」(1566.12). "惟其事事物物之理, 卽吾心所具之理, 不以物外而外, 亦不以此內而內. 故先儒雖謂之理在事物, 非遺此而言彼也, 雖謂之卽事卽物, 非舍己而就彼也, 雖曰'詣其極', 曰'到極處', 曰'到盡處', 亦非謂心

IV. 퇴계 리(理) 철학의 지선(至善) 지향적 성격 239

앞선 설명에 이어서 퇴계는 격물과 물격이 비록 나의 심 밖에 있는 사물과 나의 심 사이의 관계 속에서 언급된 것이지만, 동시에 격물과 물격이 그 사물의 리(理)와 내 심에 갖추어 있는 리(理)가 동일하다는 차원에서 논의되는 것이라는 설명을 덧붙인다. 이러한 이유로 앞서 인용한 선유들의 언설들에 대해서 "리(理)가 사물에 있기 때문에 사물에 나아가서 그 리(理)를 궁구하여 극처(極處)에 이름을 말하는 것"이라고 풀이하였지만, 즉 사물과 나의 심을 분리하여 그 리(理)를 궁구하는 것이라고 하였지만, 그 사물의 리(理)가 다시 내 심에 갖추어 있는 리(理)와 다르지 않기 때문에 나의 심이 사물의 리(理)와 둘이 되는 혐의는 없다는 것이다. 그렇다면 이 지점에서 퇴계가 지선으로서의 사물지리(事物之理)가 나의 심에 갖추어져 있는 리(理)와 다름이 없다는 사유에 입각하고 있는 것을 확인할 수 있다. 즉 사물과 나의 심 사이의 분리 위에서 격물과 물격을 해석하였지만, 이는 지선으로서의 사물지리(事物之理)를 나의 심에 갖추어져 있는 리(理)와 동일한 것으로 보는 사유와 양립하고 있는 것이다.

나음으로 퇴계는 물격 구절이 격물 공부의 공효를 설명하는 부분이기 때문에 "물에 격한"이라고 번역할 수 없다는 문제제기에 대해 답한다.

혹, "격물 공부에 있어서는 이렇게 읽어도 되겠지만, 물격 공효에 이르러서는 물리(物理)의 극처(極處)가 모두 이미 이르렀으니, 이것은 뭇 리(理)가 융회된 뒤의 일인데, 만일 '에[匪是]'라고 토를 단다면 말에 주빈(主賓)이 있어서 하나씩 공부를 하는 것 같고 또 노력하는 뜻이 있는 것 같아 불가하다. 그러므로 모름지기 '극처개[是]'라고 하여야 그 융회의 묘함을 보고 힘을 들이는 일이 없게 될 것이다."라고 하는데, 이 역시 그렇지 않습니다.[95]

離軀殼而自此走彼之謂也. 然則讀以'匪是'辭, 非有與理爲二之嫌, 有何所疑乎?"
95) 『退溪先生文集』 권26, 「格物物格俗說辯疑. 答鄭子中」(1566.12). "或曰, '在格物工夫,

퇴계는 먼저 이러한 문제를 제기하는 근거에 대해 살펴본다. 퇴계에 따르면, 이러한 문제를 제기하는 입장은 우선 격물이 공부이고 물격이 공효라고 본다. 그리고 격물은 사물에 나아가 사물의 리(理)를 궁구하는 것이기 때문에, 사물과 심을 구분하는 표현을 사용하는 것이 가능하지만, 물격은 그러한 공부를 진행하여 사물의 리(理)의 극처(極處)가 모두 나에게 이르러 주빈의 구분, 즉 내가 주인이고 리(理)가 빈객으로 나뉨이 없게 된 상태이기 때문에, 사물과 심을 구분하는 표현을 사용하는 것이 불가능하다는 것이다. 즉 격물 공부를 통해 지선으로서의 사물지리(事物之理)가 나의 심에 갖추어져 있는 리(理)와 동일한 상태, 즉 "뭇 리가 융회된" 상태가 물격 공효이기 때문에 나의 심과 리(理)의 분리가 소멸된 상태라는 것이다. 그리고 나의 심과 리(理)가 분리되지 않은 상태이기 때문에 이에 대해서 더 이상 나의 심과 리(理)가 분리되어 있는 상태에서 이 양자를 일치시키려는 노력, 즉 격물 공부와 유사한 서술을 하는 것은 합당하지 않다는 것이다. 즉 리(理)와 심의 구분이 있으면 이것은 격물 공부에 해당하는 것이지 물격 공효라고 할 수 없다는 것이다.

뭇 리(理)가 융회하는 것은 지지(知至)의 일이니 물격 공효에서 말해서는 안 됩니다. 더구나 말에 주빈(主賓)이 있는 것 역시 리(理)의 자연스러운 형세이니 어찌 피할 수 있겠습니까. 옛날 강덕공(江德功)이 치지(致知)를 궁리(窮理)로 해석하려 하자, 주자가 그르다고 하며, "지(知)는 내 심의 지이고 리(理)는 사물의 리(理)여서 이것으로 저것을 아는 데에는 자연 주빈의 변별이 있으니, 이【지(知)이다.】 글자로 저【리(理)이다.】 글자를 새길 수는 없다."라고 하였습니다. 지금 이 설을 자세히 보면 그 논한

如此讀可矣, 至於物格功效, 則物理之極處, 悉皆已至, 乃是衆理融會之後. 若云匡是, 則語有主賓, 似若方做逐件工夫, 又似有著力意思, 爲不可. 故須曰極處是, 乃見其融會之妙, 無容力之效矣.' 曰, '是亦不然.'"

것이 곧 치지의 공부로서 실로 뭇 리(理)가 융회하는 묘함이니 물(物)과
나의 구분이 없을 것 같은데도 오히려 피차나 주빈으로 말하였습니다.
더구나 이 물격의 설은 다만 사물의 리(理)의 극처(極處)에 이르지 않음이
없다는 것을 말할 뿐 이쪽의 융회의 묘함에는 말이 미치지 않았습니다.
대저 그 장소[處]를 지목하여 거기에 이미 이르렀다고 말한다면 주빈의
변별이 있는 것이 주자의 설에 비하여 어찌 더욱 분명하지 않겠습니까.
【이르는 것이 주(主)이고 극처가 빈(賓)이다.】 이와 같다면 '에[匪是]'로
토를 다는 것이 어째서 불가하며, 공효에 대하여 이 말을 쓴다 한들
어찌 갑자기 노력하는 혐의가 있겠습니까?96)

퇴계는 이에 대해 두 측면에서 답변한다. 우선 리(理)가 융회된 상태이
기 때문에, 즉 격물 공부를 통해 지선으로서의 사물지리(事物之理)가
나의 심에 갖추어져 있는 리(理)와 동일한 상태이기 때문에 물격을 공부라
고 보면 안 된다는 것에 대해 그것은 물격이 아니라 지지(知至)에 해당하는
상황이라고 한다. 나아가 퇴계는 치지의 지(知) 역시 심의 지를 가리키는
것이어서 그것을 사물의 리(理)와 주인·빈객으로 구분하여 볼 수 있으므
로 물격 역시 극처(極處)에 이르는 것을 주인으로, 물리(物理)의 극처(極處)
를 빈객으로 보아 구분할 수 있다고 한다. 그러므로 "물리지극처무부도야
(物理之極處無不到也)"는 "물리의 극처에[匪是] 이르지 않음이 없다."라고
번역을 하더라도 물격을 공효로 보는 것과 어긋나지 않게 된다는 것이다.

96) 『退溪先生文集』 권26, 「格物物格俗說辯疑. 答鄭子中」(1566.12). "衆理融會, 乃是知至
之事, 不當言於物格之效. 況語有主賓, 亦理勢自然, 何可避也. 昔, 江德功欲訓致知以窮
理, 朱子非之曰, '知者, 吾心之知, 理者, 事物之理, 以此知彼, 自有主賓之辨, 不當以此【知
也.】字訓彼【理也.】字也.' 今詳此說, 所論乃致知工夫, 實是衆理融會之妙, 似若無物我之
分, 猶可以彼此主賓言之. 況此物格之說, 只是說那事物之理之極處匪無不到云耳, 未說
到這邊融會之妙來. 夫指其處而言其已至, 則其有主賓之辨, 比之朱子之說, 豈不更分明
乎.【至者爲主, 極處爲賓.】如此則讀之以匪是辭, 何不可之有哉, 雖於功效, 仍用此辭,
豈遽有著力之嫌乎?"

242 IV. 퇴계 리(理) 철학의 지선(至善) 지향적 성격

여기서 퇴계는 '처(處)'라는 단어에 주목하여 격물치지 공부와 물격지지 공효를 목적지로서의 장소와 이 목적지를 향해가는 사람을 소재로 비유한다.[97] 즉 격물치지 공부는 어떤 사람이 경유지를 거쳐 목적지에 도달하는 과정에 해당하고, 물격지지 공효는 경유지를 거쳐 목적지에 도착한 상태와 같다는 것이다.[98] 이러한 비유는 곧 경유지를 거치건 목적지에 도착하건 직접 다닌 것은 사람이라는 의미를 드러내기 위한 것이다. 그러므로 장소의 의미를 갖고 있는 물리지극처(物理之極處)'가' 도(到)한다고 할 수는 없고, 다만 물리지극처(物理之極處)'에' 도(到)한다고 표현할 수만 있다는 것이다. 즉 지선은 격물 공부를 통해서 격물 공부를 한 사람이 도달하는 것이다.

이를 미루어 물격을 풀이한다면 격(格)하는 것은 내가 아니라 물(物)이며, 극처(極處)를 풀이한다면 이르는 것은 내가 아니라 극처(極處)가 됩니다. 이것은 말이 되지 않고 의리에 맞지 않는 잘못된 불통의 설이므로 따를 수 없습니다.[99]

퇴계의 이러한 물격 번역에 대한 검토는 결국 물격이라는 상황에서의 '격(格)'의 주어가 무엇이냐는 것으로 귀결된다. 즉 격물 공부를 통해 도달하게 되는 공효로서의 어떤 상태를 설명하는 말인 물격에 대해서,

---

97) 『退溪先生文集』권26, 「格物物格說辨疑. 答鄭子中」(1566.12). "比如有人自此歷行郡邑至京師, 猶格物致知之工夫也. 已歷郡邑, 已至京師, 猶物格知至之功效也. 豈可謂於方行方至, 可以言郡邑厓是歷行爲也京師厓是來至他爲也, 以爲工夫之說, 於已歷已至, 必變辭曰郡邑是已歷爲也京師是已至羅沙, 乃可謂功效耶. 若如此說, 則已歷者非人, 乃郡邑也, 已至者非人, 乃京師也."

98) 아마도 경유지를 거치는 것은 격물 공부, 목적지에 도착하는 것은 치지 공부, 경유지를 거친 것은 물격 공효, 목적지에 도착한 것은 지지 공효를 뜻할 것이다.

99) 『退溪先生文集』권26, 「格物物格俗說辨疑. 答鄭子中」(1566.12). "推之以釋物格, 則格者非我, 乃物也, 釋極處, 則到者非我, 乃極處也. 此不成言語, 不成義理, 膠謬不通之說, 不可從也."

내가 이르다, 나의 심이 물리(物理)의 극처(極處)에 이르다라고 해석할
것인지, 물(物)이 이르다, 물리(物理)의 극처(極處)가 나에게 이르다라고
해석할 것인지의 문제인 것이다. 그리고 여기서의 물리지극처(物理之極
處)가 지선(至善)을 뜻한다는 점을 함께 고려한다면, 나의 심이 지선에
이르다인지 지선이 나의 심에 이르다인지의 문제가 되는 것이다. 이에
퇴계는 비록 물(物)과 물리(物理)에 대한 구분을 염두에 두고 있기는
하지만, 물격 상황에서의 주어는 나이고 나의 심이라는 것을 명확히
한다. 이는 다음 설명에서 보다 선명하게 표현된다.

"그렇다면 단지 '에[匡]'만으로도 충분한데 어찌하여 '이[是]'라고 하여도
통한다고 합니까?'라고 하는데, 다음과 같습니다. "이것은 지금 사람들이
'이[是]'라고 하는 것과 말은 같지만 뜻은 다르기 때문입니다. 대저 요즘
말하는 '이[是]'는 물리(物理)의 극처가[是] 스스로 내 심에 이르지 않음이
없음을 말하는 것으로, 곧 (物을 내) 안으로 끌어오는 병통이 있어 잘못된
것입니다. 내가 말하는 '이[是]'라는 것은 뭇 리(理)의 극처가[是] 하나도
이르지 않는 곳이 없음을 말한 것이니 리(理)는 그 자체 그대로 사물에
있으면서 내가 궁구함에 하나도 이르지 않는 곳이 없는 것입니다. 그
때문에 역시 통한다고 합니다."[100]

퇴계는 자신이 "물에 격한"이라는 번역을 옹호하지만 동시에 "물이
격한"이라는 번역도 가능하다고 한 것에 대해서, 그 의미를 해명한다.
앞서 살펴본 것에 따르면 '격'의 주어는 '나', '나의 심'이 되는 것인데,

---

[100] 『退溪先生文集』 권26,「格物物格俗說辯疑. 答鄭子中」(1566.12). "曰, '然則只從匡辭足
矣, 何以云是辭亦通乎?' 曰, '此與今人所謂是辭者, 辭同而旨異者也. 夫今所云是者, 謂物
理之極處是自無不到於吾心, 即牽搜向裏之病, 非也. 吾所云是者, 謂衆理之極處是無一
不到之處也, 則理依然自在事物, 而吾之窮究無一不到處耳, 故曰亦通.'"

"물이 격한"이라는 해석을 허용한다면 '격'의 주어를 '물'이라고 번역해도 된다는 것처럼 보이기 때문이다. 그러나 퇴계는 자신이 "물이 격한"이라는 번역이 가능하다고 한 것은 여기서의 물(物)을 주어로서 번역한다는 의미가 아님을 밝힌다. 즉 물(物)을 주어로 본다면, 이는 외부에 있는 물(物)이 마치 나의 심으로 들어온다는 것인데, 자신이 말한 "물이 격한"의 의미는 "리(理)는 그 자체 그대로 사물에 있"고, 여전히 내가 궁구함에 하나도 이르지 않는 곳이 없다는 뜻이라는 것이다. 이러한 퇴계의 물격에 대한 해석은 결국 다음의 해명으로 마무리된다.

> 이상은 모두 예로부터 전해 오는 여러 설 중에서 논한 것입니다. 일찍이 내 생각으로 물격에 대한 해석을 하여, "물(物) 마다[麻多] 격(格)한 뒤에[爲隱後厓]"라고 하려 하였습니다. 이렇게 하면 그 속에 "이르지 않음이 없다.[無不到]"라는 뜻이 포함되어 서로 논쟁할 것도 없겠지만 사람들이 처음으로 새로운 설을 듣는다면 서로 믿지 않을 것입니다.[101]

퇴계의 물격에 대한 입장은 사실 "물(物) 마다[麻多] 격(格)한 뒤에[爲隱後厓]"라고 번역하는 것이다. 이는 분명 내가, 나의 심이 물(物)마다 격(格)한 뒤에라는 의미로, 격물이 하나의 사물에 나아가 그 리(理)를 궁구한 것이라면, 물격은 그러한 공부가 지속되어 매 사물마다 그 사물지리(事物之理)를 궁구한 상태를 의미한다고 볼 수 있다. 결국 퇴계는 격물을 나의 심이 하나의 사물(事物 : 특정한 상황)에서 지선으로서의 리(理)를 궁구하는 것으로, 물격은 그러한 격물 공부가 양적으로 확장되어 나의 심이 모든 사물에서 지선으로서의 리(理)를 궁구한 것으로 이해한 것으로

---

101) 『退溪先生文集』 권26, 「格物物格俗說辯疑. 答鄭子中」(1566.12). "右皆就舊傳諸說而論之. 嘗欲以愚意爲物格之釋曰, '物麻多格爲隱後厓'. 如此則中含'無不到'之意, 而無兩爭之端, 但人創聞新語, 未必相信耳."

보인다.

1566년 당시 퇴계는 물격을 "물(物) 마다[隨多] 격(格)한 뒤에[爲隱後旦]"라고 해석하고 그 물격에 대한 주자의 주석인 "물리지극처무부도야(物理之極處無不到也)"의 의미에 대해서 "리(理)는 그 자체 그대로 사물에 있으면서 내가 궁구함에 (나의 궁구함이) 하나도 이르지 않는 곳이 없는 것"이라고 해석함으로써, 물격 공효의 의미란 격물 공부가 지속되어 매 사물마다 그 사물지리(事物之理)가 궁구된 상태라고 이해하였다. 그런데 이러한 물격에 대한 해석은 1570년 고봉과의 논의를 통해 전환된다.

  "물격(物格)"과 "물리지극처무부도(物理之極處無不到)"의 설에 대해서는 삼가 가르침을 듣겠습니다. 전에 내가 잘못된 설을 고집했던 이유는 단지 주자의 "리(理)는 정의(情意)도 없고 계탁(計度)도 없고 조작(造作)도 없다."는 설만을 알고 지켜서, 내가 물리(物理)의 극처(極處)를 궁구하여 이를 수 있는 것이지, 리(理)가 어찌 스스로 극처에 이르는 것이겠는가 하고 생각해서였습니다. 그러므로 물격의 격(格)과 무부도(無不到)의 도(到)를 모두 내가 격(格)하고 내가 도(到)하는 것으로 보았습니다. 지난날 서울에 있을 적에 리도(理到)의 설로 깨우쳐 주심을 받고도 반복해서 자세히 생각해 보았으나, 오히려 의혹이 풀리지 않았었습니다. 그런데 요사이 김이정이 전해 준, 그대가 주선생이 리도(理到)에 대해 언급한 3, 4조항을 상고해 낸 것을 보여준 뒤에야 비로소 나의 견해가 잘못되었음을 두려워하였습니다. 그래서 이전의 견해를 다 씻어 버리고 마음을 비우고서 자세히 생각하여 먼저 리(理)가 스스로 이를 수 있는[自到] 까닭이 무엇인가를 찾아보았습니다.[102]

102) 『退溪先生文集』 권18, 「答奇明彦」(1570.10.15). "'物格'與'物理之極處無不到'之說, 謹聞命矣. 前此滉所以堅執誤說者, 只知守朱子'理無情意無計度無造作'之說, 以爲我可以窮到物理之極處, 理豈能自至於極處. 故硬把物格之格·無不到之到, 皆作己格·己到看. 往

퇴계 자신의 설명에 따르면, 기존에 가지고 있었던 자신의 물격(物格)과 물리지극처무부도(物理之極處無不到)에 대한 해석의 핵심은 "내가 물리의 극처를 궁구하여 이를 수 있는 것"에 있었다. 그렇다면 이는 물격(物格)의 격(格)과 무부도(無不到)의 도(到)의 주어를 기(己)로 본 것이다. 또한 퇴계가 이렇게 생각하였던 근거는 주자의 리(理)에 대한 설명인 "리(理)는 정의(情意)도 없고 계탁(計度)도 없고 조작(造作)도 없다."는 의미에 주목하였기 때문이고, 이러한 이유로 퇴계는 물격에 대해 "리도(理到)"라고 풀이하면서 "리(理)가 스스로 극처에 이르는 것"이라 해석하는 것에 동의할 수 없었다. 이러한 설명은 앞서 살펴본 1566년 물격에 대한 퇴계의 이해가 이 시기까지 견지되고 있었다고 판단할 수 있도록 한다. 그런데 퇴계는 고봉이 "리도(理到)"라는 견해를 가지게 된 근거로 제시한 주자의 언급들을 검토해 보고서, "리(理)가 스스로 이를 수 있"다는 해석이 오히려 합당하다는 판단을 내리게 된다. 즉 물격(物格)의 격(格)과 무부도(無不到)의 도(到)의 주어를 리(理)로 볼 수 있다는 것이다. 고봉의 이러한 주장의 근거는 다음의 네 가지이다.[103]

(1)「무신봉사(戊申封事)」

이 때문에 정호는 항상 그것을 배척하면서 "스스로는 신묘함을 다하여 변화를 안다고 하지만 사물에 통하여 사업을 성취하기에는 충분하지

在都中, 雖蒙提諭理到之說, 亦嘗反復紬思, 猶未解惑. 近金而精傳示左右所考出朱先生語及理到處三四條, 然後乃始恐怕己見之差誤. 於是, 盡底裏濯去舊見, 虛心細意, 先尋箇理所以能自到者如何."

103)『退溪先生全書』권43,「與金而精」(『陶山全書(二)』, 511쪽) 참조. 이 편지는 앞의 인용문에서 언급된 퇴계가 김이정을 통해 받아본 "주선생이 '理到'에 대해 언급한 3, 4조항"이 실린 것이다. 해당 편지의 내용으로 보아, 고봉은 앞의 세 인용문을 먼저 퇴계에게 제시하였는데, 후에 하나의 용례를 더 발견한 것으로 보인다.『高峯先生文集』권3,「答退溪先生問目」참조.

못하고, 말은 두루 미치지 않음이 없지만 실제로는 윤리에서 벗어나며, 깊이 궁구하여 은미한 데까지 이르지만 그것으로 요순의 도에 들어갈 수는 없다. 천하의 학문은 얕고 좁아서 천박하고 완고하게 막히지 않으면 반드시 여기에 빠져든다. 이는 바른 길에 우거진 잡초이고, 성인의 길로 들어가는 문을 가리고 막은 것으로, 물리쳐 제거한 뒤에야 함께 도에 들어갈 수 있다."라고 하였습니다. 아, 이것은 참으로 리(理)가 닿은 말[理到 之言]이라고 하겠습니다.[104]

(2) 『통서해(通書解)』

생각건대 그 머무는 곳을 따라서 리(理)가 이르지 않음이 없기[理無不到] 때문에 두루 미쳐서 끝이 없는 것이다.[105]

(3) 『대학혹문』

주자가 말하였다. "지선은 지극히 좋은 곳, 완전히 단정하고 좋은 것으로, 조금도 옳지 않은 곳이 없으며, 조금도 이르지[到] 않은 곳이 없다. 군주를 섬길 때는 반드시 순이 요를 섬기는 것처럼 한 후에야 경(敬)이라고 말할 수 있고, 백성을 다스릴 때는 반드시 요가 백성을 다스린 것처럼 한 후에야 인(仁)이라고 말할 수 있다. 이와 같을 뿐만 아니라, 모든 리(理)에는 다 지극히 좋은 부분이 있다."[106]

---

104) 『朱子大全』권11, 「戊申封事」(1188). "是以程顥常闢之曰, '自謂窮神知化, 而不足以開物 成務, 言爲無不周徧, 而實外於倫理, 窮深極微, 而不可以入堯舜之道. 天下之學, 自非淺陋 固滯, 則必入於此. 是謂正路之榛蕪, 聖門之蔽塞, 闢之而後可與入道.' 嗚呼! 此眞可謂理 到之言."

105) 『通書解』, 「誠幾德」. 發微不可見, 充周不可窮之謂神에 대한 주석. "蓋隨其所寓, 而理無 不到, 所以周而不可窮也."

(4) 『성리군서(性理群書)』·『근사속록(近思續錄)』

또 말하였다. "책을 보면 일거양득이니, 한편으로는 마음을 보존할 수 있고, 한편으로는 리(理)가 이른다.[理又到]"[107]

고봉은 주자의 글을 중심으로 리도(理到)의 용례를 발견하였던 것으로 보인다. 우선 「무신봉사」를 통해 고봉은 리도(理到)라는 용어가 "리(理)가 닿은 말", 즉 이치가 닿은 말이라는 의미로 쓰인 용례를 제시하였다. 그리고 『통서해』의 용례를 통해서는 "리(理)가 이르지 않음이 없음"이라는 의미가 신(神)이라는 개념으로 표현될 수 있음을 보였다. 또한 『대학혹문』에서 지선과 도(到)가 함께 쓰인 경우를, 『성리군서』와 『근사속록』에서 독서의 공효로서 리도(理到)의 용례를 들어 자신의 물격에 대한 리도(理到) 해석에 대한 근거라고 여겼다. 이에 대한 고봉의 구체적인 해석을 살펴볼 수 있는 기록은 발견되지 않는다.[108] 다만 퇴계의 앞선 발언을 보면, 퇴계는 고봉의 이러한 근거들을 통해 "물격"을 "리도(理到)"라고 해석할 수 있다고 판단하였고, 이를 통해 "리(理)가 스스로 이를 수 있는 까닭이 무엇인가를 찾아보"았던 것으로 보인다. 이러한 문제의식을 가지고 퇴계가 발견한 "리도(理到)" 해석의 근거가 바로 『대학혹문』에 보이는 주자의 설명이다.

---

106) 『四書大全』, 「大學或問」, 經에 대한 細註. "朱子曰, '至善只是極好處, 十分端正恰好, 無一毫不是處, 無一毫不到處. 且如事君, 必當如舜之所以事堯, 而後喚做敬, 治民必當如堯之所以治民, 而後喚做仁. 不獨如此, 凡理皆有箇極好處.'"

107) 『西山讀書記』 권25. "又曰, '觀書一擧兩得, 這邊又存得心, 那邊理又到.'" 『退溪先生全書』 권43, 「與金而精」(『陶山全書(二)』, 511쪽)에 의하면, 『性理群書』·『近思續錄』을 출전으로 제시하고 있다.

108) 위의 1~3의 인용문을 근거로 "고봉은 … '지극하다' 내지 '완벽하다'라는 의미이므로 문장 구조를 '理가 到하다'로 보더라도 문제가 되지 않는다고 주장한 것으로 보인다."라는 해석을 내리기도 한다. 전병욱, 「퇴계 철학에서 '理到'의 문제」(『東洋哲學』 38, 韓國東洋哲學會, 2012), 20~24쪽 참조.

지금 기명언이 리도(理到)에 관한 여러 설을 인용하여 증거로 댄 것을 통하여, 『대학혹문』의 "리(理)가 비록 만물에 흩어져 있으나 실로 한 사람의 심에서 벗어나지 않는다."라는 부분【보망장의 『혹문』에 보인다.】과 소주인 주자의 언설을 참고하여 자세히 생각해보니, 이제야 리도(理到)라는 말을 불가하다고 할 것이 아님을 알았습니다. 이제 기명언의 설을 따라야 합니다.109)

퇴계는 만물에 있는 리(理)와 심의 관계 속에서 물격에 대해 리자도(理自到)로 해석할 수 있다는 점을 알게 되었다. 이는 리(理)와 심에 대한 구조적 설명 속에서 리자도(理自到)의 함의가 해명되어야 함을 시사한다. 다만 물격을 리(理)와 심의 관계 속에서 이해하는 것은 물리지극처무부도(物理之極處無不到)에서의 물리지극처(物理之極處)가 '지선으로 구현된 리(理)'를 의미한다는 것에서부터 출발한다. 즉 물격과 관련한 퇴계의 논의는 '지선으로 구현된 리(理)'와 심의 관계를 내용으로 한다는 것이다. 이는 결국 리자도(理自到)의 함의 역시 시선으로 구현되는 리(理)의 의미에 따라 살펴볼 수 있음을 뜻한다. 이제 그 내용을 살펴보도록 하겠다.

2) 지선 수행의 당위성

물격에 대한 고봉의 리도(理到) 해석을 접한 퇴계는 고봉이 제시한 리도(理到) 용례들을 기반으로 하여 『대학장구』에서의 물격 해석 속에서 그와 같이 해석될 수 있는 근거를 찾고자 하였다. 이어지는 퇴계의 설명에서 그에 대한 구체적인 내용을 파악할 수 있다.

---

109) 『退溪先生文集』 권18, 「答奇明彦」(1570.10.15). "今因明彦引證理到諸說, 參考『大學或問』, '理雖散在萬物, 而實不外一人之心'一段【見「補亡章」『或問』.】 小註朱子說而細思之, 始悟理到之言, 未爲不可. 今當從明彦說."

생각건대 (『대학』) 보망장에 관한 『대학혹문』 중에 보이는 주자의 설에서 이것을 드러내 밝힌 것이 해와 별처럼 밝은데 내가 항상 그 말을 의미 있게 보았으면서도 이에 대하여 깨닫지 못했던 것뿐입니다. 그 설에 "사람이 학문을 하는 것은 심과 리(理)일 뿐이다. 심이 비록 한 몸의 주인이지만 그 체의 허령함이 천하의 리(理)를 통섭할 수 있고, 리(理)가 비록 만물에 흩어져 있으나 그 용의 미묘함이 실로 한 사람의 심에서 벗어나지 않으니, 애당초 내외정조로 논할 수 없다."라고 하였고, 그 소주에서 어떤 사람이 "용의 미묘함이 바로 심의 용입니까?"라고 물으니, 주자가 "리(理)에는 반드시 용이 있으니 무엇 때문에 또 심의 용을 말할 필요가 있겠는가? 심의 체는 이 리(理)를 갖추고 있으니, 리(理)는 아우르지 않는 것이 없어 어떠한 물(物)이건 리(理)가 있지 않음이 없지만, 그 용은 실로 사람의 심에서 벗어나지 않는다. 생각건대 리(理)는 비록 물(物)에 있지만, 용은 실로 심에 있다."라고 하였습니다.110)

퇴계는 물격에 대한 고봉의 해석인 리도(理到)에 대해서, 그렇게 해석할 수 있는 근거로서 『대학』 보망장에 대한 『대학혹문』의 설명과 이에 대한 주석이라고 할 수 있는 해당 구절에 대한 소주(小註)를 함께 제시한다. 이는 모두 주자의 말로, 사서(四書)와 주자의 주석, 그리고 사서에 대한 주자의 『혹문』을 함께 엮고 소주의 형태로 이에 대한 주석을 덧붙인 『사서대전(四書大全)』을 통해 발견한 구절인 것으로 보인다. 소주에 해당하는 구절의 원 출전은 『주자어류』 18권, 「대학5·혹문 하」인데, 『주자어

---

110) 『退溪先生文集』 권18, 「答奇明彦」(1570.10.15). "蓋先生說見於「補亡章」『或問』中者, 闡發此義, 如日星之明, 顧滉雖常有味其言而不能會通於此耳. 其說曰, ‘人之所以爲學, 心與理而已. 心雖主乎一身, 而其體之虛靈, 足以管乎天下之理, 理雖散在萬物, 而其用之微妙, 實不外一人之心, 初不可以內外精粗而論也’, 其小註或問, 用之微妙, 是心之用否? 朱子曰, 理必有用, 何必又說是心之用乎? 心之體, 具乎是理, 理則無所不該, 而無一物之不在, 然其用實不外乎人心. 蓋理雖在物, 而用實在心也.’"

류』에서도 이 구절은 『대학혹문』의 해당 구절에 대한 주자의 설명이라고 분류되고 있다. 퇴계가 인용한 이 구절들의 의미를 보다 정확하게 파악하기 위해 『대학혹문』의 전후 맥락을 검토해보면, 이 부분은 다음과 같은 질문에 대한 답변으로 제시된 것이다.

그렇다면 그대의 학문은 심에서 구하는 것이 아니라 자취에서 구하는 것이고, 내면에서 구하는 것이 아니라 외부에서 구하는 것이다. 나는 성현의 학문이란 이처럼 얕다거나 지리멸렬하지 않으리라고 생각한다.[111]

그런데 또 다시 이러한 질문이 제기된 이유를 이해하기 위해서는 먼저 위의 인용문이 『대학장구』, 전5장에 해당하는 보망장에 대한 『대학혹문』 부분이라는 것을 염두에 두어야 한다. 이를 염두에 둔다면, 여기서의 질문은 다음과 같이 이해할 수 있다. 즉 보망장에서 설명된 것에 따르면, 『대학』의 격물 공부가 심 혹은 내면을 터전으로 하여 진행되는 것이 아니라, 사물 혹은 외부를 터전으로 하여 진행되는 의미로 해석되는데, 그렇게 해석할 수 있다면 보망장의 격물 공부는 유학의 전통적인 공부에서 벗어난 방법인 듯하다는 것이다. 이러한 문제제기가 있게 된 이유를 이해하기 위해서는 다시 이러한 질문에 앞서 주자에 의해 제시된 유학의 전체 학문 구조를 살펴보아야 한다.

이 때문에 처음 가르칠 때 소학(小學)을 하여 성(誠)과 경(敬)을 익히도록 하니, 그 흐트러진 마음을 수습하고 덕성을 기르는 것이 이미 그 지극함을 쓰지 않는 바가 없다. 대학에 나아가게 되면 다시 사물(事物) 가운데

111) 『大學或問』, 보망장에 대한 설명. "然則子之爲學, 不求諸心, 而求諸迹, 不求之內, 而求之外. 吾恐聖賢之學, 不如是之淺近而支離也."

나아가 그들이 알고 있던 리(理)를 인하여 미루어 탐구해 가면서 그 극(極)
에 각각 나아가도록 하였으니, 나의 지식 역시 빠짐없이 두루 하고 정밀하
고 간절하여 다해내지 않음이 없게 된다.[112]

주자에 의하면, 소학을 통해 성(誠)과 경(敬)을 익힘으로써 "그 흐트러진
마음을 수습하고 덕성을 기르"고, 그러한 상태에서 다시 대학의 공부,
즉 "사물 가운데 나아가 그들이 알고 있는 리(理)를 인하여 미루어 탐구해
가면서 그 극(極)에 각각 나아가도록 하"는 공부를 함으로써 "나의 지식
역시 빠짐없이 두루 하고 정밀하고 간절하여 다해내지 않음이 없"는
상태로 나아가도록 하는 것이 유학의 전체 학문 구조이다. 이는 거경과
궁리를 두 축으로 하는 전형적인 주자학의 학문 구조에 대한 설명이다.
여기서의 대학 공부가 바로 격물 공부에 해당한다. 그렇다면 그 앞의
질문은 주자가 제시한 격물 공부가 "사물 가운데 나아가" 진행하는 것이기
때문에, 이러한 측면에서 사물 혹은 외부를 터전으로 하여 진행하는
공부라고 보아야 하는 것이 아니냐는 질문이라고 할 수 있다. 이 문제제기
가 겨냥한 격물 공부의 방법은 다음과 같다.

그 힘쓰는 방법은 드러난 일과 행동에서 고찰하거나, 은미한 생각에서
살피거나, 글 속에서 구하거나, 강론하는 사이에서 찾는 것이다. (이로써)
몸과 마음, 성과 정의 덕, 인륜과 일상생활의 떳떳함으로부터 천지·귀신의
변화와 조수·초목의 마땅함에 이르기까지 그 하나의 물(物) 가운데 그만둘
수 없는 소당연(所當然)과 바꿀 수 없는 소이연(所以然)을 봄이 있지 않음이
없도록 하여, 반드시 그 (物의) 표리정조에 다하지 않은 바가 없고, 나아가

---

112) 『大學或問』, 보망장에 대한 설명. "是以於其始敎, 爲之小學, 而使之習於誠·敬, 則所以
收其放心, 養其德性者, 已無所不用其至矣. 及其進乎大學, 則又使之卽夫事物之中, 因其
所知之理, 推而究之, 以各造乎其極, 則吾之知識, 亦得以周遍精切而無不盡也."

더욱 그 유사함을 미루어 통하게 한다. 하루아침에 툭 트여 관통하기에 이르면 천하 사물에 대해서는 모두 의리의 정미함의 지극한 바를 궁구함이 있게 되고, 나의 총명예지 역시 심의 본체를 지극하게 하여 다하지 않음이 없음이 있게 될 것이다. 이것이 내가 본래 전문에 빠진 글을 보충한 뜻이다.113)

결국 앞선 인용문에서의 질문은 보망장에서의 격물 공부가 "드러난 일과 행동에서 고찰하거나, 은미한 염려(念慮)에서 살피거나, 글 속에서 구하거나, 강론하면서 찾"는 것이라면, "심에서 구하는 것이 아니라 자취에서 구하는 것이고, 내면에서 구하는 것이 아니라 외부에서 구하는 것"이기 때문에 유학 공부의 본령과는 다르다는 문제제기인 것이다. 이러한 이유로 이 문제제기에 대해 주자가 "사람이 학문을 하는 것은 심과 리(理)일 뿐이다. 심이 비록 한 몸의 주인이지만 그 체의 허령함이 천하의 리(理)를 통섭할 수 있고, 리(理)가 비록 만물에 흩어져 있으나 그 용의 미묘함이 실로 한 사람의 마음에서 벗어나지 않으니, 애당초 내외정조로 논할 수 없다."라고 대답한 것은 우선『대학장구』보망장에서 제시된 격물 공부가, 드러난 일과 행동에서, 은미한 생각에서, 글 속에서 혹은 강론하면서 진행되는 것이지만 심과 리(理)의 차원에 입각하여 해명된다면, 심과 내면을 떠나 진행되는 공부라고 해석되지 않을 수 있다고 응대한 것이라 이해할 수 있다. 이에 대한 구체적인 내용 역시 『대학혹문』의 이어지는 구절에서 파악할 수 있다.

---

113)『大學或問』, 보망장에 대한 설명. "若其用力之方, 則或考之事爲之著, 或察之念慮之微, 或求之文字之中, 或索之講論之際. 使於身心性情之德, 人倫日用之常, 以至天地·鬼神之變, 鳥獸·草木之宜, 自其一物之中, 莫不有以見其所當然而不容已與其所以然而不可易者, 必其表裏精粗無所不盡, 而又益推其類以通之, 至於一日脫然而貫通焉, 則於天下之物皆有以究其義理精微之所極, 而吾之聰明睿智亦皆有以極其心之本體而無不盡矣. 此愚之所以補乎本傳闕文之意."

성인은 가르침을 베풂에 사람들이 묵묵히 그 심의 영묘함을 알아서
단정하고 장엄하며 고요하고 한결같은 가운데 이를 보존하여 궁리의
근본으로 삼도록 하고, 사람들이 뭇 이치의 오묘함이 있음을 알아서
배우고 묻고 생각하고 변별하는 때에 이를 궁구하여 마음의 능력을 다해내
는[盡心] 공효를 다하도록 한다.114)

이에 근거하여 앞의 문장을 보완하여 해석하면, "사람이 학문하는
방법에는 심에 대한 공부와 리(理)에 대한 공부가 있다. 왜냐하면, 심은
비록 하나의 개체를 주재할 뿐이지만 심은 허령함이라는 능력으로 모든
이치를 통섭할 수 있고, 리(理)는 비록 심 외부에 있는 사물에 있는
것이지만 그 용의 미묘함(그 理가 사물에서 실현되는 것)은 심을 벗어나지
않는다(심의 능력을 다 실현한 것에 지나지 않는다)."라고 해석할 수
있다. 이는 구체적으로 심을 보존하는 공부를 근본으로 하여 궁리 공부를
진행함으로써 이 심의 능력을 모두 실현해내는 것이 위학(爲學)이라는
의미라고 할 수 있다. 결국 주자는 격물 공부가 비록 드러난 일과 행동에서
고찰하거나, 은미한 생각에서 살피거나, 글 속에서 구하거나, 강론하면서
찾는 공부이지만, 몸과 마음의 단정하고 장엄하며 고요하고 한결같음이
이 격물 공부보다 근본이 되고, 배우고 묻고 생각하고 변별하는 것이라
표현된 격물 공부의 공효가 궁극적으로는 마음의 능력을 다해내는 것[盡
心 : 全體大用]에 해당하기 때문에 외부만을 추구하는 공부라고 할 수
없다는 대답을 하고 있는 것으로 보인다.115) 이것이 바로 퇴계가 물격에

---

114) 『大學或問』, 보망장에 대한 설명. "聖人設敎, 使人默識此心之靈, 而存之於端莊靜一之
    中, 以爲窮理之本, 使人知有衆理之妙, 而窮之於學問思辨之際, 以致盡心之功."
115) 외면으로 향하는 공부를 폐기하지 않는 이유에 대해서도 이 단락의 후반부에서
    설명한다. 이는 불학과는 달리 일상과 인륜을 버리지 않는 유학 고유의 특성을
    지키기 위한 것이다. 『大學或問』, 보망장에 대한 설명. "今必以是爲淺近支離, 而欲藏
    形匿影, 別爲一種幽深恍惚艱難阻絶之論, 務使學者茫然措其心於文字言語之外, 而曰道
    必如此然後可以得之, 則是近世佛學詖淫邪道之尤者, 而欲移之以亂古人明德新民之實

대한 리자도(理自到) 해석을 해명하기 위해 인용한 첫 번째 구절의 의미이다.116)

한편 퇴계가 인용한 두 번째 구절은 이상의 내용에 대한 부연 설명이라고 할 수 있는 소주(小註)이다. 앞의 내용 가운데 용의 미묘함의 의미에 대해 질문한 것으로, 여기서의 용이 심의 용을 뜻하는 것인지를 물은 것이다. 이에 대해 주자는 먼저 그것이 리(理)의 용이라고 말한다. 다만 그 용이 "실로 사람의 심에서 벗어나지 않"기 때문에 "리(理)는 비록 물(物)에 있지만, 용은 실로 심에 있는 것이다."라고 답한다. 이제 퇴계의 각 구절에 대한 이해를 살펴보도록 하겠다.

그 "리(理)가 만물에 있지만 그 용(用)은 실로 한 사람의 심에서 벗어나지 않는다."라는 말을 보면, 리(理)는 스스로 작용할 수 없고 반드시 사람의 심을 기다려 작용한다는 것인 듯하니, (理가) 스스로 이른다고 말할 수 없을 것 같습니다. 그러나 또 "리(理)에는 반드시 용이 있는데 무엇 때문에 또 심의 용을 말할 필요가 있겠는가."라는 말로 보면, 그 용이 비록 사람의 심에서 벗어나지 않으나 그것이 용이 되는 묘함은 실로 리(理)의 발현이 사람의 심이 지극해진 바에 따라 이르지 않는 곳이 없고 다해지지 않은 곳이 없기 때문이니, 다만 나의 격물이 지극하지 못함을 두려워할 뿐, 리(理)가 스스로 이를 수 없는 것을 걱정할 것은 없습니다.117)

學, 其亦誤矣."

116) 이를 근거로 퇴계의 理到說을 이해하는 틀로서 "심과 理의 관계"를 읽어낸 연구가 있다. "퇴계가 여기서 논하는 것은 주로 인식주체로서 심과 인식대상으로서 리의 일치성 문제"이며, 이러한 의제 설정에 기반을 하여 퇴계 理到說의 의미에 대해 "내 마음에 갖추어진 理가 내가 사물의 이치를 궁구한 만큼 드러나게 된다."라는 해석을 내린다. 전병욱, 「퇴계 철학에서 '理到'의 문제」(『東洋哲學』 38, 韓國東洋哲學會, 2012), 22~31쪽 참조.

117) 『退溪先生文集』 권18, 「答奇明彦」(1570.10.15). "其曰, '理在萬物, 而其用實不外一人之心', 則疑若理不能自用, 必有待於人心, 似不可以自到爲言. 然而又曰, '理必有用, 何必又說是心之用乎', 則其用雖不外乎人心, 而其所以爲用之妙, 實是理之發見者, 隨人心所至,

퇴계는 우선 첫 번째 구절에서 만물에 있는 리(理)와 심의 용의 관계에 대한 서술에 주목한다. 그리고 그 관계를 리(理)의 용은 사람의 심을 통해서 실현되는 것이라고 이해한다. 그러므로 이는 리자도(理自到)를 부정하는 설명이 된다. 그런데 퇴계는 두 번째 구절에서 리(理)에 용이 있다는 언급에 주목한다. 리(理)의 용이 사람의 심을 떠나 실현되는 것은 아니지만, 그 리(理)의 용이란 사실 "리(理)의 발현"으로서, 그 리(理)가 "사람의 심이 지극해진 바"에 따라 "이르지 않는 곳이 없고" "다해지지 않은 곳이 없다"는 것이다. 바로 이것이 리자도(理自到)의 근거가 된다.

우선 퇴계는 "리(理)가 만물에 있으나 그 용은 실로 한 사람의 마음에서 벗어나지 않는다."라는 구절에 대해 리(理)는 스스로 작용할 수 없고 사람의 심을 기다려야만 작용할 수 있다는 의미로 이해하였다. 또 그 작용이 도(到)의 근거라고 보았다. 즉 리(理)는 사람의 심의 능력을 통해야만 작용할 수 있으며, 그러한 이유로 스스로 (어딘가에) 이를 수 없다는 것이다. 여기서 작용하는 것과 이를 수 있다는 것의 의미를 이해하기 위해서는 이것이 물리지극처무부도(物理之極處無不到)에 대한 해석의 문제이며, 따라서 격물·물격과 관련된 개념들이라는 것을 다시 상기해야 한다. 그렇다면 첫 번째 구절을 통해서 물리지극처무부도(物理之極處無不到)는 "사람의 심이 물리지극처(物理之極處)에 이른다"라고 번역할 수 있다. 이는 다시 "사람의 심의 능력이 지선에 이른다"라는 해석으로 나아간다. 그렇다면 여기서의 용(用)은 사물에서 리(理)가 인간의 심을 통해 지선으로 실현되는 것이고, 도(到)는 인간이 그 지선에 도달하는 것이다. 즉 구체적인 상황에서의 옳음을 실현할 수 있는 인간의 능력에 초점이 맞추어진 서술인 것이다.

그런데 퇴계는 "리(理)에는 반드시 용이 있는데 무엇 때문에 또 심의

而無所不到, 無所不盡, 但恐吾之格物有未至, 不患理不能自到也."

용을 말할 필요가 있겠는가."라는 구절에 대해서는 리(理)의 작용이 비록 사람의 심을 벗어난 것은 아니지만 그것의 작용은 리(理)가 발현한 것으로 그 리(理)가 사람의 심이 지극해진 바에 따라 도(到)하고 진(盡)한다는 의미로 이해하였다. 그리고 이것은 격물 공부를 통해 사람의 심이 물리지 극처(物理之極處)에 이르느냐 이르지 못하느냐의 문제이지, 그 리(理)가 도(到)하지 못하는 경우는 없다는 설명을 덧붙인다. 그렇다면 여기에서 "사람의 심이 지극해진 바"는 격물 공부를 의미한다고 하겠다. 이러한 의미는 이어지는 퇴계의 설명을 통해 확인할 수 있다.

　　그렇다면 바야흐로 그 격물을 말한 것은 진실로 내가 궁구하여 물리(物理)의 극처(極處)에 이르는 것을 말한 것이지만, 그 물격을 말하게 되면 어찌 물리의 극처가 나의 궁구한 바에 따라 이르지 않음이 없음을 말한 것이라고 할 수 없겠습니까? (여기에서) 정의(情意)도 없고 조작(造作)도 없는 것이 차리(此理)의 본연(本然)의 체이고, 깃들인 곳에 따라 발현하여 이르지 않음이 없는 것이 차리(此理)의 시극히 신묘한 용임을 알 수 있습니다. 전에는 단지 본체가 무위한 줄만 알고 신묘한 용이 드러나 행해질 수 있다는 것은 알지 못하여 리(理)를 거의 죽은 물건으로 인식하였으니, 도와의 거리가 어찌 매우 멀지 않겠습니까? 지금 그대의 부지런한 가르침을 통해 잘못된 견해를 버리고 새로운 뜻을 터득하고 새로운 격조로 나아갈 수 있어 매우 다행입니다.[118]

퇴계는 격물의 의미를 내가 궁구하여 물리지극처(物理之極處)에 이르는

118) 『退溪先生文集』 권18, 「答奇明彦」(1570.10.15). "然則方其言格物也, 則固是言我窮至物理之極處, 及其物格也, 則豈不可謂物理之極處, 隨吾所窮而無不到乎? 是知無情意造作者, 此理本然之體也, 其隨寓發見而無不到者, 此理至神之用也. 向也但有見於本體之無爲, 而不知妙用之能顯行, 殆若認理爲死物, 其去道不亦遠甚矣乎? 今賴高明提誨之勤, 得去妄見, 而得新意, 長新格, 深以爲幸."

공부라고 보았고, 물격의 의미를 물리지극처(物理之極處)가 나의 궁구한 바, 즉 격물 공부에 따라 이르는 공효라고 보았다. 격물은 사람이 구체적인 상황에서의 옳음, 즉 지선을 알기 위한 공부이고, 물격 공효는 사람의 격물 공부를 계기로 지선으로서의 리(理)가 사람에게 도달한 상태라는 것이다. 이러한 의미에 대해서 퇴계는 리(理)의 본연지체(本然之體)와 리(理)의 지신지용(至神之用)이라는 구도로 설명한다. 퇴계는 어떠한 인위적인 조작이 없는 면을 리(理)의 본연지체로, 발현하여 이르지 않음이 없는 면을 리(理)의 지극히 신묘한 작용이라고 설명하는데, 앞선 논의의 연장선상에서 본다면 여기서의 리(理)의 발현은 지선임을 알 수 있다. 지선으로 발현된 리(理)가 사람에게 이르지 않음이 없는 것이 리(理)의 지신지용인 것이다. 달리 말해, 무위한 리(理)의 본체가 실제로 구체적인 상황에서의 지선으로 드러나 행해지는 것을 리(理)의 작용이라고 볼 수 있다는 것이다. 퇴계의 이러한 리자도(理自到) 해석의 구체적인 함의는 무엇인가? 그 의미에 대해서는 지신지용으로서의 리(理)에서 지선으로 발현된 리(理)라는 측면과 그 리(理)가 지선으로 발현되어 사람에게 이르지 않음이 없다는 측면을 나누어 살펴봄으로써 이해해볼 수 있다. 먼저 리(理)의 발현으로서의 지선의 의미를 살펴볼 수 있는 단서는 다음의 서간에서 발견된다.

　　『대학』8조목 가운데 격물을 논하여 "천하의 만물에는 반드시 각각 소이연지고(所以然之故)와 소당연지칙(所當然之則)이 있으니, 이른바 리(理) 이다."라고 한 것에 대한 주석에서, 주자는 "소당연지칙은 군주의 인과 신하의 경 같은 것이고, 소이연지고는 군주가 어째서 인으로써 하며, 신하가 어째서 경으로써 하는가와 같은 것이다. …모두 천리가 그렇게 하도록 한 것이다."라고 하였으며, 신안 진씨는 "소당연지칙은 리(理)의 실제이고, 소이연지고는 한층 깊은 리(理)의 근원이다."라고 하였습니다.119)

　퇴계는 리자도(理自到) 개념을 정립하기 10년 전인 1560년, "소당연과 소이연은 사(事)인가 리(理)인가"라는 문인 문봉 정유일의 질문에 대해 답변하였다. 퇴계는 소당연이 사(事)이기는 하지만 리(理)라고 보는 것이 좋을 것 같다는 의견을 제시한다. 위 구절은 그러한 판단을 내릴 수 있는 근거로서 제시된 인용문 가운데 일부이다.

　『대학혹문』에서는 격물을 설명하면서, 격(格)의 대상이 되는 물(物), 즉 사물지리를 "소이연지고"와 "소당연지칙"으로 구분한다. 그리고 그 소당연지칙의 구체적인 내용으로 인(仁), 경(敬) 등을 제시한다. 이는 『대학』에서 지선의 조목으로 언급한 바로 그 인, 경이므로 소당연지칙이 지금까지 논의한 지선에 대한 또 다른 맥락에서의 이름이라는 것을 알 수 있다. 한편 이 소당연지칙으로서의 지선이 어떠한 이유로 있게 되는 것인지, 그 근거에 해당하는 것을 "소이연지고"라고 설명하면서, 이 소당연지칙과 소이연지고가 천리에 의한 것임을 밝히고 있다. 이에 대해 신안 진씨는 소당연지칙을 리(理)의 실제, 소이연지고를 그 소당연지 칙의 원두(源頭), 즉 근원이라고 설명함으로써 현실화된 리(理)로서의 소당연지칙과 그 소당연지칙의 근원으로서의 소이연지고를 리(理)의 두 층차로 정리한다.

　「격물전」에서 "하나의 물(物) 안에서부터 그 마땅히 그러한 바이어서 그칠 수 없음과 그 그러한 까닭이어서 바꿀 수 없음을 봄이 있지 않음이 없다."라고 말한 것에 대한 주석에서 서산 진씨가 "예를 들어 군주가 됨에 마땅히 인하고 신하가 됨에 마땅히 경하는 따위이니, 바로 도리가

---

119) 『退溪先生文集』권25,「鄭子中與奇明彦論學, 有不合, 以書來問, 考訂前言, 以答如左」 (1560.2), "八條目, 論格物曰, '天下之物, 必各有所以然之故與其所當然之則, 所謂理也.' 注, 朱子曰, '所當然之則, 如君之仁, 臣之敬, 所以然之故, 如君何故用仁, 臣何故用敬云云, 皆天理使之然.' 新安陳氏曰, '所當然之則, 理之實處, 所以然之故, 乃其上一層理之源頭 也.'"

마땅히 이와 같아 이와 같지 않으면 안 된다. 그러므로 소당연이라 말한다. 그러나 인, 경 등은 사람이 힘써 억지로 하는 것이 아니고 처음 생겨남에 바로 이 리(理)를 품부 받으니, 바로 천이 부여한 것이다. 그러므로 소이연이라 말한다. 소당연을 아는 것은 성(性)을 아는 것이고, 소이연을 아는 것은 천(天)을 아는 것으로, 그 리(理)의 소종래를 앎을 이른다."라고 하였습니다.[120]

또한 퇴계는 위의 인용문에 이어서 소당연과 소이연에 대한 서산 진씨의 설명을 덧붙인다. 이 인용문에서도 역시 소당연과 지선을 동일한 개념으로 보면서 그 소이연으로서 소당연과 지선의 근원에 대한 사유를 제시한다. 우선 여기에서는 지선에 해당하는 군주의 인, 신하의 경을 "마땅히 그러한 바이어서 그칠 수 없는 것", 즉 "소당연이불용이(所當然而不容已)"라고 설명한다. 이는 일차적으로 구체적인 사안에 대해서 언급한 것으로, 구체적인 상황을 맞닥뜨렸을 때 그와 같이 반응하지 않을 수 없는, 그와 같이 행동하지 않을 수 없는 올바른 반응과 행동이 정해져 있다는 의미이다. 그렇다면 지선에는 바로 인간으로서 당위적으로 행해야하는 옳음의 근거로서, 이치상 그러한 것이어서 인간이 이를 따르게 되어 있는 가치라는 뜻이 포함되게 된다. 나아가 이 인용문에서는 이러한 지선의 근거로서 "그러한 까닭이어서 바꿀 수 없음", 즉 "소이연이불가역(所以然而不可易)"을 함께 제시한다. 이는 지선의 근거로서 리(理)가 필연적 원인임을 의미한다. 즉 인간에게 당위로서 파악되는 지선의 근거로서

120) 『退溪先生文集』 권25, 「鄭子中與奇明彦論學, 有不合, 以書來問, 考訂前言, 以答如左」 (1560.2). "「格物傳」曰'自其一物之中, 莫不有以見其所當然而不容已, 與其所以然而不可易者'注, 西山眞氏曰, '如爲君當仁, 臣當敬之類, 乃道理合當如此, 不如此則不可, 故曰所當然. 然仁敬等, 非人力强爲, 有生之初, 卽稟此理, 是乃天之所與也, 故曰所以然. 知所當然, 是知性, 知所以然, 是知天, 謂知其理所從來也.'" 『사서대전』의 『대학혹문』에 그 내용이 보인다.

그러한 지선이 도출될 수밖에 없는 까닭으로서의 리(理)가 있다는 것이다. 나아가 이러한 지선으로서의 소당연을 아는 것이 천이 부여한 성을 아는 것이고, 천이 부여한 성이 천으로부터 부여 받은 것임을 아는 것이 소종래를 아는 것이라는 설명을 덧붙인다. 즉 소이연과 소당연을 통해 리(理)의 중층 구조를 드러내 보이는 동시에 지선-성-천 구도로써 리(理)의 전개 구조를 설명하고 있는 것이다.

그렇다면 앞서 리(理)의 본연지체와 리(理)의 지신지용 역시 이러한 리(理)의 중층 구조에 입각한 표현이라고 해석해볼 수 있다. 리(理)의 발현으로서의 지선은 그것의 근원이 있는데, 그것이 바로 리(理)의 본체라는 것으로, 지선과 지선의 근원에 대해 리(理)의 발현과 리(理)의 본체라고 표현함으로써 근원으로서의 리(理)가 전개되어 지선이 되는 것이라는 사유를 보다 선명하게 피력하고 있는 것이다. 이상의 인용문들에 대한 퇴계의 다음과 같은 해석은 이러한 분석이 퇴계의 의도에 부합한다는 점을 보여준다.

> 생각건대 군주의 인, 신하의 경 따위는 모두 천명(天命)으로서 마땅히 그러한 바의 리(理)이니 실로 정미한 극치입니다. 이것을 벗어나 사(事)에 별도로 소당연이 있지는 않습니다.[121]

앞서 언급된 개념들로 퇴계의 해석을 다시 표현해보면, "지선은 모두 천명으로서 마땅히 그러한 바의 리(理), 즉 소당연이다."라고 할 수 있다. 앞서 퇴계의 천명 개념에 도덕적 가치의 근원이라는 함의가 담겨 있음을 살펴보았다. 그렇다면 여기서도 역시 도덕적 가치의 근원으로서의 천명

---

121) 『退溪先生文集』권25, 「鄭子中與奇明彦論學, 有不合, 以書來問, 考訂前言, 以答如左」 (1560.2). "蓋君仁臣敬之類, 皆天命所當然之理, 實精微之極致也, 非外此而事別有所當 然也."

과 그 천명이 구현된 것으로서의 지선이라는 구도에 입각하여 설명되고 있는 것임을 확인할 수 있다. 이러한 도덕적 가치의 근원으로서의 천명과 구현된 도덕적 가치의 관계는 천명과 중용이라는 개념으로도 재차 설명된다.

　　나 황은 주선생이 중용의 뜻을 풀이하면서 "중용은 편벽되지 않고 치우치지 않으며 지나침이나 미치지 못함이 없는 평범하고 일상적인 리(理)이니, 바로 천명이 마땅히 그러한 바로서 정미한 극치이다."라고 한 것을 항상 애모하였습니다. 대저 이 도리는 온전히 일용처에서 널리 저 안에 있으면서 그 경중, 장단, 대소의 준칙에 각각 딱 맞는 곳이 있지 않음이 없습니다. 이것이 "정미한 극치"라는 것으로, 『대학』의 지선이 이것입니다. (이것은) 결코 일상을 어그러뜨리고 보통과 다르면서 괴이하고 치우친 곳에 있지 않습니다. 지금 학문하는 사람들은 평범하고 일상적인 가운데 딱 맞는 곳에서 도를 찾을 줄은 모르고, 일단 어그러지고 다른 것 가운데 괴이한 곳에 발을 들여놓습니다. 결국 차례를 따라 도에 들어가는 것은 바라지도 못하고 도리어 구석에 있는 것을 끄집어내고 괴이한 것을 행하는 데 빠지는 경우가 많으니 매우 개탄스럽습니다. 그 이유는 세속을 따라 잘못된 것을 익히고 일상을 편안히 여기면서 확립된 것이 없는 선비들은 반드시 학문하려 하지도 않고, 학문하려는 사람들은 대체로 모두 부끄러워할 줄 알아 스스로 좋게 여기며 세속을 싫어하고 다름을 추구하는 사람들이기 때문입니다. 그러므로 그 출발부터 여기에 떨어지지 않는 경우가 적어 자신을 위한 학문을 구하지 않으면서 꾸미기에 힘쓰고 겉으로 도모하여 그 병폐가 도리어 학문할 줄 모르는 사람보다 심함을 전혀 알지 못하니, 어찌 두렵지 않겠습니까![122]

122) 『退溪先生文集』 권37, 「答李平叔」(1569.5~7월). "滉常愛朱先生解中庸之義曰, '中庸者, 不偏不倚無過不及, 而平常之理, 乃天命所當然, 精微之極致也.' 大抵此道理, 全在日用

 퇴계는 지선과 중용이 모두 천명으로서의 리(理)가 일상 속에서 구체적
인 옳음으로 발현된 것을 표현한 것이라고 보았다. 우선 지선과 중용은
구체적인 삶 속에서 리(理)가 구현된 것으로, 일상 속에서의 모든 구체적
인 옳음에 대한 포괄적인 표현이다. 그렇다면 퇴계는 천명으로서의 리(理)
가 일상 속에서의 모든 구체적인 옳음의 근거이며, 그 리(理)의 발현이
바로 지선이고 중용이라는 해석을 통해, '도덕적 가치의 근원으로서의
리(理)'와 '그 리(理)가 발현된 것으로서의 지선'이라는 구도를 재확인한
것으로 보인다. 나아가 퇴계는 구체적인 상황에서의 옳음에 대한 주자의
"천명이 마땅히 그러한 바로서, 정미한 극치이다."라는 설명을 접함으로
써 지선과 중용에 대해 자신의 천명 개념에 입각한 해석의 시야를 염두에
두었을 것으로 보인다. 즉 앞서 천명과 사단의 관계를 통해 제시된
도덕적 행위의 출발점으로서의 리발(理發) 개념을 근거로 하여, 구체적인
도덕적 행위 전체를 지칭하는 지선과 중용 역시 천명과의 관계 속에서
정립될 수 있는 것임을 주자의 설명을 통해서도 확인할 수 있다는 면에서,
퇴계는 이 구절을 중시하였던 것으로 이해해볼 수 있다. 이는 주자에
의해 설명된 "천명이 마땅히 그러한 바로서, 정미한 극치"로서의 중용,
그리고 그 중용과 동일한 의미인 지선에 대해 자신의 천명관에 의거하여
그 함의를 심화시킨 것이라고 할 수 있다.

 그렇다면 천명과 지선에 주목한 사유와 물격을 리자도(理自到)라고
해석하는 것과의 관계는 무엇인가? 즉 물격의 주어를 사람으로 해석하였
던 것에서 물격의 주어를 리(理)로 전환함으로써 강조되는 사유는 무엇인

處, 平鋪地在那裏, 其輕重長短大小之則, 莫不各有恰好處, 此所謂'精微之極致', 而『大學』
之至善, 是也. 決不在乖常異衆, 嶢崎仄僻處. 今之向學之人, 不知求道於平常中恰好處,
輒先揷脚於乖異中嶢崎處, 竟致無望於循序入道, 而反歸於索隱行怪者多, 甚可歎也. 所
以然者, 士之徇俗習非, 安常無立者, 必不肯向學, 其向學者, 大率皆知恥自好, 憎俗求異之
人也. 故其初蹊徑, 鮮不隳落於此, 殊不知不求爲己, 務飾外圖, 好看其弊病, 反有甚於不知
學之人也, 豈不可懼哉!"

가? 달리 말해, 리(理)의 발현으로서의 지선이 격물 공부를 한 사람에게 이르지 않음이 없다는, 즉 리(理)의 지신지용의 전체적인 의미는 무엇인가?[123]

이는 격물 공부와 물격 공효가 지선을 아는 것에 대한 설명이라는 것에서부터 다시 살펴보아야 한다. 그리고 그 지선은 천명이 구현된 것으로서의 지선이라는 점과 함께 고려해볼 수 있다. 즉 격물 공부는 천명이 구체적인 상황에서 드러난 것으로서의 지선을 아는 공부이고, 물격 공효는 천명이 구현된 것으로서의 지선이 인간에게 알려지는 공효이다. 그렇다면 리자도(理自到)는 지선이 격물 공부를 한 인간에게 이르지 않음이 없다는 것으로, 인간에게 지선이 스스로 알려진다는 뜻이다. 여기서 지선에 대해서 천명 개념에 입각하여 풀이한 "천명이 마땅히 그러한 바로서, 정미한 극치"라는 구절에 대한 중시를 이해할 수 있다. 지선이 천명으로서 인간에게 알려진 구체적인 옳음이라는 것을 고려한다면, 그것은 그 자체로 명령의 힘을 가진 것으로 이해된 개념이라고 볼 수 있다. 지선은 상천·상제의 명령과도 같이 실현 의무가 부여되는 구체적인 도덕 행위의 내용인 것이다. 즉 천명 개념에 주목하여 리자도(理自到)를

---

123) 퇴계의 理到說은 "자력에서 타력에의 자각의 전환점"이라는 해석(友枝龍太郎, 「李退溪의 物格說」, 『退溪學報』 44, 退溪學研究院, 1984, 38~39쪽 참조)에서부터, "인식의 과정은 마음의 일방적 행위가 아니라 그 배경에 리 자체의 자기 전개를 또한 수반"하고 있다는 해석(문석윤, 「퇴계에서 理發과 理動, 理到의 의미에 대하여 - 理의 능동성 문제」, 『退溪學報』 110, 退溪學研究院, 2001, 193~197쪽 참조), "리가 정신적인 힘을 얻어서 나에게로 다가오는 것"이며 그 理를 알게 되면 "살아 있는 도덕정신으로 마음속에서 저절로 우러나올 것"이라는 해석(김기현, 「退溪의 〈理〉 철학에 내재된 세계관적 함의」, 『退溪學報』 116, 退溪學研究院, 2004, 57~59쪽 참조) 등 理의 능동성을 긍정하는 측면에서 분석된다. 한편 "주체의 인식 능력이 작동하여 타자에 대한 인식이 온전히 이루어지면서 그 주체 속에 내재된 理가 顯行하는 것"이라고 이해하면서 理의 능동성과는 무관하다는 최근의 연구(전병욱, 「퇴계 철학에서 '理到'의 문제」, 『東洋哲學』 38, 韓國東洋哲學會, 2012, 32쪽 참조)도 있다. 그러나 퇴계의 理到說이 인식의 층위에서 논의되는 것이라는 점은 모두 공통적으로 인정하고 있는 점이다. 즉 사물의 理에 대한 인식에 관한 설명이라는 것이다.

해석한다면, 지선으로서의 리(理)가 스스로 알려져 온다는 것은 곧 구체적인 삶에서의 옳음이 인간에게 그것을 따르라는 명령으로 현현(顯現)됨을 의미하는 것이라고 이해될 수 있다. 다시 말해 리자도(理自到)는 천명으로서의 리(理)가 자체로 지니고 있는 지선으로의 지향성을 동력으로 하여 인간에게 명령으로 현현된다는 의미를 갖고 있다고 해석할 수 있다. 인간이 이 지선의 현현을 인식하고 실천함으로써 비로소 도덕적 가치는 완수된다.

V. 퇴계 리(理) 철학의 체계적 정립

퇴계는 도덕 근원으로서의 천명(天命)으로 리(理) 개념을 설명하는 동시에 인간 존재의 본질이 도덕적 가치이며, 그 도덕적 가치의 실현 의무와 이를 실현하기 위한 노력 역시 인간의 본질에 포함된다는 사유를 정립하였다. 그리고 퇴계는 이러한 도덕 근원과의 관계 속에서 세워진 인간의 위상에 주목함으로써 경(敬) 개념의 함의를 심화시켰다. 나아가 이와 같은 사유에 기반하여 퇴계는 도덕 근원으로부터 구체적인 상황에서의 도덕 행위 준칙까지 리(理) 개념에 입각하여 구조화하였다.

그런데 퇴계는 이러한 도덕 근원에 대한 사유가 도덕적 가치가 실현되는 차원과 분리된 어떠한 또 하나의 근본, 근원을 상정하는 것이 아님을 명확히 한다. 이러한 그의 입장을 살펴볼 수 있는 것이 바로 1564년 작성된 「심무체용변(心無體用辯)」이다. 그리고 퇴계는 이 글에서 분석한 도덕 근원과 이로부터 유래한 도덕적 가치와 관련된 논의가 모두 심(心) 차원의 논의라고 설명하기 위하여, 심에 체용(體用)이 있다는 유학의 전통적 사유를 제시한다. 그리고 이러한 심 중심의 이론 구성은 궁극적으로 지선(至善) 실현의 주체인 도심(道心)을 중심으로 하는 그의 "성학(聖學)" 체계로 완성된다.

1. 지선 실현 주체로서의 심(心)

1) 심의 체(體)로서의 리(理)

1564년, 퇴계는 화담(花潭) 서경덕(徐敬德)의 문인인 연방(蓮坊) 이구(李球, ?~1573)의 "심에는 체용이 없다."라는 주장에 대해 변론하는 글을 남긴다. 퇴계는 여느 이론에 대한 해명과 마찬가지로 자신이 주장하는 "심에는 체용이 있다"는 설을 뒷받침해줄 수 있는 유학의 전통적 개념들을 제시하는 것으로 글을 시작한다.

그 적(寂)·감(感)을 체(體)·용(用)으로 삼은 것은 위대한 『역』에 근본하고, 동(動)·정(靜)을 체·용으로 삼은 것은 『대기(戴記:禮記)』에 근본하며, 미발(未發)·이발(已發)을 체·용으로 삼은 것은 자사에 근본하고, 성(性)·정(情)을 체·용으로 삼은 것은 『맹자』에 근본하니, 모두 심의 체·용입니다.[1]

퇴계는 『역』「계사(繫辭)」에서 "적연부동(寂然不動)", "감이수통천하지고(感而遂通天下之故)"라고 설명한 부분, 『예기』「악기(樂記)」에서 "인생이정(人生而靜)", "감어물이동(感於物而動)"이라 언급한 부분, 『중용』의 미발(未發)과 이발(已發), 『맹자』의 성정(性情)을 경전적 근거로 제시하면서 이것이 모두 심의 체용을 의미하는 구절과 개념들이라고 해석한다. 그리고 이어서 심이 공간─육합(六合)─과 시간─고금(古今)─, 유명(幽明:삶과 죽음), 모든 은미한 것[萬微]에 국한되지 않으며 이와 같은 심과 관련된 모든 논의는 체용 개념의 범주 안에서 이루어진다고 설명한다.[2] 또한

---

1) 『退溪先生文集』 권41, 「心無體用辯」(1564.10). "其以寂·感爲體·用, 本於大『易』, 以動·靜爲體·用, 本於『戴記』, 以未發·已發爲體·用, 本於子思, 以性·情爲體·用, 本於『孟子』, 皆心之體·用也."

퇴계는 이러한 심에 체용 개념을 적용한 것이 정·주로부터 시작되었다고
하면서, 이를 체계적으로 설명한 것으로 북계(北溪) 진순(陳淳, 1159~1223)
의 심설을 거론한다.[3] 『퇴계선생문집고증(退溪先生文集攷證)』에 따르면
이는 다음의 구절이다.[4]

> 심에는 체(體)와 용(用)이 있다. 뭇 리(理)를 갖추고 있는 것이 그 체이고
> 모든 일에 응(應)하는 것이 그 용이다. 적연(寂然)하여 움직이지 않는
> 것이 그 체이고 감(感)하여 마침내 통하는 것이 그 용이다. 체는 곧 성(性)이
> 라는 것으로, 그 (心이) 고요한 상태를 말한 것이다. 용은 곧 정(情)이라는
> 것으로, 그 (心이) 움직이는 상태를 말한 것이다.[5]

북계 역시 심에 체용이 있다는 언급을 한 뒤, 『대학장구』에서 명덕(明德)
에 대한 주자의 설명인 "구중리(具衆理)"와 "응만사(應萬事)", 앞서 퇴계가
인용한 것과 동일한 『역』의 "적연부동(寂然不動)"과 "감이수통(感而遂通)",
성정(性情), 정동(靜動)을 각각에 해당시키고 있다. 다만 북계의 논의는
이로부터 공부의 영역까지 이어지고 있음을 확인할 수 있다.[6] 「심무체용
변」의 앞부분에서는 이처럼 심의 체와 심의 용에 해당하는 개념들을
통해 다음과 같은 구도를 제시한다.

---

2) 『退溪先生文集』 권41, 「心無體用辯」(1564.10). "蓋人之一心, 雖彌六合亘古今, 貫幽明
徹萬微, 而其要不出乎此二字."

3) 『退溪先生文集』 권41, 「心無體用辯」(1564.10). "故體用之名, 雖未見於先秦之書, 而程·
朱以來諸儒所以論道論心, 莫不以此爲主, 講論辯析, 惟恐不明, 而陳北溪心說, 尤極言之,
何嘗有人說心無體用耶?"

4) 『退溪先生文集攷證』 권7, 心無體用辯 條.

5) 『北溪字義』, 「心」. "心有體有用. 具衆理者其體, 應萬事者其用. 寂然不動者其體, 感而遂
通者其用. 體卽所謂性, 以其靜者言也. 用卽所謂情, 以其動者言也."

6) 『北溪字義』, 「心」. "聖賢存養工夫至到, 方其靜而未發也, 全體卓然, 如鑑之空, 如衡之平,
常定在這裏. 及其動而應物也, 大用流行, 妍媸高下, 各因物之自爾, 而未嘗有絲毫銖兩之
差, 而所謂鑑空衡平之體亦常自若, 而未嘗與之俱往也."

심체(心體) : 적연부동(寂然不動), 정(靜), 미발(未發), 성(性), 구중리(具衆理)

심용(心用) : 감이수통(感而遂通), 동(動), 이발(已發), 정(情), 응만사(應萬事)

이러한 구도 위에서 퇴계는 심무체용(心無體用)이라는 주장을 세 측면에서 검토한다. 연방 이구의 입장을 대변할 수 있는 자세한 글이 전해지지 않기 때문에, 퇴계의 이해에 입각하여 그 의미를 재구성해보도록 하겠다.

우선 첫 번째로 퇴계가 주목한 심무체용 주장의 내용은 "심에는 본디 체와 용이 있으나, 그 근본을 탐구해보면, 체와 용이 없다."[7]라는 것이다. 여기서 퇴계는 정자의 말[8]을 인용하면서 비판의 초점을 "그 근본을 탐구해보면"이라는 부분에 맞춘다. 즉 심에 대해서 체를 가리켜 말하는 경우-적연부동(寂然不動)-가 있고, 용을 가리켜 말하는 경우-감이수통(感而遂通)-가 있기는 하지만, 그러한 심이 여러 개가 있다는 것이 아니라 하나의 심의 두 측면을 말하는 것이라는 정자의 말을 통해, 체용이 있는 심에 또 다른 근본이 있다는 언급에 문제를 제기하고 있는 것이다. 이를 퇴계는 "이제 이미 그 체와 용이 있는 것을 심이라고 가리켰다면 심을 말함에 남음이 없습니다. 또 어찌 따로 체와 용이 없는 심이 있어서 근본이 되어 심의 앞[前]에 있을 수 있겠습니까?"[9]라고 표현한다. 즉 심무체용이라는 주장에 대해서, 체용이 있는 심의 또 다른 근본으로서 체용이 없는 심을 전제한 것으로 이해하였고, 이러한 사유에 반대하고 있는 것이다.[10]

두 번째로 퇴계가 주목한 연방의 주장은 체용은 허설(虛說)이고 동정이

---

7) 『退溪先生文集』 권41, 「心無體用辯」(1564.10). "心固有體·用, 而探其本則無體·用也."

8) 『退溪先生文集』 권41, 「心無體用辯」(1564.10). "心一而已. 有指體而言者, 有指用而言者." 이는 『河南程氏文集』 권9, 「與呂大臨論中書」에 나오는 말이다.

9) 『退溪先生文集』 권41, 「心無體用辯」(1564.10). "今旣指其有體用者爲心, 則說心已無餘矣. 又安得別有無體用之心爲之本, 而在心之前耶?"

10) 또 하나의 근본을 설정하는 것의 문제는 「心無體用辯」 후반부에서 퇴계가 언급한다.

실리(實理)라고 하면서, 그 근거로 도리(道理)에는 본래 체용이 없고 도리의 동정을 체용이라 간주한 것일 뿐이라는 점을 든 것이다.11) 이는 아마도 체용이 없는 심 개념을 두는 것에 반대한 퇴계의 앞선 의견에 대한 재반박으로 해석될 여지가 있는데, 체용 자체가 가설적 개념이기 때문에 어떤 것의 체용이 있다고 표현하더라도 체용 개념이 가리키는 실제 내용은 별도로 있다는 의미이기 때문이다. 퇴계는 이와 같은 연방의 설명을 "별도로 하나의 체와 용이 없는 도리가 있어서 근본이 되어 동과 정의 앞[先]에 있"다는 주장으로 이해한다. 그러한 이유로 퇴계의 반박은 도리의 동정과 도리의 체용이 동일한 것에 대한 다른 표현이라는 답변으로 이루어진다.12) 아직 도리의 체용과 동정에 대한 구체적인 설명은 언급하고 있지 않지만, 이는 앞서 체용이 있는 심의 근본으로서 체용이 없는 심을 전제한 것을 비판한 것과 마찬가지로, 동정이 있는 도리의 근본으로서 체용이 없는 도리를 전제하는 것에 대한 비판이라고 할 수 있다.13)

그렇다면 어떤 것의 체용이 없다는 주장에 대해 퇴계는, 그것이 심을 겨냥한 것이든 도리를 겨냥한 것이든, 동정과도 같은 어떤 현상 이면에 그것의 근본이 되는 또 다른 심 혹은 도리를 상정한다는 함의를 가지는 것으로 이해하였다고 할 수 있다. 체용이 없다는 주장의 의미를 이와 같이 이해한다면, 체용이 있다는 주장은 심·도리의 체용과 별도로 근본으로서의 심·도리가 있지 않다는 의미를 갖고 있는 것임을 알 수 있다.

---

11) 『退溪先生文集』 권41, 「心無體用辯」(1564.10). "動·靜者, 實理也. 體·用者, 虛說也. 道理本無體·用, 而以動·靜爲體·用也."

12) 『退溪先生文集』 권41, 「心無體用辯」(1564.10). "滉謂道理有動有靜, 故指其靜者爲體, 動者爲用. 然則道理動·靜之實, 卽道理體·用之實, 又安得別有一道理無體·用者爲之本, 而在動·靜之先乎?"

13) 이는 도리에 대해서도 퇴계는 도리는 하나이고, 별도의 근본을 설정하는 것은 문제가 있다고 보는 것이라고 할 수 있다. 이와 관련해서 「심무체용변」 후반부의 내용을 참조할 수 있다.

여기서 심의 체용으로 논의를 한정하여 본다면, 앞서 심체는 적연부동, 정(靜), 미발, 성, 구중리를 가리키고, 심용은 감이수통, 동, 이발, 정(情), 응만사를 가리킨다고 하였으므로, 적연부동·감이수통, 동·정, 미발·이발, 구중리·응만사는 심의 체용으로서, 이 심체와 심용이 곧 심 그 자체이지, 이 밖에 별도의 심이 있지 않다는 의미가 된다. 즉 심의 체용은 심의 두 양상이고, 이 심의 두 양상 외에 별도의 심이 근본으로서 있는 것은 아니라는 것이다.

이러한 논의에 이어 퇴계는 세 번째로 상(象)이 있어야 체라는 글자를 사용할 수 있고, 동(動)이 있어야 용이라는 글자를 사용할 수 있다는 연방의 주장을 인용한다.[14] 아마도 이는 도리의 동정이 곧 도리의 체용이므로 도리의 체용은 실제로 있는 것이라는 앞선 퇴계의 주장에 대한 반박이라고 해석될 여지가 있다. 왜냐하면, 퇴계의 해석에 따르면, 연방의 이 주장은 상(象)이 없는 도리를 겨냥한 것으로, 연방의 이 주장이 옳다면 도리의 체용은 없다는 결론에 이를 것이기 때문이다. 퇴계는 도리의 체용과 사물의 체용으로 구분함으로써 이와 같은 문제제기를 해결할 수 있다고 보았다.

체와 용에는 둘이 있다. 도리에 나아가 말하는 경우가 있으니, "충막무짐이만상삼연이구(沖漠無眹而萬象森然已具)"가 이것이다. 사물에 나아가 말하는 경우가 있으니, '물에서 갈 수 있는 배와 땅에서 갈 수 있는 수레', '배와 수레가 물에서 가고 땅에서 가는 것'이 이것이다.[15]

---

14) 『退溪先生文集』권41, 「心無體用辯」(1564.10). "'體'字起於象上, '用'字起於動上. 動之前何嘗有用, 象之前何嘗有體耶?"

15) 『退溪先生文集』권41, 「心無體用辯」(1564.10). "體·用有二, 有就道理而言者, 如'沖漠無眹而萬象森然已具', 是也. 有就事物而言者, 如舟可行水, 車可行陸, 而舟車之行水·行陸, 是也."

　우선 사물의 체용에 대해 퇴계는 배라는 형상과 수레라는 형상, 그 배와 수레가 실제로 물과 땅에서 가는 것을 각각 배의 체용, 수레의 체용이라고 본다. 그러한 이유로 형상이 있어야 체라는 글자를 사용할 수 있고, 동이 있어야 용이라는 글자를 사용할 수 있다는 연방의 주장은 사물의 체용을 설명한 것이라고 해석한다.16) 대신 연방의 주장에 대한 반박은 바로 도리의 체용을 언급함으로써 이루어진다. 인용문의 "충막무 짐이만상삼연이구(沖漠無睽而萬象森然已具)"는 "텅 비고 아득하여 아무런 조짐도 없지만 모든 상(象)이 빽빽하게 이미 갖추어져 있다."라고 번역할 수 있는데, 도리의 측면에서 본다면 "텅 비고 아득하여 아무런 조짐이 없음[沖漠無睽]"이 체이고, "모든 상이 빽빽하게 이미 갖추어져 있음[萬象森然已具]"이 용이라는 것이다.17) 이 도리의 체용이 있음을 근거로 퇴계는 "충막(沖漠)이 체인 경우, 이 체는 상 앞[前]에 있지 않겠습니까? '만상지구 어시(萬象之具於是)'가 용인 경우, 이 용은 동의 앞[前]에 있지 않겠습니까?"라고 답한다. 일단 퇴계는 체용을 도리·형이상자의 차원에서도 말할 수 있음을 제시함으로써 형상과 움직임[動]을 전제하지 않더라도 체용 개념이 적용될 수 있다고 답한 것이라고 할 수 있다. 그런데 퇴계는 이러한 체용을 지닌 도리·형이상자가 사람의 심에 갖추어져 있다는 설명으로 이어 간다.

---

16) 『退溪先生文集』 권41, 「心無體用辯」(1564.10). "今以舟車之形象爲體, 而以行水·行陸 爲用, 則雖謂之象前無體, 動前無用, 可也."

17) 여기서 퇴계는 주자의 서간에서 形而上者의 體用과 形而下者의 체용을 구분한 것을 인용한다. 즉 형이상자의 체는 沖漠, 형이상자의 용은 그것이 사물의 사이에서 발한 것이며, 형이하자의 체는 사물, 형이하자의 용은 그 (사물의) 理가 발현한 것이라는 것이다.("故朱子「答呂子約書」曰, '自形而上者言之, 沖漠者固爲體, 而其發於 事物之間者爲之用, 若以形而下者言之, 則事物又爲體, 而其理之發見者爲之用. 不可槩 謂形而上者爲道之體, 而天下之達道五爲道之用.") 그런데 형이상자의 용에 대한 해석 을 앞에서는 "萬象森然已具"라고 하였는데, 이곳에서는 "그것[沖漠]이 사물의 사이 에서 발한 것"이라고 하여 그 의미에 차이가 있다.

아! 충막무짐이라는 것은 건곤에 있어서는 무극인 태극의 체가 되어 모든 상[萬象]이 이미 갖추어지고, 사람의 심에 있어서는 지극히 텅 비고 고요한 체가 되어 모든 용이 다 준비되며, 사물에 있어서는 발현하고 유행하는 용이 되어 때에 따라 곳에 따라 있지 않음이 없다.[18]

앞서 도리·형이상자의 체로 설명되었던 "충막무짐"이 건곤과 사람의 심에서는, 용을 지닌 채 건곤과 사람의 심의 체로서 갖추어져 있다는 것이며, 사물에서는 "충막무짐"이 사물의 용이 된다는 설명이다. 이 가운데 사람의 심에 주목하여 본다면, 체용을 지닌 도리·형이상자가 사람의 심에 갖추어져 있다는 것이며, 그 사람의 심에 갖추어진 도리·형이상자의 체는 "지극히 텅 비고 고요[至虛至靜]"하면서도 온갖 용이 "다 준비되"어 있다는 것이다. 그런데 위 구절은 "충막무짐"이 사람의 심에서 "지극히 텅 비고 고요"한 체가 된다는, 즉 사람의 심의 체가 "충막무짐"과 동일한 "지극히 텅 비고 고요"하다고 설명하는 것으로 보인다. 이에 대한 해명의 단서를 다시 「심무체용변」 서두에서 거론하였던 심체와 심용에 대한 설명에서 찾아볼 수 있다.

앞서 퇴계는 심체에 해당하는 개념으로 적연부동, 정(靜), 미발, 성, 구중리를 제시하였다. 또한 이에 상응하여 심용에 해당하는 개념으로 감이수통, 동, 이발, 정(情), 응만사를 제시하였다. 그렇다면 여기서 충막무짐, 지허지정(至虛至靜)으로 설명된 도리·형이상자의 체와 적연부동, 정(靜), 미발, 성 개념이 동일한 함의를 가진 것임을 알 수 있다. 「심무체용변」에서 발견되는 설명을 통해 본다면, 심체로 제시된 개념들은 상(象) 앞에 있는 체, 즉 형이상자의 체의 특성을 가진 개념들인 것이다.

---

18) 『退溪先生文集』 권41, 「心無體用辯」(1564.10). "嗚呼! 沖漠無朕者, 在乾坤則爲無極太極之體, 而萬象已具, 在人心則爲至虛至靜之體, 而萬用畢備, 其在事物也, 則卻爲發見流行之用, 而隨時隨處無不在."

그런데 도리·형이상자의 용이라고 언급된, 모든 상(象)과 모든 용이 이미 갖추어져 있다는 것은 감이수통, 동, 이발, 정(情) 개념과 다른 함의를 가지는 것으로 보인다. 「심무체용변」에서 발견되는 설명을 통해 본다면, 심용으로 제시된 개념들은 동(動) 전에는 없는 용, 즉 형이하자의 용의 특성을 가진 개념들인 데 반해, 도리·형이상자의 용과 관련된 설명인 만상삼연이구(萬象森然已具)와 만용필비(萬用畢備)는 동(動) 앞의 용에 대한 설명으로 읽히기 때문이다.

그렇다면 심유체용(心有體用)의 주장에서 심체는 도리·형이상자로서의 체 범주에 해당하고, 심용은 사물·형이하자로서의 용 범주에 해당할 가능성이 제기된다. 즉 도리·형이상자의 충막무짐한 체가 사람의 심에서 지극히 텅 비고 고요한[至虛至靜]한 체이고, 감이수통, 동, 이발, 정(情), 응만사가 사람의 심에서의 용이라는 것인데, 그렇다면 도리·형이상자의 용인 온갖 용을 갖추고 있음[萬用畢備]은 바로 이 사람의 심에서의 용, 즉 만용(萬用)의 근거가 된다. 즉 사람의 심에 갖추어진 도리·형이상자는 자신의 체용을 지니는데, 이것은 지허지정(至虛至靜)과 만용필비(萬用畢備)로 설명되며, 이러한 도리·형이상자는 다시 사람의 심의 체가 되는 것이다. 그리고 사람의 심의 용은 결국 사람의 심에 갖추어진 도리·형이상자의 용을 근거로 하여 실현되는 것이라고 할 수 있다.[19] 이러한 사람의

---

19) 이러한 구조에 대해서 퇴계는 "體用一源, 顯微無間"을 통해 해명될 수 있다고 판단한다. 이러한 설명의 근거로 "그러므로 정선생이 이미 '체용일원'을 말하면서 또 반드시 '현미무간'을 말함이 있었다.〈故程先生既說體用一源, 而又必有顯微無間之云也.〉"를 거론하고 있기 때문이다. 퇴계가 이해한 "체용일원, 현미무간"의 의미를 파악할 수 있는 것으로 『退溪先生文集』 권25, 「鄭子中與奇明彦論學, 有不合, 以書來問, 考訂前言, 以答如左」(1560.2)에 인용된 다음의 구절이 있다. "「易序」'體用一源, 顯微無間'注, 朱子曰, '自理而言, 則卽體用用在其中, 所謂一源也. 自象而言, 則卽顯而微不能外, 所謂無間也.' 又曰, '言理則先體而後用, 蓋舉體而用之理已具, 所以爲一源也. 言事則先顯而後微, 蓋卽事而理之體可見, 所以爲無間也.'" 이 구절에 입각하면, 체용일원은 理의 차원에서 언급되는 것이며, 현미무간은 象 혹은 事의 차원에서 언급되는 것이다. 그렇다면 「심무체용변」에서 퇴계가 언급한 도리·형이상자의 체용은 체용일원에 근거하여 서술된 것이고, 심의 체용은 현미무간에 근거하여 서술된 것으로

심의 용에 대해 퇴계는 다음과 같은 설명을 덧붙인다.

> 게다가 사람의 심이 향하는 곳을 알 수 없음에 대해 맹자는 심이 널리
> 흘러 변화하며 신명하여 헤아릴 수 없는 오묘함이라 얻고 잃음의 쉬움과
> 보존하여 지키기의 어려움이 이와 같다고 했을 뿐이니, 바로 이 심의
> 용이 사물의 사이에서 발현함을 말한 것이다. 심무체용이라고 이른다면
> 이를 알지 못하니 어디로부터 이 용이 있겠는가?[20]

그런데 퇴계가 도리·형이상자의 체용을 통해 심에 체용이 있다는
주장을 뒷받침하는 이유는 무엇일까. 우선 이는 심무체용이라는 주장이
가져오는 폐단에 대한 퇴계의 언급을 통해 확인할 수 있다.

> 지금 여기에서 논한 것 - 심무체용(心無體用) - 은 본디 높고 오묘함을
> 지극히 하여 심을 말하고자 한 것이지만, 도리어 형기(形器)에서 체용이
> 막혀 아득하고 어두운 곳으로 심성을 보낸다. 자기 학문에 해로움이
> 있을 뿐만 아니라 후생들이 서로 똑같이 모방하여 본받게 하였으니,
> 학문이 헛된 이야기가 되어 이 문화를 폐단으로 흘러가게 함이 적지
> 않다.[21]

보인다. 이 때문에 앞서 설명된 심의 용에 대한 서술이 형이하자의 용의 특성을
띠고 있는 것으로 판단된다. 이는 이어지는 사람의 심의 용에 대한 설명에서도
확인된다.

20) 『退溪先生文集』 권41, 「心無體用辯」(1564.10). "況人心莫知其鄕, 孟子只謂心之周流變
化神明不測之妙, 得失之易而保守之難如此, 正是說此心之用發見於事物之間者. 苟以謂
心無體用, 則不知於此何從而有此用乎?" 그런데 앞서 인용한 주자의 말에서는 오히려
형이상자의 용으로서 '其發於事物之間者'가 언급된다.

21) 『退溪先生文集』 권41, 「心無體用辯」(1564.10). "今此所論, 本欲極其高妙而言心, 而乃
反滯體用於形器, 歸心性於茫昧. 非但於自己學問有害, 使後生相倣效一例, 學爲虛談,
其流弊斯文不少."

퇴계가 심에 체용이 없다는 주장에 대해 반대를 하였던 이유는 도리의 체용에 입각하여 심의 체용을 승인함으로써 심성과 학문의 단절을 방지하기 위해서였다. 퇴계는 이와 유사한 형태의 사유 셋을 함께 제시한다.

일찍이 들으니, 옛날 현인 중에도 의론이 너무 고매한 자가 있어 역시 이런 잘못을 면하지 못했다 한다. 예컨대 양귀산 같은 이는 도의 고묘함을 극단적으로 말하여 "인·의로는 도를 다할 수 없다."라고 하였으니, 이것은 곧 장자·열자가 인·의를 부족하게 여겨 도를 아득하고 어둠침침하다고 한 말과 같다.[22]

호오봉은 성의 고묘함을 극단적으로 말하여 "선으로는 성을 말할 수 없다."라고 하였으니, 이것은 선이 비근하여 성에 누가 될까 염려하다가 도리어 고자의 "(성은) 여울물과 같아 동쪽으로도 서쪽으로도 흐를 수 있다."라는 말에 떨어진 것이다.[23]

호광중은 동정의 묘함을 극단적으로 말하여 "동정 이외에 따로 동과 상대되지 않는 정(靜)과, 정과 상대되지 않는 동이 있다."라고 하였다. 이것은 지금 "상(象)이 있기 전에 어찌 체가 있었겠으며, 움직이기 이전에 어찌 용이 있었겠느냐."는 설과 말은 비록 다르나 뜻은 같다. 생각건대 하나는 동정을 조잡하고 비천하게 여기기 때문에 이전에 상대할 것이 없는 것을 가리켜 동정의 묘라 하고, 하나는 체용을 조잡하고 비천하게 여기기 때문에 이전에 체용이 없는 것을 가리켜 도의 묘라고 하고 또

22) 『退溪先生文集』 권41, 「心無體用辯」(1564.10). "嘗聞昔賢有議論過高者, 亦未免此等病痛. 如楊龜山極言'道之高妙, 而謂仁·義不足以盡道', 此卽莊·列小仁·義, 而以道爲窈冥昏默之說也."
23) 『退溪先生文集』 권41, 「心無體用辯」(1564.10). "胡五峯極言性之高妙, 而謂'善不足以言性', 此慮善之卑近累性, 而反墮於告子'湍水東西'之說也."

심의 묘라 한 것이다. 이는 그 묘한 곳이라는 것이 다만 하나의 체와 용, 한 번 동하고 정하는 사이에 있고, 이 밖에 따로 묘한 곳이 없음을 전혀 알지 못한 것이다. 훌륭하게도 주부자가 호광중의 말을 반박하기를, "동과 상대가 되지 않으면 정(靜)이라 이름할 수 없고, 정과 상대가 되지 않으면 동이라 이름할 수 없다."라고 하였으니, 나도 역시 "이미 정(靜)을 가리켜 체라 하였다면 다시 체가 없다고 가리켜 말할 곳이 없고, 이미 동을 가리켜 용이라 하였다면 다시 용이 없다고 가리켜 말할 곳이 없다."라고 말하겠다. 그러므로 세 선현의 설을 합하여 그 병통이 있는 곳을 보면 연로(蓮老)의 잘못을 알 수 있을 것이다.[24]

퇴계는 심무체용 주장이 도와 인·의의 단절, 성과 선의 단절, 도·심과 동정·체용의 단절을 야기한다고 판단한 것으로 보인다. 즉 심유체용을 주장함으로써 도와 인·의, 성과 선, 도·심과 동정·체용을 분리시키지 않을 수 있다고 여긴 것이다. 이러한 퇴계의 문제의식은 결국 체용으로서의 심과 학문의 긴밀한 관계로 구조화된다. 그리고 이는 체용으로서의 심에 입각하여 심통성정(心統性情) 개념을 도상화한 퇴계의 설명을 통해 보다 구체적으로 살펴볼 수 있다. 그런데 이를 살펴보기에 앞서 먼저 검토해 보아야 하는 것이 있다. 바로 심에 갖추어져 있는 체용을 지닌 도리·형이상자가 무엇인가 하는 것이다.

---

24) 『退溪先生文集』 권41, 「心無體用辯」(1564.10). "胡廣仲極言'動·靜之妙, 而謂動·靜之外, 別有不與動對之靜, 不與靜對之動.' 此與今所論'象之前何嘗有體, 動之前何嘗有用'之說, 言雖異而意則同. 蓋一則以動靜爲粗淺, 故指其前無對者, 以爲動靜之妙, 一則以體用爲粗淺, 故指其前無體用者, 以爲道之妙, 亦以爲心之妙. 殊不知其所謂妙處只在一體一用一動一靜之間, 此外別無妙處也. 善乎朱夫子之破胡說曰, '不與動對, 則不名爲靜, 不與靜對, 則不名爲動', 愚亦曰, '旣指靜爲體, 則更無可指爲無體處, 旣指動爲用, 則更無可指爲無用處矣.' 故合三賢之說, 而觀其病處, 蓮老之病可知矣."

2) 심의 지선 지향

심에 갖추어진 도리·형이상자는 리(理)이고, 구체적으로 성(性)으로, 이는 주자 철학의 기본 이론이다. 사실 이 리(理)와 성에 담긴 함의에 대한 퇴계의 특징적인 해석이 드러나는 지점이라는 측면에서 앞서 천명(天命)과 경(敬), 그리고 리발(理發)과 리자도(理自到)를 검토한 것이라고 할 수 있다.

우선 Ⅱ장에서 검토한 천명관은 인·의·예·지로 개념화되는 도덕적 가치의 근원에 대한 고찰을 통해, 인간의 본질이 도덕적 가치의 실현이며, 이로 인해 도덕적 가치 실현의 직분(職分) 역시 인간의 본질에 해당한다는 사유가 정립된 것이었다. 그리고 구체적으로 이는 인간의 본질이자 도덕적 가치의 근원에 해당하는 것을 천명, 즉 상천·상제의 명령이라는 이미지와 리기묘응(理氣妙凝) 개념을 결합하여 개념화함으로써 보다 선명해졌다. 여기서 주목해보아야 하는 것은 이러한 '명령의 이미지'에 대하여 퇴계가 기와 함께 있는 리(理) 자체의 작용이라고 설명한 것이다.[25]

그런데 퇴계는 이러한 상천·상제의 명령이 사실은 리(理) 자체의 작용이라는 설명뿐 아니라, 그 리(理) 자체의 작용이 심을 벗어나 발생하는 것이 아니라는 견해 역시 가지고 있었던 것으로 보인다. 이것이 바로 퇴계가 염두에 둔 심에 갖추어진 도리·형이상자가 지닌 함의이다. 즉 인간의 본질에 해당하는 동시에, 그로부터 도덕적 가치 실현의 명령을 인간에게 내리는 명령자로서의 리(理)는 심에 갖추어진 도리·형이상자이고, 그것이 심의 체라는 것이다. 달리 말해, 도덕적 가치 실현의 명령이

---

25) 『退溪先生文集』 권13, 「答李達李天機」(時期未詳). "但就無極二五妙合而凝, 化生萬物 處看, 若有主宰運用而使其如此者, 卽『書』所謂'惟皇上帝, 降衷于下民', 程子所謂'以主宰 謂之帝', 是也. 蓋理氣合而命物, 其神用自如此耳, 不可謂天命流行處亦別有使之者也. 此理極尊無對, 命物而不命於物故也."

외재적 주재자로서의 상천·상제로부터 내려온 것이 아니라, 사실 자신의
심에 갖추어져 있는 도리·형이상자인 것이다. 이러한 해석은 도덕적
가치의 근원이 인간의 심에 갖추어져 있다는 것을 의미한다. 뿐만 아니라,
도덕적 가치의 근원－천명(天命)－과 도덕적 가치－성(性)－가 모두 심에
갖추어져 있는 것이고, 이것이 인간의 본질이며, 이로부터 발생하는
인간의 직분 역시 심 내부에서 기인한 것이라는 의미이기도 한 것이다.[26]

　　이러한 측면은 「천명도(天命圖)」에 대한 또 하나의 해석의 시각을 제시
한다. 즉 「천명도」에 도상화된 천명권(天命圈)과 성권(性圈)이 모두 사실은
심에 갖추어져 있는 도리·형이상자, 즉 심체에 대한 형상화라고 볼 수
있는 것이다. 우선 「천명도」의 천명 부분을 다시 살펴보면, 그림 상단에
‘리기묘응(理氣妙凝)’이라는 글자에 둘러싸인 하나의 권(圈) 안에 ‘천명(天
命)’이라는 글자가 적혀있으면서, 그것이 도덕적 가치 실현의 명령으로서
의 천명을 의미하고 있다. 또한 「천명도」의 성권(性圈)은 인·의·예·지,
성, 경이라는 글자가 적혀있고, 그 권(圈)의 테두리에는 심·기질이라는
글자가 표기되어 있다. 도덕적 가치를 실현하라는 상천·상제의 명령을,
직분으로서 수행함으로써 이를 실현하고자 노력하는 심성을 도상화하고
있는 것이다. 즉 천명권과 성권이 분리되어 있다.

　　그러나 퇴계는 천명묘응권(天命妙凝圈)이 외재적 주재자로서의 상천·
상제가 실제로 있음을 의미하는 것은 아님을 지속적으로 말하고 있고,

---

26) 이와 관련하여 윤리, 자율, 주체 개념을 중심으로 유학의 여러 사유들을 조망한
연구로는 다음을 참조할 수 있다. 모종삼 지음, 김기주 옮김, 「제3장 자율도덕과
도덕형이상학」,『심체와 성체』1(서울 : 소명출판, 2012), 216~315쪽 ; 李明輝 지음,
김기주·이기훈 옮김,『유교와 칸트』(서울 : 예문서원, 2012). 또한 퇴계 철학에
대한 다음과 같은 평가 역시 참조할 수 있다. "인간의 존재공동체적인 본질을
내면의 도덕성에서 발견하여, 거기에서 타자와, 나아가 만물에 대해 행해야 할
의무와 과제의 자발적인 근거를 찾은 그의 철학은 사실 대단히 중요한 의의를
갖는다. 그것은 사람들이 윤리 도덕을 밖으로부터 강요당하지 않고 그들 스스로
내면 깊은 곳에서 자신의 도덕적인 본성을 깨닫고 또 그것을 자발적으로 실천할
수 있도록 해 주기 때문이다." 김기현,『선비』(서울 : 민음사, 2009), 138쪽.

또한 심유체용(心有體用) 논의를 통해 심의 체인 성에 또 하나의 근원을 설정하는 것을 비판했다. 그렇다면 천명권과 성권은 사실상 분리된 것이 아니라고 해석하여야 할 것이다. 즉 도덕적 가치 근원이자 인간 본질로서의 천명과 심체로서의 성은, 모두 심에 갖추어진 하나의 도리·형이상자인 것이다.

이러한 해석은 Ⅲ장에서 검토한 경(敬) 개념에서도 해명될 수 있다. 경은 선을 지향하는 인간의 본래적 면모, 즉 선한 성의 본 상태를 유지함으로써 인간 자신의 본질로서 도덕적 가치의 실현이 명령의 형태로 주어져 있다는 것을 알아차리는 방법이고, 인간 내면으로의 시선을 따라 그 도덕적 가치의 근원에 대해 집중하는 것이었다. 여기서의 명령자와 가치의 근원이 모두 심유체용 논의를 통해 심성에 갖추어진 리(理)로 해석된다는 것을 전제한다면, 경 공부가 심에 대한 공부로 귀결되는 이유 역시 확인할 수 있다. 즉 인간 내면으로의 시선을 통해 심체로서의 성, 즉 자신의 심에 갖추어진 도리·형이상자에 대해 집중하는 것이다.

또한 리발(理發)은 그 논의의 출발점이 인간의 정(情)이기 때문에 심과 관련된 개념들로 해석하는 것은 자연스럽다. 그러나 「천명도」의 전체 구도 속에서 바라본다면, 사단의 소종래는 천명권(天命圈)으로까지 소급해 들어가는 것으로 해석할 수 있었다. 즉 천명권(天命圈)-성권(性圈)-정권(情圈)으로의 방향이 리발(理發)의 방향이고, 사단(四端)-사덕(四德)-천명(天命)으로의 방향이 사단에서부터 소종래를 찾아 들어가는 방향인 것이다. 그런데 여기서 사단의 소종래로서의 천명권 역시 바로 심에 갖추어진 도리·형이상자와 다르지 않다. 사단의 소종래 역시 심체인 것이다.

리자도(理自到)를 통해 드러나는 사유 역시 이러한 심 개념에 입각하여 해석되어야 한다. 우선 지선의 근원 역시 심체와 다르지 않으며, 그 지선은 인간의 격물 공부를 통해 알려지지만, 동시에 천명으로서의 심체로부터 구현된 도덕적 가치이기 때문에, 그 자체로 이미 인간에게 도덕 가치의 실현을 요구하고 있는 것이다. 다시 말해, 지선 실현과 그에 대한 명령 역시 심체로서의 성, 즉 자신의 심에 갖추어진 도리·형이상자로부터 기인한다.

　이로써 퇴계는 도덕적 가치의 근원과 도덕적 가치, 구현된 도덕적 가치를 모두 심의 차원으로 포괄한다. 앞서 퇴계가 천명으로서의 리(理)에 주목함으로써 인간 도덕 행위의 이론적 근거를 마련하고, 이러한 리(理)와 인간의 관계를 경으로 수립함으로써 인간 도덕 행위의 실천적 토대를 마련하고 하였음을 살펴보았다. 그렇다면 이 지점에서 천명으로서의 리(理)가 바로 심체라는 의미를 읽어낼 수 있다. 즉 퇴계 리(理) 철학은 "심에 체용이 있다"는 주장을 통해 심에 갖추어진 리(理)가 심의 체로서, 인간의 본질에 해당하는 동시에 도덕 실천의 명령을 인간에게 내리는 명령자임을 드러낸다. 바로 퇴계에게서 도덕의 근원은 인간의 심에 갖추어져 있으며, 도덕 명령 역시 심체로서의 성, 즉 인간의 심에 갖추어진 리(理)로부터 기인한다는 것이다. 이는 결국 천명으로서의 리(理)가 인간의 본질로서 지선으로의 지향을 뜻한다는 의미와 결합하여 '지선을 지향하는 심'이라는 사유의 근거가 되며, 이를 통해 퇴계 리(理) 철학에서의 심은 지선 실현의 주체로서 확립된다.

　이처럼 퇴계는 인간 도덕 행위의 이론적, 실천적 근거를 모두 심의 영역에서 구성해냄으로써 심의 체용을 실현하는 공부를 통해 인간 도덕 행위로서의 앎과 실천이 완성될 수 있다고 보았다. 바로 이러한 내용을 기반으로 하여 체계화된 학문이 그의 "성학(聖學)"이며, 지선 실현의 주체로서의 도심(道心)이 중시된다.[27]

---

27) 도심을 지선 실현의 주체로서 해석하는 것과 관련하여 퇴계에게서 도심이 지니는 함의에 관한 다음과 같은 언급을 참고할 수 있다. "리를 객관적 진리로 간주할 때 리의 자도를 믿는 것은 곧 그 진리의 객관성에 능동적 성격까지 부여하는 사고이다. 그것은 바로 리에 인간의 주관적 의지를 초월하는 객관성과 함께 그 객관성을 보편타당하게 실현할 수 있는 능력이 있음을 믿는 증거인 셈이다.

2. 도심(道心)을 통한 인간의 자기완성

퇴계는 심에 체용이 있다는 논의를 통하여 심에 도리·형이상자가 갖추어져 있다는 것을 주장하였으며, 이를 근거로 하여 심의 체가 심의 용으로서 사물의 사이에서 발현한다는 사유를 제시하였다. 이러한 체용으로서의 심과 학문의 긴밀한 관계로 구조화되는 퇴계의 리(理) 철학은 심통성정에 대한 해석을 통해 확인해볼 수 있으며, 이러한 심에 대한 이해 위에서 퇴계가 추구한 "성학(聖學)"은 정립된다. 물론 성학은 당대 "성인이 되기 위한 학문" 혹은 "성왕이 행해야 하는 학문" 등을 의미하는 일반 개념이었다.[28] 그러나 퇴계는 「무진육조소(戊辰六條疏)」(1568)와

더욱이 이때의 리가 한낱 객관적 진리를 의미하는 데 그치지 않고 선 또는 소당연으로서의 주체적 진리까지 의미하며, 그 중에서도 주체적 진리로서의 의미에 더 큰 비중이 있음을 고려해야 한다. 이 점을 고려한다면, 리의 자도를 믿는 것은 곧 의리를 '불변적 의리'로 하는 '주체적 진리의 절대성'을 확신하는 사고라 풀이될 수 있다. 결국 리자도를 전제한 이황의 격물설의 문제의식은 객관적 진리의 보편타당성과 함께 주체적 진리의 절대적 실현성을 믿는 그의 신념과 연결된다고 하겠다. 이렇게 보면 이황의 리자도설은 우리로 하여금 '인심은 도심을 聽命해야 한다'는 주희의 사고와 공자의 聞道를 연상케 한다. 리자도의 사고야말로 도심설의 리기설적 환언이자 聞道說의 성리학적 심화가 아닐 수 없다." 윤사순, 『퇴계 이황의 철학』(서울 : 예문서원, 2013), 50쪽.

28) 이와 관련하여 理學, 心學, 道學, 聖學의 관계를 퇴계의 『聖學十圖』와 율곡의 『聖學輯要』를 중심으로 비교한 연구가 있다. 여기에서는 "理學, 心學, 道學, 聖學이 모두 爲己之學이며, 완결된 유학 체계에 대한 다면적, 입체적 표현"이라고 정리하면서 退溪의 聖學은 學聖人의 측면이 강조된 것으로, 栗谷의 聖學은 帝王學의 측면에 충실한 것으로 평가한다. 정도원, 「전통적 학 개념과 퇴·율 성학의 이학－심학 연관 구조」(『韓國思想史學』 36, 한국사상사학회, 2010), 224쪽, 255쪽 참조. 또한 퇴계 성학의 핵심을 求仁에서 찾음으로써, 성학을 성왕이 행해야하는 학문이라는 차원을 넘어 인간이 추구해야하는 보편적 학문으로 바라볼 수 있음을 주장하는 연구도 있다. 오석원, 「退溪 李滉의 聖學과 의리사상」(『儒敎思想硏究』 21, 한국유교학회, 2004), 8~13쪽 ; 김수일, 「退溪의 聖人論 硏究」(박사학위논문, 동국대학교 대학원, 2011), 85~88쪽 참조. 이러한 시야는 결국 퇴계 성학을 보편적 학문이자 도덕적 창조적 근원적 진리 추구의 학문으로 파악하면서, 본성 실현의 학문으로서의 성학과 객관적 사실 인식의 학문으로서의 과학의 상보적 융합을 제안하는 연구를 통해 심화된다. 李光虎, 「退溪 李滉의 聖學에 대한 현대적 성찰」(『退溪學論集』

『성학십도(聖學十圖)』(1568)를 통해 "성학"에 대한 체계적 이론을 구축하였는데, 이는 도심(道心)의 확립을 목표로 하는 퇴계 "심법(心法)"과의 긴밀한 관계 속에서 이해될 수 있다. 이처럼 도심을 중심으로 퇴계의 성학과 심법이 해석될 수 있다면, 그의 학문은 인간 자신의 본래적인 도덕적 마음인 도심을 실현한다는 의미에서의 자기완성을 목표로 하고 있다[29]고 이해될 수 있다.

1) 도심에 의한 리(理)의 인식과 실천

퇴계는 1568년 『성학십도』를 완성하면서 「심통성정도(心統性情圖)」를 수록함으로써 체용에 입각한 자신의 심 이해를 도상화한다. 『성학십도』에 실린 「심통성정도」는 상도(上圖), 중도(中圖), 하도(下圖)로 구성되어 있는데, 이 가운데 상도는 원대 임은(林隱) 정복심(程復心)의 『사서장도(四書章圖)』에서 발췌, 수정하여 수록한 것이고,[30] 중도와 하도는 퇴계가 작성한 것이다. 또한 이에 대한 해설로서, 『사서장도』에 수록된 「논심통성정(論心統性情)」이라는 정복심의 글과 이상의 세 그림에 대한 퇴계 자신의 설명이 함께 수록되어 있다. 퇴계의 「심통성정도」에 대한 해석은 그간 여러 각도에서 검토되었다. 특히 퇴계가 작성한 「심통성정도」 중도와 하도에는 고봉과의 사단칠정 논변(1559~1566)을 거친 후의 퇴계 사칠론이

11, 嶺南退溪學硏究院, 2012), 245~246쪽, 262~264쪽 참조.

29) 퇴계의 성학이 "도덕적 자아의 완성"을 궁극적 목표로 삼고 있음을 통해 그의 철학이 성인을 실천적으로 지향하는 도덕적 인간학이라고 해석될 수 있다는 시야를 제시한 연구는 다음과 같다. 김기현, 「退溪哲學 연구의 반성과 과제」(『韓國의 哲學』20, 경북대학교 퇴계학연구소, 1992), 3쪽 참조.

30) 임은 정복심의 『사서장도』에 실린 그림과의 관계와 관련하여 다음의 연구를 참조할 수 있다. 문석윤, 「退溪의 『聖學十圖』 修正에 관한 연구」(『退溪學報』130, 退溪學硏究院, 2011) ; 전병욱, 「林隱 程復心의 心性說 : 퇴계 『聖學十圖』의 관련 내용과 비교하여」(『東洋哲學』39, 韓國東洋哲學會, 2013).

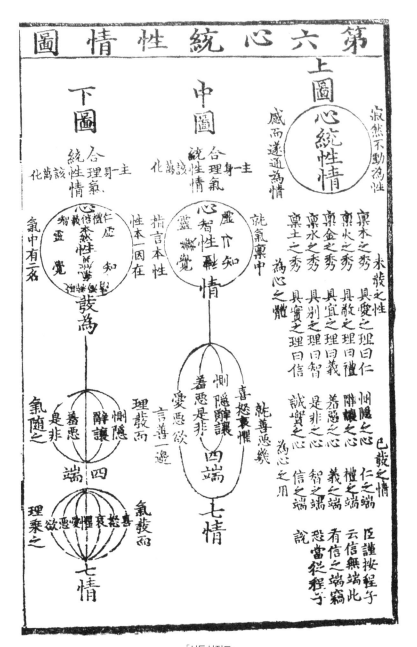

「심통성정도」

반영되어 있기 때문에 그의 사칠론을 살펴보는 데 있어 주요한 자료로 여겨진다. 다만 앞서 살펴본 천명, 경, 리발(理發), 리자도(理自到) 사유의 기반이 되는 퇴계 리(理) 철학의 전체 구조 안에서 이 「심통성정도」를 바라본다면, 심과 리(理)의 관계를 심에 체용이 있다는 주장으로 해명하고 자 하였던 퇴계의 문제의식, 즉 구체적으로 심체로서의 리(理)를 중시하 는 사유가 「심통성정도」를 통해서도 발견됨을 알 수 있다. 우선 상도에 대해서 살펴보도록 하겠다.31)

「심통성정도」 상도를 통해 드러나는 심통성정에 대한 이해32)는 크게 세 부분으로 나누어 살펴볼 수 있다. 우선 그림 상단에는 하나의 권(圈) 안에 '심통성정(心統性情)'이라는 글자가 적혀 있으며, 양 옆으로 적연부동 (寂然不動)이 성이고, 감이수통(感而遂通)이 정이라는 설명이 덧붙여져 있다. 이는 성과 정을 통(統)하는 심을 하나의 권(圈)으로 표기한 것이며, 그 성과 정을 각각 적연부동과 감이수통이라는 『역』의 문구로 설명하고 있는 것이다. 다음으로 그림 중단에는 오행 가운데 빼어난 기운[秀]을 받아 애(愛)·경(敬)·의(宜)·별(別)·실(實)의 리(理)를 갖추고 있는 것을 인· 의·예·지·신, 즉 오성이라고 한다는 내용이 적혀 있으며, 양 옆으로 미발지성이 심의 체가 된다는 설명이 덧붙여져 있다. 이는 앞서 언급한 적연부동으로서의 성을 미발 개념과 연결시켜 그것이 심의 체임을 표기 한 것이며, 구체적으로 목·화·금·수·토가 갖추고 있는 애·경·의·별·실의

---

31) 이 글에서 인용한 「심통성정도」는 退溪의 『聖學十圖』(韓國文集叢刊 29, 『退溪集』I, 서울 : 민족문화추진회, 1989)에 수록된 것이다. 참고로 문석윤은 서간을 통해 발견되는 퇴계의 수정 의견이 모두 반영된 퇴계 『성학십도』의 定本을 海州本(국립 중앙도서관 소장 : 청구기호 古1250-64)으로 확정하고 있다. 문석윤, 「退溪의 『聖學 十圖』 修正에 관한 연구」(『退溪學報』 130, 退溪學研究院, 2011), 각주12 참조.
32) 퇴계는 임은 정복심의 그림을 인용하면서 일부 내용을 수정하여 『성학십도』에 수록한다. 이러한 이유로 「심통성정도」 상도는 퇴계에 의해 승인된 사유를 담고 있다고 간주할 수 있다. 자세한 수정 사항은 문석윤, 「退溪의 『聖學十圖』 修正에 관한 연구」(『退溪學報』 130, 退溪學研究院, 2011), 24~29쪽 참조.

리(理)를 각각 인·의·예·지·신이라고 하여 그 미발지성(未發之性)의 내용이 바로 오성임을 설명하고 있는 것이다. 다음으로 그림 하단에는 사단과 성실지심(誠實之心)33)이 오성의 단(端)이라는 내용이 적혀 있으며, 양옆으로 이발지정(已發之情)이 심의 용이라는 설명이 덧붙여져 있다. 이는 앞서 언급한 감이수통으로서의 정을 이발 개념과 연결시켜 그것이 심의 용임을 표기한 것이며, 나아가 측은지심·사양지심·수오지심·시비지심·성실지심이 각각 인·의·예·지·신의 단서라고 함으로써 그 이발지정의 내용이 사단과 성실지심임을 설명하고 있는 것이다.

그렇다면 퇴계는 심통성정 명제에서의 성을 심의 체로 보면서, 그와 관련된 개념으로 적연부동, 미발, 오성, 그리고 애·경·의·별·실의 리(理)를 제시하고 있는 정복심의 견해를 대체적으로 따르고 있는 것으로 보인다. 또한 심통성정에서의 정을 심의 용으로 보면서, 그와 관련된 개념으로 감이수통, 이발, 사단, 그리고 그것이 인·의·예·지의 단서라는 점을 제시하고 있는 견해 역시 받아들이고 있다고 할 수 있다. 즉 심 체용과 심통성정을 개념적으로 일치시키고 있는 것이다. 이러한 구도는 퇴계가 인용한 정복심의 「논심통성정」이라는 글에서도 확인할 수 있다.

"심이 성정을 통(統)한다."라는 것은 사람이 오행의 빼어난 기운을 받아서 태어나, 그 빼어난 기운에는 오성이 갖추어지고 움직이는 데서는 칠정이 나오니, 무릇 그 성과 정을 통회(統會)하는 것이 심이라는 것이다. 그러므로 그 심이 적연부동하면 성이니 그것이 심의 체이고, 감이수통하면 정이니 그것이 심의 용이다. 장횡거가 "심은 성과 정을 통(統)한다."라고

33) 성실지심과 관련해서 퇴계는 정자의 "信無端"설을 근거로 마치 사단 이외의 하나의 단서가 더 있는 것처럼 해석되는 것을 타당치 않다고 보았다. 문석윤, 「退溪의 『聖學十圖』修正에 관한 연구」(『退溪學報』130, 退溪學硏究院, 2011), 24~29쪽 참조.

하였으니, 이 말이 맞다.

심이 성을 통(統)하므로 인·의·예·지를 성이라고 하면서도 "인의의 심"이라는 말이 있는 것이고, 심이 정을 통(統)하므로 측은·수오·사양·시비를 정이라고 하면서도 "측은의 심", "수오·사양·시비의 심"이라는 말이 있는 것이다.

심이 성을 통(統)하지 못하면 미발의 중(中)을 이룰 수 없어서 성이 없어지기 쉬우며, 심이 정을 통(統)하지 못하면 절도에 맞는 화(和)를 이룰 수 없어서 정이 방탕하기 쉽다.[34)]

인용문을 통해 확인되는 심통성정에서 '통(統)'의 의미는 '통회(統會)'이다.[35)] 앞서 살펴본 그림의 설명과 인용문의 첫 문장을 함께 고려하면, 심이 적연부동한 상태가 심체인 성이고 심이 감이수통한 상태가 심용인 정이라는 것, 즉 성정이 적감(寂感)이라는 심의 두 상태를 뜻한다는 의미를 심통성정이라 표현한 것이라고 할 수 있다. 이러한 이유로 여기서는 심체와 심용에 해당하는 개념들을 구조적으로 제시하는 것에도 초점을

---

34) 『聖學十圖』, 「心統性情圖說」. "所謂'心統性情'者, 言人稟五行之秀以生, 於其秀而五性具焉, 於其動而七情出焉, 凡所以統會其性情者則心也. 故其心寂然不動爲性, 心之體也, 感而遂通爲情, 心之用也. 張子曰, '心統性情', 斯言當矣. 心統性, 故仁·義·禮·智爲性, 而又有言'仁義之心'者, 心統情, 故惻隱·羞惡·辭讓·是非爲情, 而又有言'惻隱之心', '羞惡'·'辭讓'·'是非之心'者. 心不統性, 則無以致其未發之中, 而性易鑿, 心不統情, 則無以致其中節之和, 而情易蕩."

35) 심통성정에서의 統의 의미는 일반적으로 統會·統攝·統括·包括·包攝과 主宰의 두 의미를 모두 갖고 있는 것으로 여겨진다. 통회·통섭·통괄·포괄·포섭을 통해 강조되는 의미는 심이 성정을 겸한다는 것, 즉 심의 체가 성이고 심의 용이 정이라는 것이다. 주재를 통해 강조되는 의미는 심이 성정을 주재한다는 것, 즉 심이 성정에 대해 관리·주재의 작용을 갖는다는 것이다. 이러한 두 의미는 심의 구성과 심의 기능으로 해석되기도 하며, 심에 대한 존재론적 설명과 실천적 삶에 입각한 설명으로 해석되기도 한다. 오하마 아키라 지음, 이형성 옮김, 『범주로 보는 주자학』(서울 : 예문서원, 1997), 177~180쪽 참조 ; 陳來 지음, 이종란 외 옮김, 『주희의 철학』(서울 : 예문서원, 2002), 270~277쪽 참조 ; 이광호 옮김, 『성학십도』(서울 : 홍익출판사, 2012), 87쪽 참조.

맞추고 있는 것으로 보인다. 성인 인의를 인의의 심이라고 표현할 수 있으며, 정인 사단을 측은의 심 등으로 말할 수 있다는 측면에서 심통성정의 의미를 설명하는 것 역시 심성정 개념에 대한 구조적 설명이라고 할 수 있다. 즉 심이 개념적으로 성정을 포괄한다는 것이다. 다만 이 글에서는 성정을 통(統)하는 심과 성정의 관계를 성정의 실현이라는 차원에서도 설명하고 있다. 성정의 실현은 심이 성정을 온전히 통(統)하였을 때 이루어진다는 것이다.

그런데 퇴계가 직접 그린 중도와 하도를 살펴보면, 상도와 비교해 보았을 때 심에 대한 보다 다양한 설명과 개념이 덧붙여져 있다는 것을 확인할 수 있다. 그리고 이를 통해 심이 성정을 통(統)한다는 것의 보다 구체적인 의미 역시 함께 읽어낼 수 있다. 우선 중도와 하도에서 퇴계는 심에 대해 네 측면에서 접근한다. 그림 상단에 표기된 다음의 네 구절이 바로 그것이다.

① 합리기(合理氣) ② 통성정(統性情) ③ 주일신(主一身) ④ 해만화(該萬化)

『퇴계선생연보』에 따르면, 퇴계는 1569년 3월 무신일(戊申日)에 입대(入對)하여 『성학십도』에 대하여 직접 설명하는 기회를 가졌던 것으로 보이는데, 이때 퇴계는 이 네 구절에 대해 선조에게 다음과 같은 설명을 하였다.

임금이 물었다. "심통성정이란 무엇을 말하는가?"
대답하였다. "「서명(西銘)」에 말하기를, '천지에 가득한 것, 나는 그것을 몸으로 하고, 천지를 거느리는 것, 나는 그것을 성으로 한다.'라고 하였습니다. 기는 형체가 되고 리(理)는 그 가운데 갖추어집니다. 리(理)와 기를 합하여 심이 되고 한 몸의 주재가 되니, 성과 정을 통(統)함이 아니겠습니까? 대개 이 성을 간직하는 것도 심이고, 발용하는 것도 역시 심이니, 이 점 때문에 심통성정입니다."36)

그리고 이후 퇴계는 다음과 같이 그 내용을 보완한다.

리(理)와 기가 합하여 심이 되므로 자연히 허령지각(虛靈知覺)의 묘가 있습니다. 고요하여 모든 리(理)를 갖추고 있는 것이 성이고, 이 성을 담고 있는 것이 심이며, 움직여 모든 일에 감응한 것이 바로 정입니다. 이 정을 드러내는 것 역시 심입니다. 그러므로 심통성정이라고 합니다.37)

퇴계의 이 발언에 입각해서 「심통성정도」에 표기된 ① 합리기 ② 통성정 ③ 주일신 ④ 해만화의 의미를 다시 살펴보면 다음과 같이 이해할 수 있다. 우선 ① 합리기는 심의 존재론적 성격을 설명함과 동시에, 심의 허령지각이라는 능력의 근거로서 제시된 것이다. 다음으로 ② 통성정에서의 성은 모든 리(理)를 갖추고 있는 것으로, 정은 모든 일에 감응한 것으로 설명되고 있는데, 이러한 성을 담고 있으면서 이러한 정을 드러내는 것이 바로 심이며, 이러한 심의 능력을 통(統)이라고 표현한 것이다. ③ 주일신은 심이 몸 전체를 주재한다는 의미로, 심이 몸의 주인으로서 몸에서 일어나는 모든 일을 주재한다는 심의 주재성을 가리킨다. ④ 해만화는 두 인용문에서 구체적으로 논하고 있지는 않지만 성정·체용을 통회(統會)한 심이 동정·유행하며 모든 일이 일어나게 한다는 것으로,

36) 『退溪先生年譜』 권2, 三年己巳【先生六十九歲】條. "上曰, '心統性情, 何謂也?' 對曰, '「西銘」言天地之塞, 吾其體, 天地之帥, 吾其性, 氣爲形而理具於其中, 合理氣爲心而爲一身之主宰, 非統性情乎? 蓋盛貯是性, 心也, 發用亦心也, 此所以心統性情也.'"
37) 『退溪先生文集』 권18, 「答奇明彦」(1569.閏6.27) "理氣合而爲心, 自然有虛靈知覺之妙, 靜而具衆理, 性也, 而盛貯該載此性者, 心也, 動而應萬事, 情也, 而敷施發用此情者, 亦心也, 故曰'心統性情'."

심을 통해서 구체적인 모든 일이 진행된다는 의미라고 볼 수 있다.[38]

「심통성정도」 중도와 하도의 상단에서 이와 같은 심에 대한 설명을 공통적으로 제시한 뒤, 퇴계는 다시 두 측면에서 심을 설명한다. 퇴계의 설명에 따르면, 「심통성정도」 중도는 "기품 가운데 나아가 기품과 섞이지 않은 본연의 성을 가리킨 차원"에서의 심성정을 도상화한 것이고, 「심통성정도」 하도는 "리(理)와 기를 합하여 말한 차원"에서의 심성정을 도상화한 것이다.[39] 중도와 하도의 형태가 다른 이유는 바로 이 때문이다.

먼저 그림에서의 차이점을 살펴보자. 「심통성정도」 중도는 상단에서 심에 대해 위와 같은 설명―① 合理氣 ② 統性情 ③ 主一身 ④ 該萬化―을 한 뒤, 그 아래에서 이 그림이 "기품 가운데 나아가 본연지성을 가리켜 말한 차원"에서의 심·성·정을 도상화한 것임을 밝힌다. 하나의 권(圈) 안에 '심(心)·성(性)·정(情)'을 표기한 뒤, 성에 대해서는 '인(仁)·의(義)·예(禮)·지(智)'라는 글자를, 심에 대해서는 '허령(虛靈)·지각(知覺)'이라는 글자를 권(圈) 안에 적고 있다. 한편 정에 대해서는 권(圈)의 테두리에 '정(情)'이라는 글자를 적은 뒤, 다시 그 아래에 선으로 연결하여 '사단(四端)'과 '칠정(七情)'을 표기하고, 각각의 구체적인 내용인 '측은(惻隱)·수오(羞惡)·사양(辭讓)·시비(是非)'와 '희(喜)·노(怒)·애(哀)·구(懼)·애(愛)·오(惡)·욕(欲)'을 적어놓고 있다. 또한 이것이 "선악의 기미 가운데서 선 한편만을 말한 차원"에서의 정임을 밝혀놓고 있다. 이러한 설명은 사단을 칠정이 감싸고 있는 형태로 그려져 있기는 하지만 두 개념이 모두 선한 정을 지칭하는 것임을 알 수 있도록 한다. 그렇다면 「심통성정도」 중도는 본연지성과 선한 정, 그리고 이를 통(統)하는 심을 도상화한 것임을

---

38) 李光虎, 「李退溪 學問論의 體用的 構造에 관한 研究」(박사학위논문, 서울대학교 대학원, 1993), 44~45쪽 참조.

39) 『聖學十圖』, 「心統性情圖」에 대한 퇴계의 설명. "其中圖者, 就氣裏中指出本然之性不雜乎氣裏而爲言. … 其下圖者, 以理與氣合而言之."

알 수 있다.

「심통성정도」 하도 역시 상단에서 심에 대한 앞에서의 설명-① 合理氣 ② 統性情 ③ 主一身 ④ 該萬化-을 표기하고, 그 아래에 이 그림이 "성은 본래 하나이지만 기 가운데 있기 때문에 두 가지 이름이 있는 차원"에서의 심·성·정을 도상화한 것임을 보인다. 이러한 이유로 중도에서 '심·성'과 '인·의·예·지', '허령·지각'만이 권(圈) 안에 표기되었던 것과는 달리, '기질 (氣質)'과 '청(淸)·탁(濁)·수(粹)·박(駁)'이라는 글자가 추가되며, 기질에 상대되는 '본연(本然)'이라는 용어도 함께 추가된다. 또한 중도에서는 심·성·정이 위치는 다르지만 하나의 권(圈)에 표현되었던 것과는 달리, 정은 '발위(發爲)'라는 글자를 거쳐 심성권 외부에 '사단'과 '칠정'으로 구분되어 그려진다. 사단과 칠정 역시 중도와는 다르게 상하로 구분되어 표기되어 있으며, 사단 옆에는 '리발이기수지(理發而氣隨之)', 칠정 옆에는 '기발이리승지(氣發而理乘之)'라는 퇴계 사칠설의 최종 견해가 적혀있다. 그렇다면 「심통성정도」 하도는 기질지성과 선악의 정, 그리고 이를 통(統) 하는 심을 도상화한 것임을 알 수 있다. 이상과 같은 중도와 하도의 차이점을 이해하기 위해 우선 퇴계가 선조에게 올린 내용을 참조해볼 수 있다.

　　임금이 말하였다. "「심통성정도」가 셋이 있는데 중도와 하도는 경이 만든 것이오?"
　　대답하였다. "정복심의 『사서장도』에 이 그림이 있습니다. 위의 한 그림은 곧 정씨의 그림인데, 그 나머지 리(理)와 기를 나누어 말한 곳에는 온당하지 않은 것이 많습니다. 그 때문에 그것을 버리고 맹자와 정·주가 본연지성과 기질지성을 논한 것으로 중도와 하도 두 그림을 나누어 작성하 였습니다. 본연지성은 리(理)를 주로 하여 말한 것이고, 기질지성은 리(理) 와 기를 겸하여 말한 것입니다. 정을 갖고 말한다면, 리(理)를 따라 발한

것은 사단이고 리(理)와 기를 겸하여 발한 것은 칠정입니다. 중도는 본연지
성을 가지고 사단을 위주로 하여 그렸고 하도는 기질지성을 가지고 칠정을
위주로 하여 그렸습니다."40)

퇴계는 『사서장도』에서 심통성정 개념과 관련된 그림을 하나만 선택한
이유에 대해서 "그 나머지 리(理)와 기를 나누어 말한 곳에는 온당하지
않은 것이 많"기 때문이라고 설명한다. 퇴계가 염두에 둔 『사서장도』의
그림이 무엇인지 확실하지는 않지만, 적어도 퇴계가 심통성정을 이해함
에 있어 리(理)와 기로 분배하여 접근한 정복심의 방식에 어떠한 문제가
있다고 생각했음을 알 수 있다. 대신 퇴계는 심통성정 개념을 설명하는
데 본연지성과 기질지성의 구분을 통해 접근하는 방법을 택하였다. 이는
"리(理)를 주로 하여 말한 것"과 "리(理)와 기를 겸하여 말한 것"으로
구분되는데, 때문에 정의 영역에 대해서도 중도는 사단을 중심으로 작성
된 것이고, 하도는 칠정을 중심으로 작성된 것이라는 설명이 이어진다.
이러한 중도와 하도의 차이점에 대해 퇴계는 「심통성정도」에 대한 자신의
해설에서 구체적으로 보여준다.

중도는 기품 가운데 나아가 기품과 섞이지 않은 본연의 성을 가리킨
것입니다. 자사가 '천이 명했다'는 성이나 맹자가 '성은 선하다'라고 말했을
때의 성, 정자가 '(성이) 곧 리(理)'라고 말했을 때의 성이나 장자가 '천지의
성'이라고 말했을 때의 성이 모두 이것입니다. 성을 이미 이와 같이 말하였
기 때문에, 발하여 정이 된 것에 대해서도 선한 것만 가리켜 말하였습니다.

---

40) 『退溪先生年譜』권2, 三年己巳【先生六十九歲】條. "上曰, '「心統性情圖」三而中下二圖,
卿爲之耶?' 對曰, '程復心『四書章圖』有此圖, 上一圖卽程圖, 而其餘分理氣處, 語多未穩,
故舍之而以孟子·程·朱所論本然之性·氣質之性, 分作中下二圖. 本然之性, 主於理而言,
氣質之性, 兼理氣而言. 以情言之, 循理而發者爲四端, 合理氣而發者爲七情, 故中圖以本
然之性主四端而爲之, 下圖以氣質之性主七情而爲之.'"

자사가 말한 중절의 정이나 맹자가 말한 사단의 정이나 정자가 "어찌 선하지 않다고 이름할 수 있겠는가."라고 말했을 때의 정이나 주자가 "성으로부터 흘러나와 본래 선하지 않음이 없다."라고 말했을 때의 정이 이것입니다.41)

퇴계는 중도에서 표현하고 있는 성이 본연지성이며, 이것은 천명지성, 성선, 성즉리, 천지지성 등과 같은 전통적 유학 개념들과 같은 것임을 보인 뒤, 그것이 선에 주목하였기 때문임을 밝힌다. 또한 이러한 측면에서 절도에 맞은 정, 사단 등 선한 정을 거론한 사례들을 제시하면서, 중도에서 표현하고 있는 정 역시 선에 주목한 것임을 아울러 밝힌다. 이러한 중도의 핵심을 퇴계는 다음과 같이 말한다.

그러나 맹자와 자사가 리(理)만 가리켜 말한 것은 다 갖추어지지 못한 것이 아닙니다. 기를 함께 말하면 성의 본래 선함을 드러낼 수 없기 때문에 그렇게 말하였을 뿐입니다. 이것이 중도의 뜻입니다.42)

반면 하도에 대해서 퇴계는 그와는 다른 측면에서 그 함의를 설명한다.

하도는 리(理)와 기를 합하여 말한 것이니, 공자가 "서로 비슷하다"고 했을 때의 성, 정자가 "성은 기이며, 기는 곧 성"이라고 했을 때의 성, 장자가 "기질의 성"이라고 했을 때의 성, 주자가 "비록 기 안에 있어도

41) 『聖學十圖』, 「心統性情圖」에 대한 퇴계의 설명. "其中圖者, 就氣稟中指出本然之性不雜乎氣稟而爲言. 子思所謂'天命'之性, 孟子所謂'性善'之性, 程子所謂'卽理'之性, 張子所謂'天地'之性, 是也. 其言性旣如此, 故其發而爲情, 亦皆指其善者而言. 如子思所謂'中節'之情, 孟子所謂'四端'之情, 程子所謂'何得以不善名之'之情, 朱子所謂'從性中流出元無不善'之情, 是也."
42) 『聖學十圖』, 「心統性情圖」에 대한 퇴계의 설명. "然則孟子·子思所以只指理言者, 非不備也. 以其幷氣而言, 則無以見性之本善故爾. 此中圖之意也."

기는 기대로이고 성은 성대로여서 서로 섞이지 않는다."라고 했을 때의
성이 이것입니다. 성을 이미 이와 같이 말하였기 때문에 발하여 정이
되는 것에 대해서도 리(理)와 기가 서로 의존하거나 서로 해친다는 것으로
말한 것입니다. 예컨대 사단의 정은 리(理)가 발하여 기가 따르는 것으로
본래 순선(純善)하여 악이 없으니, 반드시 리(理)의 발함이 온전하게 이루어
지기 전에 기에 가린 뒤에야 유실되어 선하지 않게 되며, 칠정은 기가
발하여 리(理)가 타는 것으로 역시 선하지 않음이 없으니, 기가 발하는
것이 절도에 맞지 못하여 리(理)를 멸하게 되면 방탕해져 악이 됩니다.
이렇기 때문에 정자는 "성을 논하면서 기를 논하지 않으면 다 갖추어지지
못하고, 기를 논하면서 성을 논하지 않으면 밝지 못하다. 둘로 나누면
옳지 않다."라고 말하였습니다.[43]

퇴계의 설명에 따르면 하도는 리(理)와 기를 합하여 말한 것으로,[44]
기와 성을 함께 논함으로써 "리(理)와 기가 서로 의존하거나 서로 해친다
는 것"을 표현하고자 한 것이다. 퇴계는 이러한 측면에서 설명해야 하는
이유로, 사단이 온전하게 (행위로까지) 완수되지 않는 경우와 칠정이
절도에 맞지 못하는 경우를 제시하고 있다. 그렇다면 퇴계가 하도를
통해 표현하고자 하는 심은, 기의 영향으로 인해 선한 성이 있는 그대로
선한 정으로 표출되지 못하는 경우를 해명하기 위한 것이라고 할 수

---

43) 『聖學十圖』, 「心統性情圖」에 대한 퇴계의 설명. "其下圖者, 以理與氣合而言之. 孔子所
謂'相近'之性, 程子所謂'性卽氣氣卽性'之性, 張子所謂'氣質'之性, 朱子所謂'雖在氣中氣
自氣性自性不相夾雜'之性, 是也. 其言性旣如此, 故其發而爲情, 亦以理氣之相須或相害
處言. 如四端之情, 理發而氣隨之, 自純善無惡. 必理發未遂, 而揜於氣, 然後流爲不善.
七者之情, 氣發而理乘之, 亦無有不善. 若氣發不中, 而滅其理, 則放而爲惡也. 夫如是,
故程夫子之言曰, '論性不論氣不備, 論氣不論性不明, 二之則不是.'"
44) 여기서의 "以理與氣合而言之"와 그림 상단의 "合理氣"는 표현에 있어서는 유사하지
만, 그 함의에 있어서는 차이가 있는 것으로 해석된다. 즉 후자는 허령지각의
근거로서의 理와 기를 의미하는 반면, 전자는 결국 선한 理와 불선을 야기하는
원인으로서의 기를 뜻하는 것으로 보이기 때문이다.

있다.

결국 퇴계는 정복심의 「심통성정도」를 통해 심체와 심용의 구도를
개념적으로 제시한 뒤, 중도를 통해 선한 성과 선한 정을 심통성정 개념에
입각하여 도상화하고, 하도를 통해 행위로까지 완수되지 못한 사단과
부중절한 칠정 그리고 그 원인으로서의 기질 속에 떨어져 있는 성을
심통성정 개념에 입각하여 도상화한 것이라고 할 수 있다.

그런데 여기서 주목해야할 점이 있다. 바로 「심무체용변」과 「심통성정
도」 상도에서 언급되어오던 심의 체용에 해당하는 개념들 이외에, 심의
특정한 능력을 표현한 설명이 등장하고 있다는 점이다. 이는 「심통성정
도」 중도와 하도의 심성정권(心性情圈), 혹은 심성권(心性圈)에 보이는
'허령지각'이라는 표현으로, 앞서 합리기(合理氣)로서의 심이 가지는 묘
(妙 : 특수한 능력)이라고 퇴계가 언급하기도 한 것이다.[45] 이러한 허령지
각에 주목함으로써 퇴계의 「심통성정도」는 퇴계의 학문을 도심의 차원에
서 해명할 수 있는 단초를 제공한다.

퇴계의 심통성정 해석이 허령지각과 함께 제시되고 있다는 점을 근거
로 퇴계 학문이 도심의 차원에서 해명될 수 있다고 하는 주장은 도심에
대한 주자의 설명을 검토함으로써 해명될 수 있다. 우선 도심은 "인심은
위태롭고 도심은 은미하니, 정밀하게 하고 한결같이 하여야 진실로 그
중(中)을 잡을 수 있다"[46]라는 순이 우에게 전한 언명을 경전적 근거로
갖는다. 그리고 이 구절에 대한 주자 철학 내에서의 평가는 『중용장구』
서문에서 확인할 수 있다.

---

45) 이와 관련하여 퇴계가 「심통성정도」 중도와 하도에서 "허령지각을 마음의 특징으
　로 확정"하였다는 연구가 있다. 김종석, 『퇴계학의 이해』(서울 : 일송미디어, 2001),
　150쪽. 또한 퇴계의 知覺 개념이 사칠논변을 통해 새롭게 등장하여 구축된다는
　것에 주목해야 한다는 점을 제안하는 연구가 있다. 김우형, 「이황의 마음 이론에서
　'지각(知覺)'과 '의(意)'」(『정신문화연구』 28-2, 한국학중앙연구원, 2005), 196~202쪽
　참조.
46) 『書經』, 「虞書·大禹謨」, 15장. "人心惟危, 道心惟微, 惟精惟一, 允執厥中."

『중용』은 무엇 때문에 지었는가? 자사자가 도학(道學)의 전함을 잃을까 걱정하여 지은 것이다. 생각건대 상고시대에 성신(聖神)이 하늘의 뜻을 이어 극(極)을 세움으로부터 도통의 전함이 유래가 있게 되었다. 경서에 나타나는 것으로 "진실로 그 중(中)을 잡으라."라는 것은 요가 순에게 전수한 것이고, "인심은 위태롭고 도심은 은미하니, 정밀하게 하고 한결같이 하여야 진실로 그 중(中)을 잡을 수 있다."라는 것은 순이 우에게 전수한 것이다. 요의 말이 지극하고 다하였는데 순이 다시 세 마디를 더한 것은 요의 말을 반드시 이와 같이 한 뒤에야 할 수 있음을 밝힌 것이다.[47]

주자에게서 도통론이 선명하게 제시된 것으로 여겨지는 이 부분은 주자 자신의 학문적 정통성은 물론 보편적인 학문의 방법까지 제시하고 있는 것으로 여겨진다.[48] 주자학에서 정(精)의 의미가 형기와 의리를 정밀하게 살펴 인심과 도심을 명확하게 구분하는 것이고, 일(一)의 의미가 그렇게 구분해낸 도심의 내용을 잘 지키는 것이며, 궁극적으로는 항상 도심의 주재 아래 인심이 그 도심의 명령을 따르도록 하는 것이라는 점[49]을 염두에 둔다면, 인심과 도심에 대한 설명을 통해 강조되는 주자 철학의 학문 방법은 도심의 주재를 확보하여 도심의 명령을 파악함으로써 중용을 실천하는 것이다. 그리고 이어지는 주자의 설명을 통해 이러한

---

47) 『中庸章句』, 「序」. "『中庸』何爲而作也? 子思子憂道學之失其傳而作也. 蓋自上古聖神繼天立極, 而道統之傳有自來矣. 其見於經, 則'允執厥中'者, 堯之所以授舜也. '人心惟危, 道心惟微, 惟精惟一, 允執厥中'者, 舜之所以授禹也. 堯之一言, 至矣, 盡矣, 而舜復益之以三言者, 則所以明夫堯之一言, 必如是而後可庶幾也."

48) 전현희, 「朱子의 人心道心說 硏究」(박사학위논문, 연세대학교 대학원, 2009), 45쪽 참조.

49) 『書傳』, 「虞書·大禹謨」, 15장. "心者, 人之知覺, 主於中而應於外者也. 指其發於形氣者而言, 則謂之人心, 指其發於義理者而言, 則謂之道心, 人心易私而難公, 故危, 道心難明而易昧, 故微. 惟能精以察之, 而不雜形氣之私, 一以守之, 而純乎義理之正, 道心常爲之主, 而人心聽命焉, 則危者安, 微者著, 動靜云爲, 自無過不及之差, 而信能執其中矣."

도심과 허령지각의 관계를 살펴볼 수 있다.

　　생각건대 일찍이 논하길, 심의 허령지각은 하나일 뿐인데 인심과 도심
의 다름이 있다고 한 것은 혹은 형기의 사(私)에서 나오고 혹은 성명(性命)의
올바른 것에서 근원하여 지각을 한 것이 같지 않기 때문이다. 이 때문에
혹은 위태로워 편안치 못하고, 혹은 미묘하여 보기가 어렵다. 그러나
형체를 갖고 있지 않은 사람이 없으므로 비록 상지라도 인심이 없을
수 없고, 또한 성을 갖고 있지 않은 사람이 없으므로 비록 하우라도
도심이 없을 수 없다. 이 두 가지는 방촌의 사이에 섞여 있어서 다스릴
줄 알지 못하면, 위태로운 것이 더욱 위태로워지고, 은미한 것이 더욱
은미해져서 천리의 공변됨이 끝내 인욕의 사사로움을 이기지 못할 것이
다. 정(精)은 두 가지의 사이를 살펴 섞이지 않게 하는 것이고, 일(一)은
본심의 올바름을 지켜 떨어지지 않게 하는 것이다. 여기에 종사하여
조금도 끊김이 없어, 반드시 도심이 항상 한 몸의 주인이 되어 인심이
언제나 그 명령을 듣게 하면, 위태로운 것이 편안하게 되고 은미한 것이
드러나게 되어, 움직이고 고요한 때와 말하고 행하는 것이 저절로 과불급
의 잘못이 없게 될 것이다.[50]

　　위의 설명에 따르면, 도심은 허령하여 지각의 능력을 지니고 있는
심이 "성명의 올바른 것에서 근원하여" 올바른 의리를 지각하는 것을
말한다. 이러한 심의 허령지각은 일반적으로 심의 인식능력을 가리키는

---

50) 『中庸章句』,「序」. "蓋嘗論之, 心之虛靈知覺, 一而已矣, 而以爲有人心·道心之異者, 則以
其或生於形氣之私, 或原於性命之正, 而所以爲知覺者不同. 是以或危殆而不安, 或微妙
而難見耳. 然人莫不有是形, 故雖上智不能無人心, 亦莫不有是性, 故雖下愚不能無道心.
二者雜於方寸之間, 而不知所以治之, 則危者愈危, 微者愈微, 而天理之公卒無以勝夫人
欲之私矣. 精則察夫二者之間而不雜也, 一則守其本心之正而不離也. 從事於斯, 無少間
斷, 必使道心常爲一身之主, 而人心每聽命焉, 則危者安·微者著, 而動靜云爲自無過不及
之差矣."

것으로 해석되며,[51] 보다 구체적으로 심의 지각은 인간이 "대상을 인식하고 파악한 뒤, 그것에 대해 좋고 싫음의 생각과 어떻게 하겠다는 의도를 갖게 되어 그것에 따라 대상에 반응"할 수 있도록 하는 능력을 뜻한다고 할 수 있다.[52] 즉 허령지각을 통해 심은 인간의 인식하고 실천할 수 있는 능력으로 설명된다. 여기서 「심통성정도」 중도의 내용을 다시 살펴보도록 하자.[53] 중도는 앞서 살펴보았듯이, 본연지성과 선한 정, 그리고 허령지각한 심을 도상화하고 있다. 중도에 표기된 개념들로 도심에 대해서 표현을 한다면, '허령'하여 '지각'할 수 있는 '심'이 '인의예지'를 내용으로 하는 '성'에 근원하여 '선'한 '정'을 드러내는 것이라고 할 수 있는데, 바로 이 선한 정으로 드러난 것은 도심을 통해 지각된 것이다. 그렇다면 「심통성정도」 중도에서는 인의예지를 내용으로 하는 성에 입각하여 인식하고 실천하는 인간의 심, 즉 도심을 표현하고 있음을 읽어낼 수 있다.

그런데 이러한 도심은 사실 인심과 상대하여 성립된 개념이다. 물론 「심통성정도」 하도를 통해 도상화된 심은 인욕으로서의 심이 아니다. 오히려 리발(理發)로서의 사단이 완수되지 못하고 기에 가리거나 기발로서의 칠정이 중절하지 못하여 리(理)를 소멸시킬 가능성이 잔존해있는 상황을 나타내고 있는 것이라고 할 수 있다. 이러한 이유로 「심통성정도」 하도는 선악 미정의 심을 표현하고 있는 것으로 해석할 수 있다. 그런데 여기에서 중도가 선한 사단과 선한 칠정만을 보임으로써 인·의·예·지에

51) 李光虎, 「李退溪 學問論의 體用的 構造에 관한 硏究」(박사학위논문, 서울대학교 대학원, 1993), 86쪽 참조.

52) 김우형, 『주희철학의 인식론』(서울 : 심산, 2005), 137~140쪽 참조.

53) 퇴계의 「심통성정도」 중도를 도심의 측면에서 이해할 수 있는 단편적인 언급으로 다카하시 도루의 연구를 참조할 수 있다. "이 중도와 하도에 나아가 보면 이황이 사단은 리발 즉 도심, 칠정은 기발 즉 인심이라고 주장하는 것은 지극히 명백하다." 다카하시 도루 지음, 이형성 편역, 「조선 유학사에 있어서 주리파·주기파의 발달」, 『다카하시 도루의 조선유학사』(서울 : 예문서원, 2001), 131~134쪽 참조.

근거한 선한 정을 도상화하고 있는 것이라는 점을 상기한다면, 중도에서 설명되고 있는 심은 하도에서 표현되고 있는 심의 준거가 됨을 알 수 있다.[54] 즉 인·의·예·지를 내용으로 하는 성에 입각하여 인식하고 실천하는 도심이 선악 미정의 심에 대해 준거로서 제시되고 있는 것이다.

여기서 주목할 것은 도심에는 인심에게 명령을 내린다는 함의가 포함되어 있다는 점이다. 도심의 근거는 앞서 살펴보았던 것처럼 인·의·예·지인 성이다. 이 인·의·예·지의 성이 선한 정이 되는 것에 대해서 퇴계는 천명관을 통해 해명하였다. 즉 천명으로서의 선한 성이 선한 정으로 드러나게 되는 것은 선한 성이 지닌 능력, 즉 지선 지향성에 의한 것이었다. 다시 말해, 도심의 인심에 대한 명령 근거는 도심이 지선을 지향하는 천명으로서의 성과 그것이 발현한 정에 입각하기 때문이다. 즉「심통성정도」중도에 도상화된 심성정권(心性情圈)에는 사실상「천명도」의 천명권(天命圈) 개념이 심체(心體)로서 갖추어져 있다고 볼 수 있다. 그렇다면 심체로서의 리(理)와 허령지각이 합해져 확립되는 도심 개념은 리(理)에 대한 인식과 실천의 주체인 동시에 리(理)에 대한 인식과 실천을 인간에게 요구하는 명령자의 위상 역시 갖고 있다고 할 수 있다.

이제「심통성정도」중도와 하도에 대해서 다음과 같이 해석해볼 수 있다. 중도에서는 천명으로서의 성에 근원을 두고 이에 입각하여 선한 정으로 드러나는 도심을 도상화하고 있고, 하도에서는 이러한 선한 정이

---

54) 「심통성정도」를 이해함에 중도에 주목함으로써 퇴계 사유의 주리적 경향을 읽어낼 수 있음을 밝힌 논문은 다음과 같다. 李光虎,「李退溪 學問論의 體用的 構造에 관한 研究」(박사학위논문, 서울대학교 대학원, 1993), 48쪽 참조. 최근의 연구에서는「심통성정도」중도를 理發의 층위에서 이해함으로써 퇴계 철학의 강조점을 「심통성정도」중도와 理發說에서 발견할 수 있음을 논하였다. 이치억,「退溪哲學의 主理的 特性에 관한 研究」(박사학위논문, 성균관대학교 대학원, 2013), 125~129쪽 참조. 이와 함께 퇴계「심통성정도」에 대한 해석을 중도와 理發說에 입각하여야 함을 주장하였던 寒州 李震相(1818~1886)의 해석적 입장을 보여주는 연구로 다음을 참조할 수 있다. 금장태,『『聖學十圖』와 퇴계철학의 구조』(서울 : 서울대학교출판부, 2001), 134~144쪽 참조.

기질로 인해 완수되지 못하거나 부중절할 수 있는 인간의 심을 도상화하고 있다. 그리고 이는 허령하여 지각할 수 있는 능력을 지닌 심이 천명으로서의 성에 입각하여 지각을 하였는가, 형기에 입각하여 지각을 하였는가라는 심의 두 양상의 긴장 관계 속에서 드러나게 되는 구분이다. 그렇다면 「심통성정도」 중도와 하도는 리(理)에 대한 인식과 실천의 주체로서의 도심이 온전하게 실현되는 구조와 인식과 실천의 내용으로서의 리(理)의 명령을 들어야만 하는 인간의 심의 구조를 표현하고 있다고 할 수 있다. 그리고 이러한 의미는 리(理)에 대한 인식과 실천의 주체인 동시에 리(理)에 대한 인식과 실천을 인간에게 요구하는 명령자로서의 도심 개념을 통해 체계화된 것으로 해석된다.

2) 인간의 자기완성적 학문으로서의 리(理) 철학

퇴계 「심통성정도」 중도와 하도를 이상과 같이 이해하였을 때, 「심통성정도」에 덧붙여져 있는 퇴계 자신의 다음과 같은 설명은 "성학(聖學)"이라는 개념을 통해 퇴계가 드러내고자 하였던 도심의 위상을 보다 구체적으로 자리매김해볼 수 있도록 한다.

요컨대 리와 기를 겸하고 성과 정을 통섭하는 것은 심이고, 성이 발하여 정이 되는 그 경계는 바로 심의 기미(幾微)이니, 만화의 지도리로서 선과 악이 여기에서부터 갈라집니다. 학자는 진실로 한결같이 경을 견지하여 리(理)와 욕(欲)에 어둡지 않고, 더욱 이 심을 삼가 미발인 때에 존양의 공부를 깊이하고, 이발인 때에 성찰을 익숙하게 하여 진리를 쌓고 오래도록 힘쓰면, "정밀하게 살피고 한결같이 지켜 중용을 잡는[精─執中]" 성학과 "체를 보존하여 사물에 응하여 작용하는[存體應用]" 심법을 밖에서 구할 필요 없이 여기에서 모두 얻을 수 있을 것입니다.[55]

이는 일반적으로 『성학십도』에서 퇴계가 정립하고자 하는 학문 구조를 제시하고 있는 구절로, 성학(聖學)과 심법(心法)이라는 구도 속에서 심의 위상과 그에 따른 공부의 내용을 해명하고 있는 것으로 해석된다. 특히 『성학십도』의 전체 구조를 통해 성학과 심법을 설명하는 것에 따르면, 성학의 관점에서는 「소학도(小學圖)」와 「대학도(大學圖)」를 축으로 삼아 『대학』의 인식실천 공부, 즉 격물치지와 성의·정심·수신을 말한 것이고, 심법의 관점에서는 「심통성정도」를 중심으로 『중용』의 치중화를 말한 것으로 해석된다.56) 물론 이러한 두 측면에서의 공부는 다시 퇴계 성학의 두 양상을 뜻한다고 할 수 있다. 다만 심의 체용을 계기로 하여 진행하는 공부를 심법이라 하고 리(理)에 대한 인식과 실천 공부를 성학이라 함으로써, 두 공부의 상보적 융합을 통해 "경을 바탕으로 하여 인식과 실천의 공부를 끊임없이 쌓아"감으로써 성인이 될 수 있다는 퇴계 자신의 성학 구조를 구축한 것이다.57)

이러한 이해 위에서, 심통성정과 허령지각을 분석하는 과정에서 주목한 도심을 중심으로 정일집중(精一執中)의 성학과 존체응용(存體應用)의 심법을 이해해본다면 이는 다음과 같이 해명될 수 있다.

우선 존체응용의 심법이란, 심체를 보존하여 사물에 응하여 작용함으로써 올바른 심용을 실현하는 공부이다. 이것의 함의를 살펴보기 위해서는 여기에서 말하는 심체가 바로 천명으로서의 성, 선한 성, 리(理)인 성임을 상기해야 한다. 즉 심에 갖추어진 리(理)를 보존함으로써 그

---

55) 『聖學十圖』, 「心統性情圖」에 대한 퇴계의 설명. "要之, 兼理氣統性情者, 心也, 而性發爲情之際, 乃一心之幾微, 萬化之樞要, 善惡之所由分也. 學者誠能一於持敬, 不昧理欲, 而尤致謹於此, 未發而存養之功深, 已發而省察之習熟, 眞積力久而不已焉, 則所謂精一執中'之聖學, '存體應用'之心法, 皆可不待外求而得之於此矣."

56) 李光虎, 「'極深硏幾'를 통해서 본 儒學의 實踐認識論」(『東洋哲學』 33, 韓國東洋哲學會, 2010), 135쪽, 137쪽 참조.

57) 이광호 옮김, 『성학십도』(서울 : 홍익출판사, 2012), 36쪽 참조.

심의 용 역시 리(理)에 입각할 수 있도록 하는 공부라는 것이다. 이러한 심법을 도심의 차원에서 이해한다면, 심법은 인간의 심이 도심의 본래 상태를 보존함으로써 도심의 작용이 온전할 수 있도록 하는 공부라고 할 수 있다. 나아가 이를 지선으로의 지향성을 지니고 있는 천명으로서의 리(理)에 입각하여 해석한다면, 존체응용의 심법은 지선으로의 지향성을 가진 심의 체를 보존함으로써 심의 용이 곧 지선과 부합하는 상태가 되도록 하는 공부라고 이해할 수 있다. 다시 말해, 심의 체로서의 리(理)가 지니고 있는 지선 지향성을 본래대로 유지함으로써 심의 지선 지향성에 입각하여 구체적인 삶을 영위해나가는 공부인 것이다. 그리고 여기에서 심의 지선 지향성이 곧 천명임을 상기한다면, 이는 바로 천명으로서의 리(理)를 따르는 삶의 모습이라고 할 수 있다.

한편 정일집중이란, 앞서 살펴본 "인심은 위태롭고 도심은 은미하니, 정밀하게 살피고 한결같이 하여야 진실로 그 중(中)을 잡을 수 있다."라는 구절을 축약해놓은 것으로서, 정일집중의 성학은 도심의 내용을 알고 그것을 실천함으로써 중용이자 지선으로서의 행위를 완성하는 공부라고 할 수 있다. 이에 대한 퇴계의 설명은 이미 그의 1568년 「무진육조소」를 통해 구체화되어 있었다.

비록 그러하지만 순이 한 말은 (인심의) 위태함과 (도심의) 은미함을 말하였을 뿐이고 위태하고 은미한 까닭에 대해서는 언급하지 않았으며, 정밀하게 살펴 한결같이 하라고 하였을 뿐 정밀하게 살펴 한결같이 하는 방법을 보여주지 않았습니다. 후세 사람들이 이것에 의거해서 도를 참으로 알고 실천하려고 해도 대부분 어려웠습니다. 그 후 역대 성현이 서로 이어져 공자에 이르러서 그 방법이 크게 갖추어지게 되었으니, 『대학』의 격물·치지와 성의·정심, 『중용』의 명선과 성신이 그것입니다."[58]

「무진육조소」는 사실 퇴계가 자신의 언어로 성학의 의미를 정립한 첫 저술로 평가되는 글이다.[59] 이 가운데 퇴계는 제3조 "성학을 돈독하게 해서 정치의 근본을 세우는 것"에 대해 부연하면서 위와 같은 설명을 하였다. 『대학』의 격물·치지와 성의·정심, 『중용』의 명선과 성신은 지행의 구도 속에서 지선에 대한 앎과 실천을 추구하는 공부를 설명한 것이다. 결국 퇴계가 성학을 정일집중이라 풀이한 것은 존체응용의 심법을 통해 확립된 도심에 입각하여 지선으로서의 리(理)에 대한 앎과 실천을 의미한다고 할 수 있다. 그리고 바로 이것이 퇴계에게서는 진지(眞知)라는 용어로서 다음과 같이 정리된다.

경을 주로 삼아 사사물물에 나아가 소당연과 소이연으로서의 까닭을 궁구하고, 완미하여 찾고 체인하여 지극한 데-지선(至善)- 이르지 않음이 없어야 합니다. 세월이 오래되고 공력이 깊어지면 하루아침에 자신도 모르게 시원하게 녹아서 풀리고 확 트이게 되어 관통하는 곳이 있게 됩니다. 그러면 비로소 "체용이 하나의 근원이며 현상과 은미한 것이 간격이 없다."라는 것이 진실로 그러함을 알게 되어, 위태로운 것과 은미한 것에서 미혹되지 않고, 정밀하게 하고 한결같이 하는 것에서 현혹되지 않아 중용을 잡을 수 있으니, 이것을 참된 앎[眞知]이라고 말합니다.[60]

---

58) 『退溪先生文集』 권6, 「戊辰六條疏」(1568.8.7). "雖然, 舜之此言, 但道其'危微', 而不及其 '危微'之故, 但敎以'精一', 而不示以'精一'之法. 後之人雖欲據此而眞知實踐乎道, 殆亦難矣. 其後列聖相承, 至孔氏而其法大備, 『大學』之格·致·誠·正, 『中庸』之明善·誠身, 是也."

59) 李光虎, 「退溪 李滉의 聖學에 대한 현대적 성찰」(『退溪學論集』 11, 嶺南退溪學研究院, 2012), 249쪽 참조.

60) 『退溪先生文集』 권6, 「戊辰六條疏」(1568.8.7). "敬以爲主, 而事事物物, 莫不窮其所當然 與其所以然之故, 沈潛反覆, 玩索體認, 而極其至. 至於歲月之久功力之深, 而一朝不覺其 有灑然融釋, 豁然貫通處, 則始知所謂'體用一源, 顯微無間'者, 眞是其然, 而不迷於危微, 不眩於精一, 而中可執, 此之謂眞知也."

　이처럼 심법을 통한 도심의 확립과 확립된 도심을 통한 지선에 대한 인식과 실천으로 퇴계의 성학은 체계화된다. 그리고 리(理)에 대한 참된 앎(眞知) 역시 경을 통한 도심의 확립과 확립된 도심을 통한 지선에 대한 인식과 실천으로 설명된다.

　앞서 퇴계 철학에서의 리(理)가 지선 지향성을 갖고 있으며, 퇴계의 리(理) 철학은 이 지선 지향성을 가진 리(理)가 인간에게 지선 실천을 명령한다는 의미를 기반으로 전개된다는 점을 살펴보았다. 그리고 이것이 퇴계가 현전하는 자신의 학문적 첫 저술을 통해 강조된 '천명으로서의 리(理)'라고 해석하였다. 이를 통해 도출되는 인간의 기본적인 삶의 자세는 자신에게 지선 실천을 명령하는 '천명으로서의 리(理)'에 대한 외경이었다. 바로 이와 같은 지선 지향성과 지선 실천의 명령이라는 두 가지 함의를 축으로 퇴계의 리(理)를 해석한다면, 이를 통해 리발(理發)과 리자도(理自到) 명제는 다음과 같이 이해될 수 있었다. 즉 지선 지향성이라는 측면에서 리발(理發)은 지선을 지향하는 리(理)가 인간의 감정 층위에서 드러남을 뜻하며, 리자도(理自到)는 지선을 지향하는 리(理)가 구체적인 삶의 상황 속에서 지선으로 구현됨을 뜻한다는 것이다. 또한 지선 실천의 명령이라는 측면에서 리발(理發)은 지선 실천의 의무감이 인간에게 가장 선명하게 전달되는 것으로서의 사단에 대한 설명이고, 리자도(理自到)는 구체적인 상황에서 구현된 지선이 인간에게 그것을 따르라는 명령으로서 알려진다는 의미를 표현한 것이라고 할 수 있다.

　이렇게 본다면, 퇴계 리(理) 철학은 지선이라는 구체적인 상황에서의 도덕적 행위를 지향하는 가운데 그 지선 실현이 인간의 본질적 의무라는 것을 규명하고자 기획된 것이라고 할 수 있다. 그런데 퇴계 리(理) 철학은 이러한 지선 실현의 학문적 목표를 인간 마음과 리(理)의 관계에 대한 고찰을 통해 자기완성의 차원으로 체계화한다. 인간 마음의 본래적 선한 모습이 바로 인간 마음에 갖추어진 리(理)이며, 이 리(理)가 곧 '천명으로서

의 리(理)'라는 것이다. 즉 퇴계 리(理) 철학에서 리(理)는 인간에게 지선
실현의 명령을 내리는 명령자로서의 의미를 가지는 동시에 인간 자신의
마음을 통해 자각되는 자신의 본래성을 가리키게 됨으로써 도덕적 행위
의 완수가 인간의 본연적 마음의 지향을 자기 정합적으로 실현하는
것임을 뜻하게 된다. 다시 말해, 인간 본연의 마음이 자신에게 지선
실현의 명령을 내리는 명령자로서의 위상에 놓이게 되는 것이다. 외경의
대상으로서 설명되기도 하는 천명으로서의 리(理)가 심체로서의 리(理)로
내재화되어 해명됨으로써, 지선을 실현하기 위한 인간의 노력은 인간
마음 외부에 존재하는 명령자의 모습을 띤 리(理)와의 관계 속에서 정립되
는 한편 인간 마음 내부에 존재하는 명령자의 모습을 띤 성과의 관계
속에서 정립되기도 한다. 또한 그 인간의 노력은 인간 마음 외부에
존재하는 지선으로서의 리(理)를 알아 실천하는 형태로 표현되기도 하지
만, 그것은 사실 인간 마음 내부에 존재하는 자신의 성을 그대로 온전히
실현하는 일이다. 이것이 바로 심과 리(理)의 관계에 대한 성찰을 통해
퇴계가 체계화한 자기완성적 학문으로서의 성학이라고 할 수 있다. 퇴계
는 천명에 따르는 삶이란 도심의 명령에 따르는 삶이며, 이는 다시 성명의
올바른 것에서 근원하여 지각한 올바른 의리를 파악하여 따르는 것이라
고 보았다. 그리고 바로 이 올바른 의리는 심체로서의 리(理)가 구현된
것이었다.61) 결국 퇴계가 추구한 도덕적 인간이 되는 학문, 즉 성학은
심체를 온전히 유지함으로써 도심을 확립하여 구체적인 삶의 전 영역에
서 도심의 명령62) 내용을 선명하게 파악하고 이를 실천에 옮기는 것을

---

61) 퇴계가 심과 理의 일치를 추구하였다는 점은 이와 같은 측면에서 해석해볼 수
있다. 또한 퇴계가 경에 의한 심과 理의 일치를 추구함으로써 궁극적으로 참된
즐거움(眞樂)을 체험할 수 있다는 점에 주목하였다는 것에 관해서는 다음의 연구를
참조할 수 있다. 姜熙復,「退溪의 '心與理一'에 관한 硏究」(박사학위논문, 연세대학교
대학원, 2003), 109~120쪽 참조.
62) 유학에서 '명령'이 가지는 의미에 대해서는 다음과 같은 설명을 참조할 수 있다.
"성리학에서는 理라고 이름지어진 궁극의 실재가 만물의 존재 원인이자 인간

뜻한다고 할 수 있다.

　퇴계가 주목한 '천명으로서의 리(理)' 개념을 통해 그의 사유에 접근한다면, 그의 리(理) 철학은 구체적인 삶 속에서 지선을 실천하게 되는 도덕적 인간의 근거를 마련하기 위한 것이라고 해석할 수 있다. 이는 곧 지선의 실천을 의무로서 부여받은 인간 개념을 정립하였음을 의미한다. 그리고 퇴계는 그 '천명으로서의 리(理)'가 심체로서의 리(理)임을 주장함으로써, 나아가 퇴계는 지선을 실천하라는 리(理)의 명령이, 인간 자신의 마음에 대한 집중을 통해 내면으로부터 자각되는 것임을 선명하게 드러냄으로써, 도덕적 가치의 자각적 실현의 길 역시 제시하였다. 이것이 바로 퇴계 리(理) 철학이 궁극적으로 인간의 본성을 실현하는 자기완성적 학문으로 해석될 수 있는 이유라고 할 수 있다.

사회의 모든 도덕률의 근원인 것으로 이야기된다. 그러나 이러한 서술적 이론만으로 도덕의 실천을 유발하는 모든 장치가 마련되는 것은 아니다. 고대 시인이 노래한 것처럼, 물고기가 물 위에서 뛰고, 솔개가 창공을 날게 하는 활발한 기상을 내 마음 속에서 체감함으로써, 그러한 기상을 일으키는 궁극의 실재가 내 마음을 이끄는 주재자가 되어 있음을 확신함으로써 그가 명령하는 윤리 도덕에 대한 의지적 결단과 실천적 행위를 이끌어 낼 수 있는 것이 아닐까?" 김현, 「조선후기 未發心論의 心學的 전개—종교성의 강화에 의한 조선 성리학의 이론 변화—」(『민족문화연구』 37, 고려대학교 민족문화연구원, 2002), 371쪽.

VI. 나오는 말

　이 글은 퇴계의 리(理)에 대한 사유가 그의 주요 개념과 저술을 통해 어떠한 형태로 표출되었는지 살펴봄으로써 그의 철학 전반에 기저로서 자리하고 있는 리(理)의 함의를 해명하고자 하였다. 이를 위해 퇴계의 리(理)에 대한 사유가 공식적인 저술의 형태로 처음 공개된 「천명도(天命圖)」에서 발견되는 퇴계의 천명관을 검토하는 것으로부터 논의를 시작하였다. 다음으로 이러한 천명관이 천인 관계에 대한 성찰에 기반을 둔 것임에 주목함으로써 퇴계에게서 경(敬)이 천명(天命)으로서의 리(理)와 인간의 관계 속에서 그 본 의미가 파악될 수 있는 것임을 살펴보았다. 그리고 천명과 경에 대한 퇴계의 리(理) 철학적 해석이 궁극적으로 구체적인 삶 속에서 리(理)가 지선(至善)으로의 실현을 지향한다는 구조적 이해 위에서 퇴계의 사단(四端)에 대한 리발(理發) 해석과 물격(物格)에 대한 리자도(理自到) 해석의 의미를 고찰하였다. 마지막으로 퇴계의 리(理) 철학이 심(心)과 리(理)의 관계에 대한 성찰을 통해 체계화됨을 확인하고, 나아가 최종적으로 지선의 실현 주체로서 도심(道心)을 확립하여 지선으로서의 리(理)를 인식하고 실천하는 "성학(聖學)"으로 정립된다고 해석하였다. 이는 결국 퇴계의 리(理) 철학에서 지선을 실천하라는 리(理)의 명령이 인간 자신의 심에 대한 집중을 통해 내면으로부터 자각되는 것이라고 이해될 수 있다는 의미이다. 이를 통해 이 글에서는 퇴계의 리(理) 철학이 도덕적 가치의 자각적 실현의 길을 제시하고 있으며,

궁극적으로 인간 본성의 실현을 뜻하는 자기완성을 목표로 하고 있음을
보이고자 하였다. 이제 그 구체적인 내용을 정리하는 것으로 이 글의
서술을 마치고자 한다.

Ⅱ장에서는 퇴계 리(理) 철학의 이론적 기반이 되는 사유로서 그의
천명관을 살펴보았다.

1543년 『주자대전』에 대한 독서를 통해 본격적인 주자학 연구를 진행한
퇴계는 1553년 추만 정지운의 「천명도」를 개정한 뒤, 그에 대한 개정
근거와 구체적인 개정 내용을 밝힌 「천명도설후서」를 작성하였다. 1537
년 추만에게서 처음 작성된 「천명도」는 1549년 하서 김인후에게서도 수정되
기도 하였으며, 1561년에는 고봉 기대승이 퇴계가 개정한 「천명도」에
대한 재수정을 진행하였다. 이러한 「천명도」 개정 과정은 조선 유학을
이해함에 있어 천명 개념의 유의미성을 간파해낼 수 있도록 한다.

이러한 「천명도」는 모두 『중용』 "천명지위성"에 입각하여 그려진 것으
로, 그 사유의 연원은 같지만 각 학자들이 「천명도」를 통해 강조하고자
한 의미에는 차이가 있었다. 퇴계는 천으로부터 도덕적 가치가 창출되고,
그것이 인간에게 인·의·예·지·신의 성이라는 형태로 내재되는 과정이라
는 천명지위성에 대한 주자학적 해석 위에서, 특정한 의미를 보다 강조하
고자 하였다. 그리고 그것은 「천명도」에서 천명을 상징하는 천명권(天命
圈)에 대한 수정으로 드러나며 이러한 수정의 근거로 「태극도」가 제시된
다. 우선 퇴계는 천명 개념과 「태극도」의 상천명물지도(上天命物之道)의
함의를 결합시킴으로써 그림 전체를 상단에서 하단으로 향하는 방향성을
가지도록 개정하고, 이를 통해 천명을 명령자로서의 상천·상제로 묘사한
다. 천명이 도덕 가치 근원으로서의 함의를 가진다는 점을 고려한다면,
퇴계는 도덕 가치와 인간의 관계 역시 이와 유사한 방식으로 해석되어야
한다는 사유를 보다 강화하고자 하였던 것이다. 다음으로 퇴계는 천명과

「태극도」의 리기묘응권(理氣妙凝圈)의 함의를 결합시킴으로써 천명에 만물의 생성이라는 의미를 선명하게 포함시킨다. 이를 통해 퇴계는 선으로의 가치 지향을 갖는 구체적 존재의 생성이라는 의미를 천명 개념에서 강화한다.

그런데 「천명도」와 「태극도」는 뚜렷한 형태상의 차이를 보인다. 바로 「태극도」는 다섯 층으로 구성되어 있는 반면 「천명도」는 하나의 권(圈)으로 구성되어 있는 점이다. 이에 대해서 퇴계는 「태극도」와 「천명도」가 만물 화생의 과정을 서로 다른 측면에서 묘사하고 있으며, 「천명도」는 만물 화생의 과정의 결과로 만물이 품부 받게 된 것을 통해서 역으로 만물이 화생되는 근원까지 소급해 들어간 것을 도상화하고자 한 것이라고 해명한다. 퇴계는 이러한 차이를 설명하면서 '인간의 지위에서 보는 것'을 언급한다. 다시 말해 「태극도」가 무극이태극(無極而太極)으로부터 태극의 전개를 도상화한 것이라면, 「천명도」는 그러한 과정의 결과로 만물이 품부 받은 것으로부터, 즉 인간의 지위로부터 그 근원에 접근하는 것이다. 이러한 이유로 태극의 전개를 단계별로 도상화한 그림과 만물이 형성된 상태에서 그 존재의 근원적 상태를 도상화한 그림은 차이를 가지게 된다. 바로 이 존재의 근원적 상태를 「천명도」에서는 리기묘응권(理氣妙凝圈)으로 도상화한 것이다. 결국 퇴계가 천명과 결합시킨 리기묘응(理氣妙凝)은 그 자체로 리(理)와 기가 묘응되어 있는 존재 일반을 가리킨다. 즉 만물 생성의 과정을 태극과 음양의 관계를 드러내 보임으로써 도상화한 「태극도」와는 달리, 「천명도」에서는 이를 인간의 지위에서의 시선으로 전환하여 바라봄으로써 존재의 본질에 대한 사유로 재해석한 것이다. 여기서 퇴계는 리기묘응권(理氣妙凝圈)에서의 리(理)가 『중용』의 천명지성이라는 설명을 통해 존재의 본질을 천명으로서의 리(理)라고 본다. 리기묘응권(理氣妙凝圈)에서의 리(理)가 천명지성이고, 그것이 존재 일반의 본질이라는 것이다. 그렇다면 퇴계의 천명 개념에는 가치근원으로서의 리(理)가 존재 일반의 본질이라는 사유가 정립되어 있다고 할수 있다.

이러한 해석 위에서 다시 「천명도」가 상하의 방향성을 가진 그림으로 수정된 의미를 살펴볼 수 있다. 퇴계는 리기묘응권(理氣妙凝圈)에서 주재하고 운용하는 무엇인가가 있는 것처럼 여겨진다고 설명한다. 이에 대해서 구체적으로 퇴계는 리(理)와 기가 합하여 명물(命物)하는 신묘한 작용[神用]이라고 말한다. 또한 이러한 주재와 운용은 천명이 자체로 유행하는 것이며, 이것은 곧 기와 함께 있는 리(理) 자체의 작용이라고 한다. 리(理)는 극존무대한 것, 만물에 명령을 내리지만 만물에게서 명령을 받지는 않는 것이기 때문이다. 바로 이러한 측면에서 리(理)가 상제로 묘사된다. 그렇다면 앞서 인간의 본질이 도덕적 가치라고 한 사유에는 이미 그 도덕적 가치가 그것의 현실적 완수를 요구하는 상제의 명령이라는 의미가 덧붙여져 있다고 할 수 있다. 나아가 퇴계는 이러한 명령자가 천명 자체, 리(理) 자체라는 설명을 덧붙임으로써 도덕 가치를 완수하라는 명령이 도덕 가치 자체의 작용으로 인해 발생하는 명령이라고 설명한다. 이는 도덕 가치를 상제와도 같은 위상에 위치시킴으로써, 도덕 가치에는 그것의 완수를 인간에게 명령하는 능력이 있다는 의미를 드러내고자 한 것이다. 여기서 퇴계는 상제의 명령과도 같은 능력을 지닌 도덕 가치에 대해 인간의 시선에서 사유해본다고 하면, 인간은 도덕적 가치를 현실에서 완수해내야 한다는 명령으로서의 어떠한 힘을 발견하게 된다고 설명한다. 그리고 이것을 "직분(職分)"이라는 말로 설명한다. 즉 퇴계에게서 천명은 인간 존재의 본질로서 도덕 가치의 완수를 뜻하는 것으로 확장된다. 도덕 가치가 인간의 본질이라는 사유와 함께 퇴계는 인간에게 그 도덕 가치를 직분으로서 완수해내야 함이 명령으로서 주어져 있다는 것을 천명 개념을 통해 보이고자 한 것이다. 퇴계는 리(理)를 천명에 입각하여 해명하였고, 리(理)가 그 자체로 도덕적 색채를 띤, 그리고 명령자로서의 위상을 가진 개념으로까지 해석하였다. 결국 인·의·예·지를 내용으로 하는 천명으로서의 리(理)는 곧 선으로의 지향이 인간 자신의 본질이며 도덕 가치의 실천적 완수가 인간에게 명령으로 주어진 직분이라는 뜻을 갖는다. 즉 천명으로서의 리(理)는 도덕 실천의 근거이자 도덕적 의무의 근거라고 할 수 있다.

Ⅲ장에서는 퇴계 리(理) 철학에서 실천적 토대로서 자리하고 있는 경(敬)에 대해 살펴보았다.

천명관에 근거하여 인간의 본질적 직분을 도덕적 가치 실현의 명령을 수행하는 것으로 정립한 퇴계는 이러한 인간 본질 실현의 실천적 토대로 경을 제시한다. 퇴계의 경은 주자학의 경 공부를 기반으로 하는데, 주자학의 경 공부는 중화신설로 정립된다. 이를 통해 한 몸 전체를 주재하고 삶의 전 영역에서 한 순간도 끊어짐이 없는 심 개념과 이에 입각하여 삶의 전 영역을 일관하여 바람직한 삶의 자세를 갖추려는 노력이 제안됨으로써 주자학의 공부는 심과 경 구도를 갖추게 된다. 이러한 주자학의 경 공부에 주목한 문헌으로 『심경부주』가 있으며, 이 책을 퇴계가 매우 중시했다는 사실은 퇴계 학문이 경 공부를 중시했다는 평가의 주요 근거가 된다.

퇴계의 이와 같은 경 중시는 주자학 자체를 경 공부에 입각하여 해석하는 경향을 보인다. 퇴계는 주자학의 기본 구조가 소학-대학, 함양-격물 구도임을 제시함으로써 주자학을 존덕성이 배제된 도문학 중심의 학문으로 파악하는 양명에 비판적이었다. 특히 구체적인 상황에서의 합당함을 뜻하는 주자학의 지선에는 그것과 겉으로만 유사한 행위를 수행하게 될 가능성이 담겨 있다는 양명의 비판에 대해서 퇴계는 경을 위주로 하여 궁리 공부를 진행함으로써 그러한 우려를 방지할 수 있으며, 이에 대한 대비는 이미 주자학 내부에 마련되어 있다는 입장을 피력하였다.

나아가 정좌 공부와 관련하여 퇴계는 인륜과 속세의 일을 외면한 채 허무·적멸한 어떤 선험적 본체를 곧장 보아내려는 선학적 시도가 아닌, 심-경 구도 속에서 정립된 주자학의 경 공부로 귀결시킨다. 이와 같은 퇴계의 주자학에 대한 경 공부 중심의 이해는 그의 『송계원명이학통록』을 통해서도 발견된다. 주자와 주문제자(朱門諸子)에서부터 주자의 사숙제자(私淑諸子), 그리고 원명 제자(諸子)로까지 확장하여 그들을 '리학(理學)' 이라는 범주로 포괄한 이 문헌에서는 『주자어류』 「지수」편이 특히 중시됨으로써, 주자의 언설을 경 공부에 입각하여 재구성한 경향이 발견된다. 즉 『송계원명이학통록』은 "경 공부를 중심으로 주자의 학문을 해석한 결과물"로서, 경 공부를 중심으로 올바른 학문을 정립하고자 한 퇴계의 사유 궤적 속에서 그 편찬 의의를 읽어낼 수 있는 문헌이다.

퇴계는 심에 대한 공부라는 의미에서 경을 이해하면서 주정(主靜), 혹은 이정위본(以靜爲本)이라는 언급 역시 빠트리지 않고 함께 덧붙인다. 이는 동시(動時)와 정시(靜時)를 관통하는 심에 대한 공부로서의 경 공부가 준거이자 근본으로 삼아야 하는 심의 특정 상태를 명확하게 한 것으로, 이는 그의 경 이해에서 주목해야 하는 부분이다. 퇴계는 정시(靜時)의 심 상태를 "정시에는 기가 주관하지 못하기 때문에 리(理)가 그 자체로 있을 수 있다."라고 해석하고, 이를 맹자의 성선론과 동일한 의미로 풀이함으로써, 경 공부는 선한 성이 자신의 모습을 그대로 유지하고 있는 심의 상태를 준거이자 근본으로 삼아야 한다는 의미에 주목하였다. 또한 퇴계는 심에 대한 공부라는 의미에서 경을 이해하면서 대월상제로 대표되는 천인 관계 속에서 인간이 지녀야 하는 자세에 대해서도 언급한다. 이는 상제와 인간의 관계로 상징되는 인간의 조건에 대한 퇴계의 성찰로서, 이 역시 그의 경 이해에서 주목해야 하는 부분이다. 퇴계의 경은 기본적으로 도덕적 가치의 근원인 천명으로서의 리(理)와 인간의 관계 위에 정립되어 있는 공부이다. 이는 도덕적 가치를 실현하라는 명령자로서 리(理)의 위상을 정립하고, 그에 따라 그에 대한 인간의 외경의 자세를 강조한 것이라고 할 수 있다. 이를 바탕으로 경은 인간 자신의 본질로서 도덕적 가치가 명령으로 주어져 있다는 것을 언제나 자각하고 있는 것이며, 또한 인간의 내면적 시선을 따라 그 도덕 가치의 근원에 집중하는 것이라고 해석된다. 경을 통해 인간은 선을 지향하는 자신의 본래적 면모를 유지함으로써 도덕 실천의 토대를 확보하게 되는 것이다.

IV장에서는 퇴계 철학에서의 리(理)가 지선을 지향한다는 측면에서 퇴계의 "리발(理發)"과 "리자도(理自到)" 해석을 살펴보았다.

사단에 대해 "리발(理發)"이라 설명하고 물격에 대해 "리자도(理自到)"라고 풀이하는 퇴계의 견해는 그의 리(理) 이해가 선명하게 드러나는 지점이라고 할 수 있다. 사단이 선한 정을 가리키고, 지선 역시 구체적인 실제 삶 속에서의 옳음을 의미한다는 점을 염두에 둔다면, 리발(理發)과 리자도(理自到)는 도덕 가치의 실현과 관련된 맥락에서 해석되이야 함을 알 수 있다. 즉 도덕 가치로서의 리(理)는 도덕 행위 준칙으로서의 지선으로 전개되는데, 이를 리(理)의 지선 지향성이라고 할 수 있다. 사단은 인간이 특정한 상황에서 보이는 보편적인 반응이며, 그것은 선한 인·의·예·지의 성이 있음을 보여주는 것이고, 모든 도덕적 행위의 출발점이다. 그리고 이러한 설명의 이면에는 천−인·의·예·지−사단의 구조가 자리하고 있다. 또한 지선은 구체적인 상황에서 리(理)에 입각하였을 때 당연히 그러한 옳음의 극치라는 뜻으로, 『대학』에서는 모든 인간이 천으로부터 부여받은 명덕을 밝힘으로써, 모든 일에 응하는 것이 해당 사안에서 가장 옳은 상태가 되도록 추구할 것을 말한다. 구체적인 상황에서의 옳음을 추구하는 것은 기본적으로 인간에게 이미 갖추어져 있는 명덕을 밝혀내는 일인 것이다. 이러한 설명에서도 천-명덕-지선 구조를 읽어낼 수 있다. 이를 통해 천으로부터 부여받아 사단을 통해 확인되는 사덕과 천으로부터 부여받은 명덕은 지선으로의 전개를 지향한다고 이해할 수 있다.

사단칠정 논변에서 퇴계는 리(理)-본연지성-사단, 기-기질지성-칠정이라는 구도 속에서 본연지성과 기질지성을 리(理)와 기로 나누어 볼 수 있는 것처럼 사단과 칠정 역시 리(理)와 기로 나눌 수 있으며, 그 까닭은 각각의 소종래가 리(理)와 기로 대비되기 때문이라는 입장을 견지하였다. 그리고 이 소종래의 차이는 리(理)-본연지성-사단의 순선함과 기-기질지성-칠정의 악으로 흐를 가능성이 높음으로도 대비되는 것이었다. 곧 사단을 리발(理發)이라고 한 것은 소종래로서의 리(理)의 의미를 이해함으로써 해명될 수 있다. 리발(理發)이 「천명도」를 통해 피력된 것임을 고려한다면, 퇴계가 사단의 소종래로서 언급한 리(理)에는 그의 천명관이 자리하고 있음을 알 수 있다. 그렇다면 인간의 본질로서의 도덕적 가치인 인·의·예·지는 상천·상제의 명령으로 인간에게 주어지며, 바로 이 인·의·예·지가 발현된 것이 사단이다. 즉 인간의 정으로 드러난 사단은 상천·상제와도 같은 리(理)가 인간 감정의 층위에서 드러난 것이다. 다시 말해, 사단은 인·의·예·지가 인간의 심을 통해 특정한 상황에서 발현된 것이며, 이는 상천·상제와도 같이 명령자로서의 위상을 가진 리(理)가 발현한 것이다.

한편 어린 아이가 우물에 들어가려고 하는 것과 같은 특정한 상황 속에서 인간이 그 아이에 대한 측은한 마음을 가지는 것은 마음에 있는 능력으로서의 인(仁)−성(性)−에 의한 것이며, 이러한 인이 측은지심이라는 인간의 구체적인 감정으로 드러나게 되는 것은 필연적이면서도 인간이라면 누구나 그러해야만 하는 당연한 반응이다. 나아가 이는 인간의 의도가 개입됨으로써 가능한 반응이 아니라, 리(理)의 능력으로 스스로 그러하게 진행되는 일련의 과정이다. 그렇다면 이러한 일련의 과정 속에서 발생한 측은지심이 인간 자신의 내부에서 자신의 의도와는 무관하게 발생한 것임을 인간은 알게 된다. 바로 이 리(理)가 측은지심이 되는 이 필연적이고 당연한, 나아가 스스로 그러한 반응에 대해서 인간은 자신의 개체성과는 무관한 어떠한 힘을 느끼게 될 것이다. 이 필연적이고 당연한 반응은 인간의 입장에서 자신의 의도와는 무관하게 사단이라는 감정이 특정 상황에서 발출됨을 의미하고, 아마도 퇴계는 이러한 감정의 발출이 인간에게서 가장 강력한 명령으로 확인된다고 본 것으로 보인다. 이것이 리(理)가 사단이 됨은 인간의 개입과는 무관한 리(理)의 능력에서 기인하고, 이는 인간에게 명령처럼 파악된다는 것의 의미이다. 이 지점에서 퇴계 천명과 리발(理發)로 표출된 리(理)의 의미가 선명해진다. 퇴계는 바로 이 힘에 대해 상천·상제의 명령이라는 이미지를 부여하였고, 그 명령의 강력한 발현을 측은지심으로 대표되는 사단이라는 인간의 선한 정이라고 하였던 것이다. 퇴계 천명 개념이 그 중심에 놓여 있다는 점을 고려하였을 때, 이 힘과 능력의 구체적인 내용은 측은지심이라는 정이 리(理)의 역량에 의해 필연적이고 당연하게 발현되는 것이고, 궁극적으로는 인간에게서 필연적이고 당연하게 발현된 측은지심은 그 측은지심을 통해 도덕 행위를 완수하라는 천명으로서의 리(理)가 전개된 것이라고 해석될 수 있다. 즉 인간은 자신의 내부에서 측은지심이 자신의 의도와는 무관하게 드러나는 과정에 대해, 상천·상제의 명령과도 같은 지선 완수의 명령이라고 받아들이게 되는 것이다. 즉 인간의 도덕적 행위의 출발점으로서의 사단은 명령과도 같이 인간에게 주어지는 것이며, 인간이 그것을 명령과도 같이 받아들이게 되는 것은 자신의 의도와는 무관하게 자신에게서 발견되는 선한 반응을 바라보면서 가지게 되는 것이다. 그렇다면 퇴계가 표현한 리발(理發)에서는 리(理)가 지니고 있는 자체의 능력으로 인하여 인간이 도덕적 행위를 완수할 수 있는 출발점으로서의 사단이 명령과도 같이 주어진다는 함의를 읽어낼 수 있을 것으로 보인다.

사단이 리발(理發)이라는 것은 지선 지향적 성격을 가진 리(理)가 인간의 선한 감정으로 드러난 것이라는 의미이다. 이를 다시 퇴계의 천명이해에 입각하여 이해한다면, 리발(理發)로서의 사단이란 도덕 가치 실현이라는 인간의 본질적 의무를 완수하는 과정 속에서 인간을 지선 실천으로 이끄는 리(理)의 명령이 인간의 감정적 반응으로 구체화된 것이라고 할 수 있다.

이러한 해석의 시야는 리발(理發)에서만 발견되는 것이 아니다. 물격에 대한 논의에서 촉발된 리자도(理自到) 역시 이러한 측면에서 해석될 수 있으며, 이를 통해 결국 구체적인 삶 속에서 지선을 실천하게 되는 도덕적 인간의 근거가 마련된다. 명선, 즉 구체적인 상황 속에서의 선(善 : 올바름)이 무엇인지 아는 것을 목표로 하는 격물 개념은 그 격물의 공효로서 물격이라는 상태가 함께 제시된다. 1566년 퇴계는 격물 공부를 나의 심이 하나의 특정한 상황에서 지선으로서의 리(理)를 궁구하는 것으로, 물격 공효는 그러한 격물 공부가 양적으로 확장되어 나의 심이 모든 상황에서 지선으로서의 리(理)를 궁구한 것으로 이해하였다. 그런데 이러한 물격에 대한 해석은 1570년 고봉과의 논의를 통해 전환된다. 결론적으로 퇴계는 구체적인 상황 속에서의 지선을 리(理) 자체의 작용으로 파악한다. 즉 그 구체적인 상황 속에서의 지선을 그것의 근원으로서의 리(理)의 작용이라고 보는 것이다. 여기에서 퇴계는 그 리(理)의 작용으로서의 지선이 인간의 격물을 통해 구성되는 것이 아닌, 리(理) 자체의 작용임을 물격에 대한 '기도(己到)'에서 '리자도(理自到)'로의 해석의 전환을 통해 표명한다.

퇴계는 "리자도(理自到)"를 해명하기 위해 만물에 있는 리(理)와 심의 용의 관계에 주목한다. 우선 그 관계를 리(理)의 용은 인간의 심을 통해서 실현되는 것이라고 이해한다. 그렇다면 여기서의 용은 사물에서 리(理)가 인간의 심을 통해 지선으로 실현되는 것이고, 도(到)는 인간이 그 지선에 도달하는 것이다. 즉 구체적인 상황에서의 옳음을 실현할 수 있는 인간의 능력에 초점이 맞추어진 서술인 것이다. 이러한 이유로 이는 "리자도(理自到)"를 부정하는 설명이 된다. 그런데 퇴계는 리(理)에 용이 있다는 측면에 주목한다. 리(理)의 용이 인간의 심을 떠나 실현되는 것은 아니지만, 그 리(理)의 용이란 사실 "리(理)의 발현"으로서, 그 리(理)가 "사람의 심이 지극해진 바"에 따라 "이르지 않는 곳이 없고" "극진하지 않은 곳이 없"다는 것이다. 바로 이것이 리자도(理自到)의 근거가 된다. 이러한 의미에 대해서 퇴계는 리(理)의 본연지체(本然之體)와 리(理)의 지신지용(至神之用)이라는 구도로 설명한다. 퇴계는 어떠한 인위적인 조작이 없는 면을 리(理)의 본연지체로, 발현하여 이르지 않음이 없는 면을 리(理)의 지신지용이라고 설명하는데, 앞선 논의의 연장선상에서 본다면 여기서의 리(理)의 발현은 지선임을 알 수 있다. 지선으로 발현된 리(理)가 사람에게 이르지 않음이 없는 것이 리(理)의 지신지용인 것이다. 달리 말해, 무위한 리(理)의 본체가 실제로 구체적인 상황에서의 지선으로 드러나는 것을 리(理)의 작용이라고 볼 수 있다는 것이다.

퇴계의 이러한 리자도(理自到) 해석의 구체적인 함의는 지신지용으로서의 리(理)에서 지선으로 발현된 리(理)라는 측면과 그 리(理)가 지선으로 발현되어 사람에게 이르지 않음이 없다는 측면을 나누어 살펴봄으로써 이해해볼 수 있다. 1560년 퇴계는 지선-성-천 구도로써 리(理)의 중층 구조를 드러내 보였다. 그렇다면 리(理)의 본연지체와 리(理)의 지신지용 역시 이러한 리(理)의 중층 구조에 입각한 표현이라고 할 수 있다. 리(理)의 발현으로서의 지선은 그것의 근원이 있는데 그것이 바로 리(理)의 본체라는 것으로, 지선과 지선의 근원에 대해 리(理)의 발현과 리(理)의 본체라고 표현함으로써 근원으로서의 리(理)가 구현되어 지선이 되는 것이라는 사유를 보다 선명하게 피력하고 있는 것이다. 또한 퇴계는 지선과 중용이 모두 천명으로서의 리(理)가 일상 속에서 구체적인 옳음으로 발현된 것을 표현한 것이라고 보았다. 천명으로서의 리(理)가 일상 속에서의 모든 구체적인 옳음의 근거이며, 그 리(理)의 구현이 바로 지선이고 중용이라는 해석을 통해, '도덕적 가치의 근원으로서의 리(理)'와 '그 리(理)가 구현된 것으로서의 지선'이라는 구도를 재확인한 것이다. 나아가 퇴계는 도덕적 행위 전반이라고 할 수 있는 지선과 중용이 천명과의 관계 속에서 정립될 수 있는 것임을 주자의 설명을 통해서 확인한다.

천명과 지선에 주목한 사유를 통해 물격을 "리자도(理自到)"라고 해석하는 것의 의미, 달리 말해 리(理)의 발현으로서의 지선이 격물 공부를 한 사람에게 이르지 않음이 없다는 것의 의미, 즉 리(理)의 지신지용의 전체적인 의미를 살펴보면 다음과 같다. 격물 공부는 천명이 구현된 것으로서의 지선을 아는 공부이고, 물격 공효는 천명이 구현된 것으로서의 지선이 인간에게 알려지는 공효이다. 그렇다면 "리자도(理自到)"는 지선이 격물 공부를 한 인간에게 이르지 않음이 없다는 것으로, 인간에게 지선이 스스로 알려진다는 뜻이다. 지선이 천명으로서 인간에게 알려진 구체적인 옳음이라면, 그것은 그 자체로 명령의 힘을 가진 것으로 이해된 것이다. 즉 지선은 상천·상제의 명령과도 같은 실현 의무를 부여하는 도덕적 가치인 것이다. 달리 말해, 천명에 주목하여 "리자도(理自到)"를 해석한다면 지선으로서의 리(理)가 스스로 알려져 온다는 것은 곧 구체적인 삶에서의 옳음이 인간에게 그것을 따르라는 명령으로 현현됨을 의미하는 것이라고 이해될 수 있다. 지선은 천명으로서의 리(理)가 특정한 상황 속에서 전개된 최종적 모습으로서 인간에게는 구체적인 도덕 실천의 명령으로 작용한다. 인간이 이 지선의 현현을 인식하고 실천함으로써 비로소 도덕적 가치는 완수된다.

Ⅴ장에서는 퇴계 리(理) 철학이 심에 대한 이해를 통해 체계적으로 완성되며 궁극적으로 인간의 자기완성의 학문인 성학(聖學)으로 정립됨

을 살펴보았다.

퇴계는 도덕 근원으로서의 천명 개념을 제시하는 동시에 인간 존재의 본질이 도덕 가치이며, 그 도덕 가치의 실현 의무와 이를 실현하기 위한 노력 역시 인간의 본질에 포함된다는 사유를 정립하였다. 그리고 퇴계는 이러한 도덕 근원과의 관계 속에서 세워진 인간의 위상에 주목함으로써 경 개념의 함의를 심화시켰다. 나아가 이와 같은 사유에 기반하여 퇴계는 도덕 근원으로부터 구체적인 상황에서 도덕적 가치까지 리(理) 개념에 입각하여 구조화하였다. 그런데 퇴계는 이러한 도덕 근원에 대한 사유가 도덕 가치 실현의 차원과는 분리된 어떠한 또 하나의 근본, 근원을 상정하는 것이 아님을 명확히 한다. 이러한 그의 입장을 살펴볼 수 있는 것이 바로 1564년 작성된 「심무체용변」이다. 그리고 퇴계는 이 글에서 분석한 도덕 근원과 이로부터 유래한 도덕 가치와 관련된 논의가 모두 심 차원의 논의라고 설명하기 위하여, 심에 체용이 있다는 유학의 전통적 사유를 제시한다. 심유체용의 주장에서 심체는 도리·형이상자로서의 체 범주에 해당하고, 심용은 사물·형이하자로서의 용 범주에 해당한다. 그리고 이러한 도리·형이상자는 다시 인간 심의 체가 되고, 이러한 심의 용은 심에 갖추어진 도리·형이상자의 용을 근거로 하여 실현되는 것이다. 즉 심에 갖추어진 도리·형이상자는 리(理)이고, 구체적으로 성이다.

퇴계는 천명관을 통해 심에 갖추어진 도리·형이상자가 인간의 본질에 해당하는 동시에 도덕 실현의 명령을 인간에게 내리는 명령자이며, 그것이 심의 체임을 드러냈다. 이러한 해석은 도덕의 근원이 인간의 심에 갖추어져 있다는 것을 의미한다. 또한 경 개념을 통해서는 인간 내면으로의 시선을 통해 심체로서의 성, 즉 자신의 심에 갖추어진 도리·형이상자에 대해 집중할 것을 말하였다. 리발(理發)과 관련해서는 「천명도」의 전체 구도 속에서 바라본다면, 사단의 소종래는 천명권(天命圈)으로까지 소급해 들어가는 것으로 해석할 수 있으며, 여기서의 천명권 역시 바로 심에 갖추어진 도리·형이상자와 다르지 않다. 사단의 소종래 역시 심을 벗어난 곳에서 찾아지는 것이 아니라는 것이다. 리자도(理自到)를 통해 드러나는 사유 역시 이러한 심 개념에 입각하여 해석될 수 있다. 우선 지선의 근원 역시 심체와 다르지 않으며, 그 지선은 인간의 격물 공부를 통해 알려지지만, 동시에 천명으로서의 심체로부터 구현된 도덕적 가치이기 때문에, 그 자체로 이미 인간에게 도덕적 가치 실현을 요구하고 있는 것이다. 다시 말해, 지선 실현의 명령 역시 심체로서의 성, 즉 자신의 심에 갖추어진 도리·형이상자로부터 기인한다. 이로써 퇴계는 도덕적 가치의 근원과 도덕적 가치, 구현된 도덕적 가치를 모두 심의 차원으로 포괄한다. 그리고 바로 이러한 내용에 대한 이론적 구성이 심통성정으로 구축된다. 결국 이를 기반으로 하여 체계화된 학문이 그의 "성학"이며, 지선 실현의 주체로서의 도심이 중시된다.

퇴계는 1568년 『성학십도』를 완성하고 「심통성정도」를 수록함으로써 체용에 입각한 자신의 심 이해를 도상화한다. 퇴계는 정임은의 「심통성정도」를 통해 심체와 심용의 구도를 개념적으로 제시한 뒤, 중도를 통해 선한 성과 선한 정을 심통성정 개념에 입각하여 도상화하고, 하도를 통해 불선의 정과 그 원인으로서의 기질 속에 떨어져 있는 성을 심통성정 개념에 입각하여 도상화한다. 구체적으로 퇴계는 심을 ① 합리기(合理氣) ② 통성정(統性情) ③ 주일신(主一身) ④ 해만화(該萬化)의 측면에서 해명하는데, 특히 ① 합리기는 심의 허령지각이라는 능력의 근거로서 제시된다. 이러한 허령지각에 주목함으로써 퇴계의 「심통성정도」는 도심의 영역으로 확장될 수 있다.

퇴계 자신의 성학(聖學) 구조를 정일집중(精一執中)의 성학과 존체응용(存體應用)의 심법으로 구축한다. 우선 존체응용의 심법이란, 심체를 보존하여 사물에 응하여 작용함으로써 올바른 심용을 실현하는 공부이다. 이것의 함의를 살펴보기 위해서는 여기에서 말하는 심체가 바로 천명으로서의 성, 선한 성, 리(理)인 성임을 상기해야 한다. 즉 심에 갖추어진 리(理)를 보존함으로써 그 심의 용 역시 리(理)에 입각할 수 있도록 하는 공부라는 것이다. 이러한 심법(心法)을 도심(道心)의 차원에서 이해한다면, 심법은 인간의 심이 도심의 본래 상태를 보존함으로써 도심의 작용을 할 수 있도록 하는 공부라고 할 수 있다. 나아가 이를 지선으로의 지향성을 지니고 있는 천명으로서의 리(理)에 입각하여 해석한다면, 존체응용의 심법은 지선으로의 지향성을 가진 심의 체를 보존함으로써 심의 용이 곧 지선과 부합하는 상태가 되도록 하는 공부라고 이해할 수 있다. 다시 말해, 심의 체로서의 리(理)가 지니고 있는 지선 지향성을 본래대로 유지함으로써 심의 지선 지향성에 입각하여 구체적인 삶을 영위해나가는 공부인 것이다. 그리고 여기에서 심의 지선 지향성이 곧 천명임을 상기한다면, 이는 바로 천명으로서의 리(理)를 따르는 삶의 모습이라고 할 수 있다. 한편 정일집중의 성학은 도심의 내용을 알고 그것을 실천함으로써 중용이자 지선으로서의 행위를 완성하는 공부라고 할 수 있다. 퇴계는 이를 『대학』의 격물치지와 성의·정심, 『중용』의 명선과 성신과 연결시킴으로써 지행의 구도 속에서 지선에 대한 앎과 실천을 추구하는 공부를 설명한다. 결국 퇴계가 성학을 정일집중이라 풀이한 것은 존체응용의 심법을 통해 확립된 도심에 입각하여 지선으로서의 리(理)에 대한 앎과 실천을 의미한다고 할 수 있다.

퇴계가 주목한 '천명으로서의 리(理)' 개념을 통해 그의 사유에 접근한다면, 그의 리(理) 철학은 구체적인 삶 속에서 지선을 실천하게 되는 도덕적 인간의 근거를 마련하기 위한 것이라고 해석할 수 있다. 이는 결국 퇴계의 리(理) 철학이 '천명'이라는 의미를 통해 심과 리(理)의 관계를 해명함으로써, 지선의 실천을 의무로서 부여받은 인간 개념을 정립하였음을 의미한다. 나아가 퇴계는 지선을 실천하라는 리(理)의 명령이, 인간 자신의 심에 대한 집중을 통해 내면으로부터 자각되는 것임을 선명하게 드러냄으로써, 도덕적 가치의 자각적 실현의 길을 제시하였다고 할 수 있다. 이는 곧 그의 성학(聖學) 개념으로 체계화된 퇴계 리(理) 철학이 궁극적으로 인간의 본성을 실현하는 자기완성적 학문임을 뜻한다.

퇴계 이황의 리(理)에 대한 해석의 갈래 :
"리동(理動)·리발(理發)·리도(理到)" 이해를 중심으로 *

　여기에서는 16세기 조선의 학자 퇴계(退溪) 이황(李滉)이 남긴 리(理)와
관련된 언급들에 대하여, 20세기 중반 이후 대한민국에서 진행된 논의들
을 살펴보고자 한다. 일반적으로 "퇴계학"이라 불리는 그의 학문은 "주자
학"이라고 통칭되는 남송 시기 주자(朱子)의 학문을 계승, 발전시킨 것으
로 여겨진다. 동시에 퇴계학에는 주자학과 차별화되는 독자적 요소가
있으며, 그것은 바로 그의 리 개념에 있다고 이해된다.[1) 주자학이 "리학(理
學)" 혹은 "성리학(性理學)"으로 불리기도 한다는 점에서 알 수 있듯, 리가
이들의 사유에서 점유하고 있는 위상은 핵심적이다. 그리고 주자학이
"신유학(新儒學)"이라는 이름으로 불리는 이유가 리 개념을 통한 유학의
새로운 체계화에서 찾아진다는 점에서, 이들의 학문에서 리의 유의미성
은 확인된다.

　그런데 주자학 해석자로서 퇴계의 학문이 주자학과 구별되며, 그것이
두 학문의 리에 대한 견해에서 발견된다는 분석은 자연스럽게 주자학의

---

*　이 글은 『태동고전연구』 39(한림대학교 태동고전연구소, 2017)에 실린 것을 재수록
　한 것이다.

1)　한국에서 진행된 퇴계학의 독자성 규명 논의와 함께 퇴계학과 주자학의 관계에
　대한 여러 입장은 다음 연구에 소개되어 있다. 김기주, 「'퇴계학·율곡학의 계통
　논쟁', 그 전개 과정과 남겨진 과제」(『오늘의 동양사상』 15, 예문동양사상연구원,
　2006).

리와 퇴계학의 리가 과연 같은지 다른지에 대한 논쟁을 불러일으킨다. 적지 않은 연구들이 조선 시대 학술계의 문제의식을 이것에서 찾아왔으며, 이는 현재에도 유효한 조선 유학 해석의 시야이다.[2] 이를테면 조선의 주자학 수용과 함께 퇴계는 리 개념에 대한 독자적 이해를 시도하였고, 곧바로 그러한 퇴계의 시야에 대한 반론이 제기되었으며, 조선 유학은 이 두 입장에 대한 정당화의 역사라고 정리될 수 있다는 것이다. 이러한 해석적 시야는 주자학을 어느 정도 퇴계학의 원형이자 기준으로 삼는다.

한편 퇴계의 리와 관련된 언설들이 이 세계를 온전히 설명할 수 있는지, 혹은 그 자체로 하나의 완정한 사유 체계를 구성할 수 있는지 여부 역시 많은 연구자들에 의해 논의되었다. 구체적으로 이는 "리동(理動)", "리발(理發)", "리자도(理自到, 이하 리도로 표기)"라는 글귀로 표출된 퇴계의 리 이해가 하나의 정합적인 "철학(philosophy)"으로 간주될 수 있는지에 대한 검토라고 할 수 있다. 이러한 논의는 리동, 리발, 리도에 대한 개별적 접근과 함께 세 언설 간의 관계에 대한 규명을 시도하는 것으로 이어진다.[3]

---

2) 이러한 해석의 극단에 "주리파"와 "주기파"로 조선의 사상계를 분류한 다카하시 도루(高橋亨)의 견해가 있다. 물론 이에 대한 비판적 접근은 지속적으로 이루어지고 있다. 최근 연구로 다음을 참조. 박균섭, 「퇴계학의 오독 : 다카하시 도루와 아베 요시오의 퇴계론 비판」(『퇴계학과 유교문화』 59, 경북대학교 퇴계연구소, 2016) ; 林月惠·李明輝 編, 『高橋亨與韓國儒學硏究』(臺北 : 臺大出版中心, 2015) ; 이동희, 「다카하시 도루(高橋亨)의 조선조 주자학 연구의 허와 실」(『한국학논집』 60, 계명대학교 한국학연구원, 2015) ; 李曉辰, 「京城帝國大學における朝鮮儒學硏究 : 高橋亨と藤塚鄰を中心に」(『퇴계학논집』 14, 영남퇴계학연구원, 2014) ; 한자경, 「다카하시 도루의 조선유학 이해의 공과 과」(『철학사상』 49, 서울대학교 철학사상연구소, 2013) ; 김기주, 「다카하시 도루의 朝鮮儒學觀을 다시 논함」(『退溪學報』 132, 퇴계학연구원, 2012).(간행연도 역순)

3) 이와 같은 접근은 주자학 계승을 지향하는 퇴계학의 태도와 관련한 어느 정도의 해명을 필요로 한다. 도통으로 대표되는 유학 전통에 대한 주자학적 계보화 작업과 그에 대한 퇴계의 계승적 자세와는 달리, 인류에게 주어진 다양한 성찰 자원 가운데 하나로 퇴계학을 바라봄으로써, 퇴계학은 주자학과 학문적으로 동등해지는 동시에 그것이 기반을 두고 있는 주자학적 토대와의 관계 설정에 대한

이상과 같은 이해 위에서 이 글은 해방 후 한국에서 진행된 퇴계의 리동, 리발, 리도에 대한 해석적 입장들을 살펴보고자 하는데, 이는 조선과 한국 사이에 일제강점기가 자리하고 있다는 점을 고려하기 때문이다. 해방 후 한국의 조선 유학에 대한 연구는 어느 정도 전통적 학문 방식과의 단절 위에서 이루어졌다.[4] 달리 말해, 조선 유학이 퇴계학 해석의 차원에서 전개된 측면이 있음에도 불구하고, 퇴계학에 대한 연구사의 일부로서 조선 유학을 검토하는 데에는 조선과 한국의 단절적 상황에서 기인하는 어려움이 뒤따른다.[5] 이는 곧 퇴계학에 대한 검토가 ① 퇴계학 자체 ② 퇴계학에 대한 조선 시기 해석 ③ 퇴계학에 대한 해방 후 한국의 해석이라는 층위로 구분되어 이루어져야 함을 의미한다. 물론 이와 같은 여러 층위에서의 접근은 궁극적으로 서로 통합되어 조망됨으로써 균형 잡힌 퇴계학 이해로 나아가야 할 것이다. 이 글은 퇴계학에 대한 해방 후 한국의 해석에 중점을 두어 퇴계학에 대한 현재의 질문들을 간추려 보고, 그로부터 발생한 논의들과 퇴계학 자체가 갖고 있는 고민 사이의 거리를 보다 좁힐 수 있는 지점을 짚어 보고자 한다.

퇴계학과 리(理)

퇴계학의 리에 대한 해방 이후 한국의 연구는 오랜 시간 축적되었으며,

또 다른 차원의 해결을 요구받게 된다.

4) 일제강점기를 거치면서 한국의 동양철학, 특히 유학에 대한 연구가 "구학(舊學)"과 "신학(新學)", 혹은 "경학(經學)"과 "문사철(文史哲)"이라는 구도로 대비됨을 언급한 연구로 다음을 참조. 신주백, 「근대적 지식체계의 제도화와 식민지 공공성」(『한국 근현대 인문학의 제도화 : 1910~1959』, 서울 : 혜안, 2014).

5) 권순철과 이노우에 아쓰시(井上厚史)는 최근 한국과 일본의 퇴계학 연구 양상을 "식민지 근대성"의 차원에서 검토한다. 권순철, 「퇴계 철학 원형의 탄생과 식민지적 근대성」(『전통과현대』 22, 전통과현대, 2002) ; 이노우에 아쓰시, 「일본의 이퇴계 연구의 동향」(『퇴계학논집』 6, 영남퇴계학연구원, 2010) 참조.

그 양 역시 매우 방대하다. 근대적 학문 분류에 따르면, 퇴계학은 철학, 문학, 사학으로 대표되는 인문학을 포괄한다. 나아가 정치학, 사회학, 교육학, 미학 및 의학을 통한 퇴계학으로의 접근 역시 이루어졌으며, 경영학, 체육학과 같은 분야에서의 재해석적 이해 또한 시도되었다. 최근의 퇴계학 연구는 분명히 이러한 해석적 층위의 다양화를 하나의 흐름으로 갖는다.

그럼에도 불구하고 퇴계학을 이해하는 데 있어 리에 대한 그의 사유를 규명하는 것이 핵심이라는 것에는 이견의 여지가 없어 보인다. 주자 이후 대부분의 유학자에게서 리를 중요하게 읽어내는 것 이면에는 주자에 의해 완성된 학문 체계를 리기론, 심성론, 공부론으로 삼분하여 파악하는 시야가 흐르고 있다. 리기(理氣)라는 추상적 개념으로 이 세계를 해명하고, 이를 통해 정립된 개념적 토대 위에서 인간에 대한 분석과 인간이 나아가야 할 바를 제시하는 것이 주자학과 그에 대한 해석적 사유들의 공통 특징이라는 것이다. 즉 주자학에 대한 철학적 해석의 지평은 추론을 통해 타당성을 획득한 리기론을 전제로, 세계와 인간에 대해 정합적 이해를 보이고, 그를 통해 이상을 제시함으로써 확보된다는 것이다.[6]

이러한 구도 안에서 일차적으로 기는 이 세계의 물질적 측면을 가리키는 것으로 이해되며, 리는 이 세계의 비물질적 측면, 구체적으로 그러한

---

6) 주자학을 이러한 구도로 바라보는 것이 갖는 문제점에 대해서는 많은 지적이 있어왔다. 일례로 이러한 접근은 서양 철학적 방법론과 틀을 통해 동양 철학을 분석하는 것임을 지적하면서 동양 철학 본연의 문제의식을 읽어내기 위해서는 수양론을 논의의 출발점으로 삼아야 한다는 주장을 참고할 수 있다. 전병욱, 「朱子 仁論 체계와 工夫論의 전개」(박사학위논문, 고려대학교대학원, 2008), 3~4쪽 ; 홍성민, 「朱子 修養論의 구조와 실천적 성격」(박사학위논문, 고려대학교대학원, 2008), 10~12쪽 ; 이상돈, 「주희의 수양론─未發涵養工夫를 중심으로」(박사학위논문, 서울대학교대학원, 2010), 1~2쪽 참조. 또한 서양 철학의 틀 안에 포섭되지 않는 동양 철학 고유의 영역으로 수양론이 거론되기도 한다. 이찬, 「우리는 지금 어떻게 전통철학을 연구할 것인가?─미국 내 주자철학의 연구 현황과 전망─」(『동양철학』 34, 한국동양철학회, 2010), 81쪽.

물질적 측면의 원리[所以]에 해당하는 것으로 이해된다. 이 경우 리의
가장 핵심적인 성질은 "무정의(無情意), 무계탁(無計度), 무조작(無造作)"(『
朱子語類』 권1, 「理氣上·太極天地上」)이다. 이 세계의 모든 물질적 요소들의
존재와 운동의 원리로서 리를 이해하는 것이다.[7] 주자학적 리를 이렇게
이해하였을 때 발생하는 난점 가운데 하나는 다른 한편으로 주자학의
리가 결코 가치중립적이지 않다는 점이다. 존재와 운동의 원리라는 측면
뿐만 아니라 주자학의 리에는 인의예지(仁義禮智)라는 유학의 이상이자
도덕적 가치[善]라는 의미가 함께 담겨있다. 이는 결국 이 세계의 존재와
운동이 모두 필연적으로 유학적 이상의 실현으로 귀결되지 않는 현실과
의 괴리를 해명해야 하는 어려움에 봉착하게 한다.[8]

　퇴계학의 리의 유의미성은 바로 이 지점에서 강조되어 왔다. 퇴계학은
존재와 운동의 원리라는 의미가 강했던 주자학적 리에─인간이 추구해야
만 하는─유학적 이상으로서의 선의 함의를 보다 선명하게 담아내고자
했던, 주자학에 대한 재해석적 사유라는 것이다. 이는 곧 도덕에 대한
사유 차원에서의 발전을 의미한다. 이 지점에서 다음과 같은 실문을
던져볼 수 있다. 퇴계학의 리는 존재와 운동의 원리라는 주자학적 리의
본의를 여전히 갖고 있는가? 아니면 그러한 리의 함의를 제외시키고
도덕 근거의 층위에서 리에 대해 서술하고 있는가?[9] 첫 번째 질문에

---

7) 리에 정의, 계탁, 조작이 없다는 것을 리가 "인격적 존재(인격신)가 아니라는
　말"로 이해하면서 원리 법칙으로서의 리가 "현실에 드러나서 작용"함을 긍정한
　연구는 다음을 참조. 손영식, 「理發과 氣發의 논리적 구조」(『退溪學報』 118, 퇴계학
　연구원, 2005), 58쪽. 다만 여기서의 현실에 드러남을 "능발"과 "소발"로 구분하여
　보아야 한다는 연구로는 다음을 참조. 이상익, 「退溪 性理學과 退溪學의 本領」(『退溪
　學報』 121, 퇴계학연구원, 2007), 10~13쪽.
8) 물론 이상 실현의 방해 요인은 기 차원에서 해명된다. 그러나 이 역시 존재와
　운동의 물질적 요소가 동시에 이상 실현 실패를 초래하는 원인으로 해석되어야
　하는 곤란함을 가져온다.
9) 이러한 구도는 퇴계학의 정체성 확보 시야를 "리학적 관점"과 "심학적 관점"으로
　나눈 기존 연구와 어느 정도 유사성을 갖는다. 김종석, 「退溪哲學 硏究의 현황과

긍정적 답변을 내놓는다면, 퇴계학은 여전히 이 세계의 존재와 운동에 대한 설명을 놓치지 않으면서 도덕에 대한 구체적인 사유를 진전시킨 것이라고 평가할 수 있다. 다만 이 경우 이 세계가 필연적으로 도덕의 완성으로 향하고 있는지에 대한 해명을 필요로 하게 된다. 두 번째 질문에 긍정적 답변을 내놓는다면, 이 경우 이 세계가 도덕적 지향을 갖고 존재한다는 주장을 정당화하지 않아도 된다. 이는 곧 퇴계학의 관심이 세계의 존재와 운동 자체에 대한 것이 아니라 도덕, 구체적으로 인간 심성 층위의 도덕성에 초점 맞추어져 있는 것이라고 바라보게 됨을 뜻한다. 즉 퇴계학은 세계에 대한 관심에서 인간에 대한 관심으로의 전환이라는-"심학화"라고 표현될 수 있는 - 의미를 부여받게 된다. 다만 이 경우에도 생존을 추구하는 구체적 존재로서의 인간과 그러한 인간의 도덕성 사이의 관계에 대한 해명은 여전히 숙제로 남는다.

이러한 쟁점에도 불구하고 퇴계학이 도덕 문제를 전면에 내세워 고민하였으며, 그 고민이 리에 대한 사유에 담겨있다는 평가에는 큰 이견이 없는 듯하다.[10] 다만 그러한 유학사적 평가를 가능케 하는 퇴계의 리에 대한 사유가 이 세계 전체를 설명하고자 기획된 것인지, 아니면 이 세계에서 도덕의 영역만을 추출하여 사유의 대상으로 삼고 있는 것인지의 문제는 지속적으로 검토되고 있다. 이는 결국 퇴계학이 하나의 철학으로 정립될 수 있을 만큼 내적으로 정합적인지, 나아가 이 세계 전체에 대한 설명을 목표로 하고 있는 것인지에 대해 검증해 보려는 것이라고 할 수 있다. 그리고 이러한 접근은 퇴계학이 주자학 그 자체는 물론 다른

課題」(『퇴계학과 유교문화』 23, 경북대학교 퇴계연구소, 1995), 11~17쪽 참조.
10) 퇴계학의 리기관이 "주희의 그것으로부터 벗어났고 여러 가지 문제를 빚게 되었"(97쪽)다고 평가하는 연구에서도 "이황의 리이론의 독창성을 보여주는 것으로"(97쪽) "리의 실재화"(92쪽)를 통한 "윤리적·가치지향적 입장"(96쪽)의 확립이 거론된다. 김영식, 「李滉의 理氣觀과 新儒學 傳統上에서의 그 位置」(『退溪學報』 81, 퇴계학연구원, 1994).

주자학 해석들과 구분될 만큼 유의미한 차이가 있는 것인지,[11] 나아가 주자학이라는 범주에 퇴계학을 포함시킬 수 있는 것인지 등에 대한 논의로 이어져 왔다. 우선 이 글에서는 이러한 이해 위에서 리동, 리발, 리도와 관련된 연구들에 대해 개별적 검토를 진행하고, 이를 통해 퇴계학의 리가 어떻게 설명되어 왔는지 살펴보도록 하겠다.

리동(理動)·리발(理發)·리도(理到)의 의미

지난 1997년 경북대학교 퇴계연구소에서 『퇴계학연구논총』을 통해 퇴계학 관련 논문을 정리한 이후로도 많은 양의 연구가 이루어졌다.[12] 물론 여기에는 퇴계학의 리에 초점을 맞춘 논문이 다수 포함되어 있다. 리동, 리발, 리도와 관련한 적지 않은 연구들은 각각에 대한 퇴계의 발언 배경과 맥락에 주목한다. 구체적으로 리동은 태극(太極)과 음양(陰陽)의 관계를 설명한 「태극도(太極圖)」와 「태극도설(太極圖說)」에 대한 이해 속에서, 리발은 사덕(四德)과 사단(四端)의 관계를 설정한 『맹사십수(孟子集註)』에 대한 독해 차원에서, 리도는 『대학장구(大學章句)』의 격물(格物)과 물격(物格) 해석에 대한 해명 위에서 진행된 퇴계의 리 해석이라는 것이다.[13] 이러한 접근은 일차적으로 퇴계의 입장을 충분히 고려하면서 각 발언의 본의를 규명하고 그에 대한 평가를 내리려는 시도라고

---

11) 이러한 관점은 소위 주자학에 대한 해석적 사유들 간의 비교를 통해 퇴계학의 위상을 검토한 연구들에 의해 진행된다. 비교 대상이 되는 것으로 주자학, 원대·명대 유학은 물론 조선의 花潭 徐敬德, 南冥 曺植, 栗谷 李珥의 사상 등이 있다.

12) 이는 퇴계학 연구사를 정리하는 성격의 논문이 2000년대에만 20편이 넘게 산출된 점을 통해서도 미루어 짐작할 수 있다. 참고로 퇴계학에 대한 검토를 경학, 예학, 성리철학, 역학사상은 물론 문학비평, 근대 일본, 도산십이곡, 산수유기, 비지문, 한시 등으로 구분하여 진행한 연구가 확인된다. 『퇴계학논집』 1-3(영남퇴계학연구원, 2008) 참조.

13) 관련 연구로 김상현, 「이황 철학의 리 이론에 대한 비판적 접근」(『동서인문』 1, 경북대학교 인문학술원, 2014), 5~6쪽. 특히 각주5 참조.

할 수 있다.

먼저 리동을 살펴보자.[14] 리동은 "리가 움직이다."라고 번역할 수 있다. 그런데 움직인다는 것은 세계의 존재와 운동의 물질적 측면을 가리키는 기에 대해서만 사용할 수 있는 술어이다. 일반적으로 이것이 바로 퇴계의 리동에 대한 주된 비판 지점이다. 그런데 퇴계의 리동이 「태극도설」 이해 맥락에서 발언된 것이라는 점에 주목한다면, 이는 「태극도설」의 "태극동이생양(太極動而生陽), … 정이생음(靜而生陰), …"이라는 구절과 그에 대한 주자의 해석에 입각한 전형적인 주자학적 사유라고 볼 수 있다.[15] 즉-존재와 운동의 물질적 측면인-기의 움직임과 멈춤의 원리로서의 리는 주자의 발언을 통해 확인되며, 퇴계의 리동 발언에서의 리 역시 기의 움직임의 소이(所以)로서의 원리를 의미한다는 것이다. 그렇게 되면 퇴계학의 리동은 표현상의 문제일 뿐, 그 자체로 음양 동정의 소이로서 태극을 말한 주자학과 차이점이 없으며, 여전히 퇴계학은 주자학과 마찬가지로 세계를 이해함에 있어 존재와 운동의 물질적 측면과 그것의 원리라는 리기 개념에 충실한 것으로 해석된다.[16]

리동이 문제가 되는 것은 퇴계학의 리동과 리발에 리기론과 심성론을

---

14) 리에 대한 퇴계 발언의 시점에 주목한 연구에 따르면, 리발(1559)-리동(1561)-리도 (1570)의 순서이다. 문석윤, 「퇴계에서 이발(理發)과 이동(理動), 이도(理到)의 의미에 대하여-리(理)의 능동성 문제」,(『退溪學報』 110, 퇴계학연구원, 2001), 163~164쪽. 다만 본고에서 리동-리발-리도의 순서로 살펴보는 것은 리동과 리발, 리도를 리기론과 그에 근거한 심성론과 인식론 구도로 바라보는 다수의 기존 견해에 따른 것이다. 퇴계의 사유궤적에 주목한다면, 리발-리동-리도의 순서에 입각함으로써 사유의 변천 여부를 확인해 볼 수 있을 것이다. 참고로 리동-리도-리발의 순서로 검토한 연구도 발견된다. 윤사순, 「退溪의 理氣哲學에 대한 現代的 解釋」,(『退溪學報』 110, 퇴계학연구원, 2001). 다른 한편, 사단 리발을 퇴계 사유의 핵심으로 간주함으로써 리발에 대한 규명을 우선시하는 연구도 있다. 안재호, 「퇴계 "理發"설 再論」,(『유교사상문화연구』 45, 한국유교학회, 2011).

15) 송긍섭, 「退溪哲學에서의 理動與否의 考察」,(『퇴계학과 유교문화』 4, 경북대학교 퇴계연구소, 1976), 104~108쪽 참조.

16) 유명종, 「퇴계학의 기본논리」,(『동서철학연구』 6, 한국동서철학회, 1989), 17~20쪽 참조.

일관하는 리의 존재가 전제되어 있기에 가능하다는 주장이 강력하게 제기되기 때문이다. 측은지심(惻隱之心)으로 대표되는 사단(四端), 즉 인간의 선한 정(情, 이하 "감정"으로 표기)을 리발이라 설명한 퇴계학[17]에서 리동은 그러한 리발을 뒷받침해 주는 일종의 형이상학적 언설이라는 것이다.[18] 일반적으로 사단은 인간이 경험적으로 확인 가능한 도덕적 감정이라고 여겨진다. 이러한 도덕적 감정은 도덕적 본성이 인간에게 존재함으로써 현실화되는 것으로, 사단을 리발이라고 한 퇴계학의 주장은 일차적으로 "심의 리"의 발현이 곧 사단이라는 의미로 해석된다. 여기서의 심의 리는 성이자 도덕 성향,[19] 양심[20] 혹은 이성[21]으로 풀이된다.

바로 이 지점에서 심에 갖추어진 도덕적 본성으로서의 리가 구체적인 도덕적 감정으로 현실화될 수 있는 근거에 대한 물음이 제기되는데,[22] 이에 대한 리기론 층위에서의 해명으로 언급되는 것이 리동이다. 심의 리인 도덕적 본성이 현실화될 수 있는 것은 그 리가 도덕성으로서의

---

17) 참고로 퇴계의 사단과 칠정에 대한 이해가 호발론인지, 리발일로설인지에 대한 연구는 다음을 참조. 정원재, 「이황의 7정 이해－「예운」에서 『중용』으로」(『退溪學報』 137, 퇴계학연구원, 2015).

18) 장승구, 「퇴계의 정신주의철학과 그 현실적 의미」(『退溪學報』 108, 퇴계학연구원, 2000) ; 김기현, 「퇴계의 <리(理)> 철학에 내재된 세계관적 함의」(『退溪學報』 116, 퇴계학연구원, 2004) ; 장윤수, 「퇴계철학에 있어서 理의 능동성 이론과 그 연원」(『퇴계학과 유교문화』 51, 경북대학교 퇴계연구소, 2012) ; 정상봉, 「퇴계의 주자철학에 대한 이해와 그 특색」(『한국철학논집』 37, 한국철학사연구회, 2013) 외 다수.

19) 이승환, 「퇴계 리발(理發) 설에 대한 몇 가지 오해」(『儒學研究』 34, 충남대학교 유학연구소, 2016), 51쪽. "도덕적으로 행위－선택할 수 있는 경향성(일반화하자면 '가치지향적 경향성')"이라고 해석한 연구는 다음과 같다. 이찬, 「四端과 理發, 그 道德心理學的 해석 : 道德的 動機에 대한 관점을 중심으로」(『철학』 115, 한국철학회, 2013), 62쪽.

20) 이향준, 「理發說의 은유적 해명」(『철학』 91, 한국철학회, 2007), 41~45쪽. 여기에서는 양심을 자기 원인적인 도덕적 힘의 움직임이라 설명한다.

21) 류인희, 「인간화의 실천과 퇴계철학의 역할」(『退溪學報』 68, 퇴계학연구원, 1990), 49쪽. 여기서는 "리발기수"를 "이성이 주동적으로 발휘될 때에는 감정과 욕망은 그 지도에 따"르는 것이라 해석한다.

22) 리인 性과 선한 性의 현실화 문제이다.

사덕(四德 : 仁義禮智)이면서 동시에 외적 요인에 대한 의존 없이 스스로 드러날 수 있는 것이기도 하기 때문으로, 그것의 현실적 구현을 정당화해 주는 리의 특성이 바로 퇴계학의 리동인 것이다.23) 즉 심성 층위에서의 리발은 리기 층위에서 리의 자체적인 움직임이 전제됨으로써 정당화된다.24) 이러한 주장을 통해 리동은 도덕의 자발적, 주체적 실현을 가능케 하는 근거로서 리를 독해할 수 있게 해 주는 명제로까지 이해된다.25) 도덕의 자발성과 주체성은 인의예지라는 선한 가치이면서 스스로를 드러낼 수 있는 능력을 지닌 리의 존재 및 그것의 움직임을 인정함으로써 확보된다는 것이다. 이는 한편으로 자발적, 주체적 도덕의 근거를 규명하는 것은 리 자체만으로도 가능하며, 기는 필수적이지 않음을 의미한다.26)

---

23) 리동이 리의 능발, 능생, 능도의 의미를 갖고 있으며, 퇴계학의 본령이자 독창성에 해당한다는 연구는 다음을 참조. 이상익, 「退溪 性理學과 退溪學의 本領」(『退溪學報』 121, 퇴계학연구원, 2007), 57~58, 61~62쪽. 이러한 측면에서 리발을 정당화해 주는 논리로 체용에 주목한 연구는 다음을 참조. 최영진, 「退溪 體用論의 妥當性 問題」(『首善論集』 5, 成均館大學校 大學院 學生會, 1980). 체용론이 리동, 리도, 리발 모두에 해당한다는 연구는 다음을 참조. 윤사순, 「사단칠정론의 윤리적 성격에 대한 성찰」(『退溪學報』 133, 퇴계학연구원, 2013), 22쪽.

24) 참고로 고봉 기대승의 문제제기가 사단을 리발로 보는 것이 아니라 칠정을 기발로 보는 데 있었다는 점에 주목한 연구는 다음을 참조. 문석윤, 「퇴계에서 이발(理發)과 이동(理動), 이도(理到)의 의미에 대하여 - 리(理)의 능동성 문제」(『退溪學報』 110, 퇴계학연구원, 2001) ; 이치억, 「退溪 四七論에서 四端의 純善함에 대하여」(『유교사상문화연구』 45, 한국유교학회, 2011) ; 안유경. 「퇴계와 고봉 사단칠정론의 대비적 고찰」(『溫知論叢』 47, 온지학회, 2016). 특히 문석윤은 이를 근거로 퇴계의 리발은 (기의 매개 없이 이루어지는) 리의 능동성을 주장하는 데 초점이 맞추어져 있는 것이 아니라 "리와 기의 명확한 구분"(179쪽)이라고 본다. 이에 근거하여 리동 역시 기를 매개한 리의 움직임을 긍정하는 말로 해석함으로써 리동과 리발이 모두 - 리 무위의 원칙을 깬 - 리의 능동성을 주장한 것으로 해석될 수 없음을 주장한다.

25) 안재호, 「퇴계 "理發"설 再論」(『유교사상문화연구』 45, 한국유교학회, 2011). 이 연구에서는 퇴계가 동조한 맹자가 주목한 도덕성에 대해 "그것은 외재하는 규범이 아니라 내재하는 것으로, 계기가 주어지기만 하면 스스로 드러나는 도덕원리이다."(138쪽)라고 설명한다. 이러한 맥락에서 "퇴계의 '리'는 현상적인 운동이라는 의미가 아니라 도덕주체성의 자발이라는 의미에서 능동적인 것이다."(141쪽)

26) 김형찬, 「도덕감정과 도덕본성의 관계」(『민족문화연구』 74, 고려대학교 민족문화

리발의 형이상학적 근거로서 리동이 해석됨으로써 도덕의 자발적, 주체적 실현 근거는 마련되지만, 여전히 문제가 되는 것은 동과 발이라는 술어에 담긴 움직임과 드러남이라는 이미지가 리는 "무정의(無情意), 무계탁(無計度), 무조작(無造作)"하다는 주자의 설명(이하 "무정의"로 표현)과 위배된다는 점이다.[27] 이러한 비판은 무정의함을 위배하지 않으면서 리발 사단을 심 층위의 논의로 한정하고자 하는 것이라고 할 수 있다. 이는 리가 인간 마음의 도덕 성향일 뿐이며 그것의 현실화에는 그 성향이 실현될 수 있도록 하는 인간 마음의 인식 능력 및 인간이 처해 있는 구체적/경험적 상황을 모두 아우르는 기 차원의 것들이 필수적으로 필요하다는 이해를 바탕으로 한다.[28]

이와 같은 해명은 존재 원리로서의 리의 특성이라고 할 수 있는 무정의함을 리의 가장 핵심적인 성질로 이해한 위에서 제시되는 것이다. 다만 이 지점에서 도덕 성향으로 해석된 인간 마음의 리라는 것이 과연 무정의함을 위배하지 않은 것인지에 대해 재차 질문해 볼 수 있다. 즉 "무정의함"과 특정 가치로의 "성향"에 대한 정합적 해석 문제로, 유학적 이상으로의 방향성을 갖는 인간의 도덕적 본성의 존재를 인정하면서, 동시에 그 도덕적 본성이−존재 원리와도 같이−어떠한 의도와 의지도 갖고 있지

연구원, 2017), 339쪽. 다음의 서술 참조. "퇴계가 말하는 理의 발현도 氣의 도움을 받아야만 가능하다. 하지만 퇴계의 입장에서 설명한다면, 리의 발현이란 마음속으로부터 순선한 도덕본성이 그 자체의 순선한 속성을 현상으로 드러내는 것, 즉 그 자체의 내재적 잠재력의 발현이라고 할 수 있다."

27) 다만 리의 무정의함에 초점을 맞추어 퇴계학을 비판하는 것이 율곡학적 주자학 이해에 기반을 둔 것이라는 분석은 다음을 참조. 김상현, 「이황 철학의 리 이론에 대한 비판적 접근」(『동서인문』 1, 경북대학교 인문학술원, 2014). 특히 16~19쪽 참조.

28) 이승환, 「퇴계 리발(理發) 설에 대한 몇 가지 오해」(『儒學硏究』 34, 충남대학교 유학연구소, 2016). 다음의 서술 참조. "퇴계가 主宰의 능력을 '리'나 '성'에 부여하는 것이 아니라 '심'에 부여하고 있다는 점이다."(48쪽) "퇴계의 '사단은 리가 발한 것'(四端, 理之發)이라는 언명은, 도덕성향인 '리'가 특정한 조건 C에서 실현된 것이 곧 도덕감정(즉 사단)이라는 의미이다."(50쪽)

않다고 볼 수 있느냐는 것이다. 이는 궁극적으로 도덕으로의 방향성을
지닌 인간 마음의 리가 어떠한 연유로 도덕을 지향하는 것이 되었느냐의
문제이다. 도덕의 추구는 때로 존재의 물질적 존속과의 갈등 상황을
유발하는데, 그러한 도덕으로의 경향이 도대체 왜 인간에게 갖추어져
있으며 어떠한 연유로 인간이 그 방향을 따르게 되는 것인지 혹은 따라야
하는 것인지에 대하여 해명해야 하는 것이다.[29]

물론 심의 도덕 지향적 측면을 리 자체의 도덕 지향으로 풀어냄으로써
심의 도덕 지향의 근거를 리에서 찾는다고 하더라도, 리동에 리발 사단이
갖고 있는 도덕적 가치, 즉 선의 색채 역시 동일하게 적용시켜야 한다는
어려움에 봉착한다. 즉 리발 사단이 도덕적 가치의 인간 감정 층위에서의
실현을 의미하는 것과 마찬가지로 —「태극도설」의— 태극으로서의 리의
움직임[動] 역시 도덕과 관련된 기술이어야 하는 것이다.[30] 결국 리 자체의
도덕 지향을 인정함으로써 리발과 리동을 연속적으로 이해하려는 시도는
존재와 운동의 원리와 도덕의 근거를 일치시켜야 한다는 문제에 맞닥뜨
리게 된다.[31]

---

29) 이러한 물음은 사단과 칠정의 소종래를 선악으로서의 리기로 구분하고자 했던
   것이 퇴계의 주된 의도였다는 해석이 가능하기 때문에 유의미하다. 이상은, 「사칠
   논변과 대설·인설의 의의」(『아세아연구』 16, 고려대학교 아세아문제연구소,
   1973), 27쪽.
30) "'인욕으로부터 천리의 우월성을 확립하겠다는 도덕적 이상과 성선설의 의도'가
   있다면, 그에 해당되는 형이상학적 실체의 존재를 요청할 수 있"으며, "'천리가
   드러남[理發]은 형이상학적 실재로 상정할 수 있다"는 연구 참조. 손영식, 「理發과
   氣發의 논리적 구조」(『退溪學報』 118, 퇴계학연구원, 2005), 59쪽. 이 연구에서는
   성리학의 본령이 "리에 의해서 사람의 본성과 마음, 감성, 그리고 행위를 설명하는
   것"(80쪽)이라고 보면서, 주자가 "만년에 리를 가지고 자연을 설명하려" 한 것은
   "그의 형이상학 체계 안에서 조심스럽게 내디디던 발길"이지만 "치명적인 잘못"이
   라고 평한다. 즉 "리에 대한 가장 중요한 규정은 —① 리는 가능태로 존재한다.
   ② 리는 인간 행위를 설명하는 개념이다. 반대로 말하자면, 리는 현실태로 있는
   것이 아니며, 자연 현상을 설명하는 법칙이 아니다."(60쪽)라는 것이다.
31) 이에 대한 해명을 시도한 연구로 다음을 참조. 윤사순, 「존재와 당위에 관한
   퇴계의 일치시」(『한국유학사상론』, 서울 : 열음사, 1986).

다른 측면에서 이 두 입장, 즉 리발을 "리 자체의 도덕 지향"으로 보는
입장과 "기를 필요로 하는 심의 리의 도덕 지향"으로 보는 입장 사이에는
자발성, 주체성으로 설명될 수 있고 도덕적 동기 차원의 문제32)라고
할 수도 있는 모종의 힘과 능력33)을 리가 갖고 있다고 볼 것인지의
문제가 놓여 있다.34) 달리 말하면 도덕과 관련한 자발성, 주체성, 동기가
리로부터 확보되는가, 아니면 인간 심으로부터 확보되는가의 문제이
다.35) 이는 결국 일종의 의지와도 같은 도덕적 지향을 갖고 있는 리의
존재를 인정할 것이냐 아니냐의 문제로까지 나아간다. 그리고 이는 도덕
차원의 리가 이상적이지 않은 현실에, 추구해야 할 바로서의 이상을
제시하는 것인지, 더 나아가 그것이 적극적인 현실 변혁의 힘으로까지
작용할 수 있는 것인지의 문제이기도 하다. 이 지점에서 퇴계학이 심의
리 차원을 넘어서는 리의 존재를 인정했다고 보는 유력한 근거가 바로
리도이다.

리도는 주자학의 공부인 격물 공부를 수행한 사람에게 공효로서 주어
지는 물격 상태에 대한 퇴계의 해명이다. 격물 공부가 기본적으로 인식
주체로서의 심과 인식 대상으로서의 리의 만남을 의미한다면, 리도는

---

32) 리발과 도덕적 동기의 문제는 다음의 연구 참조. 양명수, 「칸트의 동기론(動機論)에
비추어 본 퇴계의 이발(理發)」(『退溪學報』 123, 퇴계학연구원, 2008) ; 이찬, 「四端과
理發, 그 道德心理學的 해석 : 道德的 動機에 대한 관점을 중심으로」(『철학』 115,
한국철학회, 2013).

33) 柳正東, 「退溪哲學의 尊理精神과 敬思想」(『東洋哲學의 基礎的 研究』, 成均館大學校出
版部, 1986), 619쪽 ; 이향준, 「이발설(理發說)과 은유 : 체험주의적 분석의 필요성」
(『범한철학』 43, 범한철학회, 2006), 70~73쪽 참조.

34) 이는 "主宰"에 대한 해석의 문제라고 할 수 있다. 주재력의 근거를 리와 심 가운데
어느 것에서 찾을 것이냐이다. 물론 심과 리가 역할과 내용이 다르게 모두 주재력을
갖는다는 해석 역시 가능하다.

35) 이는 "성즉리", "심시기", "심합리기", "심시리" 등 심에 대한 다양한 주자학적
입장이 제시되어 온 것과 연관된 문제라고 할 수 있다. 김형찬, 「도덕감정과
도덕본성의 관계」(『민족문화연구』 74, 고려대학교 민족문화연구원, 2017), 333~
334쪽 참조.

곧 심과 리, 그리고 인식의 문제를 다루면서 나온 발언이라고 이해할 수 있다.[36] 그렇게 보면 리도는 인간의 리 인식 가능성에 대한 긍정이다. 인간에게는 유학적 이상으로서의 선을 알 수 있는 능력이 구비되어 있고, 그 도덕적 가치는 인간 심에 알려질 수 있는 것이다. 이를 통해 선에 대한 앎과 그에 입각한 선의 실천이 열리게 된다.

리도에서 논란이 되는 지점은 인식 대상으로서의 리가 자신을 스스로 인간에게 알려온다는 의미인지 여부이다. 이를 인정하는 경우, 리도는 리에 대한 인간의 인식 가능성을 긍정할 뿐만 아니라, 인식 대상으로서 인간에게 스스로의 모습을 드러내는, 혹은 그러한 능력을 지니고 있는 리의 존재를 인정하는 발언이 된다.[37] 리동과 리발을 모두 포괄하는 "자기전개"의 능력을 가진 리에 대한 긍정인 것이다.[38] 리도가 격물과 물격에 대한 논의에서 발화된 것임을 감안한다면, 여기서의 리에 도덕적

---

36) 관련 연구로 다음을 참조. 전병욱, 「퇴계 철학에서 '理到'의 문제」(『동양철학』 38, 한국동양철학회, 2012) ; 김상현, 「이황의 격물론에 대한 새로운 이해」(『哲學論叢』 75, 새한철학회, 2014).

37) "리발과 리동을 리의 능동성을 주장하는 명제로 이해하지 않았다", "혹은 적어도 리의 무위의 원칙을 깨뜨리는 것으로 보지 않았다"고 보는 입장을 견지하면서 리도에 이르러 비로소 리의 능동성을 주장한 것이라는 연구는 다음을 참조. 문석윤, 「퇴계에서 이발(理發)과 이동(理動), 이도(理到)의 의미에 대하여–리(理)의 능동성 문제」(『退溪學報』 110, 퇴계학연구원, 2001), 195쪽. 이 연구에서는 "리도의 경우, 리의 용은 단순히 그런 숨어있는 것이 매개를 통해 '드러나는' 정도에 그치지 않는다. 그것은 살아있는 것으로서 스스로 운동한다고 적극적으로 말해지는 것"(197쪽)이라고 봄으로써 "리가 단지 마음의 활동을 근거 지우고, 그를 통해 자신을 실현하는 것이 아니라, 마음의 작용에 '대해서' 그와 조응하여 주밀한 자기 전개를 하고 있는 것으로 본다는 것"으로 "마치 마음의 추구와 질문에 대해 리가 응답하는 것으로 본 듯하다"(195쪽)고 해석한다. 다만 이것이 "리를 어떤 인격(혹은 신격)으로 만드는 것은 아니며, 리의 응답에 어떤 특별한 계시의 이미지가 들어 있는 것 같지도 않다는 점은 주의해야"(195쪽 주73) 함을 아울러 언급하고 있다.

38) "형이상적 활동" 정상봉, 「퇴계의 주자철학에 대한 이해와 그 특색」(『한국철학논집』 37, 한국철학사연구회, 2013), 65~66쪽 ; "형이상학적 충동" 김형찬, 「도덕감정과 도덕본성의 관계」(『민족문화연구』 74, 고려대학교 민족문화연구원, 2017), 351~353쪽.

색채가 짙게 배어 있음은 어렵지 않게 예상할 수 있다.[39] 리도가 리의
도덕적 계시의 성격을 표현한 것이라는 해석은 이와 같은 맥락에서
이해할 수 있다.[40] 그러나 이러한 주장은 리의 자기전개가 도덕의 차원에
한정된 것인지, 아니면 리의 자기전개 과정 속에서 모든 존재와 운동이
가능해진다는 이해까지 포함되는 것인지에 대한 추가적인 논의가 필요하
다. 다시 말해 도덕적 가치로서의 리가 곧 존재 원리로서의 리와 동일한
것인지의 문제, 즉 존재 원리와 도덕 근거의 일치 문제가 여전히 남는다.

이와 달리 리도가 리에 대한 인식 가능성을 긍정하는 표현이기는
하지만 그것은 리의 자기전개라는 함의를 갖고 있는 것이 아니라 인간의
자각과 인간의 도덕성의 실현을 형용한 말이라는 주장 역시 제시된다.
외부 사태와의 관계 속에서 진행되는 공부인 격물을 통해, "인식 대상이
되는" "물의 리를 인식해 가는 과정 자체가 인식 주체의 리를 발현하는
과정"[41]이라는 것이다. 이렇게 이해하는 경우 리는 여전히 그것이 무정의
한 성질을 갖고 있는 원리 차원의 것으로서-인식을 포함하는-인간의
의지적 행위를 통해야만 현실화될 수 있는 것으로 해석된다. 별도의
형이상학적 전제, 즉 움직이는 리를 필요로 하지 않으며, 리에 대한
인간의 인식이 곧 리를 발현케 하는 필수적 조건인 것이다. 이러한
리도 해석은 리 자체의 자발성, 주체성은 인정하지 않아도 되지만, 반대로
왜 대부분의 인간이 어느 정도 공통된 도덕을 지향하는가의 문제에
대해 퇴계학적인 입장에서 답하기는 어려울 것으로 보인다. 이미 도덕성
이 확보된, 혹은 도덕을 지향하도록 설정된 심의 리는 인정하면서, 그러한

---

39) "살아 있는 도덕정신" 김기현, 「퇴계의 〈리(理)〉 철학에 내재된 세계관적 함의」(『退
溪學報』 116, 퇴계학연구원, 2004), 59쪽.

40) 김형효, 「퇴계 성리학의 자연 신학적 해석」(『退溪의 사상과 그 현대적 의미』,
韓光文化社, 1997).

41) 전병욱, 「퇴계 철학에서 '理到'의 문제」(『동양철학』 38, 한국동양철학회, 2012),
"나가는 말" 앞 문단.

인간의 도덕 지향적 성향이 인간의 심을 넘어서있는 차원에서 해명되지
않는다면, 결국 지식, 교육, 선동과 같은 가변적 차원에 기반을 두고
도덕 지향의 근거를 주장하게 될 것이다. 이는 결국 퇴계학이 사회,
문화, 역사에 한정되지 않는 리의 불변적 차원을 통해 보편적 도덕의
정립을 시도했을 가능성을 축소시킨다.

이 지점에서 유의미하게 해석되는 것이 퇴계 자신의 회고적 발언이다.
퇴계는 리도를 말하면서, 리의 무정의함이 리를 설명하는 데 있어 가장
근저에 자리한 핵심적 성질이 아님을 인정하는 기록을 남긴다. 이를
강하게 고려한다면, 리도 발언은 기와의 결합을 필수 요건으로 하는
리의 활동력이 아니라, 리 자체의 활동력을 인정하는 사유 위에서 표출된
것이라고 볼 수 있다.[42] 이를 통해 리도는 인식 주체로서의 인간과
현실화된 도덕 근거 자체의 만남에 대한 표현으로 해석된다.[43] 앎의
대상으로서의 도덕 가치가 인간을 통해 발굴되어 구성되는 것이 아니라
인간에 의존하지 않고 존재하고 활동하는 것임을 인정하는 것이다.[44]

---

42) 문석윤, 「퇴계에서 이발(理發)과 이동(理動), 이도(理到)의 의미에 대하여―리(理)
의 능동성 문제」(『退溪學報』110, 퇴계학연구원, 2001) ; 양명수, 「리도(理到) : 진리
인식론」(『퇴계 사상의 신학적 이해』, 서울 : 이화여자대학교출판부, 2016).

43) "리발이 주체에 내재한 리의 활성을 인정하는 것이라면 리도는 객관 세계에
내재한 리의 활성을 인정한 것"으로, "리도설은 리의 자발성에 대한 최대의 주장으
로 수양을 통한 리의 체득 체인을 넘어서서, 현상세계에 대한 인식을 통해서도
리에 대한 본질적 이해를 할 수 있다는 전제를 제공"한다는 의견은 다음을 참조.
이광호, 「이의 자발성과 인간의 수양문제」(『大東文化硏究』 25, 성균관대학교 대동
문화연구원, 1990), 201~202쪽.

44) "인식의 주체인 나의 마음이 대상인 사물의 리를 궁구함에 따라 개별 사물의
리는 점차 개별의 리가 아니라 인식 주체의 마음에 내재된 본성과 같은 리,
즉 보편의 리임이 인식되게 된다. 그것은 내 마음이 보편의 리를 인식하는 과정이지
만, 다른 한편으로는 그 보편의 리가 나의 마음에 그 모습을 드러내는 과정이기도
하다. 다시 말하자면, 나의 마음이 그 사물의 리를 인식하기 위해 전심전력으로
노력하다 보면, 어느 순간 그 사물의 리는 보편의 리라는 그 궁극의 모습을
드러내며 나에게 인식된다." 김형찬, 「도덕감정과 도덕본성의 관계」(『민족문화연
구』 74, 고려대학교 민족문화연구원, 2017), 346쪽. "퇴계는 개별사물의 리가 보편의
리로 드러나 인식되는 것을 내 마음의 역할로만 이해한다면, 그것은 리를 '죽은

즉 각각 자체로 존재하는 인간과 도덕의 만남이다.[45] 다만 이 지점에서 도덕의 권위를 지나치게 강조하는 경우 도덕이 인간을 도덕 행위로 이끄는, 마치 인간에게 구체적 명령을 내리는 존재처럼 이해될 수 있다. 즉 개체 차원의 심과 개체를 넘어선 보편적인 그 무엇으로서의 리의 구분을 초래함으로써 심과 리 사이에 아득한 거리와 위계적 관계를 설정하게 되는, 달리 말해 심과 리를 괴리시키는 사유라는 비판에 직면하게 되는 것이다. 이는 결국 심과 리의 관계에 대한 해석을 통해 논의되어야 하는 지점이다.[46] 퇴계학이 주자학적 사유에서 선명히 부정되는 인격신의 존재를 긍정하는 것으로 비판 받는 이유가 바로 이것이다. 그러나 이러한 해석이 모두, 혹은 필연적으로 인격신의 존재를 긍정하는 것으로만 나아가지는 않는다. 인간과 도덕의 만남이 실은 인간 심과 리의 만남이며, 그 리는 심의 본모습과 다르지 않다는 해석 가능성이 여전히 남아있기 때문이다.[47]

결국 이 글에서 주목하는 퇴계학의 리와 관련한 논란의 지점은 크게 셋이다. 첫째, 리에 대한 이해 전반에 흐르고 있는 도덕과 존재의 관계 문제이다. 둘째, 리발로부터 제기되는 도덕과 자발적, 주체적 실현의 능력(힘) 문제이다. 셋째, 리에 대한 앞의 문제에서 시작된 도덕과 인간의 관계 문제이다.

것'으로 여기는 것이라고 여겼다."(347쪽)

45) 김기현, 「퇴계의 〈리(理)〉철학에 내재된 세계관적 함의」(『退溪學報』 116, 퇴계학연구원, 2004) ; 양명수, 「리도(理到) : 진리인식론」(『퇴계 사상의 신학적 이해』, 서울 : 이화여자대학교출판부, 2016).

46) 주자학과 퇴계학, 그리고 양명학 사이의 유의미한 구분 지점일 수 있다. 이와 유사한 시야는 다음을 참조. 정재현, 「사단칠정론과 모종삼」(『철학논집』 29, 서강대학교 철학연구소, 2012), 54~55쪽.

47) 김기현, 「퇴계의 〈리(理)〉철학에 내재된 세계관적 함의」(『退溪學報』 116, 퇴계학연구원, 2004) ; 양명수, 「리도(理到) : 진리인식론」(『퇴계 사상의 신학적 이해』, 서울 : 이화여자대학교출판부, 2016) ; 김형찬, 「도덕감정과 도덕본성의 관계」(『민족문화연구』 74, 고려대학교 민족문화연구원, 2017).

리동(理動)·리발(理發)·리도(理到)의 관계

퇴계의 리에 관한 발언인 리동, 리발, 리도가 연속적으로 해석될 수 있는지 검토하는 것은 퇴계학에 대한 체계적 이해가 가능한지의 측면에서 유의미한 시사점을 제공한다. 이는 퇴계의 발언 맥락이 각기 다르기 때문이기도 하지만, 한편으로는 주자학적 리가 이미 다층적 함의를 갖고 있기 때문이기도 하다. 물론 이러한 접근은 퇴계학의 통합적 재구성을 목표로 하는 것이지만, 궁극적으로 퇴계학 해석의 시야를 다각화하여 현재적 의의를 획득하도록 하는 주요 방법이라고 할 수 있다.

① 우선 리동, 리발, 리도가 모두 연속적으로 이해 가능하다는 입장이 있다. 이는 다시 둘로 나뉘는데, 자기전개 능력을 지닌 리를 전제하는 것과 그러한 리를 전제하지 않는 것이다. 이 분기는 리의 무정의함에 대한 이해의 차이에서 생겨난다.

①-1 리의 자기전개 능력을 전제하는 입장에서 리동은 자기전개 능력을 지닌 리의 형이상학적 성질로, 리발은 자기전개된 리의 인간 심성 층위에서의 발현으로, 리도는 자기전개된 리를 인간이 인식하는 상황에서 그 리의 작용에 대한 형용으로 이해된다. 이는 퇴계의 독자적인 리 해석이 존재하며 그에 대한 연속적 이해가 가능하다는 것으로, 퇴계학이 하나의 정합적인 철학 체계로서 이 세계의 존재와 운동은 물론 도덕까지 포괄하는 거대한 철학임을 승인하는 입장이다. 그러나 이 입장은 형이상학적 개념인 리가 원리 차원의 것으로서 어떠한 의지와 의도를 갖지 않는다는, 즉 무정의하다는 주자학적 이해에 위배된다는 비판을 받게 되며, 존재의 원리와 도덕의 근거를 하나의 개념으로 해명해야 한다는 어려움에 빠지게 된다. 나아가 심에 대한 리의 우위를 강하게 해석하는 데까지 나아가게 됨으로써 주자학에서 명확히 부정하는 만물 창조의 능력을 지닌 인격신의 존재를 긍정할 우려에 직면하게 된다. 이와 같은 이유로 이 입장은

퇴계학이 도덕 수호에 대한 의지가 강하게 작동한 나머지 철학적 정합성을 놓쳐 버렸거나 주자학에서 이탈하고 말았다는 평가를 받게 한다. 물론 이 입장은 특히 도덕과 관련하여 퇴계학이 확보한 자발성, 주체성을 보편의 층위에서 자리매김하도록 한다는 점에서 의의를 갖는다. 도덕적 이상과 현실의 괴리 속에서 이상 추구로 이끄는 힘 역시 이상의 능력이라는 것이다.

①-2 이와는 달리 리동, 리발, 리도가 모두 무정의한 주자학적 리를 포기하지 않은 상태에서 이해될 수 있다는 주장이 있다. 리동은 기 동정의 원리 차원에서, 리발은 심의 기를 통해서만 현실화 가능한 인간의 도덕적 지향성 차원에서 언급된 것이며, 리도 역시 심의 기를 통해서만 현실화될 수 있는 심의 리의 현실화 양상을 형용한 발화라는 것이다. 이는 무정의한 리를 원칙적 차원에서 고수하고 있다는 점에서 퇴계학의 주자학적 계승 면모를 피력할 수 있는 주장이다. 다만 이러한 주장은 심의 리가 왜 하필 도덕으로 향하는 성질을 갖고 있느냐에 대한 답변에 어려움을 겪게 된다. 주자학적 사맹(思孟) 해석 전통에서 중시되는 성선(性善)과 리의 관계 설정의 문제라고 할 수 있다. 이는 다른 한편으로 존재와 운동의 물질적 측면 그리고 그것의 원리적 측면을 주자학적 기와 리의 핵심으로 간주하는 것이므로, 도덕 경향을 갖고 있는 심의 리와 존재 운동의 원리인 리의 관계에 대해 해명해야 한다는 요구를 받게 된다. 즉 ①-1과 마찬가지로 종국에는 존재의 원리와 도덕의 근거를 하나의 개념으로 해명해야 하는 어려움에 빠지게 된다. 또 다른 측면에서 이러한 주장은 이상에 대한 발굴과 구성의 능력을 기 차원의 심에 배당시킴으로써, 기에 의해서만 현실화될 수 있는 리가 다시 기의 방향을 설정해 주어야 한다는 문제에 봉착하게 된다.

② 다음은 리동을 리발, 리도와 구분하여 이해하여야 한다는 입장이 있다. 리동은 존재와 운동의 원리를 해명하는 것이고, 리발과 리도는

도덕과 관련된 언설이라고 보는 것이다. 이러한 주장은 퇴계학의 도덕 영역에서의 강점을 받아들이면서도 존재와 도덕의 원리와 근거를 하나의 개념으로 해명해야 하는 어려움에서는 빠져나오게 되지만, 그와 동시에 퇴계학이 존재 원리와 도덕 근거를 분리하였다는 판단이 과연 가능한 것인지에 대한 해명을 필요로 하게 된다. 만약에 퇴계학이 존재와 도덕의 분리를 시도했다고 한다면, 그에 대한 미분화 사유에 비해 일면 진전된 것이라 할 수 있다. 하지만 그럼에도 불구하고 퇴계학이 리라는 동일한 이름을 사용하여 존재 원리와 도덕 근거를 가리켰다는 의미가 되므로, 그 종합을 가능케 하는 지점에 대한 설명이 추가적으로 요구된다. 이는 곧 여전히 ①-1의 문제와 만난다.[48]

③ 다음으로 리동, 리발을 리도와 구분하여 이해하여야 한다는 입장이 있다. 이는 리도 발언 당시에 무정의함을 리의 핵심 성질로 간주하지 않는다는 퇴계의 발언을 통해 검토되는 주장이다. 리도는 자기전개 능력을 지닌 리의 존재를 인정하는 것이고, 리동과 리발은 그와는 다른, 즉 무정의함이 리의 본질적 속성임을 받아들이는 발언이라는 것이다. 이 경우, 리동의 리는 음양 동정의 원리로서 이해되며, 리발은 리기에 대한 선악 구분을 위한 발언으로 해명된다. 이는 퇴계 발언을 시간 순서로 살펴봄으로써 발견되는 퇴계학의 전변 가능성을 열어두는 것으로, 퇴계의 학문적 고민의 여정을 보여줌으로써 그의 연구자적 면모를 보여주는 데 효과적이다. 다만 이 경우 리의 근본적 함의에 대한 퇴계의 입장이 변화한 것이라고 바라보는 것이기 때문에, 리의 자기전개를 승인한 리도 사유에 리동과 리발이 과연 포괄될 수 있는지 여부는 여전히

---

48) 이러한 측면에서 태극에 대해 선(善)이라는 설명을 가하는 사유에 대한 해명을 필요로 하게 된다. 최영진, 「「繫辭傳」에 있어서의 善의 성립근거—繼之者善을 중심으로」(『인문과학』 1, 성균관대학교 인문과학연구소, 1989) ; 이기훈, 「퇴계 善의 이중성과 유일성」(『동아인문학』 33, 동아인문학회, 2015) 참조.

검토되어야 하는 지점으로 남게 된다. 리동과 리발이 모두 포괄될 수 있다면 ①-1의 입장이 될 것이고, 리발만이 포괄될 수 있다면 ②의 입장이 될 것이다. 리동과 리발이 모두 리도와는 달리 리의 무정의함을 원칙으로 받아들인 사유라면, 퇴계학은 어느 정도 체계적이지 않으며 그에 대한 정합적 재구성을 기다리는 주자학 수용기의 과도기적 사유로 해석될 것이다.

④ 마지막으로 리동, 리발, 리도를 모두 구분하여 이해하여야 한다는 입장이 있다. 이는 리동과 리도는 오해에서 비롯한 무의미한 명제이고 리발만이 유의미한 명제인데, 그 역시 주자학적 리의 무정의함을 벗어나지 않았다는 것이다. 이러한 입장은 그것이 갖는 명쾌함에도 불구하고 조선 유학의 퇴계학에 대한 수많은 해석들로부터 풍부해진 퇴계학의 리동, 리발, 리도에 담긴 성찰의 무게를 다시 검토해 보아야 한다는 점에서 보다 광범위한 후속 작업을 필요로 하게 한다.

리동, 리발, 리도에 대한 개별적 분석뿐만 아니라 그에 대한 연속적 이해 가능성에 대해서도 이렇듯 여러 층위의 해명들이 존재한다. 물론 퇴계학에 대한 연구가 퇴계학의 본의를 고스란히 재현하는 데만 목표가 있는 것은 아니기 때문에, 이러한 다층적 접근은 그 자체로 퇴계학 연구의 현재적 의의를 보여준다. 다만 앞서 언급한 이 글에서 주목하는 세 가지 지점―도덕과 존재의 관계 문제, 도덕과 자발적, 주체적 실현의 능력(힘) 문제, 도덕과 인간의 관계 문제―과 관련하여, 그에 대한 진전된 분석이 가능하도록 하는 측면을 찾아보는 것 역시 유의미한 작업일 것이다. 그리고 그것은 퇴계학의 리가 갖고 있는 함의가 무엇이냐는 가장 근본적인 질문에 대한 답변에서부터 출발한다. 이 글에서 제안적으로 언급하고자 하는 퇴계학의 리에 담긴 함의는 바로 "천명(天命)"이다.

우선 도덕과 존재의 관계와 관련해서 「천명도(天命圖)」를 주목할 필요가 있다. 「천명도」는 사실 추만(秋巒) 정지운(鄭之雲)의 저작을 퇴계가 개정한 것으로, 그 개정의 과정과 내용에 대해 퇴계 자신이 설명한 글, 「천명도설후서(天命圖說後叙)」(1553)가 전해진다. 퇴계 자신의 리에 대한 체계적 이해가 반영되어 있는 가장 이른 시기의 저술인 「천명도」에는 「태극도」와 상보적이면서도 그와는 구분되는 사유가 담겨 있다.[49] 태극과 천명의 개념적 상이성에 대한 퇴계의 염두를 읽어낼 수 있다는 것이다. 퇴계에게서 천명으로 표현되는 도덕 근거로서의 리는 기와 신묘하게 응결되어 있는 상태[理氣妙凝]에서의 리이고, 태극으로 지칭되는 존재 원리로서의 리는 기와 신묘하게 응결되기 이전의 리이다. 주자학적 리의 −자연과 세계의 소이로서의 원리라는 의미와 인의예지의 선한 도덕적 가치라는 함의를 모두 갖고 있다는− 양면성을 해소하기 위하여 태극과 천명의 구분 지점을 보아낸 것이라고 할 수 있다. 요컨대 퇴계는 윤리도덕적 가치의 신묘한[妙] 탄생 지점을 밝힘으로써 존재의 영역과 도덕의 영역을 구분하고, 이를 통해 존재론적 리기 설명이 윤리학적 리기 설명으로 전환되는 지점을 보이고자 했을 가능성이 있다는 것이다.

태극으로서의 리와 천명으로서의 리를 구분하였다는 것, 그리고 그것이 각각 존재 원리와 도덕 근거에 해당한다는 분석은 하나의 리의 양면성에 주목하기 시작하였다는 것으로 해석될 수 있다. 주자학의 리가 이 양자를 모두 지니고 있는 것이었다면, 퇴계학의 리는 그것을 보다 선명하게 구분하여 보려는 전환의 측면을 갖는다는 것이다. 리에 대한 이와 같은 구분은 주자학이 배태한 논란의 지점을 해소시켜 준다. 바로 존재 원리로서 고수해야만 하는 무정의한 리와 도덕 근거로서 주장되어야만 하는 모종의 능력(힘)을 갖고 있는 리 사이의 간극이다. 천명 개념을 주자학적 차원에서 특징적으로 정의내림으로써, 즉 태극 개념과 구분하

---

49) 천명의 함의를 중심으로 리를 이해하는 것이 현전하는 퇴계의 가장 이른 시기 작품에서 확인된다는 사실은 「천명도」 작성 이후 논의된 퇴계의 리 관련 언급들 저변에 천명에 대한 염두가 자리하고 있을 것이라는 고려를 가능케 한다.

고 기와 떨어져 있지 않은 리 자체의 도덕 지향으로 풀이함으로써, 퇴계학은 존재 원리 차원에서의 무정의함에 제한되지 않고 자발성과 주체성이라는 능력(힘)을 지닌 도덕 근거로서의 리를 주장할 수 있게 된다. 바로 도덕의 자발적, 주체적 실현과 관련하여, 도덕의 능력과 힘-그것을 동, 발, 도로 표현한 것에 대해 은유라고 이해하는 일련의 연구들50)에서 인정하는- 이 천명으로 해석되는 퇴계학적 리를 통해 설명될 수 있는 것이다. 이는 상제(上帝)로도 표현되었던 천(天)의 명령과도 같은, 권위 있는 어떤 것에 대해 도덕적 색채를 가미한『중용』"천명지위성(天命之謂性)"의 주자학적 함의를 리로써 재해석한 것이라고 할 수 있다.

이러한 맥락에서 도덕과 인간의 관계 역시 천명 개념을 고려하여 검토될 수 있다. 도덕의 능력과 힘이 인정되더라도 그것은 사실 인간에게 도덕 본성으로 갖추어져 있는 것이다. 나아가 도덕의 능력과 힘이 아무리 강조된다고 하더라도 그것은 인간의 심에서 발견되고 감지되는 것이다. 다만 그러한 도덕의 능력과 힘이 천명과도 같이 권위가 있는 것이라면, 인간의 심 안에서 물질성과 개체성을 떠나 도덕의 방향으로 자신을 이끌어 가는 그것에 대한 외경과 존숭이 자리하게 될 것이다. 물론 퇴계학에서 심과 리의 합일은 중요하게 다루어진다. 그러나 리와 합일된 심은 실존하는 인간의 태어나서의 모습도 아니며, 리에 대한 정합적이고 체계적인 논의와 그에 대한 지식적 이해만으로 도달할 수 있는 것도 아니다. 도덕의 지속적인 실천을 통해서 도달하게 되는, 혹은 도덕적 삶의 지속적인 실천 속에서 감지하게 되는 어떠한 체험의 경지인 것이다. 바로 도덕 실현의 필연적 능력을 갖고 있는 리와 그러한 필연성을 갖고 있지 못한 인간의 차이에 주목하여 리와 심 사이의 거리는 확보된다.

---

50) 이향준,「理發說의 은유적 해명」(『철학』91, 한국철학회, 2007) ; 김형찬,「도덕감정과 도덕본성의 관계」(『민족문화연구』74, 고려대학교 민족문화연구원, 2017), 353쪽.

퇴계학에서 발견되는 리와 인간 심의 위상 차이는 이로부터 발생한다. 그리고 이 거리가 바로 수양하는 인간을 근간으로 하는 유학에 대해서 퇴계학이 강조하고자 했던 지점이라고 할 수 있다. 이는 결국 퇴계학이 경(敬)과 극기복례(克己復禮)로 대표되는 유학적 실천 위에서 리와 관련된 언설에 대한 설명과 이해가 병행되었을 때 유학적 사람됨의 완성이 구현될 수 있다고 보았음을 뜻한다. 요컨대 퇴계학의 리에 대한 독해는 구체적 삶 속에서 도덕성의 실현을 요망하는 의지에 대한 성찰이라는 맥락을 강하게 고려하면서 이루어져야 할 것이다.[51)

물론 태극과 천명의 구분에 주목함으로써 도덕 근거와 존재 원리를 하나의 개념으로 설명해야 하는 어려움을 피해갈 수 있고, 동시에 다른 한편으로 자발성과 주체성을 도덕 자체의 능력(힘)으로 주장할 수 있으며, 나아가 이를 통해 도덕 그 자체가 실존적 인간으로부터 존숭과 외경의 대상이 될 수 있다고 하더라도, 퇴계학의 리가 주자학의 리에 대한 해석적 지평에 남아있기 위해서는 태극과 천명의 통합적 이해를 위한 추가적인 규명이 필요할 것이다. 이는 한편으로 퇴계학의 리에서 "존재론의 기반을 갖춘 도덕"의 성립 가능성과 "도덕규범의 당위성"이 "자연법칙과 같은 수준의 필연성을 확보하게" 되는 의의를 발견하고자 하는 연구[52)에서 주목하고 있는 존재 원리와 도덕 근거가 통합적으로 체계화되었을 때 생겨나는 유의미성을 간과하지 않는 것이라고 할 수 있다.

---

51) 리발의 문제를 퇴계의 심성론과 수양론의 핵심으로 보면서 明明德으로서의 리발이라는 단서를 잡아 확충하고 기르는 것을 맹자로부터 전해지는 정통 유학이론의 핵심으로 해석하는 연구는 다음을 참조. 이광호, 「이의 자발성과 인간의 수양문제」 (『大東文化硏究』 25, 성균관대학교 대동문화연구원, 1990), 201쪽.

52) 김형찬, 「도덕감정과 도덕본성의 관계」(『민족문화연구』 74, 고려대학교 민족문화연구원, 2017), 334~335쪽. 다음의 발언 역시 참고할 수 있다. 퇴계학은 "감정에 기반한 유가의 도덕철학에게 보편성과 필연성을 소유할 수 있게 해 주는 미덕을 가진다." 정재현, 「사단칠정론과 모종삼」(『철학논집』 29, 서강대학교 철학연구소, 2012), 35쪽.

　퇴계학은 주자학에 대한 여러 해석 가운데 하나로 간주되는 동시에 주자학과 비교하여 보다 도덕의 문제에 집중한 사유로 평가된다. 그 근거는 리에 담긴 함의를 통해 제시된다. 구체적으로 리동, 리발, 리도는 도덕으로의 주목을 통해 주장된 것이며, 이러한 발언들로 표출된 퇴계학의 리에 대한 이해는 주자학적 리를 기반으로 하면서도 독자적 면모를 갖고 있다는 것이다.

　퇴계학의 리에 대한 해석은 조선 시대의 논의를 접어 두더라도 다양한 각도에서 이루어졌다. 다만 이 글에서는 도덕과 존재의 관계 문제, 도덕과 자발적, 주체적 실현의 능력(힘) 문제, 도덕과 인간의 관계 문제에 초점을 맞추었다. 이와 관련하여 리의 무정의함과 관련된 것으로 간주될 수 있는 퇴계의 태극-천명 사이의 구분 시도에 주목함으로써, 퇴계학에서 리의 무정의함을 고수하면서도 도덕 실현으로의 방향성을 부여하는 능력을 지닌 리를 피력할 수 있었던 이론적 기반을 보이고자 하였다. 또한 도덕적 능력과 힘을 지닌 리의 존재를 긍정하고, 그럼으로써 그러한 리와 인간 심의 거리를 어느 정도 유지하고자 했던 사유 역시 천명의 함의를 갖는 리에 대한 외경의 자세와의 상관관계 속에서 이해될 수 있는 것임을 함께 언급하였다.

　궁극적으로 이러한 퇴계학 해석은 천(天)에 대한 이해 문제로 귀결된다. 퇴계학의 천에 대한 사유가 주자학에 대한 퇴계학의 해석적 층위에서 강하게 작동하며, 나아가 그러한 천에 대한 사유가 이후 조선유학에서 계승되고 공유되었던 흔적이 발견된다면, 그것이 퇴계학의 한국 철학적 의의가 확보되는 지점일 것이다.

참고문헌

【원전】

『經書:大學, 論語, 孟子, 中庸』, 서울:成均館大學校 大東文化硏究院, 1965.
『詩傳』, 서울:保景文化社, 1986.
『書傳』, 서울:保景文化社, 1986.
『周易』, 서울:保景文化社, 1986.

『二程集』, 北京:中華書局, 2004.
『朱子大全』, 서울:保景文化社, 1984.
『朱子語類』, 北京:中華書局, 1999.
『朱子全書』, 上海:上海古籍出版社;合肥:安徽敎育出版社, 2002.
『四書或問』, 서울:保景文化社, 1986.
『北溪字義』, 北京:中華書局, 2008.
『性理大全』, 서울:保景文化社, 1984.
『心經·近思錄』, 서울:保景文化社, 1995.

『(增補)退溪全書』, 서울:성균관대학교 대동문화연구원, 1978.
『陶山全書』, 성남:한국정신문화연구원, 1980.
『退溪學文獻全集』, 大田:學民文化社, 1991.
『退溪集』(『韓國文集叢刊』 29~31), 서울:민족문화추진회, 1989.
『高峯集』(『韓國文集叢刊』 40), 서울:민족문화추진회, 1989.
『文峯集』(『韓國文集叢刊』 42), 서울:민족문화추진회, 1990.
『艮齋集』(『韓國文集叢刊』 51), 서울:민족문화추진회, 1990.
『南溪集』Ⅲ(『韓國文集叢刊』 140), 서울:민족문화추진회, 1994.
『兩先生四七理氣往復書』(『고봉전서』 5), 서울:민족문화추진회, 2007.

『秋巒實記』, 平澤郡 : 秋巒實記發刊推進委員會, 1993.
『天命圖解』(고려대학교 도서관 소장 : 청구기호 만송_貴_356).

【원전 번역서】

成百曉 譯註, 『(懸吐完譯) 論語集註』, 서울 : 傳統文化研究會, 2005.
成百曉 譯註, 『(懸吐完譯) 孟子集註』, 서울 : 傳統文化研究會, 1991.
成百曉 譯註, 『(懸吐完譯) 大學·中庸集註』, 서울 : 傳統文化研究會, 1991.
成百曉 譯註, 『(懸吐完譯) 詩經集傳』, 서울 : 傳統文化研究會, 1993.
成百曉 譯註, 『(懸吐完譯) 書經集傳』, 서울 : 傳統文化研究會, 1998.
成百曉 譯註, 『(懸吐完譯) 周易傳義』, 서울 : 傳統文化研究會, 1998.
박완식 편저, 『大學－大學, 大學或問, 大學講語－』, 서울 : 여강출판사, 2010.
권정안·김상래 역주, 『通書解』, 서울 : 청계, 2004.
이광호 역주, 『근사록집해』 1, 서울 : 아카넷, 2009.
주자대전 번역연구단 옮김, 『주자대전』 I~IV, 전남대학교 철학연구교육센터·대구한의
        대학교 국제문화연구소, 2010.
주자대전 번역연구단 옮김, 『주자대전차의집보』 2, 전남대학교 철학연구교육센터·대구
        한의대학교 국제문화연구소, 2011.
朱子思想研究會 譯, 『朱子封事』, 서울 : 혜안, 2011.
崔重錫 譯註, 『(譯註)心經附註』, 서울 : 國學資料院, 1998.
정인재·한정길 역주, 『傳習錄』 1, 고양 : 청계, 2007.

『退溪全書』 1~29, 서울 : 退溪學研究院, 1991~2000.
이장우·장세후 옮김, 『퇴계시 풀이』 1~6, 경북 : 영남대학교출판부, 2007~2011.
이광호 옮김, 『이자수어』, 서울 : 예문서원, 2010.
이광호 옮김, 『성학십도』, 서울 : 홍익출판사, 2012.
『퇴계선생께 올린 편지』(1)~(2), 대구 : 영남퇴계학연구원, 2010~2011.
정태현 옮김, 『고봉전서』 4, 서울 : 민족문화추진회, 2007.

【단행본】

高橋進 著, 安炳周·李基東 譯, 『李退溪와 敬의 哲學』, 서울 : 新丘文化社, 1986.
고려대 민족문화연구원 한국사상연구소 편, 『자료와 해설, 한국의 철학사상』, 서울 : 예
        문서원, 2001.

溝口雄三·丸山松幸·池田知久편저, 김석근·김용천·박규태 옮김, 『中國思想文化事典』, 서울 : 민족문화문고, 2003.

구스모토 마사쓰구 지음, 김병화·이혜경 옮김, 『송명유학사상사』, 서울 : 예문서원, 2005.

금장태, 『『聖學十圖』와 퇴계철학의 구조』, 서울 : 서울대학교출판부, 2001.

금장태, 『퇴계평전』, 서울 : 지식과교양, 2012.

김기현, 『선비』, 서울 : 민음사, 2009.

김상준, 『맹자의 땀, 성왕의 피』, 서울 : 아카넷, 2011.

김우형, 『주희철학의 인식론』, 서울 : 심산, 2005.

김종석, 『퇴계학의 이해』, 서울 : 일송미디어, 2001.

勞思光 著, 鄭仁在 譯, 『中國哲學史』 古代篇·漢唐篇, 서울 : 探求堂, 1986.

다카하시 도루 지음, 이형성 편역, 『다카하시 도루의 조선유학사』, 서울 : 예문서원, 2001.

柳正東, 『退溪의 生涯와 思想』, 서울 : 博英社, 1974.

모종삼 지음, 김기주·황갑연 옮김, 『심체와 성체』 1·5, 서울 : 소명출판, 2012.

裵宗鎬, 『韓國儒學史』, 서울 : 延世大學校 出版部, 1997.

벤자민 슈워츠 지음, 나성 옮김, 『중국 고대 사상의 세계』, 파주 : 살림, 2009.

束景南, 『朱熹年譜長編(上)』, 上海 : 華東師範大學校出版社, 2001.

송인창, 『천명과 유교적 인간학』, 서울 : 심산, 2011.

신규탁, 『규봉 종밀과 법성교학』, 서울 : 올리브그린, 2013.

아라키 겐고 지음, 심경호 옮김, 『불교와 유교』, 서울 : 예문서원, 2000.

앤거스 그레이엄 지음, 나성 옮김, 『도의 논쟁자들』, 서울 : 새물결, 2003.

오하마 아키라 지음, 이형성 옮김, 『범주로 보는 주자학』, 서울 : 예문서원, 1997.

윤사순, 『한국유학사』 상, 파주 : 지식산업사, 2012.

윤사순, 『퇴계 이황의 철학』, 서울 : 예문서원, 2013.

李明輝 지음, 김기주·이기훈 옮김, 『유교와 칸트』, 서울 : 예문서원, 2012.

李相殷, 『退溪의 生涯와 學問』, 서울 : 瑞文堂, 1973.

이승환, 『횡설과 수설』, 서울 : 휴머니스트, 2012.

이창일·김우형·김백희 지음, 『성리학의 우주론과 인간학』, 성남 : 한국학중앙연구원 출판부, 2018.

林月惠·李明輝 編, 『高橋亨與韓國儒學研究』, 臺北 : 臺大出版中心, 2015.

정도원, 『퇴계 이황과 16세기 유학』, 서울 : 문사철, 2010.

鄭錫胎 編著, 『退溪先生年表月日條錄』 1~4, 서울 : 退溪學研究院, 2001~2006.

丁淳睦, 『退溪評傳』, 서울 : 지식산업사, 1989.

주백곤 지음, 김학권·김진근·김연재·주광호·윤석민 옮김, 『역학철학사』 1, 서울 : 소명출판, 2012.

朱漢民·肖永明 著, 『宋代《四書》學與理學』, 北京 : 中華書局, 2009.

陳來, 『古代宗敎與倫理』, 北京 : 三聯書店, 1996.

陳來 지음, 이종란 외 옮김, 『주희의 철학』, 서울 : 예문서원, 2002.

陳來 지음, 진성수·고재석 옮김, 『중국고대사상문화의 세계』, 서울 : 성균관대학교 동아시아학술원, 2008.

최재목, 『퇴계 심학과 왕양명』, 서울 : 새문사, 2009.

최중석, 『나정암과 이퇴계의 철학사상』, 서울 : 심산, 2002.

풍우 지음, 김갑수 옮김, 『동양의 자연과 인간 이해』, 서울 : 논형, 2008.

풍우란 지음, 박성규 옮김, 『중국철학사』 상, 서울 : 까치, 1999.

玄相允 지음, 이형성 교주, 『조선유학사』(『幾堂 玄相允 全集』 2), 파주 : 나남, 2008.

호이트 틸만 저, 김병환 역, 『주희의 사유세계』, 파주 : 교육과학사, 2010.

황준연 외 역주, 『(역주)사단칠정논쟁』 1, 「해제」, 서울 : 학고방, 2009.

Kwong-loi shun, *Mencius and early chinese thought*, Stanford : Stanford University Press, 1997.

Michael C. Kalton ; with Oaksook C. Kim[et al.], *The four-seven debate : an annotated translation of the most famous controversy in Korean neo-Confucian thought*, Albany : State University of New York Press, 1994.

Wing-Tsit Chan, *A source book in Chinese philosophy*, Princeton : Princeton University Press, 1969.

Yi T'oegye, Tr. Ed. and with Commentaries by Michael C. Kalton, *TO BECOME A SAGE : The Ten Diagrams on Sage Learning by Yi Toegye*, New York : Columbia University Press, 1988.

【논문】

강진석, 「퇴계 『朱子書節要』 편집의 방법적 특징과 의의」, 『退溪學報』 113, 退溪學研究院, 2003.

姜熙復, 「退溪의 '心與理一'에 관한 研究」, 박사학위논문, 연세대학교 대학원, 2003.

권순철, 「퇴계 철학 원형의 탄생과 식민지적 근대성」, 『전통과현대』 22, 전통과현대, 2002.

琴章泰, 「退溪에 있어서 〈太極圖〉와 〈天命新圖〉의 解析과 相關性」, 『退溪學報』 87, 退溪學研究院, 1995.

김기주, 「'퇴계학·율곡학의 계통 논쟁', 그 전개 과정과 남겨진 과제」, 『오늘의 동양사상』 15, 예문동양사상연구원, 2006.

金基柱, 「다카하시 도루의 朝鮮儒學觀을 다시 논함」, 『退溪學報』132, 退溪學研究院, 2012.

김기현, 「退溪哲學 연구의 반성과 과제」, 『韓國의 哲學』20, 경북대학교 퇴계학연구소, 1992.

김기현, 「退溪의 〈理〉철학에 내재된 세계관적 함의」, 『退溪學報』116, 退溪學研究院, 2004.

김기현, 「퇴계의 敬사상 ; 畏敬의 삶의 정신」, 『退溪學研究院』122, 退溪學研究院, 2007.

김낙진, 「程敏政 사상의 朱陸 和會的 특성과 조선 성리학자들의 반응」, 『儒敎思想文化研究』31, 韓國儒敎學會, 2008.

김문식, 「조선본 『朱子語類』의 간행과 활용」, 『史學志』43, 단국사학회, 2011.

김문식, 「조선시대 중국 서적의 수입과 간행-『四書五經大全』을 中心으로-」, 『奎章閣』29, 서울대학교 규장각 한국학연구원, 2006.

김상현, 「이황 철학의 리 이론에 대한 비판적 연구」, 박사학위논문, 경북대학교 대학원, 2014.

김상현, 「이황 철학의 리 이론에 대한 비판적 접근」, 『동서인문』1, 경북대학교 인문학술원, 2014.

김상현, 「이황의 격물론에 대한 새로운 이해」, 『哲學論叢』75, 새한철학회, 2014.

김수일, 「退溪의 聖人論 研究」, 박사학위논문, 동국대학교 대학원, 2011.

김영민, 「『맹자』의 「불인인지심장」해석에 담긴 정치 사상」, 『정치사상연구』13-2, 한국정치사상학회, 2007 가을.

김영식, 「李滉의 理氣觀과 新儒學 傳統上에서의 그 位置」, 『退溪學報』81, 퇴계학연구원, 1994.

김우형, 「이황의 마음 이론에서 '지각(知覺)'과 '의(意)'」, 『정신문화연구』28-2, 한국학중앙연구원, 2005.

김종석, 「退溪哲學 研究의 현황과 課題」, 『퇴계학과 유교문화』23, 경북대학교 퇴계연구소, 1995.

김항수, 「조선 전기의 程朱學 수용」, 『人文科學研究』13, 동덕여자대학교 인문과학연구소, 2007.

김 현, 「조선후기 未發心論의 心學的 전개-종교성의 강화에 의한 조선 성리학의 이론 변화-」, 『민족문화연구』37, 고려대학교 민족문화연구원, 2002.

김형찬, 「내성외왕(內聖外王)을 향한 두 가지 길-퇴계(退溪)철학에서의 리(理)와 상제(上帝)를 중심으로-」, 『철학연구』34, 고려대학교 철학연구소, 2007.

김형찬, 「도덕감정과 도덕본성의 관계」, 『민족문화연구』74, 고려대학교 민족문화연구원, 2017.

김형효, 「퇴계 성리학의 자연 신학적 해석」, 『退溪의 사상과 그 현대적 의미』, 서울 : 韓光文化社, 1997.

남지만, 「高峰 奇大升의 性理說 研究」, 박사학위논문, 고려대학교 대학원, 2009.

류인희, 「인간화의 실천과 퇴계철학의 여할」, 『退溪學報』 68, 퇴계학연구원, 1990.

리기용, 「'사칠리기논변'논고」, 『동서철학연구』 53, 한국동서철학회, 2009.

문석윤, 「퇴계에서 理發과 理動, 理到의 의미에 대하여-理의 능동성 문제」, 『退溪學報』 110, 退溪學研究院, 2001.

문석윤, 「退溪의 '未發'論」, 『退溪學報』 114, 退溪學研究院, 2003.

문석윤, 「退溪의 『聖學十圖』 修正에 관한 연구」, 『退溪學報』 130, 退溪學研究院, 2011.

박균섭, 「퇴계학의 오독 : 다카하시 도루와 아베 요시오의 퇴계론 비판」, 『퇴계학과 유교문화』 59, 경북대학교 퇴계연구소, 2016.

朴洋子, 「退溪의 「天命圖說後敍」에 관하여-特히 「太極圖」와의 比較를 중심으로-」, 『退溪學報』 68, 退溪學研究院, 1990.

방현주, 「「천명도天命圖」의 판본문제 고찰-사칠논변의 발단이 된 「천명도」에 대하여」, 『한국철학논집』 40, 한국철학사연구회, 2014.

裵宗鎬, 「退溪의 宇宙觀」, 『退溪學研究』 1, 단국대 퇴계학연구소, 1987.

백민정, 「퇴계와 근기남인의 학문적 연속성 문제 재검토」, 『국학연구』 21, 한국국학진흥원, 2012.

서대원, 「尤庵 宋時烈 先生의 理學 研究에 대한 一考察-年譜 연구의 중요성-」, 『동서철학연구』 48, 한국동서철학회, 2008.

손영식, 「理發과 氣發의 논리적 구조」, 『退溪學報』 118, 퇴계학연구원, 2005.

송긍섭, 「退溪哲學에서의 理動與否의 考察」, 『퇴계학과 유교문화』 4, 경북대학교 퇴계연구소, 1976.

辛承云, 「144·退溪集」, 『韓國文集叢刊 解題』 2, 서울 : 민족문화추진회, 1998.

신주백, 「근대적 지식체계의 제도화와 식민지 공공성」, 『한국 근현대 인문학의 제도화 : 1910~1959』, 서울 : 혜안, 2014.

안병주, 「퇴계의 학문관」, 『퇴계 이황』, 서울 : 예문서원, 2002.

안영상, 「백사학과 양명학의 비교를 통해 본 조선중기 성리학의 특징」, 『東洋哲學研究』 50, 동양철학연구회, 2007.

안유경, 「퇴계와 고봉 사단칠정론의 대비적 고찰」, 『溫知論叢』 47, 온지학회, 2016.

안재호, 「퇴계 "理發"설 再論」, 『유교사상문화연구』 45, 한국유교학회, 2011.

양명수, 「칸트의 동기론(動機論)에 비추어 본 퇴계의 이발(理發)」, 『退溪學報』 123, 퇴계학연구원, 2008.

양명수, 「리도(理到) : 진리인식론」, 『퇴계 사상의 신학적 이해』, 서울 : 이화여자대학교 출판부, 2016.

오석원, 「『心經』의 구성과 수양론 연구(一)」, 『東洋哲學研究』 36, 동양철학연구회, 2004.

오석원, 「退溪 李滉의 聖學과 의리사상」, 『儒教思想研究』 21, 한국유교학회, 2004.

禹貞任, 「조선전기 性理書의 간행과 유통에 관한 연구」, 박사학위논문, 부산대학교 대학원, 2009.

友枝龍太郎, 「李退溪의 物格說」, 『退溪學報』 44, 退溪學研究院, 1984.

유권종, 「天命圖 비교 연구 : 秋巒, 河西, 退溪」, 『韓國思想史學』 19, 한국사상사학회, 2002.

유권종, 「退溪의 『天命圖說』 연구」, 『孔子學』 9, 한국공자학회, 2002.

유명종, 「퇴계학의 기본논리」, 『농서철학연구』 6, 한국동서철학회, 1989.

유원기, 「퇴·율 사상 연구의 현황과 과제」, 『한국학논집』 50, 계명대학교 한국학연구원, 2013.

柳正東, 「「天命圖解」考」, 『東洋哲學의 基礎的 研究』, 서울 : 成均館大學校出版部, 1986.

柳正東, 「退溪의 格物物格考」, 『東洋哲學의 基礎的 研究』, 서울 : 成均館大學校出版部, 1986.

柳正東, 「退溪哲學의 尊理精神과 敬思想」, 『東洋哲學의 基礎的 研究』, 서울 : 成均館大學校出版部, 1986.

柳正東, 「河西 金麟厚의 天命圖에 관하여」, 『東洋哲學의 基礎的 研究』, 서울 : 成均館大學校出版部, 1986.

유탁일, 「『朱子書節要』의 編纂 刊行과 그 後響」, 『退溪全書』 23, 退溪學研究院, 1989.

윤사순, 「존재와 당위에 관한 퇴계의 일치시」, 『한국유학사상론』, 서울 : 열음사, 1986.

윤사순, 「退溪의 理氣哲學에 대한 現代的 解釋」, 『退溪學報』 110, 퇴계학연구원, 2001.

윤사순, 「사단칠정론의 윤리적 성격에 대한 성찰」, 『退溪學報』 133, 退溪學研究院, 2013.

이광호, 「中和論辯을 통하여 본 朱子後期思想의 端初」, 『哲學論究』 12, 서울대학교 철학과, 1984.

이광호, 「이의 자발성과 인간의 수양문제」, 『大東文化研究』 25, 성균관대학교 대동문화연구원, 1990.

이광호, 「道學的 問題意識의 전개를 통해서 본 退溪의 生涯」, 『東洋學』 22, 단국대학교 동양학연구소, 1992.

이광호, 「李退溪 學問論의 體用的 構造에 관한 研究」, 박사학위논문, 서울대학교 대학원, 1993.

이광호, 「上帝觀을 중심으로 본 儒學과 基督教의 만남」, 『儒教思想研究』 19, 한국유교학회, 2003.

이광호, 「"極深研幾"를 통해서 본 儒學의 實踐認識論」, 『東洋哲學』 33, 韓國東洋哲學會, 2010.

이광호, 「退溪 李滉의 聖學에 대한 현대적 성찰」, 『退溪學論集』 11, 嶺南退溪學研究院, 2012.

이광호, 「수직적 體認과 수평적 理解의 交織으로서의 유학」, 『중국 문명의 다원성과 보편성』, 서울 : 아카넷, 2014.

이기훈, 「퇴계 善의 이중성과 유일성」, 『동아인문학』 33, 동아인문학회, 2015.

이노우에 아쓰시, 「일본의 이퇴계 연구의 동향」, 『퇴계학논집』 6, 영남퇴계학연구원, 2010.

이동희, 「高峯 奇大升의 『朱子文錄』 編纂과 당시 그의 思想의 一斷面」, 『儒敎思想硏究』 36, 한국유교학회, 2009.

이동희, 「다카하시 도루(高橋亨)의 조선조 주자학 연구의 허와 실」, 『한국학논집』 60, 계명대학교 한국학연구원, 2015.

이봉규, 「『心經附註』에 대한 조선성리학의 대응」, 『泰東古典硏究』 12, 한림대학교 태동고전연구소, 1995.

이봉규, 「조선시대 유학연구 再讀」, 『철학 연구 50년』, 서울 : 혜안, 2003.

이봉규, 「『延平答問』 논의를 통해 본 退溪學의 지평」, 『東方學志』 144, 연세대학교 국학연구원, 2008.

이봉규, 「涵養論과 교육과정으로 본 조선성리학의 개성」, 『退溪學報』 128, 退溪學研究院, 2010.

이상은, 「사칠논변과 대설·인설의 의의」, 『아세아연구』 16, 고려대학교 아세아문제연구소, 1973.

李相殷, 「退溪의 『格物·物格說 辯疑』 譯解」, 『退溪學研究院』 3, 退溪學研究院, 1974.

李相殷, 「사칠논변과 대설·인설의 의의」, 『퇴계 이황』, 서울 : 예문서원, 2002.

이상익, 「退溪 性理學과 退溪學의 本領」, 『退溪學報』 121, 퇴계학연구원, 2007.

이상하, 「『朱子書節要』」가 조선조에 끼친 영향」, 『退溪學報』 132, 退溪學研究院, 2012.

이승종, 「주희와 율곡의 사유에 대한 현대적 접근」, 『동서사상』 12, 동서사상연구소, 2012.

이승환, 「퇴계 리발(理發) 설에 대한 몇 가지 오해」, 『儒學研究』 34, 충남대학교 유학연구소, 2016.

이영호·한영규, 「조선중기 경서언해의 성립과 그 의미」, 『陽明學』 32, 한국양명학회, 2012.

李曉辰, 「京城帝國大學における朝鮮儒學硏究 : 高橋亨と藤塚鄰を中心に」, 『퇴계학논집』 14, 영남퇴계학연구원, 2014.

이종우, 「退溪 李滉의 理와 上帝의 관계에 대한 연구」, 『철학』 82, 한국철학회, 2005.

李忠九, 「退溪의 經書釋義에 대한 考察」, 『退溪學研究』 6, 단국대 퇴계학연구소, 1992.

이 찬, 「우리는 지금 어떻게 전통철학을 연구할 것인가?－미국 내 주자철학의 연구 현황과 전망－」, 『동양철학』 34, 한국동양철학회, 2010.

이 찬, 「四端과 理發, 그 道德心理學的 해석 : 道德的 動機에 대한 관점을 중심으로」, 『철학』 115, 한국철학회, 2013.

이치억, 「退溪 四七論에서 四端의 純善함에 대하여」, 『유교사상문화연구』 45, 한국유교학회, 2011.

이치억, 「退溪哲學의 主理的 特性에 관한 硏究」, 박사학위논문, 성균관대학교 대학원,

2013.

이향준, 「이발설(理發說)과 은유 : 체험주의적 분석의 필요성」, 『범한철학』 43, 범한철학회, 2006.

이향준, 「理發說의 은유적 해명」, 『철학』 91, 한국철학회, 2007.

임홍태, 「왕양명의 주륙관 연구」, 『東方學』 23, 한서대학교 동양고전연구소, 2012.

장병한, 「退溪의 花潭學에 대한 反論 樣相 일고찰」, 『漢文學報』 20, 우리한문학회, 2009.

장승구, 「退溪의 精神主義 哲學과 그 現代的 意味」, 『退溪學報』 107·108合輯, 退溪學研究院, 2000.

장윤수, 「퇴계철학에 있어서 理의 능동성 이론과 그 연원」, 『퇴계학과 유교문화』 51, 경북대학교 퇴계연구소, 2012.

錢穆 著, 李相殷 譯, 「朱子學의 韓國傳播考」, 『退溪學報』 5, 退溪學研究院, 1975.

전병욱, 「朱子 仁論 체계와 工夫論의 전개」, 박사학위논문, 고려대학교 대학원, 2008.

전병욱, 「林隱 程復心의 『四書章圖』와 退溪의 『聖學十圖』」, 『退溪學報』 132, 退溪學研究院, 2012.

전병욱, 「퇴계 철학에서 '理到'의 문제」, 『東洋哲學』 38, 韓國東洋哲學會, 2012.

전병욱, 「林隱 程復心의 心性說 : 퇴계 『聖學十圖』의 관련 내용과 비교하여」, 『東洋哲學』 39, 韓國東洋哲學會, 2013.

전현희, 「朱子의 人心道心說 研究」, 박사학위논문, 연세대학교 대학원, 2009.

정도원, 「16世紀 韓·中 儒學史의 地平에서 본 退溪 李滉의 理哲學에 관한 연구－理의 無爲性과 能動性을 중심으로－」, 박사학위논문, 성균관대학교 대학원, 2005.

정도원, 「전통저 하 개념과 퇴·율 성학의 이학－심학 연관 구조」, 『韓國思想史學』 36, 한국사상사학회, 2010.

정상봉, 「퇴계의 주자철학에 대한 이해와 그 특색」, 『한국철학논집』 37, 한국철학사연구회, 2013.

井上厚史, 「이퇴계의 『주자서절요(朱子書節要)에 관한 일고찰」, 『退溪學論集』 4, 嶺南退溪學研究院, 2009.

鄭錫胎, 「『退溪集』의 體裁와 그 意味」, 『東洋哲學』 33, 韓國東洋哲學會, 2010.

정원재, 「이황의 7정 이해－「예운」에서 『중용』으로」, 『退溪學報』 137, 퇴계학연구원, 2015.

정재현, 「사단칠정론과 모종삼」, 『철학논집』 29, 서강대학교 철학연구소, 2012.

趙峰 著, 이상돈 번역, 「궁극적 가치 실현의 관점에서 본 퇴계와 고봉의 理發氣發 논변」, 『한국학연구』 22, 인하대학교 한국학연구소, 2010.

주광호, 「林隱 程復心과 退溪 李滉의 太極說 비교 연구」, 『退溪學報』 134, 退溪學研究院, 2013.

주월금, 「『심경부주』가 퇴계심학 형성에 미친 영향에 관한 연구」, 박사학위논문, 계명대학교 대학원, 2000.

지준호, 「한국의 주자학 도입과 이에 관한 연구의 주요 쟁점」, 『한국철학논집』 16, 한국철학사연구회, 2005.

陳榮捷 著, 이규성 譯, 「退溪의 朱子理解」, 『退溪學報』 32, 退溪學研究院, 1981.

최경훈, 「朝鮮前期 朱子 著述의 刊行에 관한 研究」, 『書誌學研究』 42, 韓國書誌學會, 2009.

최석기, 「退溪의 『大學』 解釋과 그 意味」, 『退溪學과 韓國文化』 36, 慶北大學校 退溪研究所, 2005.

최영진, 「退溪 體用論의 妥當性 問題」, 『首善論集』 5, 成均館大學校 大學院 學生會, 1980.

최영진, 「退溪에 있어서 理의 能動性에 관한 논리적 접근」, 『玄潭柳正東博士華甲紀念論叢』, 서울 : 玄潭柳正東博士華甲紀念論叢刊行委員會, 1981.

최영진, 「「繫辭傳」에 있어서의 善의 성립근거－繼之者善을 중심으로」, 『인문과학』 1, 성균관대학교 인문과학연구소, 1989.

崔彩基, 「退溪 李滉의 『朱子書節要』 編纂과 그 刊行에 관한 研究」, 박사학위논문, 성균관대학교 대학원, 2013.

한자경, 「도표의 정위(定位)와 인간의 시선」, 『철학』 88, 한국철학회, 2006.

한자경, 「다카하시 도루의 조선유학 이해의 공과 과」, 『철학사상』 49, 서울대학교 철학사상연구소, 2013.

홍성민, 「朱子 修養論의 구조와 실천적 성격」, 박사학위논문, 고려대학교 대학원, 2008.

홍원식, 「주륙화회론과 퇴계학의 심학화」, 『오늘의 동양사상』 9, 예문동양사상연구원, 2003.

홍원식, 「退溪 心學과 『心經附註』」, 『民族文化論叢』 30, 영남대학교 민족문화연구소, 2004.

찾아보기

강경현

연세대학교 학사(철학전공)
연세대학교 대학원 석사(철학과), 연세대학교 대학원 박사(철학과)
연세대학교 국학연구원 연구교수, 고려대학교 민족문화연구원 연구교수,
강원대학교 사범대학 윤리교육과 조교수
현재 성균관대학교 유학대학 유학·동양학과 조교수

논저

「조선시대 〈명유학안〉 독해 양상과 그 성격」(2017), 「천명(天命)에 대한 조선유학의 주목과 퇴계(退溪) 해석의 철학사적 의의」(2017), 「한국 주자학 연구의 두 시선 - 철학자 주희 혹은 유학자 주희」(2018), 「〈논어〉 "오여회언(吾與回言)"장에 대한 조선의 주자학적 접근」(2018), 「조선 유서류(類書類) 문헌의 유가(儒家) 경전(經典) 이해」(2019) 등

연세국학총서 120

퇴계 이황의 리(理) 철학
지선(至善) 실현과 자기완성

강경현 지음

초판 1쇄 발행 2022년 4월 15일

펴낸이 오일주
펴낸곳 도서출판 혜안

등록번호 제22-471호
등록일자 1993년 7월 30일

주소 ⑨ 04052 서울시 마포구 와우산로 35길 3(서교동) 102호
전화 3141-3711~2
팩스 3141-3710
이메일 hyeanpub@hanmail.net

ISBN 978-89-8494-677-4 93150
값 30,000 원